제자도

제자도

지은이 | 데이비드 왓슨
옮긴이 | 문동학
초판 발행 | 1987. 3. 31.
2판 1쇄 | 2004. 12. 8.
3판 1쇄 | 2023. 5. 10.
    3쇄 | 2025. 3. 12.
등록번호 | 제1988-000080호
등록된 곳 | 서울특별시 용산구 서빙고로65길 38
발행처 | 사단법인 두란노서원
영업부 | 02)2078-3333 FAX | 080-749-3705
출판부 | 02)2078-3330

책값은 뒤표지에 있습니다.
ISBN 978-89-531-4455-2 03230

독자의 의견을 기다립니다.
tpress@duranno.comwww.duranno.com

두란노서원은 바울 사도가 3차 전도 여행 때 에베소에서 성령 받은 제자들을 따로 세워 하나님의 말씀으로 양육
하던 장소입니다. 사도행전 19장 8-20절의 정신에 따라 첫째 목회자를 돕는 사역과 평신도를 훈련시키는 사역,
둘째 세계선교TM와 문서선교단행본·잡지 사역, 셋째 예수문화 및 경배와 찬양 사역, 그리고 가정·상담 사역 등을 감
당하고 있습니다. 1980년 12월 22일에 창립된 두란노서원은 주님 오실 때까지 이 사역들을 계속할 것입니다.

제자도

데이비드 왓슨 지음 | 문동학 옮김

두란노

contents

Part 1

제자 공동체로
부르셨다

Part 3

대가를 지불하는
제자로 부르셨다

제자도의
생생한 의미를
담은 책

윌리엄 템플(William Temple)은 하나님께 이렇게 기도했다. "나를 단순하게 만드신 하나님, 내가 더욱 단순하게 살게 하소서!" 현대인들은 이런 기도를 그리 좋아하지 않을 것 같다. 왜냐하면 그들은 적당한 것을 좋아하고, 세속적인 생각들로 뒤범벅되어 단순한 생활양식을 잃어 가고 있기 때문이다. 그러나 고린도후서 11장 3절은 우리가 그리스도 안에 있는 '단순함'(simplicity)을 유지할 것을 권면하고 있다. '너희 마음이 그리스도 안에 있는 단순함에서 떠나 부패할까 두려워하노라'(킹제임스 역).

코니베어(Conybeare) 번역본은 이를 '단순한 성실'이라 번역했고, 굿스피드(Goodspeed) 번역본은 '단순한 충성'으로, 예루살렘 성경(Jerusalem Bible)은 '단순한 헌신'으로 번역했다. 이것들을 통해 우리는 그리스도인의 단순성이 무엇을 의미하는지 알 수 있다. 곧 철없음이나 우둔함이 아니라, 그리스도의 사람이 되기 위해 갖추어야 하는 도덕적·영적 진지함과 정직함을 일컫는 것이다. 마음속의 죄는 우리를 혼란스럽게 할 뿐 아니라 영적으로 무능력하고 부도덕하게 만든다. 여기에 학문을 숭배하는 우리의 문화 풍조까지 가담한다. 다른 사람의 의견에 냉소적으로 반응하는 것이 아주 이상적인 것처럼 부추기는 것이다. 그러나 예수 그리스도는 이 모든 것을 바꾸신다. 예수를 믿는 동안 우리는 정직하게, 진실하게, 천진난만하게 삶을 영위할 수 있다. 곧 그리스도인의 단순함으로 살 수 있다.

그리스도 안에 있는 '단순함'의 비밀

성경 연구는 이 초자연적인 단순함에 이르는 고속도로와 같다. 시편 19편 7절은 하나님의 말씀이 "확실하여 단순한 자(지혜가 부족한자, 즉 우둔한 자)를 지혜롭게"(킹제임스 역) 한다고 찬양한다. 말씀으로부터 오는 하나님의 선물은 복잡함이 아니라 그리스도인의 단순함으로 우리를 인도한다. 여기에서 하나의 법칙이 생겨나는데, 바로 지혜로울수록 더 단순해진다는 것이다. 예수님이 그 대표적 예인데, 더 나아가 이것은 예수님을 따르는 자들의 특징이기도 했다. 한 번이라도 진실로 거룩한 사람을 만나 봤다면, 이 말의 뜻을 금방 이해할 것이다.

예수를 따르고 싶어하는 사람들에게

데이비드 왓슨(David Watson)의 글은 그리스도인이 따라야 할 '단순함'의 모범을 잘 가르쳐 준다. 그의 글은 투명할 정도로 명확하며 잔인할 만큼 철저하다. 그의 말에는 성경 말씀의 능력이 함께 있다. 당신도 이 글을 읽는 동안 나처럼 숨 막힘과 아찔함을 느낄 것이다. 페이지를 하나씩 넘길 때마다 성경에 기초한 단순함이 무엇인지 알게 될 것이다.

이 책은 그의 폭넓은 사역과 영적 지도자로서의 오랜 경험을 바탕으로 기록되었다. 그래서 삶의 순간마다 꿈꾸었던 제자도에 대한 비전이 그대로 녹아 있다. 각 장에는 변화하는 우리 시대의 조류에 맞추어 어떻게 그리스도를 따라야 할지에 관한 핵심적인 내용들이 들어 있다.

저자는 영국 요크에 있는 세인트 마이클 르 벨프리(St. Michael Le Belfrey)에서 통찰력 있는 사역을 하고 있으며 영국뿐 아니라 전 세계에까지 그 명성을 떨치고 있다.

데이비드 왓슨으로부터 이 책을 무척 어렵게 썼다는 말을 들었을 때 놀라지 않았다. 왜냐하면 마귀는 생생한 진리로 가득한 책이 이 세상에 나오는 것을 원하지 않을 테니 말이다. 그러나 그가 끝까지 인내하여 이 책을 세상에 나올 수 있게 한 것을 보니 얼마나 기쁘고 감사한지 모르겠다. 우리는 이 책에서 그리스도인으로 살아가는 데 필요한 모든 유익한 것들을 얻을 것이다.

영적으로 능력 있는 삶이 어떤 것인지 알기 원하는 사람들은 지금이 가장 좋은 기회가 될 것이다. 누구보다 그리스도 예수를 단순하게 따르고 싶어 하는 사람이라면 이 기회를 놓치지 말아라. 나는 이 책을 읽기 전 당신에게 경고한다. "이제, 영적으로 다이너마이트와 같이 변할 것이니 유의 바람!"

J. I. 패커

J. I. Packer

프롤로그

예수의 제자,
그 영광스런 부르심의
비밀을 찾아서

80년대의 전쟁은 마르크스주의, 이슬람 그리고 제3 세계 기독교 사이에서 발생할 것이라는 견해는 이미 널리 알려진 사실이다. 이 세계적인 갈등을 해결하기 위해 서구의 기독교가 중요한 역할을 감당하리라고는 전혀 기대하지 않는다. 싸움의 심각함에 비해 그들은 너무 약하고 무능력하기 때문이다.

1971년 이후, 마르크스의 이론이 무모하고 완전히 틀렸다는 것이 증명되었다. 어떤 지역에서는 너무 끔찍할 정도이다. 1975년, 알렉산더 솔제니친(Alexander Solzhenitsyn)은 미국 무역노동조합원 연설에서 다음과 같은 사실을 폭로했다. "공산당 혁명이 발생하기 전 80년 동안 한 해에 17명 정도가 처형되었다. 그러나 1918년과 1919년에 걸쳐 반혁명 비밀조사기관에서는 재판도 없이 한 달에 천여 명이나 되는 사람들을 처형했다. 스탈린의 숙청이 절정에 달했던 1937년과 1938년에는 한 달에 4만 명에 달하는 양민들이 총살을 당했다."

스탈린은 인류 역사상 가장 잔인한 대량 학살자가 되었다. 이슬람의 군사적 열광주의도 세계 도처 회교국에서 위와 비슷한 비극을 낳았다. 이슬람에서 기독교로 개종하는 사람들의 생명을 위협하는데, 가족조차도 개종자를 용서하지 않는다.

능력을 잃어버린 기독교

숫자적으로는 아직 기독교가 세계에서 가장 강한 종교이다. 어림잡아 세계 인구의 4분의 1이 기독교인이라고 한다. 기독교의 메시지에 관하여 말하자면, 예수 그리스도의 복음보다 더 좋은 소식은 없다. 우리 존재의 의미를 찾으려는 외침, 급속도로 타락해 가는 세상에서 사랑을 구하는 외침, 마음의 평화가 희귀해진 이 세대에서 용서를 구하는 외침, 억압 속에서 자유를 갈망하는 외침…. 세계 역사에서 그 누가 이 같은 외침에 대답한 적이 있는가? 이 모든 외침의 명확한 대답은 예수 그리스도시다. 그는 우리가 왜 존재하는가에 대한 대답을 가지고 있을 뿐 아니라, 우리와 함께 거하심으로 우리의 마음까지 변화시키는 능력을 가지고 있다.

그러나 그렇게 엄청난 수의 신도와 인간의 실존에 적중되는 메시지와 위대한 영적인 능력에도 불구하고, 왜 기독교가 특히 서구에서 그토록 무능하다는 말을 듣는가? 나이로비에 있는 세계복음화연구센터(Center for the Study of World Evangelization)에서 223개국, 6,270개 종족 언어 집단, 50개의 주요 종교, 9천 개 이상의 기독교 교파를 철저히 연구해 통계 자료를 발표했다.

이 연구에 의하면 1979년 한 해 동안 유럽에서 1백 81만 5천 1백여 명의 그리스도인이 신앙을 포기하고 불가지론자, 무신론자, 타종교와 사이비 종파의 신도가 되었다. 북미에서도 95만여 명이나 감소했다. 그러나 같은 기간 아프리카에서는 그리스도인이 한 해에 6백 15만 2천 8백여 명, 즉 하루에 1만 6천 6백여 명씩 증가했다. 동남아시아에서는 3천 4백 81만 3천여 명이 전도를 통하여 그리스도인이 되었다.[1]

서구의 기독교는 엄청난 속도로 감소하는데, 왜 물질적으로 빈곤한 나라에서는 그렇게 빠른 속도로 증가하는 것일까? 왜 서구의 기독교는 마르크스주의, 이슬람과의 끈질긴 싸움에서 맥없이 물러서는가?

솔제니친은 1976년 3월, 〈BBC 파노라마〉(영국 공영방송 대표 다큐멘터리 프로그램)에 출연해 다음과 같이 말했다. "서구 사회가 갑작스레 몰락하고 멸망이 임박했다는 사실에 나는 그리 놀라지 않는다. …소비에트연방은 핵전쟁을 준비하지 않아도 될 것이다. 서구는 곧 망할 테니 말이다."

그 까닭은 바로 서구 기독교가 그리스도의 진정한 제자로 살아가기를 게을리 했기 때문이다. 서구 그리스도인 대부분은 그저 교회 자리를 채우고, 빈 마음으로 찬양하며 입맛대로 설교를 맛보는 사람들이다. 그 가운데는 거듭난 신자 또는 성령 충만한 은사주의자들도 있지만, 예수님의 진정한 제자라고 말하기엔 부족하다. 제자도의 참 의미를 배우고 또 실제로 제자가 되고자 할 때에야 비로소 서구 기독교가 변화할 것이다. 그리고 사회에 미치는 교회의 영향력도 점차 증가할 것이다.

이는 결코 어리석은 주장이 아니다. 주후 1세기에 소수의 연약한 제자들이 성령의 능력에 힘입어 전무후무한 위대한 영적 혁명을 이루기 시작했을 때, 심지어 위대했던 로마 제국까지 3세기가 안 되어 그리스도 복음의 능력에 굴복하지 않았는가!

지금껏 많은 혁명 지도자들이 모든 문제의 핵심이라고 할 수 있는 인간의 속성을 두고 투쟁해 왔다. 체 게바라(Che Guevara)는 이렇게 말한 적이 있다. "만약 우리 혁명의 목표가 사람들을 변화시키는 것이 아니라면, 나는 그것에 아무 관심도 없다." 혁명이라는 말은 참으로 적절한 호칭이다. 왜냐하면 사람들이 돌아오기 때문이다(혁명(revolution)과 돌아온다(revolve)의 어근이 같다-역주). 혁명은 죄인의 운명을 변화시켜 다른 운명으로 살게 한다. 그리스도는 성령으로 역사하셔서 우리들 안에 사랑의 혁명을 이루신다. 성령의 힘으로 한 사람 한 사람의 속성과 모든 욕망을 변화시킨다. 그리스도로 촉발된 혁명의 파문은 기독교 역사에서 여러 사건들을 통해 명확하게 드러났고 오늘날까지도 계속되고 있다. 단 그리스도인이 고귀한 제자도의 대가를 기꺼이 지불할 때 그랬다. 제3 세계에서 기독교가 그렇게 왕성하게 부흥하는 까닭이 여기에 있다. 물론 정치적·사회적 요소가 개입되어 있겠지만, 중요한 것은 이렇게 물질적으로 궁핍한 지역에서 신약성경에서 말하는 제자도의 살아 있는 역사가 벌어지고 있다는 것이다.

세상을 위한 그리스도의 계획

오늘날 서구는 아주 풍요롭지만 그 미래상은 매우 심각하다. 따라서 교회는 예수께서 사회를 바꾸기 위해 계획하신 것들을 무시해서는 안 된다. 주님은 정치적인 선전 구호를 내세우지 않았고, 그 어떤 형태의 폭력도 거부하셨다. 사회적으로 높은 지위를 요구하지도 않았다. 세계 역사를 변화시키고자 했으나 그분의 계획은 놀라울 정도로 단순했다. 먼저 몇 사람의 제자들을 모아 3년 동안 그들과 함께 사셨다. 그들과 모든 것을 나누고, 돌보았으며, 가르치고 고쳐 주셨다. 또한 그들을 신뢰하고 용서하셨으며, 끝까지 사랑하셨다. 그러나 제자들은 가끔 예수님을 실망시켰고, 기대를 저버리는가 하면 그의 마음을 상하게 했고, 죄까지 범했다. 그럼에도 불구하고 그는 변함없이 제자들을 사랑하셨다. 그리고 마침내 이 훈련받은 제자들이 약속된 성령의 능력에 힘입어 세상을 근본적으로 변화시켰던 것이다.

어떤 공산주의자가 서구 그리스도인에게 매우 도전적으로 말했다. "사회를 새롭게 하는 데 복음은 우리 마르크스 철학보다 더 강한 무기이다. 그러나 궁극적으로는 우리가 승리할 것이다. …공산주의자들은 말로만 하지 않고, 목적을 달성하기 위하여 온갖 방법을 동원한다. 방법에 대한 세부 사항들도 알고 있다. …어떻게 사람들이 이 복음의 최상의 가치를 믿을 수 있겠는가? 만약에 당신이 복음을 실현시키지 않고 전파하지 않는다면, 또 복음을 전하려고 시간이나 돈을 희생하지 않는다면 말이다. …우리는 공산주의의 메시지를 믿으며 그것을 위해 생명까지도 희생할 준비가 되어 있다. …그러나 당신들은 손에 흙을 묻히는 것조차 두려워하고 있다."

제자도는 세상을 위한 그리스도의 계획이다. 대부분의 서구 교회는 수많은 보고서, 위원회, 회의, 세미나, 선교회, 십자군, 재연합을 위한 계획, 예배의식의 개혁, 이 밖에도 많은 것들을 가지고 있다. 그러나 제자도의 참 의미에는 관심을 가지지 않았다.

예수님을 따르는 것이 무엇을 의미하는지 다시 한 번 생각하고, 또 예수님을 따르는 데 도움이 되기를 바라면서 이 책을 집필하기 시작했다. 절망과 파괴를 향하여 치닫고 있는 현 세계를 구할 수 있는 것은 오직 참된 제자로의 길뿐이다. 하나님은 교회가 하나님 없이 몰락해 가는 세상을 회복시키길 원하시며, 모든 창조물을 치유하길 원하신다. 이것을 위해 예수 그리스도께서 그리스도를 진정으로 사모하고, 그리스도의 계획을 위해 자기 몸을 산 제물로 드리기를 원하는 사람들을 부르고 계시다는 것을 확신한다. 제자도가 의미하는 것이 바로 이것이며, 이 책이 탐구하고자 하는 주제이다.

Part 1

제자 공동체로
부르셨다

1. 제자로 부르심

나는
제자입니다

독일 신학자 디트리히 본회퍼(Dietrich Bonhoeffer)는 "그리스도께서 우리를 부르실 때는, 와서 죽으라고 명령하시는 것이다"라고 말했다. 이 경악할 만한 진술 안에 진정한 그리스도인이자 제자로서 갖춰야 할 근본적이고 결정적인 본질이 내포되어 있다. 확실히 죽음의 형태는 아주 다양하다. 모든 그리스도인이 본회퍼가 그랬던 것처럼 문자적인 순교의 부름을 받지는 않았다. 그러나 어떤 형태로든 순교자로서 부름 받은 제자들임에는 틀림없다. 어떠한 희생이 따르더라도 말이다.

예수님이 남자들과 여자들에게 자기를 따르라고 부르셨을 때, 제자도의 일반적인 개념은 결코 새로운 것이 아니었다. 그래서 '제자가 되다'(manthano 만타노, 원뜻은 '배우다'-역주)라는 동사는 신약성경에 겨우 25회(복음서에는 6회) 정도 나오지만, 제자(mathetes, 마데테스)라는 명사는 복음서와 사도행전에만 무려 264회 이상이나 등장한다는 사실은 전혀 놀랄 일이 아니다.

일반적으로 헬라어의 '제자'라는 단어는 견습생, 학생 또는 생도를 의미했다. "모세의 제자"(요 9:28)라는 용어에서 볼 수 있듯이 이 단어의 일차적 의미는 세속적 의미와 동일했다. 곧 모세의 제자는 스승인 모세의 율법을 배우는 학생들이었다. "바리새인의 제자"(막 2:18)는 기록된 토라(Torah-히브리 율법, 구약성경)와 구전으로 전해진 토라(조상들의 유전 또는 전승) 등 유대 전승들에 대한 정확하고 상세한 지식을 배우려 몰두하는 사람들이었다. 이 제자들은 랍비(Rabbi)들에게 완전히 헌신했으며, 랍비들이 성경을 해석해 주지 않으면 연구조차 마음대로 할 수 없었다.

제자라는 단어가 가지고 있는 기독교만의 독특한 개념은 세례 요한의 제자들에게서 발견된다. 그들은 신약성경에 등장하는 예언자들에게 자신을 완전히 헌신한 사람들이다. 이들은 자신이 모시는 스승을 따라 함께 기도하고 금식했으며(막 2:18, 눅 11:1), 유대 지도자들에게 당당히 맞서는가 하면(요 3:25), 세례 요한이 투옥되고(마 11:2) 죽음에 이르기까지(막 6:29) 단 한 순간도 스승을 향한 충성을 저버리지 않았다. 모세나 바리새인의 제자가 스승의 가르침을 배우는 데만 그친 반면 그들은 스승에게 자신들의 삶을 완전히 헌신했던 것이다.

이 모든 것을 통해 우리는 제자도의 기본 개념이 예수님께서 사역을 시작하시기 훨씬 이전부터 사람들 사이에 널리 통용되고 있었음을 알 수 있다. 예수님은 당신 주위로 사람을 모으실 때, 아주 평범한 사람들부터 시작하셨다. 주님은 주도권을 쥐고 자신의 가르침이 아니라 당신 자신을 따르라고 명하셨다. 자기를 따르는 사람들에게 완전한 복종을 기대했으며, 그들이 치르게 될 고통에 대해서도 말씀하셨다. 아주 독특한 형태의 제자도를 만드신 것이다. 이 책 초반부에서는 그리스도의 부름의 특징을 간략하게 살펴볼 것이며, 후반부에서는 이러한 주제들을 더 깊이 있게 발전시켜 나갈 것이다.

예수님이 먼저 제자들을 부르셨다

랍비들의 세계에서는 제자가 스승을 선택해 그 문하에 입학했다. 그러나 예수님은 제자를 부를 때 자신이 주도권을 전적으로 행사하셨다. 시몬과 안드레, 야고보와 요한, 레위, 빌립 등 모두 스스로 선택한 것이 아니라 예수님의 부르심을 받고 그를 따른 것이다. 어떤 부자 청년이 예수님께로 달려와 '선생님'이라 부르며 질문했을 때도 예수님은 제자도가 요구하는 전인적인 희생에 대해 거론하면서 그저 '오라, 나를 따르라'고만 말씀하셨다. 그의 완전한 인격과 고귀한 가르침과 기적에 이끌려 온 많은 무리들은 예수님께 헌신을 약속하며 그의 제자가 되기를 끊임없이 간청했다. 하지만 예수님은 그 모든 간청을 뒤로하고 당신의 제자로서 갖추어야 할 덕목을 제시하셨다.

예수님의 말씀이 너무 어려워 좀처럼 이해하지 못하는 이들도 있었는데, 그들은 얼마 안 가 "이 말씀은 어렵도다 누가 들을 수 있느냐"(요 6:60)라며 하나 둘 떠나갔다. 그런 일이 거듭되면서 마침내 오직 열두 명, 바로 예수님이 밤새워 기도하며 손수 부르신 사람들만 남게 되었다. 이들은 하나님께서 주신 특별한 자들이었다(요 17:9). 열두 제자 한 사람 한 사람이 자기만의 독특함을 지녔으면서도 이들을 하나로 묶어 흔들리지 않게 한 것은 바로 하나님이 이들의 삶을 주도하시고, 또 그리스도의 부르심에 힘입어 모였다는 사실이다.

"너희가 나를 택한 것이 아니요 내가 너희를 택하여 세웠나니 이는 너희로 가서 열매를 맺게 하고 또 너희 열매가 항상 있게 하여 내 이름으로 아버지께 무엇을 구하든지 다 받게 하려 함이라 내가 이것을 너희에게 명함은 너희로 서로 사랑하게 하려 함이라"(요 15:16-17).

이 말씀에서 두 가지 중요한 사실을 발견할 수 있다. 먼저 우리 자신이 선택받은 예수님의 제자라고 생각하게 되면, 예수님에 대한 나의 태도가 바뀌게 된다는 것이다. 만약 내가 국가 대표 선수로 올림픽에 참가한다면 관중과는 전혀 다른 자세로 올림픽에 임할 것이다. 선수들은 자신의 기량을 발휘하기 위해 상당한 희생을 치르게 될 것이다. 국가대표 선수로 선택되었다는 자부심이 그것을 가능하게 한다. 우리가 우리 몸을 '하나님이 기뻐하시는 거룩한 산제사로' 드릴 수 있으려면 먼저 예수님이 우리를 선택했고, 부르셨다는 것을 깨달아야 한다.

제자들은 하나님이 자신들을 붙들고 계셨음을 확신했다. "순전함으로 하나님께 받은 것 같이 하나님 앞에서와 그리스도 안에서 말하노라"(고후 2:17), "그러므로 우리가 이 직분을 받아 긍휼하심을 입은 대로 낙심하지 아니하고"(고후 4:1), "예수 그리스도의 종 바울은 사도로 부르심을 받아 하나님의 복음을 위하여 택정함을 입었으니… 로마에서 하나님의 사랑하심을 받고 성도로 부르심을 받은 모든 자에게"(롬 1:1, 7), "하나님의 사랑하심을 받은 형제들아 너희를 택하심을 아노라"(살전 1:4), "너희는 너희 자신의 것이 아니라 값으로 산 것이 되었으니 그런즉 너희 몸으로 하나님께 영광을 돌리라"(고전 6:19-20).

이러한 실례는 성경에 아주 많이 나와 있다. 하나님의 부르심, 그리스도의 주도권, 그리고 성령의 역사에 대한 강한 인식이 예수님을 담대하게 전하게 했으며, 고난을 인내하게 했으며, '부르심을 받은 일에 합당하게'(엡 4:1) 행하도록 인도했던 것이다.

둘째는 그리스도가 우리를 나눔의 제자도로 부르신다는 점이다. 주님은 우리가 사랑 안에서 서로 나누기를 원하신다. 그래서 요한복음 15장 16절에 "너희가 나를 택한 것이 아니요 내가 너희를 택하여 세웠나니"라는 말씀 직후에 "너희로 서로 사랑하게 하려 함이라"는 의도가 이어짐을 알 수 있다. 이 사랑으로 말미암아 우리가 예수님의 제자임을 다른 사람들이 알게 될 것이다(요 13:34). 그리고 그를 섬김으로 열매를 맺고, 또 기도의 응답을 받을 것이다(요 15:16; 마 18:19 참조).

제자도는 결코 쉬운 것이 아니다. 아픔과 눈물이 따를 것이고, 헌신하기로 다짐하는 순간 가슴속에서 세상적인 가치와 야망이 고개를 들 것이다. 이것 하나만 기억하자. 우리는 우리 자신의 문제와 싸우라고 부름받지 않았다. 하나님은 성령의 힘으로 우리를 다시 일으키셔서 예수님을 따르는 다른 제자들을 사랑하며 섬기게 하실 것이다.

예수님을 위하여 부름 받았다

　유대 랍비나 헬라의 철학자들은 자기 제자들이 스승의 '특정한' 가르침이나 일정한 주장을 따르기를 기대했다. 그러나 예수님의 부름은 사뭇 달랐다. 예수님을 따라야 했고, 함께 있어야 했으며, '전심으로' 그에게 헌신해야 했다. 죄를 회개하고 예수님을 믿어야만 제자가 될 수 있었다. 예를 들어, 시몬 베드로나 나다나엘의 부름에 대해 기록한 복음서를 보면 예수님의 인격에 대한 그들의 반응을 가장 중요하게 다루었다. 시몬은 예수님이 명령하시는 모습에서 무언가를 발견하고, "예수의 무릎 아래에 엎드려 이르되 주여 나를 떠나소서 나는 죄인이로소이다"(눅 5:8)라고 말했다. 나다나엘은 예수님의 예리한 통찰력을 보고, "랍비여 당신은 하나님의 아들이시요 당신은 이스라엘의 임금이로소이다"(요 1:49)라고 말했다.

　게르하르트 키텔(Gerhard Kittel)의 《신약 신학 사전》(Theological Dictionary of the New Testament)에는 다음과 같은 주가 첨가되어 있다. "예수님에 대한 제자들의 인격적인 신망은 예수님이 십자가에 못 박히고 부활하시는 그 기간 동안 아주 분명히 드러났다. 그동안 열두 제자는 예수님의 인격이 비참하게 짓밟혔다는 이유로 깊은 실의에 빠져 있었다. 엠마오로 가는 제자들에 대한 이야기를 우리가 어떻게 생각하든지, 예수님과 나눈 이야기의 화제가 바로 예수님 '자신'이었다는 사실에서(눅 24:19) 제자들과 예수님의 관계가 어떠했는지를 알 수 있다. 반면 십자가 사건 이후에 예수님의 가르침이 제자들의 힘의 원천이 되었다거나, 예수님의 말씀이 그대로 다 이루어지리라 믿었다는 진술이나 암시는 성경 어디에도 찾아볼 수 없다. 이것은 '마데테스'(Mathetes, 제자의 헬라어)를 이해하는 데 아주 중요한 요점이 된다."[1]

예수님은 제자를 직접 부르셨고, 자신의 삶도 함께 나누셨다. 열두 명의 제자들과 더 깊이 나누셨지만, 실제로는 자신을 따르는 모든 사람에게 자신을 주셨다. 그에게는 속임수나 사특함이 전혀 없었다. 예수님의 인격적인 돌보심으로 사람들은 이제까지 알지 못하던 사랑의 관계를 경험할 수 있었다. 그런데 그토록 완전한 사랑의 관계가 십자가 위에서 산산조각났다. 그를 따르던 사람들은 뿔뿔이 흩어질 수밖에 없었다. 십자가 처형이라는 끔찍한 사건 이후, 예수님과 제자 간의 믿음과 헌신이 회복되는 데는 얼마간의 시간이 필요했다. 예수님은 자신을 세 번 부인한 베드로에게 세 번 질문하셨다. "요한의 아들 시몬아, 네가 나를 사랑하느냐?" 예수님은 부활하신 후 제자들에게 부드럽게 찾아가셔서 사랑과 용서, 그들과 함께함을 개인적으로 확인해 주셨다. 도마에게는 못 자국 난 손도 만지게 하셨는데, 이렇게 함으로써 교훈에 대한 증인이 아니라 예수님 자신에 대한 증인이 되도록 하셨다. 이후 제자들은 자신들의 삶을 다른 사람들과 나눔으로 예수님을 증거하기 시작했다.

석가모니가 죽을 때 그의 제자들은 어떻게 하면 자신들이 석가를 잘 기억할 수 있느냐고 물었다. 석가는 그들에게 애써 자기를 기억할 필요가 없다고 말했다. 중요한 것은 자신이 아니라 그의 가르침이었기 때문이다.

그러나 예수님은 다르다. 모든 것은 예수님 자신에게 모아진다. 제자도란 예수님 그분을 아는 것이며, 예수님을 사랑하고 믿으며, 헌신하는 것이다.

순종의 삶으로 부름 받았다

랍비의 제자들은 학습을 다 마치고 랍비가 되기 전까지 노예처럼 스승에게 복종했다. 예수님도 자기 제자들을 부르실 때 자신의 삶을 헌신할 것을 요구하셨다. 하지만 우리는 이 과목에서 완전한 합격점을 받을 수 없다. "나더러 주여 주여 하는 자마다 다 천국에 들어갈 것이 아니요 다만 하늘에 계신 내 아버지의 뜻대로 행하는 자라야 들어가리라"(마 7:21). "너희는 나를 불러 주여 주여 하면서도 어찌하여 내가 말하는 것을 행하지 아니하느냐"(눅 6:46).

예수님의 제자가 된다는 것은 그를 믿고 따르며, 그분의 뜻을 받아들인다는 의미이다. "아무든지 나를 따라 오려거든 자기를 부인하고 자기 십자가를 지고 나를 좇을 것이니라"(마 16:24). 이것은 과거 이기적인 삶에 대하여는 "아니요"라고 하며, 예수님께는 "예"라고 말하는 것이다. 내적인 신앙은 외적인 순종을 동반해야 한다. 키르케고르(Kierkegaard)는 "믿기 어렵다는 것은 순종하기 어렵기 때문이다"라고 말했다. 순종이 없다면 진정한 믿음도 제자도도 없다. 오늘날의 세계는 점점 다른 종류의 제자들에게 영향을 받고 있는데, 이들은 평범한 그리스도인보다 순종이라는 개념을 더 잘 이해한다. 언젠가 BBC 프로그램에서 여성 테러리스트에 관해 다루었다. 그들은 극단적인 충성심으로 무장했고, 목적을 이루기 위해서는 아무리 멀고 험한 길이라도 기꺼이 간다고 했다. 미국의 극단적인 폭력 단체의 한 지도자는 혁명을 일으킬 만큼 헌신된 투사들이 남을 때까지 멤버의 3분의 2를 감축시킨다고 말했다.

하물며 오늘날 세상을 변화시키는 사랑의 혁명을 위해 우리가 그들보다 덜 노력해서야 되겠는가? 순종을 원하시는 부름에 '예, 그렇지만…'이라고 망설인다면 우리는 절대로 그리스도의 빛이 이 어두운 세상을 비추는 것을 보지 못할 것이다. 교회 안의 많은 사람들이 핑계를 내세우며 되도록 편한 쪽으로 제자도를 해석하려고 한다. 마지막 선택은 우리에게 달려 있다. 예수님의 부름에 언제 '예'라 하고, '아니요'라고 할지 결정하는 것은 궁극적으로 우리 자신의 몫인 셈이다. 진리는 냉혹하리만큼 명백하다. 만약 그리스도가 모든 것의 주님이 아니라면 어떠한 의미에서라도 주님이 아닐 것이다. 예수님을 따르는 제자도에 있어서는 절반이라는 개념이 없다. 전부가 아니면, 아무것도 아닌 것이다.

말콤 머그릿지(Malcolm Muggeridge)는 이것을 이렇게 생생하게 주석했다. "어떠한 희생을 하더라도 그리스도에게 자신을 묶어야 한다. 마치 옛날 선원들이 파도와 폭풍이 몰아칠 때, 자신을 돛대에 묶었던 것처럼 말이다."[2] 짐 월리스(Jim Wallis)는 "현대 전도의 크나큰 비극은 믿음으로 부름을 받은 사람은 많은데, 순종으로 부름 받은 사람은 적다는 사실이다"라고 말했다.[3] 성경적 복음 전도는 하나님의 나라를 그 중심으로 하고, 하나님의 법칙을 강조하며, 사람들을 근본적인 순종에로 부르는 것이다.

순종의 삶을 사는 동안 우리는 우리 자신의 힘으로만 악과 싸우는 것이 아니다. 매일 서로 권면하며 용기를 북돋아 주어야 한다. "형제들아 너희는 삼가 혹 너희 중에 누가 믿지 아니하는 악한 마음을 품고 살아 계신 하나님에게서 떨어질까 조심할 것이요 오직 오늘이라 일컫는 동안에 매일 피차 권면하여 너희 중에 누구든지 죄의 유혹으로 완고하게 되지 않도록 하라"(히 3:12-13).

하나님의 가족 안에서 우리는 서로가 서로에게 영원히 연합되어 있다. 이러한 이해를 바탕으로 우리가 일상적인 인간관계를 초월해 놀라운 차원의 사랑과 신뢰 관계로 들어갈 수 있다면, 엄청난 힘을 서로 주고받을 수 있을 것이다. 우리로 하여금 전능하신 하나님을 '아바! 아버지!'라고 부를 수 있게 한 성령님은, 모든 그리스도인들을 형제나 자매로 볼 수 있게 한다. 예수님은 우리에게 절대적인 순종을 기대하신다. 그가 먼저 우리를 위하여 생명을 내놓으셨고, 성령을 우리 마음에 두어 서로 사랑하도록 만드셨기 때문이다.

섬김의 삶으로 부름 받았다

무엇보다 제자들은 예수님과 함께 있기 위하여 부름 받았다. 나아가 하나님의 나라를 선포하고, 또 "병든 자를 고치며 죽은 자를 살리며 나병환자를 깨끗하게 하며 귀신을 쫓아"낼 것을 명령받았다(마 10:8). 예수님은 시몬과 안드레를 부르시자마자 곧 사람을 낚는 어부가 되게 하겠다고 말씀하셨다(막 1:17). 70명의 제자들도 평화의 사자로서 보냄을 받았다. "주께서 따로 칠십 인을 세우사⋯ 보내시며 이르시되⋯ 거기 있는 병자들을 고치고 또 말하기를 하나님의 나라가 너희에게 가까이 왔다 하라"(눅 10:1-20). 예수님은 다른 사람들을 위해 자기 생명을 내어 주려고 오셨다. 그리고 제자들도 같은 사명으로 부름 받았다. 그러나 제자들에게는 두 가지 유혹이 있었다. 첫 번째 유혹은 야망이었다. 그들은 몇 번씩이나 자기들 중 누가 더 큰가를 두고 논쟁했다. 예수님은 그들을 꾸짖으셨다. "너희 중에 누구든지 크고자 하는 자는 너희를 섬기는 자가 되고 너희 중에 누구든지 으뜸이 되고자 하는 자는 너희의 종이 되어야 하리라 인자가 온 것은 섬김을 받으려 함이 아니라 도리어 섬기려 하고 자기 목숨을 많은 사람의 대속물로 주려 함이니라"(마 20:26-28). 예수님은 나중에 그들이 결코 잊지 못할 방법으로 이 섬김의 정신을 증명해 보이셨다. 바로 손수 제자들의 발을 씻기신 것이다.

두 번째 유혹은 자기 연민의 감정이었다. 시몬 베드로는 "보옵소서 우리가 우리의 것을 다 버리고 주를 따랐나이다"라고 말했다. 제자도에 큰 희생이 따른다는 것을 느끼기 시작한 것이다. 그러나 예수님은 하나님의 나라를 위하여 모든 것을 버린 자는 "현세에 여러 배를 받고 내세에 영생을 받지 못할 자가 없느니라"고 확신을 주셨다(눅 18:28-30). 우리는 연약함을 인정하고, 고통을 드러낼 줄 알아야 한다. 그럴 때 예수 그리스도의 정신으로 다른 사람을 섬길 수 있다. 그리스도의 종은 어떠한 보상도 요구해서는 안 된다. 종은 자신의 모든 권리를 포기하는 자이기 때문이다. 사람들은 나이가 들어 갈수록 특권과 지위, 다른 사람들의 존경을 원한다. 그러나 이것은 예수님의 방법이 아니다.

불행하게도 오늘날의 몇 가지 복음 전도의 형태는 사람들이 하나님 중심으로 살기보다는 철저하게 인간 중심으로 살도록 방치하고 있다. 오늘날과 같은 광고 만능 시대에서는 그리스도를 당신이 필요로 하는 모든 것을 충족시켜 주시는 분으로 제시하기가 쉽다. '근심하는가? 그리스도께서 평화를 주실 것이다. 절망하는가? 그리스도께서 삶을 기쁨으로 가득 채우실 것이다.' 이 모든 것은 진실이다. 그리고 그리스도가 우리 각자의 깊은 소망을 충족시켜 주시려고 간절히 바라신다는 것도 복음의 한 부분이다. 그러나 이것은 진실의 절반 밖에 모르는 것이다. 실제로 우리의 필요 중 많은 부분이 예수님과 다른 사람들을 섬길 때 충족된다. "주라 그리하면 너희에게 줄 것이니 곧 후히 되어 누르고 흔들어 넘치도록 하여 너희에게 안겨 주리라 너희가 헤아리는 그 헤아림으로 너희도 헤아림을 도로 받을 것이니라"(눅 6:38). 70인의 제자가 기쁨으로 가득 차 돌아온 것은 그들이 나가서 복음을 선포하며 병든 자들을 고쳐 준 때였음을 명심해야 된다.

세상은 참으로 많은 것을 필요로 한다. 내적이건 외적이건 도움을 필요로 하는 모든 사람들의 외침을 하나님께서는 들어주신다. 우리를 사랑하기 때문이다. 그러나 하나님께서는 이 일을 직접 하시지 않고 그의 제자들을 통해서 하길 원하셨다. 그러므로 우리가 개인적인 욕망에만 빠져 있다면, 하나님에게 전혀 쓸모없는 존재가 될 것이다. 우리는 섬김의 삶으로 부름을 받았다. 나아가 좋은 주인이 보내는 곳으로 가서 명령을 따라야 한다.

단순한 삶으로 부름 받았다

랍비의 제자들은 토라를 공부하기 위하여 물질적인 이익을 포기했다. 하지만 이것은 한시적인 것이며, 스승이 되면 보상받을 수 있었다. 예수님 역시 이 땅의 모든 안락과 물질적인 행복을 포기하셨다. 심지어 하룻밤 깃들 곳조차 없을 때도 있었다. 하나님의 사랑과 성실에 전적으로 의지하셨던 것이다. 제자들에게도 겸손하고 가난하기를 가르치셨다. 주님은 제자들에게 "여행을 위하여 아무것도 가지지 말라 지팡이나 주머니나 양식이나 돈이나 두 벌 옷을 가지지 말라"고 명령했다. 그들은 전적으로 하나님 아버지를 신뢰해야 했고 "거저 받았으니 거저 주어야" 했다. 주님이 그러셨듯 가정과 집, 직업과 재산을 기꺼이 포기해야 했다. 모든 일마다 예수님을 신뢰해야 했고, 믿지 않는 이방인들과 같이 걱정하지 말아야 했다. 오직 하나님의 나라를 위해서였다. 그러나 그들이 먼저 그의 나라를 구했을 때, 그들이 원하는 모든 것이 충족되기 시작했다.

이렇게 근본적인 제자도가 그리스도와 함께 완전한 공동체의 삶을 살기 위하여 부름 받은 사람들에게 먼저 적용되었다. 소유하고 있던 삶과 재산을 서로 나누면서 그들은 하나님 한 분만을 바라보게 되었다. 그리고 전적으로 제자 공동체에 참여하지 못한 사람들은 물질로써 예수님과 다른 열두 제자들을 섬겼다. 결국 이들은 그리스도의 단순한 삶에 이끌리어 공동체를 형성해 모든 재산을 '함께' 나누어 가지게 되었다. 바로 초대 교회 사람들의 모습이다.

오늘날 그리스도인들은 비교적 풍요한 삶을 누린다. 특히 서구에서는 더욱 그렇다. 그래서 효과적이고 근본적인 제자도는 그들에게 걸림돌이 되었다. 이 이야기는 뒷장에서 더욱 깊이 있게 살펴볼 것이다. 우리가 물질적인 부에 마음을 빼앗기지 않고 성경의 말씀대로 살 때 하나님은 성령의 선물을 주실 것이며, 이 성령이야말로 모든 그리스도인의 삶을 한없이 부유하고 풍성하게 할 것이다.

고난의 삶으로 부름 받았다

예수님이 제자들에게 자기를 따르라 부르셨을 때, 그들은 '그분의 길'도 기꺼이 따라야 했다. 그의 길이란 바로 십자가의 길이다. 삶의 모든 것을 예수님과 나누고자 했다면 기쁨만이 아니라 고통까지도 나누어야 했다. "그리스도를 위하여 너희에게 은혜를 주신 것은 다만 그를 믿을 뿐 아니라 또한 그를 위하여 고난도 받게 하려 하심이라"(빌 1:29). 예수님은 평소 자기가 받을 고난과 제자들이 겪어야 할 것들에 관하여 말씀하심으로, 제자들이 고난을 준비하도록 하셨다. 그러나 그들은 이 경고를 이해할 수 없었을 뿐더러 이해하려고 하지도 않았다. 마태복음 16장 21절 이하를 보면, "이때로부터 예수 그리스도께서 자기가 예루살렘에 올라가 장로들과 대제사장들과 서기관들에게 많은 고난을 받고 죽임을 당"할 것을 가르치기 시작했다. 이 말을 들은 베드로는 "주여 그리 마옵소서 이 일이 결코 주께 미치지 아니하리이다"라고 말했다. 이에 대하여 예수님은 냉혹하게 꾸중하셨다. "사탄아 내 뒤로 물러가라 너는 나를 넘어지게 하는 자로다 네가 하나님의 일을 생각하지 아니하고 도리어 사람의 일을 생각하는도다.” 제자들이 뜻을 알 수 없어 우왕좌왕하자 그제야 쉽게 풀어 말씀해 주셨다. “누구든지 나를 따라오려거든 자기를 부인하고 자기 십자가를 지고 나를 따를 것이니라 누구든지 제 목숨을 구원하고자 하면 잃을 것이요 누구든지 나를 위하여 제 목숨을 잃으면 찾으리라.” 주님의 삶은 거절과 고통과 괴로운 죽음으로 끝나고 말았다. 만약에 예수님을 따르는 것이 이와 똑같다고 하더라도 제자들은 절대 놀라지 말아야 할 것이다.

많은 사람들이 육체적으로 박해를 받으며 고통에 시달렸다. 베드로와 요한은 담대하게 복음을 전하다가 감옥에 갇혔고, 매도 맞았다. 스데반은 돌에 맞아 죽었다. 야고보는 창에 찔려 죽었다. “그날에 예루살렘에 있는 교회에 큰 박해가 있어 사도 외에는 다 유대와 사마리아 모든 땅으로 흩어지니라”(행 8:1). 바울은 후에 자기가 39회의 유대 태형을 다섯 번이나 받았으며, 세 번은 몽둥이로 맞았고, 한 번은 돌로 맞은 것을 형제들에게 이야기했다. 여러 가지 다른 기독교 전승에 의하면 거의 대부분의 사도들이 이 방법 저 방법으로 순교를 당했다고 한다.

초대 교회에는 새로운 로마 황제들이 즉위하는 동안 가혹하고 끔찍한 핍박과 박해가 끊이지 않았다. 네로(Nero), 도미티아누스(Domitianus), 트라야누스(Trajan), 플리니우스(Pliny), 마르쿠스 아우렐리우스(Marcus Aurelius), 데키우스(Decius), 디오클레티아누스(Diocletian) 등의 황제가 통치했을 때 기독교 박해는 말로 표현할 수 없을 정도로 잔인했다. 강도는 다르겠지만 박해는 주후 305년까지 계속되었다. 물론 기독교 역사에서 박해가 전혀 없던 시대는 없었지만 말이다. 최근에도 수많은 그리스도인들이 신앙의 문제로 투옥되고 고문당했다. 박해는 지금도 세계 도처에서 계속되고 있으며, 그리스도로 인한 순교자들이 금세기에 들어서면서 이제까지의 숫자보다 더 많아졌다고 평가되고 있다. 프란시스 쉐퍼의 말처럼 "이 시대는 적당하게 믿는 그리스도인이 살 수 없는 시대"이다.

예수님도 제자들이 당할 육체적인 시험에 대해 계속 경고하셨다. "사람들을 삼가라 그들이 너희를 공회에 넘겨주겠고 그들의 회당에서 채찍질하리라 또 너희가 나로 말미암아 총독들과 임금들 앞에 끌려가리니… 장차 형제가 형제를, 아버지가 자식을 죽는 데에 내주며 자식들이 부모를 대적하여 죽게 하리라 또 너희가 내 이름으로 말미암아 모든 사람에게 미움을 받을 것이나 끝까지 견디는 자는 구원을 얻으리라"(마 10:17-22). 거의 대부분의 제자들은 정신적·신체적으로 고통당했다. 바울의 슬픔을 공감하는 것은 그리 어렵지 않다. "데마는 이 세상을 사랑하여 나를 버리고 데살로니가로 갔고 그레스게는 갈라디아로, 디도는 달마디아로 갔고… 구리 세공업자 알렉산더가 내게 해를 많이 입혔으매…"(딤후 4:10, 14). 그리스도의 몸 안에도 가끔 크나큰 고통이 있다. 어떤 사람은 그리스도로부터 떨어져 나갈 수도 있다. 또 어떤 사람은 다른 사람을 그리스도로부터 멀어지게 만드는 잘못을 저지를 수도 있다.

우리는 너무나 자주 서로의 마음에 상처를 입히고 실망을 안겨 준다. 왜냐하면 우리는 본래 죄인들에 지나지 않았기 때문이다. 그리스도에게뿐만 아니라 서로에게 죄를 범할 때 우리는 일흔 번씩 일곱 번이라도 용서하라는 예수님의 말씀을 더욱 뚜렷하게 떠올려야 한다. 용서는 항상 고통스러운 것이다. 용서 때문에 예수님은 십자가 위에서 죽으셨다. 이처럼 우리에게 마음의 상처를 입힌 사람을 용서할 때나 우리가 죄를 범했을 때 용서받는 체험은 우리에게 십자가에서 죽는 고통을 가져다준다.

제자도는 영적인 비애를 포함한다. 바울은 예수를 메시아로 믿지 않는 동족 유대인들을 안타깝게 여기며 이렇게 기록했다. "내가 그리스도 안에서 참말을 하고 거짓말을 아니하노라 나에게 큰 근심이 있는 것과 마음에 그치지 않는 고통이 있는 것을 내 양심이 성령 안에서 나와 더불어 증언하노니 나의 형제 곧 골육의 친척을 위하여 내 자신이 저주를 받아 그리스도에게서 끊어질지라도 원하는 바로라"(롬 9:2-3). 한편 에베소에서 사역할 때는 다음과 같이 말했다. "그러므로 여러분이 일깨어 내가 삼 년이나 밤낮 쉬지 않고 눈물로 각 사람을 훈계하던 것을 기억하라"(행 20:31).

하나님의 사랑은 참으로 커서 자기에게 반역하는 사람들까지도 구원하려고 항상 손을 뻗치고 계신다. 우리를 당신의 형상대로 만드시고, 사랑을 나누어 주려고 애를 쓰신다. 그러나 우리는 등을 돌린 채 무시하며 거절했고, 그 결과 사람들끼리 서로 무시하고 거절한다. 사랑은 원하지 않는 사람에게 강제하는 것이 아니므로, 하나님은 우리가 당신을 외면하고 또 우리끼리 점점 멀어지는 것을 그저 보고만 계실 수밖에 없다. 하나님은 '이 땅에 평화'가 깃들기를 원하여 자기 아들을 보내셨으나 우리는 그를 용납하지 않았다. 그래서 불신과 혼란, 증오와 전쟁이 이 땅에 만연하게 된 것이다.

사랑의 하나님이 자기 슬픔을 우리와 나누시려고 하는 것이 얼마나 놀라운 일인가? 예수님이 찢어지는 자기 몸, 즉 자기 교회를 위하여 우셨을 때, 우리가 그의 참 제자라면 우리는 과연 무엇을 느껴야 할까? 예수님께서 예루살렘을 위하여 우셨던 것처럼 무지한 사람들을 위하여 우실 때, 무관심하게 있을 수 있는가? 우리가 예수님을 더욱 사랑하면 그의 사랑을 더욱 가까이 느낄 수 있다.

고난은 제자도와 떨어질 수 없는 요소이다. 윌리엄 블레이크(William Blake)는 "기쁨과 슬픔은 서로 떼어 낼 수 없을 만큼 밀접하게 결합되어 있다"라고 말했다. 하나님께서 우리 삶에서 가장 심오하게 역사하시는 때는 우리가 고난의 한가운데에 있을 때다. 깊은 영적 감수성을 가진 사람은 대부분 큰 고난을 경험한 사람들이다. 신앙 때문에 체코슬로바키아 공산주의 속에서 십여 년 동안 고통당했던 어느 그리스도인은, "고문이 내 뼈는 꺾었지만 영혼은 꺾지 못했다"고 말했다. 그는 그 기간이 자기에게는 가장 부요했던 기간이라고 고백했다. 그리고 한마디 덧붙였다.

"우리는 기도해야만 합니다. 박해받지 않게 해 달라고가 아니라 우리 스스로 박해당할 만큼 가치 있는 존재가 되도록 기도해야만 합니다. 하나님의 축복은 박해를 통하여 오기 때문입니다."

자격에 관계없이 부름 받았다

랍비들은 결례를 따라 '정결한' 사람들, 곧 율법의 기준에서 볼 때 의로운 사람들, 또 스스로 랍비가 되겠다는 마음과 함께 율법을 배울 만한 지적 능력을 소유한 사람들을 제자로 받아들였다. 이에 반하여 예수님은 신기하게도 사회 각계각층의 사람들을 아무 자격이나 제한도 없이 부르셨다.

어떤 사람들은 비천한 어부들이었다. 시몬은 열심 당원이었다. 사람들로부터 반역자라고 멸시받던 세리 마태도 있다. 열두 명의 제자 가운데 헬라 이름도 있고 아람어 이름도 있다. 갈릴리 사람도 있고 유다 사람도 있다. "제자들은 당대 유대주의의 소우주였으며, 그 안에 모든 세력과 사상들이 혼합되어 있었다. 그것들은 서로 너무 달랐음에도 불구하고 말이다."[4]

가장 흥미를 끄는 것은 그 가운데 예수님을 배반한 유다가 있었다는 사실이다. 예수님은 유다가 할 일을 미리 아셨다(예수님은 요한복음 17장 12절에서 그를 '멸망의 자식'이라고 불렀다). 그렇기 때문에 그것은 두 가지 놀라운 사실을 제외하고는 정말로 신기한 선택이었다. 첫째는 예수님이 유다를 끝까지 사랑하셨다는 것이고, 둘째는 예수님이 구약성경에서 메시아에 대해 거론된 모든 예언을 이루셨다는 것이다. 그래서 그는 고난 받는 종으로서 자기가 해야 할 일을 아셨으며, 스승을 배반하는 유다의 역할까지 아셨던 것이다. 심지어 은화 30개에 팔릴 것까지 아셨다.

배신에 대해 예수님이 미리 아셨다고 해서 유다의 책임과 죄가 없어지는 것은 아니다. 오히려 예수님이 극적인 기도를 마친 후에 '멸망의 자식'까지 포함해 하나님께서 자기에게 주신 모든 제자들과 함께 있었다는 사실이 매우 중요하다. 인간적으로 말한다면 우리는 제자들을 선택할 때, 예수님이 선택한 사람들보다 더 좋은 자격을 갖춘 사람들을 골랐을 것이다. 그러나 하나님의 방법은 우리와 다르다. 그리고 예수님의 생각 역시 우리와 다르다.

열두 제자는 이렇게 어중이떠중이가 한데 모인 집단이었다. 이로써 예수님이 미리 결정하신 교회의 유형이 나타난다. "형제들아 너희를 부르심을 보라 육체를 따라 지혜로운 자가 많지 아니하며 능한 자가 많지 아니하며 문벌 좋은 자가 많지 아니하도다 그러나 하나님께서 세상의 미련한 것들을 택하사 지혜 있는 자들을 부끄럽게 하려 하시고 세상의 약한 것들을 택하사 강한 것들을 부끄럽게 하려 하시며 하나님께서 세상의 천한 것들과 멸시 받는 것들과 없는 것들을 택하사 있는 것들을 폐하려 하시나니 이는 아무 육체도 하나님 앞에서 자랑하지 못하게 하려 하심이라"(고전 1:26-29).

예수님이 도입한 제자도의 독특한 개념은 열두 제자에게만 국한되지 않는다. 예수님의 부름을 듣고 그를 구세주와 주님으로 믿고 따르는 모든 사람에게 관계된 것이다. 열두 제자와 예수님과의 특별하고 독특한 관계가 있긴 했지만, 그렇다고 제자도 역시 오직 열두 제자에게만 요구되는 것이라고 발뺌할 수는 없다. 순종에로의 부름, 섬김에로의 부름, 단순한 삶의 양식에로의 부름, 고난에로의 부름, 그리고 필요할 때에는 죽음에로의 부름…. 이러한 부름은 예수님을 따른다고 말하는 모든 사람들에게 공통된 부름이다. 무엇보다도 우리는 그리스도에게 삶을 전적으로 바쳐야 하며, 이 땅 위에서 그의 몸의 지체로서 서로에게 삶을 바쳐야 할 것이다.

그리스도의 교회는 이익을 추구하기 위하여 가입하는 단순한 클럽이 아니다. 교회는 몸이며, 건물이며, 가족이며, 군대이다. 이러한 표현들은 그리스도의 부름을 받아들임으로 그의 제자가 되기 위하여 감수해야 하는 책임을 표현하는 것들이다. 우리 개인의 감정이나 선택에 관한 문제가 아니다. 우리는 그에 의하여 선택받았으며, 그에 의하여 부름 받았으며, 그가 피로 값 주고 사신 바가 되었다. 그래서 우리는 그에게 속하게 되었고, 이 사실 때문에 우리는 서로에게 속하게 되었다. 그것이 쉽든지 또는 어렵든지, 기쁘든지 또는 고통스럽든지 받아들여야 하는 것이다. 희생이 크다 여겨지는가? 그만큼 목표와 특권과 보상 또한 무한히 큰 법이다.

"내게 주신 영광을 내가 그들에게 주었사오니 이는 우리가 하나가 된 것 같이 그들도 하나가 되게 하려 함이니이다 곧 내가 그들 안에 있고 아버지께서 내 안에 계시어 그들로 온전함을 이루어 하나가 되게 하려 함은 아버지께서 나를 보내신 것과 또 나를 사랑하심 같이 그들도 사랑하신 것을 세상으로 알게 하려 함이로소이다 아버지여 내게 주신 자도 나 있는 곳에 나와 함께 있어 아버지께서 창세 전부터 나를 사랑하시므로 내게 주신 나의 영광을 그들로 보게 하시기를 원하옵나이다"(요 17:22-24). 이렇게 심오하고 위대한 기도의 한 부분이 되기 위해 우리는 우리의 모든 삶을 충분히 희생할 만하다.

1. '제자'를 당신 나름대로 정의해 보십시오. 복음서에 나오는 예수님의 제자들은 어떤 사람들입니까? 이 의미를 신자, 성도 등의 용어와 비교해 보십시오.

2. 누가 제자들을 부르시는 일에 주도권을 가지고 있습니까?(요 15:16) 우리를 제자로 선택하신 이유는 무엇입니까? (요 15:17)

3. 데이비드 왓슨은 제자로서 부름을 받는 일에 있어서 '은혜의 구원'이나 '이신칭의' 측면보다 순종, 섬김, 고난의 측면을 강조했습니다. 왜 그랬다고 생각하십니까? 갈라디아서에서 비판하는 율법의 행위와 마태복음 7장 21절이나 야고보서 2장 20절이 강조하는 믿음의 행위는 어떻게 다릅니까?

4. 예수님의 제자들에게는 그들에게 적합한 생활양식(lifestyle)이 있어야 합니다. 어떤 생활양식이 필요합니까? 특히 사치하지 않으면서, 지나치게 금욕적인 사람이 되지 않기 위해서는 어떻게 해야 합니까?(눅 18:28-30; 딤전 4:1-5 참고)

5. 로마서 8장 17절, 빌립보서 1장 29절은 모두 그리스도인이 받을 고난에 대해 말합니다. 초대 교회의 제자들이 받았던 육체적, 정신적, 정서적 고난을 생각해 보고, 오늘날의 내 경우와 비교해 보십시오.

6. 예수님의 제자들과 유대 랍비들의 제자는 신분 차이가 뚜렷합니다. 예수님의 제자들의 사회적인 신분을 생각해 보십시오. 이 사실은 오늘날의 그리스도인들에게 어떤 교훈을 줍니까?(갈 3:28 참고)

2. 공동체로 부르심

나는 하나님의
가족입니다

복음서의 기록을 통해 가장 명백하게 드러나는 것은 하나님이 한 사람의 개인에게 관심을 가지셨다는 사실이다. 개인을 별로 중요하게 여기지 않던 시대에 한 개인을 중시했다는 것은 예수 그리스도의 복음이 추구하는 핵심적인 부분이다. 그는 우리를 개인적으로 알고 계시며 우리의 이름을 부르실 만큼, 개별적인 사랑을 갖고 계신다. 예수님은 '삭개오야!' 하고 부르시며 뽕나무 위에 자기 몸을 숨긴 세리장에게 말씀했다. 방황하며 외로움에 지친 사람들의 마음을 사로잡은 것은 바로 이러한 개인적이고 인격적인 접근 방법이었다. 예수님은 실제로 한 사람의 개인을 인격적으로 사랑하셨다.

개인을 부르셨다는 사실은 분명 놀라운 일이다. 그렇지만 예수님이 개인을 부르신 것은 혼자 존재하기 위함이 아니라, 하나님 백성들의 새로운 공동체로 연합시키기 위함이었다. 그는 열두 제자를 부르셔서 서로 함께 살도록 하셨다. 그들은 매일 서로 교제하면서 이기심을 극복하고 서로 돕고 의지하는 방법을 배워야 했다. 그들은 기쁨과 슬픔, 고통뿐 아니라 재산도 함께 나누었다. 이렇게 그들은 그리스도의 공동체를 형성했다. 여기에는 열두 명의 남자 외에 몇 명의 여자들도 있었다. 그녀들은 제자들의 무리와 연합하여 재정적인 지원을 했다. 모든 제자들은 이제까지 알지 못했던 깊이 있는 나눔의 삶으로 부름 받았다. 요한은 사도들이 예수님과 함께 누렸던 참된 나눔의 삶을 이렇게 기록했다. "우리가 보고 들은 바를 너희에게도 전함은 너희로 우리와 사귐이 있게 하려 함이니 우리의 사귐은 아버지와 그의 아들 예수 그리스도와 더불어 누림이라"(요일 1:3). 이러한 삶을 이제 모든 그리스도인들이 누릴 수 있게 되었다.

공동체가 먼저다

오늘날 우리는 개인의 중요성이 약화되고, 개인이 극도로 외로운 시대를 살고 있다. 따라서 교회는 지금보다 더 그리스도인의 제자도에서 공동체를 강조해야 한다. 예수님은 3년 동안 제자들과 친밀한 관계를 유지하심으로 오늘날 교회의 모델을 제공하셨다. 제자들을 사랑하여 그들의 필요를 채워 주셨고, 그들을 가르치셨고, 그들의 언행심사를 고쳐 주셨으며, 그들의 신앙을 자극하셨으며, 하나님의 나라에 관하여 알려 주셨고, 자기 이름으로 그들을 보내셨으며, 용기를 주고, 그들을 인도하셨다. 그리고 제자들도 서로에게 똑같이 행하라고 명령하셨다. 하나님께서 규정하신 서로 나누는 공동체의 참 모습을 재발견한 교회는 세상을 향하여 강한 설득력과 신뢰심과 영적인 능력을 가지게 될 것이다.

바울은 교회에 대하여 이렇게 말했다. "너희는 사도들과 선지자들의 터 위에 세우심을 입은 자라 그리스도 예수께서 친히 모퉁잇돌이 되셨느니라"(엡 2:20). 그는 교회의 기초가 사도들의 교리나 가르침, 종교적 행위라고 말하지 않았다. 성경이 우리에게 주는 진리는 그 무엇보다 독특한데, 곧 그리스도 교회의 기초를 실제로 형성한 것은 사도 자신들과 그들이 서로 나누는 삶이었다는 사실이다.

예수님은 제자들에게 하나님 나라에 관하여 많은 진리를 가르치셨지만, 무엇보다 바로 당신 자신(그리스도)을 알기 원하셨다. 이것이 영생의 의미이다(요 17:3). 그들은 예수님과 함께 생활하면서 생명이신 예수를 알게 되었고, 그의 생명을 서로 나눌 수 있게 되었다. '하나님을 안다' 또는 '예수 그리스도를 안다'에 사용되는 '안다'라는 단어는 남자가 그의 아내를 안다고 할 때 사용되는 단어와 동일하다. 이것은 깊고, 친절하며, 개인적이고 인격적인 연합을 말한다. 이러한 앎을 완성하기 위하여 예수님은 자기 제자들을 함께 살면서 사랑하는 공동체로 부르셨던 것이다. 그분은 교회를 세울 때 이것을 가장 중요한 일로 그리고 가장 먼저 이루어져야 할 일로 보았다.

예수님이 제자들과 함께 살면서 보여 주신 이 형태는 초대 교회에도 계속되었고, 그들의 가장 큰 특징이 되었다. "믿는 사람이 다 함께 있어 모든 물건을 서로 통용하고 또 재산과 소유를 팔아 각 사람의 필요를 따라 나눠 주며… 믿는 무리가 한마음과 한 뜻이 되어 모든 물건을 서로 통용하고 자기 재물을 조금이라도 자기 것이라 하는 이가 하나도 없더라"(행 2:44, 4:32).

그들은 함께 예배를 드렸고, 함께 기도했고, 함께 일했고, 함께 전도했고, 모든 재산을 함께 나누었고, 주위에서 일어나는 일들을 함께 처리했다. 그들은 자신들이 회심한 대로 풍성한 사랑을 실천하였으며, 이것은 세상에 커다란 충격을 주었다. 예수님은 사랑이 제자들의 표시가 되어야 하며, 그들이 사랑으로 연합하는 것을 보고 다른 사람들이 그리스도를 믿기를 기도하셨다. 그리고 이러한 일이 실제로 발생했다. 믿고 구원받는 사람들의 숫자가 매일 늘었다는 사실은, 사랑으로 연합된 제자들의 공동체를 생각하면 그리 놀랄 일이 아니다. 그들은 그리스도에게 뿐만 아니라 서로에게 헌신했기 때문에 이 땅 위에서 눈으로 보는 것처럼 그의 부활의 능력을 나타내 보였다. 하나님의 능력은 개인이 아닌 하나님의 백성이라는 공동체를 위하여 존재한다. 시편 기자에 의하면 여호와께서 축복을 내리시는 것은 '형제가 연합하여 동거할 때이다'(시 133편).

하지만 교회라는 새로운 공동체의 형성은, 모든 창조 세계를 위한 좀 더 크고 넓은 계획을 위한 방법에 불과했다. 하나님의 좀 더 크고 넓은 계획은 에베소서 1장 9-10절에 요약되어 있다. "그 뜻의 비밀을 우리에게 알리신 것이요 그의 기뻐하심을 따라 그리스도 안에서 때가 찬 경륜을 위하여 예정하신 것이니 하늘에 있는 것이나 땅에 있는 것이 다 그리스도 안에서 통일되게 하려 하심이라." 오늘날 이 세상은 인간들의 죄로 오염되었고 악한 존재의 손아귀에 사로잡혀 있다. 창조 세계는 "썩어짐의 종노릇"을 하고 있다(롬 8:19-22). 이러한 이유 때문에 그리스도께서 하나님 나라의 참 모습을 깨우치시려고 우리에게 오신 것이다. 한스 큉(Hans Kung)은 "하나님의 나라는 고침 받은 창조 세계"라고 말했다. 그래서 하나님은 만물이 그리스도 안에서 연합되고 회복되도록 만물을 그의 권위 아래에 두려고 하는 것이다.

하나님은 교회를 하나님의 계획을 이루어 갈 대행자로 선택하셨다. 그러나 교회가 먼저 공동체 안에서 치유하고 화해하는 사역을 잘 감당할 때, 하나님의 창조 세계에 대한 치유와 화해의 사역을 효과적으로 감당할 수 있는 것이다. 그러므로 세계를 통틀어 9천여 개의 교파가 있다는 사실은 그리스도에 대한 모욕이며, 복음에 대한 부정이며, 하나님 나라의 확장을 결정적으로 방해하는 요소이다. 그리스도인들이 그리스도의 몸을 수천 개의 작은 조각으로 갈래갈래 찢었다는 사실을 깊이 회개하고, 성령께서 이를 치유하고 새롭게 하기를 간절히 기도할 때, 교회가 그리스도 안에서 만물을 화해하는 일에 하나님의 대행자가 될 수 있을 것이다. 그때까지는 창조 세계가 깨어지고 비뚤어진 상태로 남아 있으며, 괴로움 가운데서 신음하면서, 간절한 마음으로 하나님의 아들이 선포되는 것을 기다리게 될 것이다.

성경적이며 실제적인 이야기로서, 우리는 하나님 나라가 현재 이루어졌고(Now) 또한 아직 이루어지지 않았다(Not Yet)는 사실을 항상 인식해야 한다. 그리스도가 이미 오셨고, 그가 자기에게 순종하는 모든 백성들을 통치한다는 의미에서는 하나님의 나라가 이미 도래했다. 그러나 "지금 우리가 만물이 아직 그에게 복종하고 있는 것을 보지 못하고"(히 2:8) 있고 그리스도인들은 여전히 타락한 세상에서 죄를 지으며 살고 있기 때문에, 그리스도가 승리 가운데 다시 와서 모든 대적들을 자기 발아래 복종시킬 때까지는 하나님의 나라가 완전한 능력과 영광중에 있는 것을 보지 못할 것이다.

하나님 나라에 관한 성경의 균형 있는 진술은 매우 중요하다. 교회가 오직 사랑으로 하나님 백성들의 연합되고 사랑스러운 공동체를 이룬다면 하나님의 창조 세계는 '실질적으로 치유'될 것이다. 비록 완전한 회복이 성취되려면 그리스도의 재림을 기다려야 하지만 말이다. 하나님은 그리스도를 통해 세상과 화해하기 시작하셨고 바로 우리에게 화해의 메시지와 임무를 위임하셨다.

그러나 병든 교회가 병든 세상을 치유하려고 든다면, 세상 사람들이 비웃을 것이다. '돌팔이 의사들이여, 너희 자신들이나 치료하라!' 그렇기 때문에 결정적으로 중요한 사실은 진실한 예수 그리스도의 모든 제자들이 우리를 분리시키는 부정적이며 사랑 없음을 회개하고, 성령의 능력 안에서 서로에게 완전히 헌신하려고 결심하는 일이다. 이러한 결심이 행동으로 나타나야만 하나님의 계획이 이 세상에 실현될 수 있다.

하나님은 교회를 위한 자기의 계획을 한 번도 취소한 적이 없다. "하늘에 있는 통치자들과 권세들에게 하나님의 각종 지혜를 알게 하려" 하는 것은 바로 '교회를 통하여' 이루어지는 것이다(엡 3:10). 그러나 교회가 연합함으로 하나님의 지혜와 능력과 사랑을 세상에 보여 주지 않으면, 세상은 여전히 어둠의 권세 아래 남아 있을 것이다. 그러면 사탄과 그의 모든 자손들이 조롱하면서 '너희의 하나님이 어디 있느냐?'라고 말할 것이다.

하나님이 이 세상을 구속하는 대행자로 교회를 선택했다는 사실을 알게 되면, 신약성경 기자들이 왜 그토록 끈질기게 그리스도인들의 화해를 주장했는지 이해하게 될 것이다. 그들은 그리스도인들이 증오와 험담을 모두 버리고 '그리스도께서 우리를 사랑하신 것같이' 우리도 사랑 안에서 행해야 된다고 계속해서 강조했다. 우리가 서로 사랑함으로써 하나님의 나라를 증명하지 못한다면, 우리는 믿지 않는 이 세상, 깨어진 이 세상을 설득할 힘을 영원히 잃게 된다.

하나님의 백성들과 연합하라

예수님이 요한복음에서 위대한 대제사장으로서 기도할 때 가졌던 부담감이 바로 그것이었다. 아버지께 반복해서 기도하시는 그의 간절한 마음을 주목하라. 이것은 가끔 그가 제자들과 고통스러운 체험을 하셨기 때문에 더욱 강하게 느껴진다.

"…우리와 같이 그들도 하나가 되게 하옵소서 …아버지여, 아버지께서 내 안에, 내가 아버지 안에 있는 것 같이 그들도 다 하나가 되어 우리 안에 있게 하사 세상으로 아버지께서 나를 보내신 것을 믿게 하옵소서 내게 주신 영광을 내가 그들에게 주었사오니 이는 우리가 하나가 된 것 같이 그들도 하나가 되게 하려 함이니이다 곧 내가 그들 안에 있고 아버지께서 내 안에 계시어 그들로 온전함을 이루어 하나가 되게 하려 함은 아버지께서 나를 보내신 것과 또 나를 사랑하심 같이 그들도 사랑하신 것을 세상으로 알게 하려 함이로소이다"(17: 11, 21-23)

삼위일체 하나님의 속성은 완전한 사랑의 공동체로 표현된다. 우리 안에 계시는 하나님은 경직된 교리(교리도 중요하지만)가 아니라 사랑의 공동체가 되어 가는 교회 안에서 드러나는 것이다. 교회는 죄로 인하여 갈라지고 분리되는 것을 막고, 화평의 띠로 성령의 연합을 유지하도록 노력해야 한다. 가끔은 매우 고통스럽겠지만 말이다. 다른 방법으로는 하나님의 실재와 통치가 나타날 수 없다. 하나님 나라가 이 세상 나라보다 더 위대하다는 것을 증명하는 길은, 끈질긴 사랑으로 우리 주위의 악을 극복할 때 가능해진다.

그리스도 안에 있는 우리의 연합은 그 자체로 하나님의 삶을 표현하는 것이다. 이것이 보이지 않는 하나님이 창조 세계에서 드러날 수 있는 생생한 방법이다. 교회는 오늘날을 위한 '육신이 된 말씀'이 되어야 한다. 다른 사람들이 우리가 사랑으로 서로 교제하는 것을 보고, '이것이 바로 하나님의 모습이다!'라고 말할 수 있어야 한다. 물론 이것이 무한하신 하나님에 대한 전부는 아니겠지만 모든 인종, 배경, 문화, 언어를 막론하고 인간의 마음을 움직이는 가장 적절하고 의미 있는 진리임에는 틀림없다.

사랑은 우주적이고 보편적인 언어이다. 하나님의 백성들에게서 나타나는 사랑은 복음의 진리를 설명하는 가장 확실하고 설득력 있는 매개체이다. 나는 교회를 섬기면서 선교하는 특권을 누리고 있는데, 이것이 열매를 가장 많이 맺는 효과적인 선교인 이유가 바로 여기에 있다. 교회 안에 하나님의 사랑이 명백하게 드러나고, 또 이 사랑이 공동체 안으로 흘러 들어갈 때, 나는 사람들에게 '이것이 너희들이 보고(see) 들어(hear)왔던 것이다…'라고 말할 수 있었다. 이렇게 될 때 사람들이 교회로 몰려 들어오는 것은 전혀 놀랄 일이 아니다. 왜냐하면 이것이 하나님 나라의 모습이기 때문이다. 많은 사람들이 교회 공동체를 통해 하나님 나라를 보았고, 왕이신 그리스도를 믿게 되었다.

초대 교회는 그리스도의 십자가로 모든 인종적 · 사회적 장벽을 깨뜨렸고 그리스도 안에서 성령으로 모두 하나가 되었다는 사실을 세상 사람들에게 명백하게 보여 주었다. 당시 고대 사회에서 복음의 진리를 이보다 더 위대하게 보여 준 것은 없었다. 이것은 하나님의 나라에 대한 명확한 증거였다. 오늘날 그리스도의 화해시키는 능력이 정치적 극단주의자들, 오래된 원한 관계에 있는 사람들, 테러리스트들, 흑인과 백인들, 압제자들과 피압제자들 안에서 나타날 때, 그리스도의 실재는 더욱 힘 있게 증언될 것이다. 만약에 이와 같은 관계가 회복된다면 하나님의 창조 세계도 치유될 수 있다. 우리가 그리스도의 새 계명 곧 우리 서로가 그리스도께서 우리를 사랑하신 것같이 사랑한다면, 하나님의 나라는 더욱 확장될 것이다.

이런 이유로 공동체에 기초한 제자도가 효과적인 복음 전도를 위해서 필수적인 것이다. 제자도란 한 사람의 신자를 복음을 전하는 제자로 훈련시키는 것 이상의 의미를 가지고 있다. 물론 개인 전도도 중요하지만 단순히 개인적인 접근은 성경적이 아니다. 모든 그리스도인들은 예수의 증인이지만, 모든 그리스도인들이 복음 전도자로 부름을 받은 것은 아니다.

이것이 신약성경이 우리에게 가르쳐 주는 진리이다. 교회는 확실히 복음 전도를 위임받았다. 그러나 교회는 그리스도의 몸으로서 다른 은사를 가진 많은 교인들을 가지고 있다. 성령의 여러 가지 다양한 은사들이 '각자의 뜻대로' 계발될 수 있도록 허용될 때, 그리스도의 몸인 교회는 자기 고유의 기능을 발휘할 수 있고, 오직 그때에 복음을 전하는 사명을 성취할 수 있다. 복음의 실재는 먼저 명백하게 교회의 삶 안에서 나타나야 한다. 이것이 드러날 때 교회 안에서 복음 전도자로 부름 받은 사람들이 그 실재 뒤에 있는 진리를 쉽게 설명할 수 있다.

피터 와그너(Peter Wagner) 같은 선교신학자들은 복음 전도에서 '3P'를 강조한다. 무엇보다도 먼저 '현존(Presence)의 복음 전도'가 있어야 한다. 이것은 교회가 예배와 삶의 증거를 통하여 하나님이 '현재 여기에 계신다'(Present)라는 인식을 세상에 주는 것이다. 이것은 오늘날 교회가 병들어 여러 장소에서 복음 전도가 어려워진 이유면서 전도에서 가장 부족한 것이기도 하다. 둘째는 '선포(Proclamation)하는 복음 전도'다. 하나님의 백성들 가운데서 이미 하나님의 현존을 느낀 모든 사람들에게 복음의 진리를 선포하는 것이다. 셋째는 '설득(Persuasion)하는 복음 전도'다. 여기에서 복음 전도자는 사람들로 하여금 회개하여 예수 그리스도를 신망하도록 설득하는 것이다. 물론 여기에는 사람들이 하나님의 현존을 느끼고 선포된 그의 메시지를 이해했음을 전제해야 한다. 그들은 이제 반응하도록 설득받고 있다. 그러나 스나이더(Snyder)는 여기에 넷째의 'P'를 추가한다. 곧 '전파(Propagation)하는 복음 전도'이다. 복음 전도의 궁극적인 목표는 사람들이 그리스도에게로 돌아오고 제자로 변화되는 것을 보고만 있는 것이 아니다. "성경에서 증거하고 있는 교회를 바르게 이해하기 위하여 우리는 한걸음 더 나아가야 한다. 우리는 복음 전도의 목표가 그리스도의 공동체를 형성하는 것이라고 말할 수 있어야 한다."[1] 만약 제자들이 하나님 백성들의 공동체를 형성하지 못한다면, 창조 세계를 위한 하나님의 계획은 성취될 수 없다.

다른 곳에서 스나이더는 아주 강조하며 이렇게 덧붙였다. "많은 교회들이 복음을 효과적으로 전하지 못하는 것은, 그들의 복음에 대한 공동체적인 체험이 너무 빈약하고 무미건조하여 전할 가치가 없다고 느끼고 있기 때문이다. 그 체험은 신자로 하여금 전해야겠다고 느낄 만큼 강하지도 않고, 믿지 않는 사람들에게 매력적이지도 않다. 그러나 그리스도인들의 교제(코이노니아, Koinonia)가 복음을 증명하는 곳에는, 신자들이 생기가 넘치며 비신자들은 그 비밀이 무엇인지 궁금해서 알고 싶어 한다. 그래서 진정한 그리스도인들의 공동체는 복음 전도의 기초이며 동시에 목표인 것이다."[2]

대부분의 복음 전도자와 교회 지도자들은 복음 전도에 있어 훈련도 중요하지만 보다 결정적인 요소는 동기부여(motivation)라고 말할 것이다. 그리스도인들은 그것이 무엇을 말하는지 알지만 굳이 말하지 않는다. 교회 내에서 그리스도인들이 체험하는 수준이 낮기 때문이다. 그러나 교회가 성령 안에서 새롭게 변화된다면 예수의 생명이 다른 사람들에게도 부어져 우리가 말하는 사실의 이면을 이해하게 될 것이다. 만약 우리가 진실로 그리스도가 우리 가운데 있기 때문에 복음에 흥분하고, 더불어 교회가 그리스도의 생명을 명백하게 보여 주어 "와서 보라"라고 말할 수 있다면,

복음 전도는 저절로 이루어질 것이다.

세상을 위한 하나님의 대안을 생각하라

교회가 근본적으로 성서적 원리에 입각하여 헌신적으로 공동체의 삶을 유지할 때, 우리는 즉각적으로 세상의 도덕적, 정치적, 경제적, 사회적 구조를 향해 도전할 수 있다. 그렇게 되면 교회는 존재 자체로 세상의 예언자가 될 것이며, 복음 전도자의 역할을 감당할 것이다. 오직 이러한 방법만이 교회를 하나의 조직으로 보고 실망하는 사람들에게 신선하고 강한 충격을 줄 수 있다. 이러한 이유에서 제자로의 부름과 공동체로의 부름, 선교로의 부름을 분리할 수 없는 것이다. 제자로서의 절대적인 헌신이 없다면, 진정한 그리스도인의 공동체는 존재할 수 없다. 그리고 그러한 공동체가 없다면 효과적인 선교도 있을 수 없다.

그러나 많은 교회가 그리스도인들의 교제에 있어서 우연한 만남이나 고작해야 함께 일하는 관계 - 왜냐하면 교회 안에는 특별한 목적으로 모인 단체가 있기 때문이다 - 에 불과한 경우가 많다. 예수님은 사람들을 제자로 불렀을 때 심오한 관계를 원하셨다. 이 관계는 요구하는 것도 많았지만 그 결과로 풍성하고 능력 있는 삶을 얻을 수 있었다. 그는 자기 제자들이 하나님의 아들과 딸들임을 확신하기를 원했다. 이 신분은 하나님께 절대적으로 헌신하고 또한 하나님의 가족 안에서 다른 사람에게 절대적으로 헌신하는 것을 전제하고 있다. 이것이 그들의 삶이었고 안전이었다. 그래서 부자가 하나님의 나라에 들어가기 어렵다는 것이다. 왜냐하면 부자의 신분과 안전은 대부분 자신의 부나 그 부에서 오는 사회적 지위와 권세에 있기 때문이다. 제자들이 예수님께 자기들은 그를 따르기 위하여 모든 것을 버렸다고 반응했지만, 예수님이 그들에게 약속한 것은 다음이었다. "베드로가 여짜와 이르되 보소서 우리가 모든 것을 버리고 주를 따랐나이다 예수께서 이르시되 내가 진실로 너희에게 이르노니 나와 복음을 위하여 집이나 형제나 자매나 어머니나 아버지나 자식이나 전토를 버린 자는 현세에 있어 집과 형제와 자매와 어머니와 자식과 전토를 백 배나 받되 박해를 겸하여 받고 내세에 영생을 받지 못할 자가 없느니라"(막 10:28-30). 여기서 '핍박을 겸하여 받고'라는 구절이 중요한 의미를 갖고 있다. 그리스도의 부름은 근본적으로 대안적인 사회에로의 부름이다. 이 사회는 그 존재 자체가 오늘날의 기존 사회에 심각하게 도전하는 것이다. "교회는 사랑의 방어 체제로 형성된 공동체로 구성되어야 한다. 그러나 오늘날 대부분의 교회는 취미와 성향이 어울리는 안락한 친목단체들로 구성되어 있다."[3]

아무도 안락한 무리들을 향하여 비판의 화살을 던지려고 하지 않는다. 그러나 우리가 탐욕과 압제와 자기중심으로 치닫는 현 세계에 도전하는 삶, 즉 '사랑의 방어 체제를 구축한 삶의 양식'을 채택했을 때는 즉각적으로 다른 사람의 강하고 지독한 반발에 부딪히게 된다. 초대 그리스도인들에게 있어 교제의 의미는 '형제들과 자매들의 물건들을 무조건적으로 이용하며 제한 없이 서로 의지하며 신뢰하는 것이었다. 여기에는 정서적, 재정적, 영적인 모든 것이 적용되었다.'[4]

이 충격적인 진술은 오늘날 많은 교회들의 피상적인 교제를 적나라하게 폭로하고 있다. 신약성서에서 코이노니아(Koinonia)라는 단어가 다른 것보다 돈과 재산을 서로 나눈다는 문맥에서 자주 나타나는 것은 매우 흥미로운 사실이다. 만약 그리스도께서 명백하게 보여 주고 삶으로 인증해 준 방법으로 교회가 하나님의 공동체가 되고자 한다면, 그것은 그저 함께 찬송하고, 같은 기도를 하며, 동일한 성례전을 행하며, 함께 예배하는 것 이상이어야 한다. 곧 우리의 삶, 우리가 소유하고 있는 모든 것을 서로 나누고, 헌신하는 행위를 포함해야 한다. 이것은 우리가 이기적인 삶을 포기하고 예수의 삶을 다른 사람에게 가져다 줄 때만 가능한 것이다. 이렇게 우리가 예수님의 사랑을 구체적이고 실질적으로 표현한다면 이는 그 무엇보다도 힘 있는 '하나님이 살아계시다'는 증거가 될 것이다.

세상의 가치와 근본적으로 다른 가치를 유지하는 일은 결코 쉽지 않다. 그렇지만 교회가 하나님의 화평케 하시는 사역의 효과적인 대행자가 되기 위해서는 세상에 속해서는 안 된다. 오늘날의 많은 그리스도인들이 복음주의자와 에큐메니칼주의자로 크게 양극화 되는 원인도 바로 여기에 있다. 그러나 이 두 극단 모두 성경적인 입장은 아니다. 복음주의자들은 교회를 세상으로부터 분리된 종교적 특권을 누리는 집단으로 본다. 그들은 교리적, 도덕적 순결에 집착하며 자신을 하나님의 총애와 축복의 특별한 대상으로 간주한다. 그들은 이러한 태도로 영적인 특공대가 되어 세상에 나가서, 세상의 요새를 파괴하는 것을 목표로 삼고, 세상의 방어 체제를 약화시키면서, 복음을 위하여 길을 예비한다고 말한다. 그러나 이러한 삶은 본질적으로 세상과 격리되어 있다. 그래서 세상에서의 사회적, 정치적 참여를 의심을 가지고 본다.

에큐메니칼주의자들은 이에 강하게 반발한다. 그들은 하나님이 교회 뿐만 아니라 온 세상을 사랑하심을 의식한다. 그 결과 너무 자주 복음을 세속화하며, 세상을 복음 전도의 대리자로 삼고, 세상 안에 있는 교회의 특이한 모습을 포기해 버린다.

그러나 교회는 '세상 안에 있는 하나님의 교육 장소'이다. 교회는 '앞으로 도래할 시대의 한 표시이다.'[5] 복음 선포와 사회적 행동은 모두 중요하다. 이들은 가위의 두 날과 같아서, 만약에 한쪽이라도 없으면 제 구실을 못하게 된다.

부패하고 어두운 사회에서 소금과 빛이라는 독특한 품질을 유지하기란 매우 어렵다. 그래서 그리스도인들이 세상의 압력을 저지하면서 예수 그리스도의 사랑과 생명을 세상에 제공하기 위해서는 다른 헌신한 제자들의 힘과 지원이 절대적으로 필요하다. 이런 이유로 바울은 '너희는 이 세대를 본받지 말라'고 말했던 것이다. 그러나 개인의 힘으로는 우리의 모든 면을 공격해 오는 사회의 물질주의적이며 탐욕주의적인 압력을 극복하기가 솔직히 불가능하다.

로널드 사이더는 이렇게 말한다. "우리의 풍요로운 사회적 가치는 서서히 잠들고 있으며, 우리의 지성과 마음을 교묘하게 잠식하고 있다. 이것을 우리가 방어할 수 있는 유일한 방법은 우리 자신이 그리스도인들의 교제 안으로 깊숙이 들어가는 것이다. 그래서 하나님께서 우리의 사고를 근본적으로 개조하시도록 하는 것이다. 이렇게 함으로 우리는 성서적 가치에 무조건적으로 헌신하는 형제자매들과 우리의 일차적인 동일성을 발견할 수 있다."[6]

우리 자신의 힘으로는 싸움을 걸어오는 세상의 권세와 정사들과 대항하여 싸워 이길 수 없다. 만약 우리가 어쩔 수 없는 환경이나 상황에 놓인다면, 그곳이 가정이든, 일터이든, 감옥이든, 어디든지 하나님의 은혜의 약속은 명백하다. 항상 '때를 따라 돕는 은혜'가 있다는 것이다(히 4:16). 그러나 보통 상황에서 우리가 영적 전쟁에서 승리하는 길은 오직 그리스도 안에서 굳게 연합할 때이다.

그리스도의 공동체를 세우라

예수님이 제자들을 훈련시킨 방법은 특공 훈련과 흡사하다. 그분은 3년도 채 안 되어 제자들의 마음을 사로잡았으며, 그들의 지성을 교훈했고, 그들의 의지를 변화시켰으며, 새로운 공동체를 형성하여 성령의 능력과 은사로 무장시켰다. 주님은 제자들과 함께 있는 시간이 짧다는 것을 아셨다. 또한 그들을 반대하고 박해하고 죽일 정도의 적의로 가득 찬 세상에 그들을 보내야 한다는 사실도 알고 계셨다. 허송세월할 시간이 없었다. 비록 제자들에게 풍성한 삶을 제공하셨고, 그들의 빈 마음을 사랑과 기쁨으로 채워 주셨지만, 또한 고난의 시대가 곧 도래할 것을 경고하셨다.

"보라 너희가 다 각각 제 곳으로 흩어지고 나를 혼자 둘 때가 오나니 벌써 왔도다… 이 모든 일 전에 내 이름으로 말미암아 너희에게 손을 대어 박해하며 회당과 옥에 넘겨주며 임금들과 집권자들 앞에 끌어가려니와…

너희가 내 이름 때문에 모든 민족에게 미움을 받으리라… 그때에 많은 사람이 실족하게 되어 서로 잡아 주고 서로 미워하겠으며… 불법이 성하므로 많은 사람의 사랑이 식어지리라…"(요 16:32; 눅 21:12; 마 24:9-10, 12). 이러한 말들은 결코 허언이나 공갈협박이 아니다. 초대 교회의 박해는 그 처절함과 잔인함에 있어서 실로 가공할 만했다. 오직 그리스도의 사랑이 그들을 붙잡았기 때문에 제자들은 박해를 극복할 수 있었다. 하나님의 은혜가 안에서부터 부풀어 올라 끔찍한 시련 가운데서 말할 수 없는 기쁨으로 하나님을 찬양할 수 있었던 것이다.

모두가 알다시피 이러한 사실은 오늘날에도 동일하다. 금세기를 통해 수백만의 그리스도인들이 그리스도로 인해 투옥되고, 고문당하고, 매맞고, 죽임을 당했다. 많은 공산주의 국가에서는 상황이 더욱 심각하다. 그럼에도 그리스도의 제자들은 하나님의 은혜로 그러한 시련을 극복하고 있다. 그들은 이제 서구 기독교를 향해 우리의 냉랭함과 무감각과 무사안일에 대해 강하게 지적하고 있다. 그러나 비교적 안전하고 편안한 상황에 있는 서구 그리스도인들도 눈앞에 고난이 임박해 있다는 사실을 의식해야 될 필요가 있다는 징조들이 보인다. 만약에 우리가 오늘날 세계 도처에서 날로 증가하고 있는 불안과 폭력들을 의식한다면, 엄청난 핵무기 보유량과 인구 폭발과 지구 자원의 감소와 계속되는 경제 침체와 전투적인 마르크스주의와 이슬람을 굳이 언급하지 않더라도, 우리는 "사람들이 세상에 임할 일을 생각하고 무서워하므로 기절"할 때가 가까이 임박한 사실을 의식해야 할 것이다(눅 21:26).

"평화로울 때 너희 자신을 강하게 하라." 이것은 우리 교회가 자주 부르는 찬송의 한 구절이다. 우리는 후에 싸우게 될 전투에 대해 만반의 준비를 갖추어야 한다. 우리 주 예수님에 대한 지식과 사랑을 더욱 깊게 하고 하늘에 계신 아버지에 대한 신앙을 더욱 두텁게 해야 할 것이다. 또한 어떻게 하면 계속적으로 성령 충만한 삶을 살 수 있는지 배워야 할 것이다. 무엇보다도 우리의 개별적인 차이를 극복하고, 서로 용서하며 용서받음으로, 그리스도를 위한 사랑에서 출발하여 서로에게 더욱 헌신해야 할 것이다. 초대 교회의 박해를 저지했던 것은 그리스도의 공동체였으며, 오늘날 우리를 억누르는 세상의 압력을 극복할 수 있는 것도 세계 도처에 존재하는 그리스도의 공동체인 것이다. 그리스도인들이 예수의 이름으로 함께 나아갈 때, 그는 특별한 힘과 능력으로 우리들과 함께 있을 것이다. 악한 세상의 모든 창들을 제지할 수 있는 믿음의 방패는 '함께'이다. 이제 우리가 행동할 때이다.

1978년, 니카라과의 수도 마나과(Managua)에 있는 '하나님의 도성'(City of God)이라는 기독교 공동체의 지도자인 카를로스 만티카(Carlos Mantica)는 다음과 같이 말했다. "1973년 이래로, 시련의 때가 올 것이라는 예언을 받아 왔다. 그리고 이제 이것을 심각하게 받아들이고 있다. 시련의 때가 도래했을 때 우리는 완전하게 준비하지 못했지만 그것의 첫 충격을 저지할 만한 힘은 있었다." 그 나라의 그리스도인들은 대량학살, 고문, 테러 등을 통하여 심각한 시련을 받고 있었다. 이것은 1977년에 절정에 달했다. 그러나 진정한 그리스도인의 공동체 안에서 서로 깊게 헌신했던 사람들은 고난의 한가운데에서도 대부분 굳게 설 수 있었다. 이것은 교회의 이천 년 역사를 통해 하나님의 백성들이 계속 체험했던 내용이다. 만티카는 그들이 배웠던 생생한 교훈들 가운데서 몇 가지를 우리에게 전해 주었다.

1. 전쟁에서 가장 중요한 시기는 준비하는 시간이다. 이를 위해 가장 중요한 시간은 바로 지금이다. 실제적인 시련의 때가 도착하면, 이미 준비할 시간은 지났다. 당신은 준비가 되었든지 아니면 준비 없이 임해야 한다. 만약에 준비되지 않았다면, 많은 고난을 당할 것이다.

2. 시련의 때가 도래하면, 영적 전쟁의 강도는 평소보다 두 배나 강하다. 세상과 육체와 악은 당신에게 매우 거세게 싸움을 걸어온다. 보통 때 가지고 있던 통상적인 힘만으로는 불충분하다. 다른 종류의 요새나 무기를 가지고 있는 것이 중요하다.

3. 이 요새는 깊은 확신과 굳은 결심과 강한 관계 안에서 건축된다. 우리의 굳은 결심은 하나님 나라를 선택하고 다른 것을 거부하는 것이다. 예수를 우리의 절대적이고 유일한 주님으로 받아들이는 것이다. 우리의 돈과 재산의 소유주이자 사고와 정서와 행동의 주님으로 받아들이는 것이다.

    …예수님은 필요할 때 우리가 서로 돕고 또 많은 다른 사람들을 도울 수 있도록 고난이 오기 전에 공동체가 먼저 있어야 한다고 결정하셨다. 이제 우리는 그 공동체의 중요성을 이해하며 우리의 관계를 강화시킬 필요를 느낀다. 하나님이 우리와 맺은 언약과 더불어 우리가 형제자매들과 맺은 계약은 고난의 때에 가장 좋은 보증인 것이다.[7]

많은 교회 안에서 이뤄지는 성도의 피상적인 교제로는 충분하지 않다. 예수에 대한 개인적인 믿음, 정기적인 예배와 기도 생활, 성실한 교회 출석만으로도 충분하지 않다. 우리는 자신을 한 가족, 한 몸의 지체로 볼 필요가 있다. 우리는 그리스도 안에서 영원히 연합되었다. 따라서 서로에게 강한 사랑으로 헌신함으로써 그 연합을 실제로 만들어야 한다.

당신 주위에 있는 형제들을 보호하라,
그들의 손을 굳게 잡아라.
우리가 굳게 맺은 연합을
사탄이 깨지 못하도록.

기쁨은 우리가 함께 먹는 음식,
사랑은 우리 가정의 형제들,
몸을 위하여 하나님을 찬양하라,
샬롬, 샬롬. [8]

1. 그리스도인의 신앙은 개인적이면서도 공동체적입니다. 그리스도 안에 들어오는 순간 우리에게는 어떤 변화가 일어납니까?(롬 12:4-5)

2. 오순절 후의 초대 교회 공동체는 크게 확장되었습니다. 이들이 계속해서 공동체를 유지할 수 있었던 이유는 무엇입니까?(행 2:44, 4:32) 사도 바울은 그리스도인들을 어떻게 묘사합니까?(엡 2:20-22)

3. 이렇게 하시는 하나님의 궁극적인 목적은 무엇입니까?(엡 1:10; 골 1:20) 공동체는 하나님의 궁극적인 목적을 이루기 위한 방법이자 모형입니다. 그 의미를 생각해 보십시오.

4. 하나님의 나라가 이 땅에 임했지만, 아직 최종적으로 완성된 것은 아닙니다. 하나님의 나라는 누룩이나 땅에 심긴 겨자씨처럼 확장되어 갑니다. 이런 관점에서 교회 공동체가 지닌 사명은 무엇입니까?(요 13:34-35, 요 17:21)

5. 교인이 많아져서 교회가 외적으로 성장하는데 믿는 자들과 교회가 사회에 커다란 영향을 미치지 못하는 이유는 무엇입니까?

3. 거룩한 교제

나는 낮아짐으로
섬깁니다

제자도는 실제적인 삶과 더불어 나누는 삶이 포함되어 있다. 우리는 우리의 삶을 나누도록 부름 받았다. 그러나 서로를 알지 못한다면 나눌 수도 없다. 소크라테스의 '네 자신을 알라'는 말은 대부분의 사람들이 알고 있는 오래된 명언이다. 그러나 오늘날은 존재(being)보다 행위(doing)를 너무 강조하는 분위기 때문에 많은 사람들이 압박감을 느끼며 정체성의 위기(identity crisis)를 겪고 있다. 서구 사회가 중시하는 것은 '무엇을 하는가?', '얼마만큼 성공했는가?', '무엇을 성취했는가?'이다. 우리가 이러한 것에 관심을 집중시킬수록 '나는 누구인가?'라는 질문에 답할 수 없을 것이고, 이에 대한 확신과 해답을 얻지 못하면 아마 다른 사람과도 삶을 나눌 수 없을 것이다.

현대인들이 자기 실체를 잘 파악하지 못하는 또 다른 이유는 우리가 환상의 세계에 살고 있기 때문이다. 하루의 대부분을 텔레비전을 비롯한 대중매체와 접해 있는 현대인들에게 이 현상은 더욱 심해지고 있다. 또한 우리 주위의 많은 실제 현실들은 환상에 젖어 있는 우리들을 더욱 좌절과 절망으로 이끈다. 대부분의 사람들은 이러한 위기 상황에 대처할 능력을 상실했다. 곧 인간에게 주어진 자연적인 방어 기제가 고유 기능을 잃고 만 것이다. 그래서 우리들은 너무 당황하여 무감각하게 되든지, 주위에 존재하는 문제들을 부인하게 되든지, 또는 위험한 착각의 세계로 도피하든지 하게 된다.

그리스도인이라고 해서 개인적이며 인격적인 갈등을 겪지 않고 사는 특혜를 받은 것은 아니다. 예수님의 제자가 되는 것은, 어떤 비평가가 제안하는 것처럼 현실로부터의 도피가 아니다. 오히려 그 반대다. 예수님은 현실주의자이셨다. 죄와 고통이 가득한 현실로부터 도피하지 않고, 인간들의 갈등과 시험, 기쁨과 고난을 완전하게 체험하셨다. 그분은 인간의 본질적인 현실에 직접 맞닥뜨려, 왜곡되고 짓눌린 현실을 직시하고, 자신의 생명을 내놓으면서까지 우리가 하나님의 형상대로 회복되도록 도우셨다. 그리고 인간의 마지막 대적인 죽음과 정면으로 대결하셨다. 또한 다시 살아나심으로 인간이 피할 수 없는 죽음에 관해 큰 소망을 품게 하셨다.

예수님은 거짓 선지자들처럼 세상에 평화가 존재하지 않는데도 '평화, 평화, 평화'라고 외치지 않으셨다. 오히려 예루살렘에 하나님의 심판이 도래하리라고 경고하셨으며, 당신이 다시 오기 전에 전쟁과 기근, 지진과 많은 환난들이 발생할 것을 예언하셨다. 주님은 자기 백성들에게 솔직하고 정직했으며, 그들의 마음속에 무엇이 있는지 잘 아셨다. 때로는 부드럽게, 때로는 가혹하게 사람들의 가장 큰 욕구를 충족시켜 주셨다. 당사자들이 자신의 문제가 무엇인지 알든지 모르든지 관계없이 말이다.

예수님은 동일한 방법으로 오늘날 자기 제자들을 현실에 기반한 삶, 열린 삶, 그리고 정직한 삶으로 부르신다. 이제 가면을 벗고 서로에게 진실한 모습으로 다가가야 한다. 그래야 빛 가운데서 예수님과 교제할 수 있고, 나아가 서로에게 진실하게 대할 수 있다. 만약 그리스도의 빛 가운데 우리의 죄가 드러난다면, 예수님의 피가 모든 죄를 깨끗하게 씻길 것이다. 그리스도의 사랑이 우리들 가운데서 점점 더 성숙하기 위해서는 서로 용서하고 받아들이는 방법을 배워야 한다.

우리가 환상의 세계에서 빠져 나오고, 자아 정체성을 찾으며, 서로를 향해 마음을 활짝 열려면, 진정한 그리스도인의 공동체만한 장이 없다. 공동체를 이루려면 공간을 공유하며 한 지붕 아래 사는 것이 필수적이지만, 내가 궁극적으로 말하는 것은 그런 외형적인 것이 아니라 표현 가능한 모든 형태의 공동체이다. 특히 지역 교회에서 발견되는 형태를 강조하고 싶다. 어떤 사람들은 그리스도인의 공동체에 대한 환상을 가지고 있다. 여기에서는 하늘과 땅의 구분이 없고, 완전한 사랑과 기쁨과 찬양만이 있을 뿐이다. 만약에 그러한 꿈이 실제로 이뤄진다면 좋겠지만 - 물론 마지막 날에는 그렇게 되겠지만 - 그것은 곧 깨질 것이다. 어쩌면 그리스도의 공동체와 교제를 통해 그 꿈에서 더 빨리 깨어나게 될 것이다.

본회퍼는 이렇게 말했다. "하나님의 은혜는 그러한 꿈들을 졸지에 부수어 버린다. 하나님이 우리로 그리스도인들의 진정한 교제에 대한 바른 지식을 갖기 원하는 것처럼, 우리는 확실히 다른 사람과 일반적인 그리스도인들에 대한 커다란 착각에서 깨어나야 한다. 그렇게 될 때 정말로 복 있는 자가 될 것이다. … 하나님은 감정의 하나님이 아니라 진리의 하나님이다. 그런 착각에서 깨어나 불행하고 추한 모습까지도 인정하는 성도의 교제만이 하나님의 시야로 진실을 직시할 수 있다. …아침 안개 같은 꿈이 사라진 후 그리스도인들의 교제라는 밝은 날이 동트는 것이다."[1]

우리는 다른 그리스도인과의 열린 교제를 통해 단순히 종교적 놀이가 아니라 예수님을 실제로 따르고 있다는 것을 확신할 수 있다. 신학이 아무리 중요하다 해도 그리스도인의 신앙은 한마디로 '관계'에 관한 것이다. 우리와 하나님의 관계, 우리와 다른 사람들과의 관계이다. 죄의 본질도 바로 그것이다. 어둠의 세력은 너무 강하여 우리 관계를 쉽게 기만한다. 예수님은 당대의 위선자들에게 가혹한 심판의 메시지를 전했고, 그들 중 대부분은 매우 당황했다. 그들은 하나님을 믿으며 최선을 다해 율법을 준수하는 독실한 사람들이 아니었는가? 당대의 종교적 사회에서 도덕적이고 정직하며 타인으로부터 존경받는 사람들이 아니었는가? 또한 하나님께 끊임없이 기도하는 사람들이 아니었는가? 그러나 한 가지, 그들은 몸소 실천하지 않았다. "이 백성이 입술로는 나를 공경하되 마음은 내게서 멀도다"(막 7:6). 자신의 제자도를 돌이켜 보는 가장 좋은 방법은, 다른 사람들에게 진정으로 마음이 열려 있는가 생각해 보는 것이다. 어렵겠지만, 그 과정을 통해 자신이 참 제자인지 아닌지 해답을 얻게 될 것이다.

초대 교회는 그리스도의 공동체에 대한 이러한 이해가 근본적으로 있었기 때문에, 교회 밖에서의 구원을 생각할 수 없었다. 사람들이 주님께 더 가까이 갈수록 교회는 더욱 왕성해졌다. 제자들이 그리스도께 소속되었을 때 그들은 동시에 그분의 몸인 교회에 소속되었다. 커다란 죄에 대한 가장 가혹한 벌은 교회 공동체로부터 제거되는 것이었다. 이는 그 사람을 사탄에게 내주는 것에 상응하는 벌이었다. 왜냐하면 하나님의 은혜는 특별하게 교회 내에서만 체험되는 것이었기 때문이다. 그리고 신약성경에서 말하는 교회의 개념은 건물이나 제도나 조직이 아니고 하나님의 백성이기 때문에, 이것은 예수님의 제자들이 그리스도 안에서 서로에게 소속됨으로써 큰 힘을 얻었음을 의미한다. 본회퍼의 말처럼 "자기 형제를 보는 자는 자신이 그리스도 안에서 그와 영원히 연합될 것을 알아야 한다."[2]

공동체의 중심에는 십자가가 있다

참된 교제의 기본은 둘 또는 그 이상의 사람들이 예수 그리스도의 십자가 아래에서 무릎을 꿇고, 그분의 긍휼과 사랑에 전적으로 의지하는 것이다. 스스로를 의롭다고 여기는 교만과 추악한 마음은 그리스도인과의 교제를 통해 빛 가운데 드러나고 깨어진다. 그런 경험을 통해 내 죄가 어떻게 그리스도를 십자가에 못 박았는지 알게 되며, 나의 죄들이 그리스도의 몸인 교회에 얼마나 많은 상처를 내는지 알게 된다. 또한 새롭게 발견하게 되는 자아의 모습이나 지금까지 알고 있던 형제에 관해 새로운 것을 보게 될 때 전혀 놀라지 않게 된다. 자연스레 다른 사람을 더 이상 심판하지 않는다. 왜냐하면 죄로 가득한 자신의 마음을 십자가를 통해 여실히 깨달았기 때문이다.

교제의 중심에 있는 십자가를 통해 성도의 교제는 더욱 깊고 성숙해진다. 그러기 위해서는 모든 형태의 자아(자기 추구, 자기중심, 자기 의)가 십자가에 못 박혀야 하며, 다른 그리스도인과 소극적으로 교제하려는 자세도 버려야 한다. 가끔 우리는 상대방의 사회적 지위 고하를 따지며 교제하려고 한다. 그리고 우리가 받은 은사들과 축복, 성공을 그리스도의 이름으로 자랑스레 말하곤 한다. 물론 서로 용기를 북돋아 주고 격려하는 것이 필요하고 도움이 될 수도 있다. 그러나 진실한 교제는 상대방이 연약할 때 사랑을 나눔으로써 비로소 시작된다. 상대방을 놀라게 할 정도의 위험을 무릅쓰고 자신의 솔직한 마음을 말했을 때, 그리고 편견 없는 우정으로 서로를 받아들이면서 마음을 열 때, 우리는 서로가 십자가 아래 있다는 사실을 깨닫게 된다. 그곳은 가장 낮은 장소이며, 하나님의 치유와 은혜가 충만한 장소이다.

존 포웰은 서로에게 마음을 여는 데 대한 두려움을 이렇게 표현했다. "나는 내가 누구인지 당신에게 말하기가 두렵다. 왜냐하면 내 진실한 모습을 당신이 싫어할 수도 있고, 있는 그대로의 나를 반기지 않을 수도 있기 때문이다."[3]

우리는 계속 가면을 쓴 채 자신의 본 모습을 숨기는 것이 더 자연스럽다고 생각한다. 이것은 오늘날 많은 교회 안에 왜 예수님이 바라시는 공동체와 참된 제자가 없는지에 대한 이유를 잘 설명해 준다.

키이스 밀러(Keith Miller)는 교회가 당하는 곤경을 이렇게 설명했다. "교회가 외적으로는 만족스럽고 평화롭게 보이지만 내적으로는 나를 사랑해 달라고 외치는 사람들로 가득 찼다. …그들은 혼란에 빠져 좌절하고 있으며, 가끔 공포에 갇힌 채 죄의식으로 괴로워하고 있다. 심지어 가족과도 대화가 없다. 그러나 그들이 보는 교회 안의 다른 사람들은 너무 행복하고 너무 만족스럽게 사는 것 같아서 감히 자기 속마음을 털어놓을 용기를 좀처럼 내지 못한다. 너무 사기 충만한 모임처럼 보이기 때문이다. 오늘날 대부분의 교회가 이러하다."[4]

진정한 성도의 교제를 위해서는 서로를 의로운 성자가 아닌, 죄인으로 받아들여야 한다. 짐짓 거룩하고 경건해 보이는 모임에서는 죄인이 들어갈 틈이 없다. 너무 영적이어서 자연스럽지 못한 분위기에서는 누구든 가면을 쓸 수밖에 없는데 감히 다른 사람들과 다르게 행동하지 못하기 때문이다. 하지만 우리들 가운데 누구인들 자신의 모든 것이 드러났을 때 떳떳할 사람이 있을까? 그래서 죄는 여전히 위선 속에 가려진 채로 남는 것이다. 우리가 하나님의 자녀로서 진실한 자유를 누리고자 한다면 조금도 숨김없이 솔직해져야 한다. 우리를 사랑하는 주님이 우리의 어떤 모습도 그대로 받아들이시기 때문이다. 하나님은 우리의 가장 악한 모습을 아시지만, 그래도 그 사랑은 끝이 없을 것이다. 마찬가지로 우리가 서로에게 솔직해져야 삶 안에서 하나님 사랑의 깊이를 체험할 수 있게 된다.

서로에게 마음을 닫는 것은 곧 하나님께도 마음을 닫는 것이다. 우리는 서로 안에서 그리스도의 영을 인식해야 한다. 서로를 사랑하고 섬기는 것이 주님을 사랑하고 섬기는 것이기 때문이다. 바울 사도는 이렇게 말했다. "그러므로 우리가 이제부터는 어떤 사람도 육신을 따라 알지 아니하노라 비록 우리가 그리스도도 육신을 따라 알았으나 이제부터는 그같이 알지 아니하노라"(고후 5:16). "누구든지 그리스도 안에 있으면 새로운 피조물이라 이전 것은 지나갔으니 보라 새 것이 되었도다"(고후 5:17). 바울의 말은 우리가 서로를 외형으로 보는 것이 아니라, 그리스도 안에서 새롭게 된 모습으로 보아야 한다는 의미이다. 나아가 우리는 그리스도 안에서 무한한 잠재력과 진실한 모습을 찾도록 서로 용기를 북돋아 주어야 한다.

죄를 고백함으로 공동체의 성결을 지키라

오늘날 우리의 교회는 조금씩 병들고 있다. 야고보는 서신을 통해 하나님의 치료가 절실한 교회를 향해 중요한 치료 방법을 알려 주고 있다. "그러므로 너희 죄를 서로 고백하며 병이 낫기를 위하여 서로 기도하라"(약 5:16). 죄를 고백하지 않으면 그대로 어둠 안에 있게 되고, 하나님과의 관계는 물론 사람들 간의 관계도 깨지고 만다. 이것은 그리스도의 몸을 갈기갈기 찢는 것과 같다. 죄를 고백하지 않으면 믿는 자나 공동체에 하나님의 샬롬이 메마르게 된다. 다윗은 시편에서 이렇게 고백한다. "내가 입을 열지 아니할 때에 종일 신음하므로 내 뼈가 쇠하였도다 주의 손이 주야로 나를 누르시오니 내 진액이 빠져서 여름 가뭄에 마름 같이 되었나이다"(시 32:3-4). 마찬가지로 그리스도의 공동체는 한 구성원이 저지른 죄로 몸 전체가 병이 들며, 자신의 죄를 드러내어 고백할 때, 성도의 교제가 회복되고 치료받게 된다.

대중 앞에서 죄를 인정하는 것은 자기기만을 막는 방패가 된다. 거룩하고 죄 없는 하나님께 개인적으로 고백하는 것보다 거룩하지도 않고 죄 많은 사람들에게 공개적으로 죄를 고백하는 것이 더 어려운 것은 참 이상한 사실이다. 그것이 사실이라면, 다음 질문을 자신에게 던져야 한다. "우리는 하나님께 죄를 고백한다 하면서 우리 자신을 기만하지 않았는가? 스스로 묵인해 버린 죄는 없는가? 우리가 그리스도의 뜻을 따른다 하면서도 죄를 반복하는 것은 그리스도의 잣대가 아니라, 나의 잣대로 보고 쉽게 용서하기 때문은 아닌가?"[5]

그래서 야고보도 다른 형제들에게 공개적으로 죄를 고백하라는 문맥에서, 지은 죄는 어떤 것이라도 용서받을 것이라는 확신을 주었다. 죄가 한번 빛 안으로 들어오면 그것은 용서받고 잊히게 된다. 더 이상 믿는 자를 속박하거나 성도의 교제를 방해하지도 않는다. 죄인은 정직하게 죄인이 될 수 있다. 곧 그리스도 안에서 참된 교제를 나눌 수 있는 원천적인 힘이 되는 것이다. "죄를 서로 고백하면서 그리스도인은 모든 죄들 그리고 다음에 지을 죄까지도 포기할 수 있게 된다. 고백은 제자도이다. 이제부터 예수님과 그리스도의 공동체와 함께하는 삶이 시작되는 것이다."[6]

어떤 공동체에서든지 서로 죄를 고백하는 일은 많을수록 좋다. 이것을 아는 것이 지혜이다. 그러나 공동체를 위해 언제나 이로운 것만은 아니다. 예를 들면, 아직 성숙하지 못한 그리스도인 모임에서 한 지도자가 자신의 실패나 저지른 죄에 대해 아주 솔직하게 고백한다면, 구성원들은 그 상황을 어떻게 처리해야 할지 당황하게 될 것이다. 공개적인 것이 때로는 해가 되기도 한다. 그렇기 때문에 아무 부담 없이 나눌 수 있는, 비슷한 사람들의 모임이 좋다. 왜냐하면 가톨릭 전통에서 이 고백하는 제도를 남용하여, 고백하는 행위 자체에 너무 많은 가치를 두고 있기 때문이다. 그러나 사실 이 제도는 성서적이면서 유익한 것이다. 교회에서 위대한 부흥이 일어난 것은 바로 서로에게 죄를 공개적으로 고백했을 때였다는 사실을 간과해서는 안 된다. 숨겨진 죄가 어둠에서 빛으로 나올 때, 그리스도의 빛이 이제까지보다 더 밝게 빛날 것이다. 그때 성도의 교제와 연합이 회복되고, 성령의 힘이 자유로이 역사하게 된다.

자기를 낮춤으로 서로 섬겨라

우리의 교제가 더 깊어지고 사랑 안에서 헌신할수록 우리가 받는 상처도 더욱 커진다. 우리는 죄인으로서 계속해서 다른 사람을 실족케 하고, 실망시킨다. 그렇지만 우리가 사랑과 이해로써 다른 사람들의 연약함을 받아들이고, 그들의 나쁜 습관에 대해 인내한다면 그리스도의 법, 곧 사랑의 법을 성취하게 된다. 예수님은 제자들로부터 오는 이러한 짐을 모두 지셨다. 따라서 예수님을 따르기로 작정했다면 우리도 같은 마음을 먹어야 할 것이다.

바울은 빌립보에 있는 그리스도인들에게 그리스도의 마음을 본받을 것을 촉구했다. 예수님이 자기를 낮추어 우리를 위하여 종이 된 것처럼 우리도 우리 자신을 낮추어 서로를 섬겨야 하는 것이다. 자신의 관심을 돌아

볼 뿐만 아니라 다른 사람들의 관심사에도 귀 기울여야 한다. 다른 사람들을 판단하거나 비판하지 말고 대신 서로 사랑하며 용서해야 한다. 다른 사람들을 지배하지 말아야 하며, 자신의 이익을 위하여 이용하지 말아야 한다. 오히려 우리는 다른 사람들을 하나님의 형상대로 지음 받은 모습, 곧 영광 받을 만하고 존경받을 만한 모습으로 보아야 한다.

공동체 경험이 어느 정도 있는 한 기독교 지도자가 나에게 질문했다. "혹시 성령에 의존할 수밖에 없는 상황에 놓인 적이 있습니까?" 그는 우리 영적인 식구들 사이에 어려움이 있음을 알았다. 환상과 꿈으로 가득한 허니문 기간이 지나가자마자 우리 제자도의 여러 국면이 난관에 처했음을 발견한 것이다. 우리는 우리 마음속에 이토록 강한 이기심과 질투심이 있음을 확인하고 매우 놀랐다. 더욱이 스스로를 속이고 삶의 어두운 모습을 은폐시키려 했음을 깨닫고 매우 실망했다. 서로 자기 방어적으로 행동하면서 점점 다른 사람을 의심하고 비판했다. 사랑과 신뢰도 점점 옅어졌다. 우리는 영적으로 파산하고 있었다. 전혀 예측할 수 없었던 일이었다. 환상에서 깨어나는 순간, 곧 착각에서 벗어나는 순간 우리의 실제가 드러났다.

그리스도 안에 있는 참된 공동체라면, 모든 어둠은 빛 앞에 드러날 것이다. 인간적인 사랑은 그것이 강한 감정의 파급력을 가졌음에도 기본적으로 자기중심적일 수밖에 없다. 곧 소유하려고 할 뿐 섬기지 않는다. 인간적인 사랑은 사랑의 대상을 자유롭게 내버려두지 않는다. 우상으로 만들어 숭배하느라 온통 거기에만 생각이 집중된다. 인간적인 사랑은 목적을 달성하기 위해 주변 사람과 제도를 동원하는 등 수단과 방법을 가리지 않으며 만족할 줄 모른다. 마치 영적인 교제인양 흉내는 내겠지만 결국에는 진실한 교제를 파괴하고 만다. "만일 우리가 하나님과 사귐이 있다 하고 어둠에 행하면 거짓말을 하고 진리를 행하지 아니함이거니와…"(요일 1:6).

우리가 공동체를 세우는 데 있어서 인간적인 사랑으로는 충분하지 않다는 사실을 먼저 받아들이고, 또한 우리가 본질적으로 죄를 지을 수밖에 없는 존재임을 받아들인다면, 우리를 완전하게 용서하시는 하나님의 사랑을 기뻐할 수 있을 것이다. 나아가 인간의 사랑이 아닌 하나님의 사랑을 구하게 되며, 성령의 힘으로 날마다 충만할 것이다. 하나님의 사랑은 사람을 사람 자체로서 돌보고 사랑한다. 우리가 진실로 그리스도의 사랑 안에 있다면 일흔 번씩 일곱 번까지도 상대방을 용서할 수 있게 된다. 그리고 다른 이의 소망을 생각하고, 그들을 위해 자신의 삶을 헌신하며, 어려움 가운데 있는 형제와 아낌없이 나눌 수 있게 된다. 시간과 돈을 내어 주고, 상대방의 말에 귀 기울이며, 다른 사람에게 하나님을 전하게 할 것이다. 하나님의 사랑은 성도 간의 깨어진 교제를 회복시키고, 우리로 하여금 온전한 빛 가운데 서게 하시며, 다른 사람들에게 마음을 열게 하신다.

서로 사랑하라

윌리엄 바클레이(William Barclay)는 그리스도인의 사랑을 이렇게 표현했다. "아가페(Agape)는 다음과 같이 말하는 정신이다. '어떤 사람이 나에게 어떤 행동을 하더라도 나는 절대로 그에게 나쁜 마음을 품지 않을 것이다. 원한을 되갚을 마음도 가지지 않을 것이다. 오직 그에게서 선한 것을 발견하려고 노력할 것이다.' 다시 말해 아가페는 '억누를 수 없는 선한 마음, 어쩔 수 없이 표현되는 선한 뜻'(unconquerable benevolence, invincible good will)이다. 이것은 단순히 한 가닥의 정서 표현이 아니다. 깊이 있게 삶을 계획하는 가운데 마음으로 결단하는 진지한 확신인 것이다…'.[7]

물론 이 사랑은 삼위일체 안에서 완전하게 계시되었고, 세상을 향한 하나님의 사랑 안에서도 증명되었다. 이 사랑은 예수님의 삶과 사역의 동기이기도 했다. 이것은 예수님이 십자가에서 완전하게 자신을 희생시킨 사건을 통해서만 설명될 수 있고, 오늘날 그리스도인과 그리스도인 공동체의 가장 큰 특징이기도 하다. 사랑이 없다면, 우리에겐 아무것도 없으며, 우리 또한 아무것도 아니다.

사랑의 가치는 찬란할 정도로 위대하다. 그래서 먼저 인간을 위한 하나님의 사랑을 살펴보는 것이 도움이 될 것이다. 그런 다음 하나님을 위한 우리의 사랑, 그리고 인간을 위한 인간의 사랑, 마지막으로 사랑 자체의 특성에 대해 살펴볼 것이다.

하나님의 본질적인 특성은 사랑이다(요일 4:7). 이는 모든 사람을 포용하는 사랑이다. 하나님은 우리 모두가 구원받기 원하신다(딤전 2:4). 이것은 공로 없이 얻는 사랑이다. 우리가 여전히 죄인이었을 때 그리스도께서 우리를 위하여 죽으셨기 때문이다(롬 5:8, 10). 이것은 희생적 사랑이다. 하나밖에 없는 아들을 우리에게 주었을 뿐 아니라, 우리 죄를 대속하셨기 때문이다(요 3:16; 고후 5:21). 이것은 긍휼의 사랑이다. 왜냐하면 하나님은 우리 죄를 씻어 버리기를 원하며, 자기 분노를 결코 영원히 간직하지 않기 때문이다(엡 2:4; 시 103:8-10). 이것은 승리하는 사랑이다. 왜냐하면 우리로 하여금 시련과 시험을 극복하도록 도우시기 때문이다. 하나님은 우리가 시험당할 때 지혜를 주셔서 우리가 성숙하도록 만드신다(롬 8:37). 이것은 끊을 수 없는 사랑이다. 왜냐하면 아무것도 이 사랑에서 우리를 끊을 수 없기 때문이다. 실망이나 질병, 사탄이나 강요당하는 힘, 심지어 죽음까지도 우리를 끊을 수 없다(롬 8:38). 이것은 채찍질하는 사랑이다. 왜냐하면 하나님의 징계와 채찍질은 우리가 '흠 없고 거룩하게 보존되기 위하여' 곧 우리의 '최고의 선'을 위하여 반드시 필요하기 때문이다(히 12:6). 이것은 영원한 사랑이다. 성경에는 하나님의 사랑이 영원하다는 사실이 180번이나 나온다. 이것은 또한 질투하는 사랑이다. 하나님은 우리가 삶 전체를 하나도 남김없이 전폭적으로 드리기 원하신다. 하나님이 먼저 아낌없이 모든 것을 주셨기 때문이다(출 20:5).

하나님을 향한 우리의 사랑은 절대적이어야 한다. 왜냐하면 우리는 오직 한 분에게만 절대적으로 헌신하게끔 되어 있기 때문이다(마 6:24). 그리고 순종적인 사랑이어야 한다. 순종만큼 우리의 사랑에 대한 궁극적인 증거는 없다(요 14:15, 21-24). 이것은 먼저 사랑하시는 하나님의 사랑에 항상 반응하는 사랑이어야 한다. 그리고 하나님에 대한 우리의 사랑은 성령의 열매에 대한 가장 좋은 표시이다(갈 5:22).

그러나 성경에는 하나님에 대한 우리의 사랑이 비록 인격적인 성격이 강하게 있지만, 개인적인 사랑으로 끝나서는 안 된다고 쓰여 있다. 하나님에 대한 사랑이 우리가 서로에게 보여 주는 사랑을 통해 나타나기 때문이다. 그리스도인은 먼저 가족을 사랑해야 한다(엡 5:25; 딤전 5:8). 만약 그렇지 못하면 그는 영적인 가족의 지도자가 될 자격이 없다(딤전 3:1-5, 12; 딛 1:5-8).

오늘날 가정 문제는 너무 심각하다. 이것은 미래에 더 큰 문제들을 부를 것이다. 상황이 이렇다 보니 그리스도인 모임의 지도자는 물론 모든 그리스도인의 가정이 영적으로 심각한 위협을 받고 있다. 우리는 어느 때보다 결혼에 대해 진지하게 생각해야 하는데, 서로 도와 사랑하며, 회개하고, 용서하며, 우리의 결혼 서약을 더욱 굳게 해야 하겠다. 자녀들과 좋은 시간을 갖는 것도 매우 중요하다. 특히 활동적으로 일하는 그리스도인에게는 이것이 더욱 중요하다. 결혼에 실패하지 않으려고 너무 과민하게 반응하는 나머지, 결혼을 아예 우상처럼 숭상해서는 안 되겠지만, 그래도 남편과 아내, 부모와 자녀 사이의 사랑은 성령의 도움이 절대적으로 요청되는 영역이다(엡 5:18, 21; 참고- 가족 관계에 대한 교훈이 뒤따르고 있음을 주목하라).

핵가족 단위가 하나님의 눈에도 특별하고 거룩하게 보이긴 하지만, 절대적이며 배타적이어서는 안 된다. 그리스도의 사랑은 보다 넓은 의미에서 형제자매 관계를 강화시켜야 한다(벧전 2:17; 갈 6:10). 만약에 이 일에 실패한다면, 외로운 사람들, 독신으로 사는 사람들, 이혼한 사람들, 과부들, 나아가 하나님의 자녀들 가운데 그의 사랑이 구체적으로 표현되기를 기다리는 수많은 그리스도인에게 우리가 제공할 것이 전혀 없을 것이다. "그들이 서로 얼마나 사랑하는지 보라!" 교회 밖에 있는 사람들이 그리스도인을 보고 이런 말을 자연스럽게 할 수 있어야 한다.

아가페의 사랑은 우리로 하여금 이웃에게 나아가도록 만든다(눅 10:27). 인종, 피부색, 신앙고백, 또는 계층에 관계없이 사람들은 아가페의 사랑을 필요로 하고 있다. 바클레이는 다음과 같이 설명한다. "많은 사람들이 교회에 나오는 것은, 신학적 주장 때문이 아니라 그리스도인의 사랑

과 친절함에 감동해서이다. 그리고 보다 많은 사람들이 교회를 떠나는 것
도, 세상에서 살면서 느끼는 의심 때문이라기보다는 소위 기독교의 경직
성과 추함 때문이다."[8]

그리스도의 사랑은 원수들에게도 예외는 아니다(마 5:44; 눅 6:27). 예수
님이 보여 준 가장 놀라운 특징 가운데 하나도 바로 이것이다. "아버지 저
희를 사하여 주옵소서 자기의 하는 것을 알지 못함이니이다." 예수님의
기도는 우리로 하여금 어떤 사람이든, 어떤 일이든, 언제든 용서하는 마음
을 가지게 하신다. 이런 이유로 사랑이 세상에서 가장 위대하며 가장 강력
한 힘이라는 것이다. 사랑은 선으로 악을 극복하며, 가장 경직되고 잔인한
마음까지도 누그러뜨릴 수 있다. 또한 부정을 긍정으로, 고통을 기쁨으로,
어둠을 빛으로 변화시키며, 거센 폭풍의 한복판에서도 평온을 유지하게
한다. "그리스도인이 자기 대적들을 멸망시키는 유일한 방법은 그들을 사
랑하여 친구로 만드는 것이다."[9]

이제 이 놀랍고 거룩한 사랑의 속성을 어떻게 요약할 것인가? 사랑은
거짓이 없다(롬 12:9; 고후 6:6, 8:8; 벧전 1:22). 열린 마음과 열린 손을 가지고 있
으며, 부조리나 기만을 전혀 모른다. 사랑은 관대하다(고후 8:24; 요일 4:11).
도움이 필요한 사람들에게 시간, 돈, 노력, 선물 등을 희생적으로 주는 것
이 사랑의 특징이다. 사랑은 활동적이다(히 6:10; 요일 3:18). 섬김을 통해 자
기를 표현하고자 한다. 사랑은 인내하며 용서한다(엡 4:2; 골 2:2). 타인의 잘
못과 실수에 대하여 눈과 귀를 막는 것이 바로 사랑이다. 그리고 사랑은
상처받은 사람들을 죄로부터 자유하게 만드는 것이다. 사랑은 연합하게
한다(엡 4:3; 빌 2:2; 골 2:2). 언제나 화평하게 하며 그리스도인의 가정과 교회

에서 서로 나누도록 한다. 사랑은 긍정적이다(고전 13:4-7). 사랑은 다른 사람의 최선을 기대하며 신뢰한다. 다른 사람의 최악의 모습에도 두려워하지 않는다. 사랑은 세심하다(롬 14:15; 갈 5:13). 다른 형제들을 실족시킬 수 있는 말과 행동을 하지 않으려고 주의하는 것이 사랑이다. 사랑은 건설적이다(엡 4:15; 딤후 2:22-26). 뜻하지 않은 말로 상처를 입혔을 때, 사랑은 항상 그 사람을 어루만져 그리스도에게까지 자라도록 한다. 사랑은 총체적인 신앙의 요약이며, 율법의 완성이다(롬 13:10; 골 3:14; 고전 13:1, 14:1). 그래서 사랑은 그리스도인들의 최우선의 목표, 그리고 최고의 목표가 되어야 한다.

사랑을 이렇게 묘사한다면 우리는 다소 질식 상태를 느낄 것이다. 그래서 하나님은 우리 혼자 이러한 사랑을 실현하느라 애쓰도록 내버려 두지 않는다. 인간적으로 말한다면 이러한 사랑은 불가능하다. 그래서 힘든 상황에 놓일 때마다 하나님의 은혜가 우리 영혼을 어루만질 것이다. 십자가의 고통을 피할 길은 없다. 공동체 안에서 제자도를 원하는 사람은 누구든지 가끔 눈물과 실의와 심지어 절망을 체험하게 될 것이다. 그러나 우리의 실패를 통해 새로운 차원의 사랑이라는 불사조(phoenix-500년 또는 600년에 한 번씩 스스로 타 죽고 그 재 속에서 다시 태어난다는 새)가 태어난다. 하나님의 사랑은 우리에게 변함없는 용서를 확신시켜 주며, 우리를 어둠에서 이끌어 내어 그의 찬란한 빛으로 인도해 주신다.

본회퍼는 하나님의 사랑(아가페)이 없이는 그리스도인들의 공동체가 불가능하다고 강조했는데, 옳은 주장이다. 만약에 공동체 안에 인간적 연약함이 드러나지 않는다면, 그 공동체는 오히려 파괴되기 쉽다. "인간의 이상과 하나님의 실재, 그리고 영적 공동체와 인간적 공동체를 구별하는 능력이 없다면 어떠한 그리스도인 공동체도 존재할 수 없을 것이다."[10]

많은 공동체들이 이 둘을 명백하게 구분하는 데 실패했기 때문에 어려움을 당하고 있다. 그리스도인이 자신의 힘만으로 서로 마음을 열고 사랑하고 섬기려 한다면, 육체적 욕망, 감정의 갈등, 의혹, 질투, 분노 등을 피할 수 없다. 성령 안에서 진실 되게 시작했다가 육으로 끝나 혼란과 재앙만 가져오는 것이다. 불행하게도 치명적인 혼란을 겪으면서 상처받은 사람들은 서로 깊이 있는 관계를 형성하지 못한다. 서로 간에 장벽과 보호벽을 만들어 적당하게 거리를 두며 더 이상 상처받지 않으려고 하기 때문이다. 이것 역시 인간적인 생각이며, 그리스도가 기대하는 사랑의 공동체를 파괴하는 또 다른 방법이다.

약속된 사랑

우리는 예수님이 각자 안에 일어나는 인간적인 욕망과 반응에 관해 모두 아셨다는 사실을 기억할 필요가 있다. 예수님은 제자들 안에서 그 욕망들이 어떻게 표현되는지 이미 보셨다. 그들은 하나님 나라에서 영향력 있는 지위를 확보하기 위해 누가 제일 큰지 토론까지 했으며 서로 시기하고 비판했다.

예수님의 부활 이후에도 인간적인 욕망들은 다양한 모습으로 나타났다. 우리는 그 가운데 고린도 교회가 가장 심각했다고 생각하기 쉽다. 그러나 신약성서의 모든 편지는 교회의 보편적인 문제들을 전제로 하고 있다. 만약 교회 내에 인간적인 모습의 성도들이 없었다면 신약성서에 포함된 서신들은 아마 기록되지 않았을 것이다. 예수님은 성령 안에서 완전하지 못한 모습으로 살아가는 제자들에게서 한 번도 당신의 사랑을 철회한 적이 없으셨다. 만약 한 번이라도 자신의 사랑을 후회했다면, 우리는 예수님과의 관계에서 절대적인 신뢰를 가질 수 없었을 것이다. 대신 그분은 약속하신 사랑으로 우리와 연합하셨으며, 당신이 그러셨듯 우리도 서로 사랑하라고 말씀하신다. 서로 사랑해야 우리가 그리스도 안에서 영적으로 성숙하며, 우리 마음이 충만케 되고, 성도의 교제도 풍성해지는 것이다.

약속된 사랑의 기초는 헌신이다. 헌신은 육체적 감정이나 욕망과 아무 관계가 없다. 우리가 형제자매들에게 헌신할 수 있는 것은 그들 안에서 그리스도를 보기 때문이다. 그리스도 안에서 형제자매의 이익을 위해 사랑으로 섬기고, 자기 관심과 이익보다 그들의 바람과 관심을 먼저 생각한다. "공동체는 개인적이며 인격적인 희생을 요구한다. 약속된 사랑이 없다면 공동체는 사실 아무런 기능을 할 수 없다. 약속된 사랑의 속성은 자신보다 다른 사람을 더 사랑하는 것이며, 그들을 위하여 자신의 삶을 주는 것이다. 공동체 안에서 이를 체험함으로써 서로의 사랑은 연단되며, 나아가 더 많은 사람에게 확대된다."

오직 하나님의 사랑, 성령에 의해 우리에게 주어진 사랑만이 공동체를 가능케 할 것이며, 다른 무엇보다도 그 사랑이 제자들의 모임에서 가장 두드러져야 한다.

공동체는 영적 성장의 방편이다

앞서 살펴본 바와 같이 공동체라는 환경은 제자들의 영적 성숙을 위해 아주 중요한 요인이다. 바울은 에베소서 4장에서 하나님이 자기 교회에게 여러 가지 은사를 주셨다고 이야기했다. "그가 혹은 사도로, 혹은 선지자로, 혹은 복음 전하는 자로, 혹은 목사와 교사로 주셨으니 이는 성도를 온전케 하며 봉사의 일을 하게 하며 그리스도의 몸을 세우려 하심이라." 사실 신약성서는 성령의 모든 은사들이 바로 이 특별한 목적, 곧 개인뿐 아니라 전체적인 공동체를 세우는 데 있다고 본다.

한 가지 예외가 있다면 방언의 은사이다. 방언은 하나님과 소통하는 아주 개인적인 은사일 수 있지만, 이것도 간접적으로는 그리스도의 몸을 세우는 데 도움을 준다. 왜냐하면 나 자신이 굳게 세워졌을 때 다른 사람을 굳게 할 수 있기 때문이다. 우리 모두가 믿음과 하나님의 아들을 아는 지식에 하나가 되는 것이며, 믿음의 장부로 성숙하여 그리스도의 충만한 분량에 이르게 되는 것이다. 바울이 여기에서 다시 강조한 것은 그리스도 안에서 함께 거해야 한다는 것이다. 이것은 우리가 힘을 모아 하나님을 아는 지식을 더하려고 노력할 때, 영적으로 연합되고 성숙하여 그리스도의 충만한 은혜를 나타낼 수 있다는 말이다.

자기 힘으로 모든 것을 할 수 있는 그리스도인은 없다. 바울은 다른 본문에서도 마찬가지지만 여기에서도 개인보다 그리스도의 몸 전체의 성숙을 먼저 생각하고 있다. 몸이 성장하면 각각의 지체는 자연적으로 성장한다. 그러나 각각의 지체는 몸의 다른 활동이 뒷받침되어야 실질적으로 성장할 수 있다. 이 일을 이루기 위해 기쁜 마음으로 서로를 필요로 하며, 서로를 통하여 배워야 한다. 그리고 서로를 통해 하나님이 말씀하시는 것을 들어야 하며, 자신보다 다른 사람을 더 중요하게 생각해야 한다(엡 5:21; 고전 14:31; 빌 2:3). 우리가 하나님 사랑의 넓이나 길이, 높이, 깊이를 깨달아 알려면 서로의 나이나 성숙 정도나 각자의 전통에 관계없이 '모든 성도와 함께'할 때 가능해진다.[11]

물론 개인적인 신앙의 성숙이나 기도, 명상들도 중요하다. 그러나 서구 교회에서는 개인이 너무 절대적이며 불건전하게 강조되어 있다. 이것은 신약성서가 강조하는 사실이 아니다. 신약성서의 서신 안에 있는 수많은 교훈들은 대부분 교회를 위한 것이지 개인을 위한 것이 아니다. 성도라는 용어가 모두 62회 나오는데, 61회가 복수이고, 단수는 "모든 성도에게 문안하라"라는 문맥에서 단 한 번 등장한다. 그러므로 우리는 서로에게 속해 있으며, 서로 섬겨야 하고, 서로에게 용기를 주어 강해지도록 도와야 한다.

그리스도의 몸 안에서 서로에게 속한 지체로 살아갈수록, 우리는 그리스도의 몸을 강하게 하는 성령의 은사를 체험하게 된다. 성령이 나타나는 것은 오로지 '모든 사람의 덕을 위해서'이다. 우리 모두는 서로를 필요로 한다. '나는 너를 필요로 하지 않아!'라고 말할 수 있는 지체는 한 명도 없다. 그렇기 때문에 우리는 겸손과 사랑으로, 기꺼이 하나님의 말씀 또는 영적인 선물을 다른 형제에게 가져다주어야 한다. 그 형제가 어떠한 사람인지 관계없이 말이다.

신앙적으로 성숙했거나 연륜이 깊은 사람들은 다른 사람들에게 도움과 용기, 용서를 제공할 수 있음을 인식해야 한다. 또 한편으로 젊은 사람들로부터 비난과 힐책을 받을 수 있음도 염두에 두어야 한다. 그것은 성숙하지 않아서가 아니라 지체 한 사람 한 사람이 하나님의 긍휼과 은혜를 절대적으로 필요로 하는 죄인이기 때문이다.

하나님의 은혜는 몸의 모든 지체들을 통하여 온다. 그것은 꼭 하나님의 선택을 받은 이른바 영적으로 성숙한 지체들을 통해서만 오는 것이 아니다. 만약에 영적으로 성숙한 지체가 자신의 사역에 관하여 엉뚱한 주장을 한다면, 그의 은사와 사역도 중요하지만 공동체 지도자들은 깊이 생각하고 판단해야 할 것이다. 하나님은 우리를 보다 겸손하게 하고 우리의 연약함을 상기시키기 위해 '연약한' 형제를 택하여 '강한' 형제에게 말씀하실 수도 있다. 이처럼 우리는 불가항력적으로 서로에게 의존되어 있으며, 그래서 보다 아름답게 성장할 수 있는 것이다.

사랑 안에서 기꺼이 진실을 말하려고 하는 사람들에게 나는 감사한다. 혹 그들이 내 자녀 또래일지라도 마찬가지이다. 이러한 과정을 통해 우리가 그리스도의 몸이 되어 간다는 것을 알기 때문이다. 제4장에서 보다 자세하게 다루겠지만, 많은 문제들은 대부분 지도자나 교사의 위치에 있는 그리스도인이 스스로를 제자들로부터 절대적 권위를 인정받는 '사부'라고 여길 때 야기된다. 다른 사람보다 많은 지식과 경험을 소유한 누군가가 공동체에 더 많이 기여하는 것은 당연하다. 그러나 절대적인 교사는 그리스도밖에 없음을 기억하자. 제자를 만드는 분은 그리스도 한 분뿐이다. 그분은 양 떼들의 목자이며, 우리 가운데 계시는 유일한 교사이다.

성도의 거룩한 교제를 유지하라

그리스도의 공동체를 가장 명확하게 표현하는 것은 성도의 거룩한 교제, 곧 주의 성만찬이다. 우리는 무엇보다 성만찬을 통해 우리 교제의 기초가 되는 예수 그리스도의 십자가에 감사한다. 비록 과거에는 그리스도로부터 떨어진 자요, 이스라엘의 무리로부터 소외된 자요, 약속의 계약에 낯선 자요, 소망이 없는 자였지만, 이제는 그리스도의 보혈로 인해 그리스도 안에서 서로 가까이 거하게 되었다. 또한 십자가로 모든 인간적인 장벽이 깨어진 것을 기뻐할 수 있다. "이제는 전에 멀리 있던 너희가 그리스도 예수 안에서 그리스도의 피로 가까워졌느니라 그는 우리의 화평이신지라 둘로 하나를 만드사 원수 된 것 곧 중간에 막힌 담을 자기 육체로 허시고…"(엡 2:13-14). 우리가 죄인으로서 십자가 앞에 나아가면 하나님은 우리를 아들로 받아들이신다. 나아가 눈을 들어 그를 보며, '아바! 아버지!'라고 말할 수 있고, 타인을 향해 '나의 형제여! 나의 자매여!'라고 말할 수 있다.

우리는 이 영광스러운 친교의 식탁에서 더 이상 나그네가 아니고 하나님의 가족이며 식구이다. 이것은 우리와 하나님과의 영원한 관계, 그리고 성도 간의 사랑의 관계를 보증해 주는 숭고한 표지이다. 우리는 한 몸의 지체이기 때문에 같은 빵을 먹으며 같은 잔을 마시는 것이다. 하나밖에 없는 아들을 통해 우리를 하나로 연합시킨 하나님을 찬양하며 경배한다.

우리가 하나님의 무한한 은혜, 무엇과도 비교할 수 없는 사랑을 기억하는 것은 바로 이 성만찬에서다. 우리는 '무지로 인해, 연약함으로 인해,

우리의 고의적인 실수로 인해' 하나님께 그리고 서로에게 죄를 범했다는 사실을 열린 마음으로 고백한다. 이 식탁은 오직 죄인들을 위하여 베풀어진 것이므로 우리는 죄를 숨기려 하지 않는다. 주님의 식탁에 앉은 이유가 바로 이 죄를 용서받기 위함이기 때문이다. 빵과 포도주는 우리가 죄를 고백할 때 하나님이 더 이상 기억하지 않는다는 것에 대한 숭고한 보증서인 것이다.

이 성만찬에서 우리와 하나님과의 교제, 그리고 다른 사람과의 교제가 회복되었음을 감사한다. 그리스도의 몸이 십자가 위에서 단 한 번 모든 것을 위하여 부수어졌기 때문에, 오늘날 이 땅에 있는 그리스도의 몸이 치유 받을 수 있다. 그래서 우리는 예수님을 믿음으로써 그에게 나아갈 수 있는 것이다. 부활하신 그리스도는 우리와 함께하시며 사랑 안에서 우리의 마음을 함께 묶고, 우리를 먹이시고, 우리를 강하게 하시며 치료하신다. 그분의 은혜가 얼마나 풍성하고 끝이 없는가! 우리가 눈을 들어 그리스도를 바라보면, 그분은 우리에게 예언의 은사, 신유의 은사, 믿음의 은사, 사랑의 은사 같은 성령의 은사를 허락하신다. 그리고 우리가 서로에게 마음을 돌리면 그리스도의 화평과 사랑이 각자에게 향하게 된다.

바로 여기에서 우리의 관계도 가려 낼 수 있다. 왜냐하면 우리가 성만찬을 하지 않는다면 '주의 몸과 피를 범하는 죄가 있는' 것이며, 이를 통해 서로 판단할 수 있게 되기 때문이다(고전 11:27-29). 바울이 다음과 같은 말을 하는 상황은 한편으로는 고린도 교회의 분쟁에 관한 것이며, 또 한편으로는 교인들 간의 물질적 불평등에 관한 것이다. "이는 먹을 때에 각각 자기의 만찬을 먼저 갖다 먹으므로 어떤 사람은 시장하고 어떤 사람은 취함이라(고전 11:21)." 만약 진실로 서로 사랑했다면, 서로 교제하면서 분쟁을 회개하고 음식을 서로 나누어 먹었을 것이다. 그러나 이들은 서로 분쟁하느라 연합을 의미하는 하나의 식탁에서도 회개하지 않았다. 그래서 육체적 질병, 심지어 죽음으로써 하나님의 심판을 체험했다. 예수님이 몸소 제자들과 시작한 교제의 만찬은 은혜의 수단이면서 동시에 오늘날 그를 따르는 사람들에게 훈련의 수단이기도 하다. 이것은 우리 공동체의 관계가 건강하고 바른지 돌아보는 데 도움을 준다.

우리는 이 만찬을 통해 세상에서 하나님을 섬기는 데 필요한 영적인 힘을 얻게 된다. 그리스도의 죽음은 제자들도 자기의 십자가를 져야 하며 그를 따라야 한다는 사실을 상기시켜 준다. 우리는 죄의 세상 속으로 그리스도와 함께 걸어가야 한다. 그리고 특별히 가난한 사람들과 궁핍한 사람들을 섬기는 일에 집중해야 한다. 그리스도가 우리를 위해 행하신 바에 대한 감사로 우리 몸을 산 제물로 바치고, 그리스도의 영광을 찬양하며 살도록 기도해야 한다.

이 교제의 만찬은 어린 양의 결혼 잔치를 비추는 그림자로서 하늘의 교제를 미리 맛보는 것이다. 나아가 이 세상에 사는 동안 겪게 되는 '가볍고 순간적인 고통'에 용기를 잃지 않도록 해주는 하나님의 예비된 영광이기도 하다. 간혹 살아가는 순간순간 기쁨이 눈물로 얼룩지겠지만 하나님이 이 만찬의 식탁에서 언젠가 우리의 모든 눈물을 씻어 내리실 것이다. 그 영광의 날이 오기까지 우리는 하나님 백성들의 공동체에 속해, 그의 영적인 가족으로서 서로 용기를 주고, 서로 섬기며, 매일 새롭게 사랑하면서 하나님 나라를 위해 함께 일하는 것이다.

3장 나는 낮아짐으로 섬깁니다

||||||||||||||||||||||||||||||||||||||||||||||||||||||||||||||||||||||||||||||||||||||||||||||||||||||

1. 에베소서 2장 11-22절(특히 16절)를 읽으십시오. 이 말씀대로라면 우리의 교제는 무엇에 기초해야 합니까? 왜 그렇다고 생각합니까? 이런 교제가 어려운 이유는 무엇입니까? 문제를 해결하려면 무엇을 해야 합니까?

2. 진정한 교제를 위한 방안으로 야고보는 무엇을 권합니까?(약 5:16) 우리는 성숙하지 않은 사람들을 생각하고, 교회의 덕을 해치지 않도록 지혜롭게 해야 합니다.

3. 바울 사도는 진정한 교제의 방안으로 어떤 권면을 합니까?(갈 6:2) 이 권면은 구체적으로 어떤 행동을 포함합니까?(빌 2:3-4; 롬 14:1, 10, 13; 엡 4:32; 고후 1:24 참고)

4. 요한복음 3장 16절과 요한일서 3장 16절은 기독교 신앙의 뿌리와 열매가 무엇이라고 말합니까? 이러한 사랑은 인간의 힘으로는 불가능합니다. 어떻게 해야 합니까?(갈 5:22-23)

5. 성령께 의지한다고 해서 그저 가만히 있어도 된다는 말은 아닙니다. 우리는 서로에게 헌신해야 합니다. 헌신을 위한 구체적인 행동을 생각해 보십시오. (1) 어떻게 다른 사람을 섬길 수 있을까요? (2) 어떻게 다른 사람을 위해 우리의 삶을 내어놓을 수 있을까요? (3) 어떻게 다른 사람의 관심을 먼저 생각할 수 있을까요? 공동체는 서로에 대한 봉사와 희생으로 세워져 갑니다.

6. 에베소서 4장 11-16절을 읽으십시오. 하나님이 성령의 은사를 주신 목적이 무엇입니까?(12절) 13절이 강조하는 것은 개인이 아닌 그리스도의 몸 전체의 성숙입니다. 그러나 이 둘은 분리해서 생각할 수 없습니다. 왜 그렇습니까?(16절) 영적인 지도자의 역할을 무시해서는 안 되지만 교회는 그리스도인의 공동체이기 때문에 특정한 사람들만 가르칠 수 있는 것은 아닙니다. 에베소서 4장 16절과 골로새서 3장 16절은 어떤 면을 강조합니까?

4. 아름다운 열매

나는
제자를 양육합니다

복음은 온 세상을 위한 하나님의 좋은 소식이다. 초대 교회의 유대인 그리스도인들은 이 진리에 매우 놀랍게 반응했다. "하나님은 사람의 외모를 보지 아니하시고 각 나라 중 하나님을 경외하며 의를 행하는 사람은 다 받으시는 줄 깨달았도다… 그를 믿는 사람들이 다 그의 이름을 힘입어 죄 사함을 받는다 하였느니…"(행 10:34-35, 43). 지도자라 불리는 사도들도 이 사실의 중요성을 인식하는 데 꽤 많은 시간이 걸렸다. 예수님은 하늘로 승천하시며 마지막으로 이렇게 말씀하셨다. "그러므로 너희는 가서 모든 민족을 제자로 삼아 아버지와 아들과 성령의 이름으로 세례를 베풀고 내가 너희에게 분부한 모든 것을 가르쳐 지키게 하라"(마 28:19-20). 이것은 놀랄 정도로 단순한 세상을 구원하기 위한 기본 계획이다. 그러나 이상하게도 역사적으로 많은 교회에서 무시되어 온 것이기도 하다.

제자는 예수님을 따르는 사람이다. 제자는 자신을 그리스도께 헌신하여, 그리스도의 길을 따르며, 그리스도의 삶을 살며, 그리스도의 사랑과 진리를 다른 사람들에게 나누어 준다. '제자 삼다'라는 동사는 우리가 다른 사람을 격려하여 그들로 예수님을 따르게 하는 과정을 의미한다. 이것은 하나의 방법론으로, 제자화를 통해 그리스도 안에서 성숙하게 하며, 그가 다시 다른 사람을 제자로 삼도록 돕는 것이다. 모든 그리스도인은 그리스도의 제자이다. 그렇기 때문에 우리는 너무 전문적이며 판에 박힌 '제자도 계획'을 계발하여 비슷한 또 하나의 교파를 형성하거나, 또는 최소한 교회 안에서 특별한 당을 형성하지 않도록 유의해야 한다.

최근 들어 여러 나라에서 많은 기독교 지도자들이 '양육, 제자 양성, 순종의 삶'을 강조하고 있다. 그러나 이것들이 오히려 교회를 분리시키기도 한다. 그 까닭은 뒤에서 살펴볼 것이다. 불행하게도 교회 안에서는 극단적인 운동들이 끊임없이 일어나고 있는데, 대부분 교회 내의 연약한 점을 비판하면서 시작된다. 하지만 이제까지 간과해 오던 것을 다시 강조하는 것을 넘어서서 오히려 교회의 균형을 깨뜨리고 교회 내 갈등을 초래하며, 심지어 이단적인 요소까지 가지게 되는 경우가 너무나 빈번하다.

신약성서에 '이단'이라는 말이 처음 등장했을 때 이것은 분열된 당을 지칭했다. 물론 여기에 주요한 교리의 오류가 있지도 않았다. 처음에는 그저 단순한 무리였던 이들이 이단자 또는 편당(고전 11:19)이 된 것은, 이들

무리를 이끄는 지도자의 성격이 너무 강했든지 또는 성경에서 가장 중심적이라고 생각되는 진리를 지나치게 강조하면서부터였다. 우리는 벼룩을 잡기 위하여 초가삼간을 태우지 말아야 한다. 만약 제자도의 어떠한 국면을 너무 강조하는 것을 경계해야 한다면, 동시에 중요한 성경적 원리에도 너무 과도하게 반응하지 말아야 한다.

제자 양육의 필요성을 이해하라

양육 운동이 과도하게 강조된 면도 있지만, 여러 가지 실패를 경험한 교회는 다음과 같은 이유로 이 양육 운동을 받아들일 수밖에 없게 되었다.

첫째, 많은 그리스도인들이 특히 정통적인 기성 교회에서, 교리적·도덕적 원리의 결핍으로 인해 심각하게 동요하고 있다. 한 번은 〈타임즈〉에 영국 교회의 교리 위원회 보고에 관한 기사가 실린 적이 있다. "18명의 신학자가 동의한 것은 하나님의 형상에 대한 교리와 예수님을 경배하는 교리밖에 없었다. 그들은 대부분의 교리에 대해 서로 다른 의견을 표명했다."[1]

지금은 안수 받은 성직자들이 공공연하게 그리스도의 신성을 부인하고 그리스도의 육체적 부활을 거부하는 시대이다. 우리에겐 명확한 원칙과 원리가 절실히 필요하다. 지도자를 포함하여 많은 그리스도인이 아주 기초적인 교리조차 확신할 수 없다고 고백한다면, 우리는 그러한 신학자나 교사들이 공적인 사역을 못하도록 해야 할 것이다. 로마 가톨릭 교회는 이 점에서 교회들이 하지 못하는 원칙적인 결정을 잘 내리고 있다. 하지만 많은 교회들은, 예를 들자면 그리스도인의 불법적인 성적 관계에 대해서조차 아무런 지침도 제공하지 못하고 있다. 심지어 아무런 반응도 보이지 않는다. 이런 점이 오늘날의 제자도를 어렵고 연약하게 만드는 것이다.

둘째, 그리스도인이라고 고백하는 이들의 삶에서 헌신적인 모습을 찾아보기 힘들 뿐 아니라 설교자들도 예수님을 따르는 데 동반되는 희생에 대해 설교하기 꺼리고 있다. 자기를 부인하는 삶이나 십자가를 지는 삶에 대하여 아무도 기쁘게 말하지 않는다. 예수님이 우리를 위해 십자가에서 돌아가신 것을 기뻐하지만 그를 따르기 위하여 우리도 날마다 십자가를 져야 한다면?

교회는 너무 오랫동안 교회 생활이 '사교 단체 또는 클럽'의 성격을 띠어 가는 것을 묵인해 왔다. 후안 카를로스 오르티즈(Juan Carlos Ortiz)는 '좋은 교인'이 클럽의 '좋은 회원'과 같다는 사실을 폭로했다. "교회에 다니는 사람들은 마치 클럽의 회원처럼 정기적으로 출석하며, 소정의 회비를 내고, 그 클럽 내 다른 사람들을 방해하지 않으려고 노력한다." 그러나 신약성경 어디에도 교회·클럽 회원에 대하여 언급하고 있지 않다! 우리는 그리스도의 몸의 지체이다. 우리가 강조해야 할 두 가지 개념은 그리스도에 대한 우리의 절대적 헌신과 서로에 대한 절대적 헌신이다. 이 헌신의 삶이 약화되면 성도의 교제는 천박해지고 복음 전도는 무능해진다. 열정적 사역도 결여되고 영적 은사도 무시되어 예배는 메마르게 되고 기도는 연약해지며 서로 간의 사랑도 결핍된다.

어느 누가 이처럼 병들고 고통스러워하는 몸에 속하고자 하겠는가?

그렇지만 수많은 사람들은 여전히 이 무익한 세상에서 죽음을 무릅쓰고 삶의 목표를 찾아 헤매고 있다. 기성 교회는 날로 약화되는데 사이비 종파는 계속 그 수가 증가하는 이유가 바로 이 때문이다. 보통 사이비 종파나 군소 교단은 강한 제자도를 요구한다. 이러한 맥락에서 '양육운동'은 교회가 예수님의 근본적인 요구를 진지하게 받아들이지 못한 데 대한 마땅한 저항으로 이해될 수 있다.

셋째, 현재 수많은 교회들이 어디로 가야 할지 방향 감각을 잃고 있다. 교회에서 일어나는 많은 토론과 활동들은 마치 빙산과 충돌한 타이타닉 호와 흡사하다. 대부분의 사람들은 현 세대의 불확실성과 시간의 급박함에 대해 진지하게 인식하고 있다. 그리고 지도력이 결핍된 지도자들을 보면서 깊이 좌절하고 있다. 어떤 사람은 현 제도가 상황에 대처할 능력이 전혀 없으면서도 모든 것을 해결하려 든다고 평했다.

지금은 과거 어느 때보다 민첩한 제자 양성과 오늘날의 실질적이고 긴박한 이슈들을 확실하게 파악하는 일이 중요해졌다. 대다수 그리스도인은 교회가 예언자적 소명을 감당하며, 오늘날의 상황에 맞게 적절한 과업을 해내기 원한다. 그리고 그렇게 교회를 훈련시키고 기동력을 갖춘 지도자들을 따르길 원한다. 다시 말해 제자로 양성받기 원한다.

넷째, 교회 사역에 모든 그리스도인이 참여해야 함이 성경적으로 새롭게 강조되고, 성령의 은사가 모든 사람에게 개방되어 있음이 인식되면서, 확고한 지도력과 지혜로운 목회의 통제가 없는 곳에서 혼란과 월권행위들이 야기되고 있다. 더군다나 이러한 영적 부흥, 또는 영적 갱신(모든 그리스도인의 교회 사역 참여와 은사의 보편성)에 대하여 많은 성직자들과 목회자들이 부정적인 반응을 보이거나 의문을 표하고 있다는 사실은 안타까울 수밖에 없다. 가끔 평신도들이 앞서 나아가려고 할 때, 성직자들이 그 뒤꿈치를 붙잡는 경우도 빈번하다.

결국 성령 안에서 새롭게 시작된 자유는 가정을 중심으로 하는 '부흥집회'에서 가장 활발하게 나타난다. 경험 많은 기성 교회 지도자들이 달갑게 여기지 않기 때문이다. 성령의 은사들이 조심스럽게 검토되지 않으면 불가피하게 육적인 자기 과시욕이 개입되기도 한다. 지역 교회 목회자들이 잘 가르치지 않고 격려하지 않기 때문에, 성령의 특별한 은사를 순수하게 받은 그리스도인이 교회 밖의 다른 곳에서 영적인 지도를 받기 위해 수소문하고 있는 것이다.

다섯째, 교회 전통에 따라서 복음 전도의 영역이 경시되거나, 또는 교회에 위임된 이 일이 한두 명의 위대한 부흥사에게 너무 일방적으로 의존되어 있다. 두 가지 자세 모두 성경적이지 못하다. 어떤 사람이 전체 교회를 섬기기 위하여 복음 전도자로 부름을 받기도 하지만, 신약성경은 모든 그리스도인이 증인이 되어야 한다고 힘주어 말한다.

제임스 케네디(James Kennedy) 박사는 이 사실의 가치를 통계를 통해 생생하게 묘사한다. 만약 당신이 전 세계의 인기를 한 몸에 받는 탁월한 복음 전도자라면, 그리고 하나님의 은혜로 매일 밤 1천 명씩 회심시킬 수 있다면, 전 세계를 전도하는 데 몇 년의 시간이 필요하겠는가? 인구 증가를 고려하지 않는다 해도 1만 년은 족히 소요될 것이다. 그러나 만약 당신이 그리스도의 참 제자로서, 하나님의 은혜로 일 년에 단 한 사람을 그리스도에게 인도한다면, 그리고 그 한 사람이 일 년에 또 한 사람을 그리스도께 인도하도록 훈련시킬 수 있다면, 모든 세계가 그리스도에게 인도되는 데 얼마의 시간이 소요되겠는가? 대답은 단 32년이다! 제자 양성을 진지하게 실시하는 교회는 특별하고 유능한 설교자를 초청하여 복음 전도 집회를 거창하게 개최하는 경우가 거의 없다. 각각의 개인적 증거를 통하여 많은 사람들이 그리스도에게 인도되기 때문이다.

제자 양성 또는 제자 양육 프로그램이 절실하게 필요한 까닭이 이제 명백해졌다. "만약 제자들이 정확하게 양육되지 않으면, 교회 사역을 감당할 유능한 지도자도 충분히 배출되지 못할 것이다."[2] 교회 전체가 이것을 진지하게 인식하지 않는다면 제자 양성은 그다지 큰 도움이 안 될 것이며, 분리를 조장하는 다른 움직임이 발생할 책임까지 교회 스스로 져야 할 것이다.

목자의 위험을 피하라

교회 지도자를 목자로 표현한 성경 본문은 많다. 바울은 에베소 교회 지도자들에게 "여러분은 자기를 위하여 또는 온 양 떼를 위하여 삼가라"(행 20:28)고 했고, 베드로는 "너희 중에 있는 하나님의 양 무리를 치라"고 기록했다(벧전 5:2). 예수님은 베드로를 교회 지도자로 세울 때, "내 어린 양을 먹이라… 내 양을 치라… 내 양을 먹이라"고 말씀했다(요 21:15-17). 그렇지만 많은 교회 안에서 목양 또는 양육의 개념은 의혹을 받고 있으며, 때로는 혐오감을 주기도 한다. 왜냐하면 피해야 할 감정들이 분명히 있기 때문이다.

첫째, 제자 양육을 진지하게 한다는 이유로 율법과 권위를 지나치게 강조한다. 규칙과 규정에 따라 행동하면, 기대되는 행동 범위가 넓어진다. 그러나 이런 것들이 하나의 규범으로 경직화되면 가끔씩 편협한 경건주의, 건전하지 못한 분리주의, 세상으로부터의 도피 등을 유발하곤 한다. 신약성서에 나타난 교회의 특징인 자발적인 사랑과 기쁨이라곤 거의 보이지 않는 극단적인 성령주의가 잉태되기도 한다. 이러한 모든 것들은 기독교를 경직시키며, 예수 그리스도가 보여 준 은혜나 온유와도 거리가 멀다.

한때 부드럽고 온유했던 사람이 돌연 사나워지고 걱정에 가득 차 두려움에 떠는 모습을 자주 보게 된다. 왜냐하면 그들이 다른 사람들을 양육하는 책임을 맡게 되었기 때문이다. 압박감을 느끼는 것은 사회 구조 때문이 아니라, 자신의 감정이다. 성숙한 그리스도인 부부가 순수하고 자상하게 다른 형제자매들을 돌본다고 하자. 그러나 이들의 목회적인 보살핌을 받는 자들 가운데 특히 미혼 여성들은 오히려 강한 정서적인 갈등을 느낄 수 있다. 이러한 감정은 쉽게 풀어지지 않는다. 비슷한 종류의 압박감이 미혼 남성들만의 모임 안에도 있을 수 있다. 그 안에서 강한 충성심을 요구하고, 사소한 이탈도 심각한 반항 또는 반역으로 취급하기 때문이다. 만약 당신이 지도자들과 잘 지낸다면 괜찮지만 아주 작은 문제라도 있다면 사태는 급격하게 변한다. 결국 당신은 그에게 다시 충성을 맹세하고 절대 복종하든지, 아니면 그에게서 떠나든지 해야 할 것이다. 상황이 여기까지 이르면 지도자에게 순응하고자 하는 생각이 자연스레 일어난다. 그렇게 복종해야 다른 그리스도인과의 관계가 안전하게 유지되기 때문이다.

　　이와 비슷한 위험이 신약성경 시대에도 있었다. 바울은 골로새 교인들에게 다음과 같이 촉구했다. "너희가 세상의 초등학문에서 그리스도와 함께 죽었거든 어찌하여 세상에 사는 것과 같이 규례(각종 규칙과 규정들)에 순종하느냐 (곧 붙잡지도 말고 맛보지도 말고 만지지도 말라 하는 것이니 이 모든 것은 한때 쓰이고는 없어지리라) 사람의 명령과 가르침을 따르느냐 이런 것들은 자의적 숭배와 겸손과 몸을 괴롭게 하는 데는 지혜 있는 모양이나 오직 육체 따르는 것을 금하는 데는 조금도 유익이 없느니라"(골 2:20-23). 갈라디아 교인들도 비슷한 덫에 빠졌을 때, 다음과 같은 교훈을 받았다. "어리석도다 갈라디아 사람들아… 누가 너희를 꾀더냐." 그들 중에 어떤 사람들이 베드로를 따랐는데, 베드로가 "이방인과 함께 먹다가 그들이 오매 그가 할례자들을 두려워하"였던 것이다. 유다 사람들을 두려워한 나머지 베드로와 그를 따르던 자들은 자기들이 누렸던 그리스도인의 자유에서 종교적 율법주의로 미끄러졌다. 바울은 그들에게 권고한다. "그리스도께서 우리를 자유롭게 하려고 자유를 주셨으니 그러므로 굳건하게 서서 다시는 종의 멍에를 메지 말라"(갈 3:1, 2:12, 5:1). 율법주의와 방종, 이 두 가지는 우리에게서 그리스도 안에서의 진정한 자유를 약탈하는 도적이다. 진정 모든 교회 안에는 강한 지도력과 철저한 훈련 방침이 있어야 한다. 그러나 이것들이 실질적으로 사람들의 삶 안에서 성령의 불을 꺼 버리고, 또 그리스도인으로 하여금 서로를 경계하게 만들고, 서로 조심하고, 비판하며, 두려워하게 만든다면, 그때에는 바울의 가르침을 다시 한 번 진지하게 되새겨야 할 것이다.

둘째, 강한 양육은 새로운 제사장 제도로 발전할 수 있다. 어떤 경우 제자가 자기 삶의 모든 영역을 한 사람의 목자에게 헌신하고, 또 이 목자는 다른 목자에게 자기 삶을 헌신한다. 그들 모두는 피라미드 구조 속에 결합되어 있다. 이러한 헌신과 복종의 관계는 가끔 지역 교회의 교제 범위를 벗어날 때도 있다. 예를 들어, 한 교회 지도자가 수 마일이나 떨어진 다른 교회 지도자에게 헌신적으로 복종하고, 나아가 다른 나라의 지도자에게 복종하게 된다. 그러한 복종 관계는 자기 목자에게 십일조를 바칠 것을 요구할 수도 있고, 그 목자에게 여러 가지 책무를 완수하라고 요구할 수도 있으며, 결혼, 가정생활, 주택, 직업, 재정 문제, 생활양식 등에서 일어나는 모든 문제에 대하여 자기 목자의 지도자를 복종하는 마음으로 받아들이라고 요구할 수도 있다. '새로운 형태의 제사장 제도'는 여러 곳에서 현저하게 제도화되어 가고 있다. 그러한 구조에서 어떻게 하나님의 음성을 들을 수 있겠는가? 불가피하게 자신의 목자가 말하는 것을 먼저 듣게 된다. 또한 내 삶에 역사하시는 하나님의 뜻을 어떻게 알 수 있겠는가? 먼저 자신의 목자에게 물어보게 될 것이다. 성경의 본문을 어떻게 해석할지도 목자가 결정할 것이다.

이러한 모든 관계를 축복으로 여기는 어떤 부인이 내게 말했다. "나 스스로 결정해야 할 책임이 없어서 얼마나 편한지 모르겠어요!" 바로 그것이 위험한 것이다. 양육이 다른 사람의 삶의 상세한 부분까지도 간섭하고 지도할 경우, 개인의 책임, 개인의 성숙, 심지어 개인의 주체성까지도 심각하게 손상될 수 있다. 거의 대부분의 그리스도인이 다른 사람의 지도를 받을 수 없기 때문에, 처음에는 목자가 나대신 어떤 결정을 하면 내 짐이 덜어지는 것 같다. 그러나 결국 이것은 선한 목자인 주님께 의존하는 대신, 인간 목자에게 의존하는 결과를 낳게 된다.

목회자와 교사는 하나님이 우리에게 주시는 선물의 일부분이다. 이들은 교회가 성경적 원리로 결단하도록 가르치고, 우리가 복잡한 상황에 처했을 때 보다 객관적으로 생각하도록 돕는다. 그러나 하나님 앞에서 우리가 내린 결정에 대한 책임은 스스로 져야 한다. 자신이 저지른 실수에 다른 사람의 핑계를 대서는 안 된다. 책임과 성숙은 나란히 간다. 바울과 히브리서 기자는 사람들의 미성숙에 대하여 통탄한다. 그 정도 단계에 이르렀으면 이제는 지도자가 되어야 할 텐데, 여전히 어린아이처럼 행세하기 때문이었다. 그들은 다른 사람이 자기를 키워 주고 보살펴 주기를 원하며, 자기를 대신하여 책임까지 져 주기를 바라고 있었다(고전 3:1-4; 히 5:11-14).

칼 윌슨(Carl Wilson)은 이렇게 말했다. 어떤 모임에서는 지도자들이 "그리스도를 대신하여 말할 권리를 주장한다. 그들은 사람들에게 어떻게 하라고 말하면서, 그 말에 관한 성경적 근거도 조사하지 않는다. 어떤 사람들은… 실질적으로 자신이 그리스도와 사람들의 중간 위치에 있다고 주장한다. 그들은 사람들에게 언제 결혼하며, 언제 이혼하며, 언제 학교에 갈지 등등을 조언한다. …만약 교회 내의 사람들이 성경의 확실한 가르침을 떠나 자신의 삶과 교리를 결정할 권리를 성직자에게 양보한다면, 이것은 교회 내에서 제자를 양성하는 데 치명적인 상처를 입힐 것이다. 마치 초대 교회가 그랬던 것처럼 말이다."[3] 이러한 이유 때문에 사도 베드로는 장로들에게 맡겨진 자들을 향해 주장하는 자세를 취하지 말라고 당부했다(벧전 5:3).

이와 동일하게, 강한 예언적 발언도 주의해야 한다. 예언은 교회를 위한 하나님 말씀의 일부분일 수 있다. 그러나 이 예언들이 성경 자체보다 더 큰 권위를 가질 때는 심각한 문제가 발생한다. 신약성서는 예언이 모든 그리스도인들을 통해 나오는 성령의 선물임을 강조한다. "예언하는 자는 사람에게 말하여 덕을 세우며 권면하며 위로하는 것이요… 너희는 다 모든 사람으로 배우게 하고 모든 사람으로 권면을 받게 하기 위하여 하나씩 하나씩 예언할 수 있느니라"(고전 14:3, 31). 여기에 교회를 위한 하나님의 대행자 역할을 하는 능력 있는 예언 또는 '중요한' 예언이 있다는 암시는 거의 없다. 가끔 하나님이 교회를 향해 보다 강하고 명백하게 말씀할 수도 있다. 만약 그렇다면, 우리는 그것이 다른 많은 자료나 근거들과 일치하기를 기대해야 할 것이다.

셋째, 다른 사람으로부터 인정받는 지배적인 양육은 분열을 조장하는 성향이 있다. 제자들의 무리가 한 지도자에게 너무 의지할 때, 경쟁심과 육적인 생각이 자연스럽게 생겨난다. "나는 바울에게 속했다." "나는 아볼로에게 속했다." 또는 "나는 게바에게 속했다"라고 말하는 것은 확실히 하나님의 편당이다. 이는 바울이 고린도 교회를 책망했던 이유이기도 했다. 이것은 지도자들에 대한 책망이 아니라, 자기 지도자들을 하나님이 준 역할 이상으로 추앙하는 사람들을 향한 경고였다. 바울은 날카롭게 지적하면서 물었다. "그런즉 아볼로는 무엇이냐? 바울은 무엇이뇨? 저희는 주께서 각각 주신대로 너희로 하여금 믿게 한 사역자들(종들)이니라." 그는 계속해서 지도자들은 그 자신만으로는 아무것도 아님을 강조했다. 모든 성장과 생명은 전적으로 하나님께로부터 오는 것이다. 만약 고린도의 편당들이 계속 분열하고, 자기가 좋아하는 지도자 주위에 무리 지어 모인다면, 그들은 하나님의 성전을 파괴했을 것이다. "누구든지 하나님의 성전을 더럽히면 하나님이 그 사람을 멸하시리라"(고전 3:5-17).

양육, 제자 양성, 복종하는 삶을 강조한 결과, 세계 도처에는 성령 부흥 집회에 관해 격심한 논쟁들이 일고 있다. 여러 형태, 여러 크기의 모임들이 교회로부터 떨어져 나가지 않았는가! 그러나 모든 잘못에도 불구하고 하나님은 교회를 축복하신다. 한편 독립적으로 설립된 가정 교회도 번성할 수 있다. 하지만 이들로 인해 그리스도의 몸 안에 있는 깊은 상처는 더욱 악화될 것이다.

1976년, 북미의 영향력 있는 지도자들 사이에서 바로 이 문제를 해결하려는 커다란 화해의 물결이 일어났다. 당시 '양육 운동'에 적극적으로 참여하던 이들 중에는 플로리다 주의 로더데일(Lauderdale)에 있는 '크리스천 성장을 위한 봉사단'(Christian Growth Ministries) 지도자들도 있었다. 그들은 다음과 같이 시작되는 성명서를 냈다.

"우리는 여러 지역의 그리스도인들 사이에 논쟁과 문제가 발생하고 있음을 안다. 나아가 이러한 문제가 복종의 삶, 권위, 제자 양성, 양육 등에 관한 주제에 대한 우리의 가르침 때문에 일어났음을 인정한다. 이에 우리는 깊게 뉘우치며, 우리의 잘못으로 발생한 문제 때문에 마음에 상처 입은 동료들에게 용서를 빈다."

이 성명서에는 돈 바샴(Don Basham), 에른 백스터(Ern Baxter), 밥 멈퍼드(Bob Mumford), 존 풀(John Poole), 데릭 프린스(Derek Prince), 그리고 찰스 심

슨(Charles Simpson)이 서명했다.[4]

밥 멈퍼드는 나중에 그때의 상황에 대해 이렇게 표현했다. "과거에는 사람들에게 자기들이 인도받는다고 느끼는 대로 행동하라고 가르쳤다. 하지만 이러한 행동의 결과는 많은 부분에서 혼란을 가져왔다. 그래서 사람들이 성령의 인도하심을 보다 정확하게 해석하도록 돕기 위해 우리는 목회자 또는 목자의 지도를 의뢰하라고 요구했다. 목자가 동의하는 길이 성령의 길이라고 가르쳤던 것이다. 그 결과 관료 제도가 굳어졌으며, 그리스도인의 자발성이 억압되었다. 그들에게서 하나님의 역사하심을 보는 기쁨을 빼앗은 것이다. …결국 지도자가 '성령의 역할'을 대행하는 상황이 벌어지고 말았다. 지도자들은 오직 주님만이 요구할 수 있는 충성심을 신자들에게 요구했던 것이다. …지도자로서 우리는 사람들이 성령의 음성을 들을 때 실수를 범할 수 있음을 인정해야 한다. 하지만 실수를 통해 보다 정확히 배울 수 있음도 인정해야 한다. 지도자들은 신자들의 행동이나 결정을 너무 구속하지 말아야 한다. …"[5]

교회는 제자 양육의 필요성을 중요하게 인식하면서, 동시에 그것이 너무 지나치게 강조했을 때 야기되는 위험도 충분히 의식해야 할 것이다. 중요한 것은 평화의 띠 안에서 성령의 연합을 추구하는 것이다.

먼저 잘 배우지 않으면 좋은 지도자가 될 수 없다

예수님의 제자들에 관해 배우면서 우리가 가장 위로받는 일은 그들이 평범한 보통의 사람이었다는 사실이다. 그들이 가지고 있던 인간적인 결함이나 고통을 우리 역시 가지고 있다. 제자들이 야망에 가득 찼고, 이기적이었으며 심지어 가끔 자기들 가운데 누가 제일 큰지 논쟁했다는 사실은 복음이 완전함을 나타내는 한 부분이다. 그들은 믿음이 연약했고, 미래를 근심했으며, 사람들을 두려워하고 서로 간에 시기하고 비판했다. 어떤 때는 예수님의 책망도 들어야 했다. 그들은 말과 행동에서 충동적이었고, 서로를 미워하기도 했으며, 예수님이 장차 닥칠 시험에 대해 경고했을 때 자만했으며, 기도할 것을 권고 받았을 때 나태했고, 아이들이 예수님께 가까이 올 때 인내하지 못했으며, 군중들이 모여 들 때 피곤해 했고, 예수님이 반복해서 가르쳤음에도 불구하고 십자가로 향하는 일련의 사건들이 발생했을 때 당황하며 좌절했다. 그들은 얼마나 더디게 배웠는지 가장 극적인 교수법에도 불구하고 그 영적인 교훈들을 너무나 빨리 잊어버렸다. 다른 말로 표현하자면, 어쩌면 우리와 그리 똑같은지! 그럼에도 불구하고 예수님은 그들을 제자로 선택하였고 지도자로 훈련시키셨다.

많은 목회자들이 내게 말한다. "우리 교회에는 유능한 지도자가 없어요. 그래서 목회 사역에 지장이 많습니다." 아마도 그들은 지도자들이 아주 많아 보이는 커다랗고 부흥하는 교회를 오랫동안 부러운 마음으로 바라본 것 같다. 자신들이 이루지 못하는 성장의 잠재력을 대형교회들은 이미 가지고 있는 것처럼 보이기 때문이다. 지극히 자연스러운 일이다.

그러나 내가 경험한 대부분의 경우 사실은 이와 정반대이다. 예수님은 그토록 빈약한 인력과 초라한 환경 속에서도 제자들을 양성하셨고, 그들을 지도자로 훈련시키지 않으셨던가? 우리는 예수님의 방법을 망각해

서는 안 될 것이다. 그렇다면 예수님의 방법은 무엇이었을까? 그리고 그
것으로부터 무엇을 배울 수 있을까? 이 장의 뒷부분에서 이 문제들을 보
다 상세하게 다룰 것이다. 그러나 제자의 특징과 지도자의 특징은 거의 동
일하다는 것을 먼저 깨달아야 한다. 참된 영적 지도자는 하나님이 주신 지
도자의 은사(charisma)를 가지고 있다. 그러나 다른 대부분 특징은 제자들
과 거의 동일하다. 왜냐하면 진정한 지도자는 먼저 지도받는 법을 배워야
하기 때문이다. 먼저 잘 배우는 자가 되지 않으면 잘 가르칠 수 없다. 제자
양육의 과업을 진지하게 감당할 때, 우리는 교회에 절실하게 필요한 지도
자들을 공급할 수 있게 될 것이다.

제자가 갖춰야 할 자질들을 점검하라

제자 양성을 말할 때 우리가 목표로 하는 것은 무엇인가? 내가 수년
동안 관찰한 일련의 특징들, 곧 제자가 갖추어야 할 특징을 언급하고자 한
다. 나는 이 목록이 완전하다고 생각하지 않는다. 또한 모든 제자가 이런
자질을 갖추어야 한다고 고집하지도 않는다. 다만 최소한 성취하고자 소
망하고 기도하는 특징들임은 분명하다. 질문의 형태로 이야기할 것이며,
이 질문들은 남녀노소 구별 없이 모든 제자에게 적용될 것이다.

1. 그는 기꺼이 섬기려 하는가? 예수님은 자기들의 지위를 내세우는 제
자들을 향해 섬김의 교훈을 반복하여 가르치셨다. 특히 제자들의 발

을 씻김으로 섬김의 진리를 극적으로 보여 주셨다(요 13장; 막 10:35-45 참조).

2. 그는 기꺼이 들으려 하는가? 시몬 베드로가 변화산 위에서 기발한 생각으로 마음이 부풀어 올랐을 때, 하나님은 그에게 "너희는 그의 말을 들으라"고 말씀했다(눅 9:35). 하지만 마르다가 예수님이 말씀하실 때 분주하게 음식을 준비하자 오히려 마르다를 부드럽게 책망하면서 조용하게 앉아 말씀 듣는 마리아를 칭찬했다(눅 10:41-42).

3. 그는 기꺼이 배우려 하는가? 예수님이 장차 자기가 고난 받고 죽임 당할 것을 말했을 때, 베드로는 불쑥 이렇게 말했다. "주여 그리 마옵소서 이 일이 결코 주께 미치지 아니하리이다" 예수님의 마음을 찌르는 이 말을 베드로는 결코 잊어버릴 수 없었을 것이다(마 16:22).

4. 그는 다른 사람의 충고를 기꺼이 받아들이는가? 다른 사람이 정직하게 지적하고 비판하는 말을 어떻게 수용하는가? 다른 사람이 사랑 안에서 진실을 말할 때 어떻게 받아들이는가?(마 18:15)

5. 그는 자기 위에 있는 사람들에게 기꺼이 복종하는가?(살전 5:12; 히 13:17) 이유를 확실히 이해하지 못했을 때나 자기가 원하지 않는 일을 요청받았을 때도 기꺼이 그 일을 하는가?

6. 그는 다른 사람과 자기 삶을 나눌 수 있는가? 열린 마음과 정직한 교제를 기꺼이 수용하는가?(요일 1장)

7. 그는 겸손을 기꺼이 배우려 하는가? 기뻐하는 사람들과 함께 기뻐할 수 있는가? 다른 사람들이 축복받았을 때 순수하게 즐거워할 수 있는가?(빌 2:3)

8. 다른 사람을 비판하기 전에 자기 삶을 기꺼이 성찰하는가?(마 7:1-5)

9. 그는 자기 연약함을 아는가? 나아가 하나님의 은혜를 통하여 극복하려 하는가?(고후 12:9)

10. 그는 완전주의자인가? 완전주의는 사람을 자기의, 자기정죄, 자기연민, 또는 자학의 늪으로 빠뜨린다. "우리가 다 실수가 많으니…"(약 3:2; 요일 1:8-10 참조) 하나님이 그리스도 안에서 우리를 있는 그대로 받아들이는 것처럼, 자신을 기꺼이 받아들이는가?

11. 그는 용서할 수 있는가?(마 18:21)

12. 그는 끈기가 있는가? 아니면 너무 쉽게 포기하는가? 그는 실의나 좌절을 어떻게 다루는가?(엡 6:10; 고후 4:7 참조)

13. 그는 다른 사람에게 신뢰받는가?(고전 4:2) 의지할 만한가? 잔소리하지 않고 일을 진척시키는가? 심지어 다른 사람이 자기를 실망시키고 실족시킬 때도 기꺼이 다른 사람을 신뢰하는가?

14. 그는 자기 일에만 신경 쓰는가? 아니면 항상 다른 사람들의 삶에 희생적인 관심을 쏟는가? 기꺼이 다른 사람을 위하여 바쁜 사람이 되려고 하는가? 심지어 이러한 소신 때문에 다른 사람에게 회자되어도 이웃을 위해 기꺼이 자기 삶을 헌신하는가?(요 21:21; 딤전 5:13)

15. 그는 작은 일에도 최선을 다하는가?(골 3:17)

16. 그는 여가를 어떻게 사용하는가? 자신의 모든 시간을 하나님께 받은 선물로 이해하는가?(엡 5:15-17)

17. 그의 최우선이자 궁극적인 목표가 하나님을 기쁘게 하는 것인가? 아니면 다른 사람들의 칭찬을 추구하든지 또는 자신의 욕망을 충족

시키려 노력하는가?(요 12:43; 고후 5:9)

18. 그는 하나님이 말씀할 때 신속하게 순종하는가? 어부 베드로가 갈릴리 바닷가에서 예수님의 지시에 즉시 순종했을 때, 놀라운 일이 벌어졌다. 예수님의 가르침이 누군가에게는 어리석게 보였겠지만 말이다(눅 5:4-9). 이 사건은 베드로에게 계속해서 아주 중요한 교훈을 제공해 주었다.

19. 그는 하나님을 믿는가? 특히 믿음의 근거를 제공할 만한 아무런 외적인 표시가 없을 때도 하나님에 대한 믿음을 포기하지 않는가?(눅 18:1-8; 막 11:12)

20. 그의 피난처는 어디에 있는가? 하나님의 사랑과 성실하심을 궁극적으로 신뢰하는가? 아니면 먼저 일시적이며 물질적인 피난처를 찾는가?(마 6:19-34) 성령이 인도하는 대로 기꺼이 움직이며 순응하며 변화하는가? 아니면 자기 고집대로 사는가?

21. 그는 하나님이 자기 삶의 가장 중요한 위치를 차지함을 명백하게 이해하는가?(행 6:2-4)

제자 삼는 사역의 원리를 적용하라

작게 시작하라. 이것이 황금률이다. 비록 예수님이 군중과 함께 얼마의 시간을 보냈고, 또 어떤 때는 특별한 사명을 주면서 70명을 파송한 적은 있지만, 이 땅에서 사역하는 대부분의 시간을 열두 명의 작은 무리들에게 모두 투자하셨다는 사실은 아주 중요하다. 그리고 열두 명 중에서도 특별히 세 사람에게 관심을 집중했다. 야고보, 베드로, 요한이다. 이 세 사람은 야이로의 딸이 죽었던 방에, 변화산에, 그리고 겟세마네 동산에 예수님과 함께 있었다. 예수님은 이 세 사람에게 특별한 사랑을 줌으로써 다른 아홉 제자들에게 시기와 질투를 받을 위험도 감수했다. 물론 예수님이 열두 명에게 대부분의 시간을 투자할 때 그를 따르는 다른 사람들 역시 불만을 표현하기도 했을 것이다. 하지만 만약 열두 제자들이 영적으로 성장해야 한다면, 어떤 때라도 작은 그룹 이상의 큰 집단을 제자로 삼는 것은 불가능하다. 기독교의 모든 미래는 이 열두 명에게 의존하게 되었다. 그중에서 한 사람이 완전히 실패하여 다른 제자들을 실망시키기도 했지만 예수님은 그들을 끝까지 이끌었고, 마지막까지 사랑함으로써 하나님의 교회를 위한 굳건한 기초를 놓았다.

지혜로운 지도자라면 예수님과 마찬가지로 자기 능력 대부분을 작은 그룹에 집중시킬 것이다. 효과적인 제자 양성을 위해서는 열두 명이 아마도 상한선이 될 것 같다. 사실 숫자는 적을수록 좋다. 바울은 디모데, 누가, 디도, 실라 등에게 많은 시간을 투자했다. 바울은 디모데에게 "내게 들은 바를 충성된 사람들에게 부탁하라 그들이 또 다른 사람들을 가르칠 수 있으리라"고 말했다(딤후 2:2). 적은 수의 사람들에게 깊이 있게 집중하라. 그리하면 그 사람들이 또 다른 사람들에게 똑같이 할 것이다. 결국은 이것이 많은 사람들에게 특별한 것을 가르치는 것보다 훨씬 효과적인 방법이다. 여기에는 특별히 '작은 것이 아름답다'라는 격언이 어울린다.

중요한 포인트는 어떤 그룹에서 누가 제자 양성을 시키는 사람인가를 정확하게 이해하는 것이다. 가장 일반적인 대답은 그룹에서 가장 성숙하며 경험이 많은 사람이다. 그러나 보다 건전한 모델은 그리스도를 일차적인 교사, 곧 제자 양성의 주체로 보는 것이다. 그리하면 우리 모두는 서로를 격려하고, 서로에게 권고하면서 사랑 안에서 발전할 수 있게 된다. 보다 많은 지식과 경험이 있는 사람에게 능력이 많은 것은 사실이다. 그러나 우리 모두는 순수하게 서로를 필요로 해야 한다. 오직 그리스도만이 우리가 듣고, 배우고, 순종해야 할 분이다. 그리스도는 그룹의 모든 사람을 통해 말하시며, 그가 원하는 대로 성령의 선물을 모두에게 나누어 주신다. 그리고 모든 사람은 서로에게 좋은 영향을 끼치게 된다.

어떤 그리스도인 지도자가 자신을 그룹에서 절대적 권위를 가진 '우두머리'라고 생각할 때, 또는 그렇게 보여질 때 문제가 생겨난다. 권위를 내세워 다른 사람을 지배하려는 지도력은 영적 성장과 발달에 아무런 도움이 되지 않을 뿐 아니라, 오히려 방해가 된다. 어떤 지도자는 제자들과 마찬가지로 다른 사람으로부터 계속적인 격려와 위로를 필요로 한다. 심지어 권고나 충고가 필요한 지도자도 있다. 성령은 지도자에게 명확하게 이야기하기 위해 보다 젊고 경험 없는 사람을 사용할 수도 있다. 어린아이가 부르는 찬양에서 완전함을 발견할 수 있다는 사실을 기억하라. 히브리서 기자는 그리스도인에게 자기 지도자를 기억하며 그에게 순종하며 복종하라고 권고하지만(히 13:7, 17), 동시에 서로에게 봉사하는 일도 중요하다고 이야기한다. "오직 오늘이라 일컫는 동안에 매일 피차 권면하여… 서로 돌아보아 사랑과 선행을 격려하며… 오직 권하여…"(히 3:13, 10:24-25).

현재 나는 나와 모든 일정을 함께하는 작은 팀과 더불어 세계 곳곳에서 일어나는 그리스도인의 선교와 행사를 지도하고 있다. 팀원이 거의 바뀌지 않아 자연히 대부분의 시간을 함께 보낸다. 한 팀으로서 밀접하게 일하며, 함께 기도한다. 따로 떨어져 사역을 준비하거나 가정에서 쉴 때도 최소 일주일에 네 번씩은 같이 모인다. 예배와 찬양으로 모임을 시작하며, 우리들의 삶 가운데서 하나님이 말씀하신 것 또는 하나님이 행하신 것을 함께 나누는데, 지난날 읽은 성경 말씀들을 즐겨 인용한다.

이렇게 '함께 나누는 시간들'은 문제를 은폐하거나 또는 아름다운 성경 구절을 선택하여 토론하는 시간이 결코 아니다. 가면을 벗고, 우리의 생각이나 삶 안에서 일어나는 일들을 서로 허심탄회하게 말하면서 이것을 통해 하나님이 우리에게 가르치고자 하는 것이 무엇인지 찾는 시간들이다. 예를 들어 나는 이 책을 집필하면서 느끼는 굉장한 압박감을 솔직하게 나누고 싶었다. 그러나 오늘 아침 시편 37편을 읽으면서 하나님께서 나에게 '여호와를 기뻐하라'고 깨우쳐 주시는 것을 느꼈다. 또한 하나님이 항상 나와 함께 계신다는 것을 느낄 수 있었다. 그리고 내가 이 마음을 다른 사람들과 함께 나누었다면, 아마도 우리 팀의 다른 회원은 자기가 최근에 나 때문에 힘들었을 때 주님께 배운 것을 나에게 말하려 할 것이다. 곧 내가 그동안 일 때문에 긴장했고 짜증낸 것은 내가 그렇게 하도록 내버려 두었기 때문이라고 나를 지적할 것이다. 그것은 '사랑 안에서 진리'를 말하는 것이다.

우리는 그리스도 안에서 서로 격려하며 성장하기를 바란다. 서로에게 비밀을 고백하며, 서로를 격려하는 시간은 가끔 고통스러울 수 있다. 또 깊은 회개에 이르게도 하며, 심지어 눈물을 흘리게 하기도 한다. 그러나 궁극적으로는 서로에게 큰 기쁨을 안겨 주며, 대부분 엄청난 위로를 받게 된다. '강단'을 통한 목회의 위험을 우리는 잘 알고 있다. 설교의 신뢰성은 설교자가 매일매일 하나님과 그리고 서로와 어떤 관계를 누리고 있는지에 전적으로 달려 있다. 우리가 자기 삶을 함께 나눌 때 예수님의 삶도 우리들 가운데 명확하게 나타난다. 예수님을 떠나서는 가치 있고 내보일 만한 것이 전혀 없다.

물론 우리 모임의 형태는 매우 다양하다. 어떤 날에는 앞으로 있을 행사나 여행을 위해 중보기도를 한다. 어떤 날에는 성경을 조심스럽고 면밀하게 공부하고, 어떤 날에는 몇 가지 주제를 놓고 토론한다. 가령 상담, 개인전도, 또는 그때마다 적절하다고 생각되는 주제를 놓고 서로 의견을 나누는 것이다. 그것은 언제나 배움의 시간이 되는데, 단순히 이지적으로 배우는 것이 아니라 서로의 관계 속에서 헌신하는 마음으로 배운다.

'이렇게 아주 작은 그룹을 위해 시간을 집중하는 것이 혹시 영적인 방종과 탐닉은 아닐까?' '도움을 필요로 하는 많은 사람들을 위해 보다 광범위하게 활동해야 되지 않는가?' 이렇게 생각할 수도 있지만, 나는 그렇지 않다고 본다. 왜냐하면 대부분의 목회가 여러 가지를 필요로 하는 보다 많은 사람들을 대상으로 하고 있지만, 서로를 제자로 양성하는 시간이 더 중요하기 때문이다. 이 시간이 어떠한 영적인 열매를 맺을지는 곧 명백하게 드러난다. 나아가 이러한 특별한 팀의 활동이 전문화될 수도 있지만, 그래도 보다 작은 그룹에서 함께 나누는 삶의 원리, 서로 돌보는 원리, 서로를 위하여 중보하는 원리, 그리고 서로를 위하여 봉사하는 원리 등은 모든 교회에서 결정적인 역할을 할 것이다. 만약 현재 어떤 교회의 프로그램이 이러한 제자 양성을 불가능하게 만들고 있다면, 교회의 앞날을 위해 어서 빨리 그 프로그램을 바꾸어야 할 것이다. 한 사람이 자신을 전적으로 희생시켜 교구민이나 교인 전체의 필요를 모두 충족시킬 수도 있겠지만, 만약 그가 그 노력을 작은 그룹을 제자화하는 데 주력한다면, 나중에 그들 중 대부분이 지도자가 되어 결과적으로 그 교구민과 교인들이 보다 많은 혜택을 받게 될 것이다.

오늘날 많은 지역에서 훈련된 성직자와 목회자들을 필요로 하고 있다. 조지 마틴(George Martin)은 〈현대 교구〉(Today's Parish) 지에서 로마 가톨릭 교회 사제들이 급속도로 감소하는 현상의 타결책을 제안했다. "아마도 목회자들은 현재 자기 교구 또는 교회에서 계속해서 3년은 더 봉사해야 한다고 생각해야 할 것이다. 그리고 본인이 현 위치에서 떠날 경우 아무도 임무를 대행할 수 없을 것이라고 생각할 것이다. 만약 떠날 계획을 가지고 있다면, 평신도 지도자들을 선별하고 그들에게 동기를 부여하고 그들을 훈련하는 일에 중점을 두어야 한다. 그렇게 되면 훈련받은 평신도 지도자들이 목회자가 떠난 자리를 훌륭하게 보완할 수 있을 것이다. 최소 3년의 훈련 기간은 굉장히 중요하다. 심지어 일종의 혁명적인 결과를 낳게 될 것이라고 말해도 지나치지 않다."[6]

함께 나누는 삶

옛 속담에 이런 말이 있다. "들으면 잊고, 보면 기억하고, 행하면 이해한다."

　이것은 예수님이 제자들을 훈련시킨 원리이다. 누가는 데오빌로에게 복음서를 기록하면서 이렇게 말했다. "내가 먼저 쓴 글에는 무릇 예수께서 행하시며 가르치시기를 시작하심부터…"(행 1:1). 행함이 가르침보다 먼저 있다. 예수님에게는 공식적인 커리큘럼이나 계획된 강의 계획, 일정표 등이 없었다. 대신 제자들을 자기와 함께 거하도록 부르셨다. 예수님은 그들에게 이렇게 말했다. "너희도 처음부터 나와 함께 있었으므로 증언하느니라… 너희는 나의 모든 시험 중에 항상 나와 함께 한 자들인즉… 내가 너희에게 행한 것 같이 너희도 행하게 하려 하여 본을 보였노라…"(요 15:27; 눅 22:28; 요 13:15).

　제자들은 예수님이 일하는 것을 목격했고, 함께 일했다. 이해하지 못하는 일은 직접 질문했고, 배운 것을 실습하기 위해 둘씩 짝을 지어 밖으로 나갔으며, 돌아와 예수님께 보고했다. 제자들은 의문이 생길 때마다 예수님께 질문했으며, 예수님의 가르침 또한 계속되었다. 이러한 과정을 통해 더디기는 했지만 하나님 나라에 관하여 보다 확실하게 배울 수 있었다. "사도들이 예수께 모여 자기들이 행한 것과 가르친 것을 낱낱이 고하니"(순서에 유의하라, 막 6:30). 이것이 최선의 배움의 원리이다. 곧 함께 살며, 함께 일하며, 함께 나누는 작은 그룹 안에서 깊은 인격적인 관계가 형성되었을 때 학습 효과가 최대로 나타났다. 모세 아버바흐(Moses Aberbach)에 의하면, 이것은 예수님 당시의 이상적인 랍비와 제자 간의 학습 형태였다. 제자들은 가능한 한 많은 시간을 자기 선생님인 랍비와 함께 보내려 했다. 심지어 한 집에서 기거하기까지 했다. "제자들은 율법을 각 조항마다 철저히 익혀야 했을 뿐 아니라, 특정한 삶의 방식을 스스로 익혀 나가야 했는데, 이것은 랍비의 집을 방문하고 함께 살아야 가능했다. …랍비들은 교훈보다 실습을 통해서 보다 많은 것을 가르쳤다. 그래서 제자들은 랍비의 가르침뿐 아니라, 일상적인 대화와 습관들까지 주의하여 관찰했다. 선생을 따른다는 것은 말 그대로 그의 뒤를 따라 걷는다는 의미도 있었다. 그래서 제자들은 자기 선생이 목욕할 때도 도와야 했다. 이러한 배경에서 '목욕탕에 수건을 가져간다'는 말이 '나는 그의 제자가 되려 한다'는 의미를 지닌 관용어가 되었던 것이다. 그렇다 보니 랍비와 제자 간에 어색함이나 거리감은 전혀 없었다. 랍비들은 제자를 양자로까지 삼아 돌보고, 모든 필요를 공급하고, 격려하며, 잘못을 고쳐 주었다. 그리하여 그 제자는 또 한 사람의 랍비로 자라났다."[7]

이러한 모든 것은 너무나 놀랍게도 신약성경의 제자도와 동일하다. 비록 예수님이 당시 랍비들의 관례보다 더 많은 것을 제자들에게 요구했고, 자기 삶을 완전히 내어놓음으로 당시 랍비들보다 많은 것을 제자들에게 주셨지만, 모범을 통한 가르침, 보고 행함으로 가르치는 원리는 완전히 동일하다고 할 수 있다. 예수님은 자기의 양 떼를 돌보시고, 그들에게 모든 것을 공급하시고, 이름을 부르시며, 그들을 아시고, 지키시며, 사랑하시는 선한 목자였다. 그리고 양 떼들은 그의 음성을 알고 따랐다.

사도 바울과 디모데 사이에 있었던 따뜻하고 부드러운 관계는 특별히 더 생생하다. 바울은 디모데를 믿음 안에서 '참 아들', '내 아들', '나의 사랑하는 자녀'라고 불렀다. 한동안 바울은 여러 선교 여행에 디모데를 데리고 다녔다. 디모데는 엄청난 경험을 가진 한 그리스도인 지도자와 동행하며 보다 많은 것을 배울 수 있었다. 후에 바울은 디모데에게 자신의 사명을 주어 파송했으며, 에베소의 보다 크고 번성한 교회를 돌보도록 임명했다.

그는 디모데에게 장문의 목회서신을 썼는데, 당시 에베소 교회에서 일어나는 문제들을 어떻게 다룰지 알려 주었다. 나이 많은 사람들, 젊은 남녀들을 어떻게 목회해야 하는지, 또 특별한 상황에서 일어나는 여러 문제들을 어떻게 타개할지 가르쳤다. 디모데의 건강도 챙겨 주는가 하면 소심한 성격을 조심스레 지적하고, 그 안에 있는 성령의 은사를 활용하도록 일깨워 주었다. 마치 사랑하는 아버지가 자기 아들을 보살피는 것처럼, 바울은 사려 깊은 사랑으로 모든 방법을 동원하여 디모데를 보살폈다.

이렇게 히브리 가정의 부자 관계를 유지하면서 바울은 디모데를 영적 지도자로 길러냈다. 히브리인 아버지가 자기 아들이 모든 가정 문제를 감당할 수 있도록 훈련시키는 것처럼, 그리스도인의 제자 훈련은 우리의 삶을 다른 사람을 위하여 내어놓는 것을 의미하며, 또한 교회의 모든 책임을 감당할 수 있도록 훈련시키는 것을 의미한다.

바울은 어느 곳에 가든지 항상 같은 방법으로 제자를 양성했다. 다음은 바울이 데살로니가 교회에게 편지한 내용이다. "너희 가운데서 유순한 자가 되어 유모가 자기 자녀를 기름과 같이 하였으니 우리가 이같이 너희를 사모하여 하나님의 복음뿐 아니라 우리의 목숨까지도 너희에게 주기를 기뻐함은 너희가 우리의 사랑하는 자 됨이라… 너희도 아는 바와 같이 우리가 너희 각 사람에게 아버지가 자기 자녀에게 하듯 권면하고 위로하고 경계하노니 이는 너희를 부르사 자기 나라와 영광에 이르게 하시는 하나님께 합당히 행하게 하려 함이라"(살전 2:7-8, 11-12). 그리고 바울은 그들 스스로 교회의 책임을 완수하는 것을 듣고 감격하기도 했다. "주의 말씀이 너희에게로부터 마게도냐와 아가야에만 들릴 뿐 아니라 하나님을 향하는 너희 믿음의 소문이 각처에 퍼졌으므로 우리는 아무 말도 할 것이 없노라"(살전 1:8). 제자들이 영적으로 성장함에 따라, 그들이 그리스도인들을 위하여 봉사하는 기도도 함께 증가하는 것이다.

대부분의 사람들은 자기에게 책임이 주어질 때 더욱 성장하며 꽃을 피운다. 만약 지도자가 지금껏 자기가 맡았던 일을 다른 사람이 감당할 수 있도록 훈련시키지 않는다면, 어떤 교회든지 발전에 한계가 있을 것이다.

"진정한 의미의 교회 부흥은 사람들이 복음 전도와 제자 양육으로 훈련받을 때 경험된다. 목회자가 아무리 폭발적인 능력을 가졌다 해도, 교회의 재정과 조직이 아무리 견고하고 안정적이라 해도, 사람들이 지도자로 훈련받지 않는다면 교회의 부흥은 계속되지 못할 것이다."[8] 이것은 정확하게 예수님이 취했던 방법이다. "아버지께서 나를 보내신 것 같이 나도 너희를 보내노라"(요 20:21).

한편 예수님은 그들이 스스로 일하고 애쓰는 동안 그들 뒤에서 보이지 않게 부드럽게 도우고 가르쳤다. 마침내 그리스도의 성령이 여전히 자기 안에서 조력자와 인도자로서 일하고 계심을 제자들이 알 때까지 말이다. 그러나 표면적으로 예수님이 제자들을 가르쳤던 방법은 책임을 맡기는 것이었다. "예수님은 제자들이 감당할 수 있다고 여기는 것보다 더 큰 책임을 주었던 것 같다. 제자들을 세상으로 파송하고 혼자 일할 기회를 줌으로써 함께 있지 못할 때를 예비했던 것이다. 제자들에게는 자기들이 할 수 있는 일조차 하지 않으려는 습관이 있었다. 그래서 그리스도는 그들이 독립적으로 책임감을 가지고 일할 수 있는 기회를 제공해야 했다."[9]

이러한 모든 것은 제자는 만들어지고 형성되어야 함을 의미한다. 교회가 오랫동안 해 온 것처럼 제자는 단순히 가르침만을 통하여 태어나는 것이 아니다. 마치 하나님이 "미리 아신 자들을 또한 그 아들의 형상을 본받게 하기 위하여 미리 정하셨"던 것처럼, 바울도 "너희 속에 그리스도의 형상을 이루기까지 다시 너희를 위하여 해산하는 수고를" 기꺼이 하려고 했다 (롬 8:29; 갈 4:19).

정보와 지식을 나누어 주는 것만으로는 충분하지 않다. 비록 이것이 중요한 부분이긴 하지만 말이다. 더 나아가 하나님이 자기 삶을 우리 안에, 그리고 우리를 통해 나누시는 것처럼, 우리도 우리 삶을 다른 사람과 더불어 나누어야 한다. 하나님은 자기 삶을 나눔으로 우리를 하나님이 원하시는 모습, 즉 예수님의 형상으로 형성시키며, 또 우리에게 허락하신 은사와 봉사의 책임들을 감당할 수 있도록 성숙시킨다.

하나님의 궁극적인 관심은 우리가 단순히 예수님에 대해 아는 것이 아니라, 예수님과 같아지는 것이며, 성령으로 충만해져 예수님의 향기를 내품고, 예수님의 사랑으로 우리 삶이 통제받는 것이다. 그러한 삶은 붙잡혀지는 것이지 가르쳐지는 것이 아니다. 초대 그리스도인들이 그랬던 것처럼 '우리 자신이 사도들의 가르침에 헌신하여 몰두하는' 것이 아무리 중요하다 하더라도, 예수님의 삶이 우리들 가운데 나타나는 것이 더욱 중요하다.

가르치라

진정한 영적 삶이 성경적 가르침과 상반된다고 생각하는 것은 심각한 오류일 것이다. 예수님의 말씀은 생명의 말씀들이다. 그의 제자들이 명백하게 인정하지 않았는가?(요 6:68) 공동생활이라는 맥락에서 예수님은 상당한 시간을 제자들을 가르치면서 보냈다. 산상수훈을 생각해 보라. 마지막 만찬에서 주님이 하신 말씀들을 생각해 보라. 또한 그가 부활한 후 40일을 하나님의 나라에 대하여 가르친 것을 생각해 보라. 바울과 다른 사도들도 가능한 많은 시간을 설교하며, 가르치며, 교훈하며, 권면하며, 위로하며, 편지를 쓰며 보냈다. 이것은 바울이 에베소 교회 장로들에게 한 말과 같다. "유익한 것은 무엇이든지 공중 앞에서나 각 집에서나 거리낌이 없이 여러분에게 전하여 가르치고… 이는 내가 꺼리지 않고 하나님의 뜻을 다 여러분에게 전하였음이라"(행 20:20, 27).

초대 교회가 기독교 교리와 이의 실제적 행위를 중요하게 여겼다는 사실은 서신서에도 잘 표현되어 있다. 바울이 어떻게 디모데를 교훈했는지 눈여겨보라. "내가 이를 때까지 읽는 것과 권하는 것과 가르치는 것에 전념하라… 너는 그리스도 예수 안에 있는 믿음과 사랑으로써 내게 들은 바 바른 말을 본받아 지키고 우리 안에 거하시는 성령으로 말미암아 네게 부탁한 아름다운 것을 지키라… 너는 말씀을 전파하라 때를 얻든지 못 얻든지 항상 힘쓰라 범사에 오래 참음과 가르침으로 경책하며 경계하며 권하라… 너는 진리의 말씀을 옳게 분별하며 부끄러울 것이 없는 일꾼으로 인정된 자로 자신을 하나님 앞에 드리기를 힘쓰라"(딤전 4:13; 딤후 1:13-14,

4:2, 2:15).

어떤 식으로도 성서가 지닌 선하고 철저한 가르침의 가치를 과소평가하고 싶지는 않다. 오늘날 많은 교회에서 행해지는 설교 수준이 혐오스러울 정도로 낮은 것은 교회가 설교와 가르침을 충분히 진지하게 감당하지 못했기 때문이다. 동시에 많은 교회들이 신학적 연구, 성경 강해, 부흥회, 연구 발표회, 분반공부 등을 강조하고 있지만, 이보다 앞서 신약성서에 나타난 제자 훈련은 전혀 다른 방향이었음을 인식하는 것도 중요하다.

예를 들어 바울과 디모데는 오랫동안 맺어 왔던 그들의 놀라운 관계로 서로 힘을 얻고 위로받을 수 있었다. 이것은 실제적이며, 생동적이며, 힘이 있다. 바울은 단순히 디모데에게 내부로부터 느껴지는 압박감과 외부로부터 오는 핍박에 직면했을 때, 본능적이고 신경질적인 반응을 나타내라고 가르치지 않고, 예수 그리스도를 위하여 선한 싸움을 계속 싸우라고 권면한다. 확실히 가르침은 그리스도의 성숙을 위해 중요했으며, 현재도 매우 중요하다. 그러면서 우리는 무엇보다 먼저 개개의 그리스도인을 통하여 그리고 교회들을 통하여 표현되는 하나님의 사랑과 생명을 기대해야 한다.

지도자의 자질을 갖추라

좋은 제자 양성은 좋은 지도자 양성을 위한 최선의 준비라는 사실을 우리는 이미 확인했다. 그러나 지도자의 은사는 모든 제자들에게 주어진 것이 아니다. 그리고 교회가 원하는 지도자를 양성하기 위해서는 특정 자질들이 필요하다. 모든 자연적인 능력은 하나님으로부터 오며 이것은 지도자가 사람들을 섬길 때 다각도로 사용된다. 하나님의 서신들에 포함된 신학적 내용들은 역사 이래 등장한 수많은 탁월한 주석가들의 능력의 한계를 초월한다.

오늘날 교회는 현대 철학과 심리학, 정치학과 사회학의 중요한 경향들을 식별하고, 이러한 경향들을 교회 전체에 유익하게 해석할 수 있는 사람들이 필요하다. 세상이 말하는 바를 이해하지 못하면서 어떻게 상황에 맞는 적절한 말을 할 수 있겠는가! 우리에겐 성경 본문의 주석적 내용을 이해하며, 진지한 신학적 토론이나 종교적 대화에 참여하며, 교회 내 문제점들에 대하여 민감하며, 가능한 모든 매체를 사용하여 복음을 세속적인 사람에게 전달할 수 있는 학문적 기술을 소지한 그리스도인이 절실히 필요하다.

동시에 성경이 묘사하는 제자와 지도자가 학문적인 자격과 특별한 관계가 없다는 사실도 매우 흥미롭다. 바울과 누가는 학문적 자질이 높았다. 그러나 베드로, 야고보, 요한은 거의 없었다. 오늘날 대부분의 주류 교회는 학문적 훈련은 지나치게 강조하면서, 영적 부흥과 삶은 너무 적게 강조한다. 그 결과 교회 지도자들은 지적 신뢰도에 있어서는 부족함이 없지만 - 이는 어떤 상황에서 꼭 필요하며 좋은 것이다 - 영적 변화와 생명력에 있어서는 극도로 부족함을 드러내고 있다. A. W. 토저(Tozer)는 이렇게 말했다. "하나님이 자기 교회에서 인정하는 유일한 힘은 성령의 능력이다. 반면 대부분의 복음 전도자들이 인정하는 유일한 힘은 사람의 능력이다.

하나님은 성령의 힘으로 사역을 완성한다. 반면 그리스도인 지도자들은 훈련된 그리고 헌신된 지식의 능력에 의지해 사역을 완성하려고 시도한다. 반짝이는 개성이 하나님의 영감을 대신하고 있다. 영원한 성령을 통해 이루어진 것만이 변하지 않고 남아 있을 것이다."

교회들이 어떠한 환경에서도 지도자의 임무를 완전하게 수행하는 '천부적인 지도자'만 찾는 것은 큰 잘못이다. 그들은 분명 교회에서 능력 있는 지도자가 될 수 있다. 그들에게는 하나님의 은사가 충만하기 때문이다. 그러나 천부적인 것만으로 지도자가 되는 것은 아니다. 만약 그가 자신이 가진 재주만 생각하고 하나님을 겸손하게 의지하지 않는다면, 하나님이 그의 '천부적인 재능'을 거두어갈 수도 있다. 예수님의 말씀에도 이러한 사실이 암시되어 있다. "이방인의 집권자들이 그들을 임의로 주관하고 그 고관들이 그들에게 권세를 부리는 줄을 너희가 알거니와 너희 중에는 그렇지 않아야 하나니 너희 중에 누구든지 크고자 하는 자는 너희를 섬기는 자가 되고 너희 중에 누구든지 으뜸이 되고자 하는 자는 너희의 종이 되어야 하리라"(마 20:25-27).

바울은 자기가 소유하고 있는 모든 지적인 능력, 천부적인 능력과 영적인 체험에도 불구하고 육체 안의 고통스러운 가시를 통하여, 하나님의 능력이 연약함에서 완전하게 된다는 사실을 배웠다. 바울은 이렇게 계속 반복하여 말했다. "내 능력이 약한 데서 온전하여짐이라… 그러므로 도리어 크게 기뻐함으로 나의 여러 약한 것들에 대하여 자랑하리니 이는 그리스도의 능력이 내게 머물게 하려 함이라"(고후 12:9).

제자와 마찬가지로 영적인 지도자도 만들어져야지 태어나는 것이 아니다. 그리고 훈련자의 모범이 되는 예수님이 지도자 양성에 3년을 완전하게 소비하셨으니(이것도 인간적인 관점에서 보면 완전히 성공하지 않았다) 우리가 이 일을 보다 짧은 시간에 완수하리라는 기대는 하지 않는 것이 좋다. 그리스도인 지도자를 위한 어떠한 강의 계획도 예수님이 열두 제사와 함께 삶을 나누며, 그들을 인도하고, 사랑하며, 교훈하고, 위로하며, 용서하고, 그들을 위해 기도했던 방법을 대신할 수 없다.

그러면 제자를 지도자로 양성하기 위해 우리는 어떤 목표를 가지고 기도해야 할까? 이와 함께 앞에서 언급한 지도자의 자질 외에 우리가 키워야 할 것들이 몇 가지 있다.

첫째, 그리스도인 지도자는 섬길 줄 알아야 한다. 지배자는 사람들에게 행할 것을 명령하지만, 지도자는 몸소 행한다. 예수님은 제자들의 발을 씻기며 이렇게 말씀했다. "내가 너희에게 행한 것 같이 너희도 행하게 하려 하여 본을 보였노라"(요 13:15). 바울은 빌립보 교인들에게 "너희는 내게 배우고 받고 듣고 본 바를 행하라 그리하면 평강의 하나님이 너희와 함께 계시리라"(빌 4:9)고 편지했다. 그리고 데살로니가 교인들이 "많은 환난 가운데서 성령의 기쁨으로 말씀을 받아 우리와 주를 본받은 자가 되었"음에 기뻐했다(살전 1:6). 디모데에게 다음과 같이 격려하기도 했다. "누구든지 네 연소함을 업신여기지 못하게 하고 오직 말과 행실과 사랑과 믿음과 정절에 있어서 믿는 자에게 본이 되어…"(딤전 4:12).

더 나아가 진정한 지도자는 다른 그리스도인을 섬기며 스스로 자기 잠재력을 최대한 계발할 수 있도록 돕는다. 제자가 성장할수록 진정한 지도자는 점점 뒤로 물러나 제자가 앞으로 나아가게 한다. 축구팀 코치는 스타플레이어가 아니다. 그는 결코 점수를 내지 않으며, 어떠한 조명도 기대하지 않는다. 대부분 코치는 선수들에 비해 유명하지 않다. 그의 임무는 무대 뒤에 있으면서 자기가 섬기는 선수들이 최대의 잠재력을 발휘하도록 돕는 것이다. 마찬가지로 그리스도인이 어떤 식으로든지 자기 스스로 스타가 되기를 바란다면 그는 지도자로서 자격이 없는 것이다. "진실하고 안전한 지도자는 다른 사람을 지도하려는 욕망이 없는 사람이다. 오히려 그는 성령의 내적인 압력과 외적인 상황의 압력에 의해 떠밀리듯이 지도자의 위치에 오른 사람이다. …진정한 지도자는 하나님의 백성들 앞에서 통치하려는 욕망을 가지지 않는다. 오히려 자기보다 더 지혜롭고 능력이 있는 사람이 나타난 것을 성령의 깨우침으로 알게 되면 겸손하고, 부드럽게 지도하기보다 지도 받으려 할 것이다. 그런 사람이 진정한 지도자가 될 수 있다."[10] 요한 장로에게 디오드레베는 골칫거리였음이 분명하다. 그는 사람들 중에서 '으뜸이 되기를 좋아했기' 때문에 결국 지도자로서 소망이 없었다. 무엇보다 섬김이 가장 중요하다는 사실을 깨우치지 못했기 때문이다(요삼 1:9).

둘째, 지도자는 영적 권위가 있어야 한다. 영적 권위의 증거는 지위가 아닌 하나님께 얼마만큼 순종하는지, 그리고 얼마만큼 성령 충만한가와 관계 있다. 사도행전 6장에서 회중들에 의해 선출되고 장로들에 의해 임명된 일곱 집사들의 특징은 '성령과 지혜가 충만하여 칭찬 듣는 사람들'이었다는 것이다. 예를 들어 스데반은 '믿음과 성령이 충만한 사람… 은혜와 권능이 충만한 사람'으로 표현되었다. 그는 '큰 기사와 표적을 민간에게 행했으며' 자기 생명을 두고 열린 재판에서 두려움 없이 이야기했다.

성경에는 그의 얼굴이 천사의 얼굴과 같았다고 기록되어 있다. 하나님이 그와 함께 계셨기 때문이다.

밥 멈퍼드는 이렇게 말했다. "실제적인 권위는 결코 자기가 애쓴다고 해서 얻어지는 것이 아니다. *그것은 주어지는 것이다.* 어떠한 지도자도 자신에게 주어진 책임 이상의 권위를 취하려 해서는 안 된다." 개인적인 책임을 회피하기 위함에서든, 특별한 관계에 의한 요구 때문에서든 사람들이 지도자에게 너무 지나친 권위를 부여했을 때는 문제가 생기기 시작한다. 교회 안에서 건전하고 균형 잡힌 권위를 행사하는 것은 결코 용이하지 않다. 이것은 오직 예수님과 항상 동행하며, 그의 성령에 의하여 통제받고, 그의 백성들에 대하여 민감하며, 성령의 은사들을 부여받고, 항상 그리스도를 닮으려 할 때 가능해진다.

이러한 지도자는 힘의 작용을 용이하게 잘 쓸 줄 안다. 성령이 어떤 방향으로 움직이는 것처럼 보일 때는, 지도자는 기꺼이 돛을 올리고 성령의 바람을 타야 한다. 그래서 지도자에게는 분명한 결단력이 요구된다. 하나님을 의지하거나 또는 다른 그리스도인의 도움을 얻기까지 시간이 필요할 수도 있다. 그러나 좋은 지도자는 굳은 결단, 신속한 결단을 내릴 것이다. 가끔은 자기가 틀렸음을 겸손하게 인정할 때도 있지만 말이다. 지도자는 또한 비전을 가져야 한다. 주님의 음성을 들을 줄 알고, 자기가 어느 방향으로 가는지 알아야 하며, 자기 비전을 다른 사람과 나눌 줄 알 뿐 아니라 다른 사람에게 영감을 주어 자기와 동행하게 하는 법을 배워야 한다.

모든 지도자의 영적 권위는 그를 따르는 사람에 의해서 주어지는 것이지만, 궁극적으로 이것은 하나님으로부터 온다. 이것은 '사람을 순종하기보다는 하나님을 더욱 순종할 줄 아는 사람'에게 주어진다(행 5:29). 물론 영적 권위에 대한 완전한 모델은 예수님 자신이다. 예수님이 이 땅에서 살 때, 그분은 하나님의 아들이자 동시에 사람의 아들이었으며, 자신의 모범을 통하여 절대적인 순종의 삶을 보여 주었다. 요한복음에서 우리는 이 사실을 보다 명백하게 볼 수 있다. "내가 아무것도 스스로 할 수 없노라 듣는 대로 심판하노니 나는 나의 뜻대로 하려 하지 않고 나를 보내신 이의 뜻대로 하려 하므로 내 심판은 의로우니라"(요 5:30), "내가 하늘에서 내려온 것은 내 뜻을 행하려 함이 아니요 나를 보내신 이의 뜻을 행하려 함이니라"(요 6:38), "내가 내 자의로 말한 것이 아니요 나를 보내신 아버지께서 내가 말할 것과 이를 것을 친히 명령하여 주셨으니"(요 12:49).

예수님이 자신의 영적 권위와 능력을 세우신 것은 완전한 순종을 통해서다. 이런 이유로 병든 종을 고치기 위해 예수님께 왔던 백부장의 믿음이 위대한 것이다. 그는 이렇게 설명했다. "저도 남의 수하(권위)에 든 사람이요 제 아래에도 군병이 있으니 이더러 가라 하면 가고 저더러 오라 하면 오고 제 종더러 이것을 하라 하면 하나이다." 이처럼 우리가 기꺼이 다른 사람의 수하(권위)에 들어가기 원할 때, 비로소 다른 사람들에 대한 영적 권위를 가질 수 있다(눅 7:1-10).

하나님은 순종하는 자에게 성령을 허락하신다. 따라서 성령이 충만하다는 의미는 '그리스도를 경외함으로 피차 복종하는 것'이다. 이것은 자연스러우며 당연한 논리의 귀결로 우리가 상당히 중요하게 생각할 부분이다(엡 5:18, 21). 특히 주 안에서 우리 위에 있는 권위에 복종하는 것은 다음과 같은 의미를 지닌다. "너희를 인도하는 자들에게 순종하고 복종하라 그들은 너희 영혼을 위하여 경성하기를 자신들이 청산할 자인 것 같이 하느니라"(히 13:17).

물론 불균형적인 복종의 위험도 있겠지만 그것은 삼위일체 안에서, 완전한 사랑의 띠에 의해 예방될 수 있다. 또다시 사랑이 그리스도인의 교제 안에서 결정적으로 중요한 요소가 된다. "진실로 헌신되고 사랑으로 엮어진 관계의 맥락 밖에서는 권위와 복종은 이해가 불가능하거나 또는 두려운 개념이다. 그러나 우리는 홀로 살아가기 위하여 부름 받은 것이 아님을 잘 안다. 우리는 공동체로 부름 받았으며, 의미 있는 관계를 만들고 나누라고 부름 받았다."[11] 그러한 맥락 안에서 주의 깊게 조직된 관계의 구조는 교회와 교회 안의 개인이 조화를 이루는 데 결정적인 요소가 된다. 오직 이러한 방법을 통해서 하나님 나라가 우리들 가운데 드러나게 된다.

미시간 주의 앤아버(Ann Arbor)에 있는 '하나님의 말씀 공동체'(The Word of God community)의 섭외부장인 스티브 클락(Steve Clark)은 "권위는 어디로부터 오는가?"(Where Does Authority Come From?)라는 매우 유익한 소논문을 발표한 적이 있다. 여기에서 그는 권위가 남용되는 것을 성경을 근거로 예방하려고 했다.[12]

그는 특별히 네 가지를 언급했는데 첫째, 교회 또는 공동체 내의 권위는 항상 그룹으로부터 와야 한다. 단순히 한 개인으로부터 나오면 결코 안 된다. 신약 시대에는 교회가 설립될 때마다 장로들(항상 복수임을 유의하라)이 그 교회의 감독으로 임명되었다. 둘째, 지도자가 될 사람의 자격 규정이 명백해야 한다. 이것은 인간적으로 가능한 한 올바른 사람이 권위를 갖도록 하기 위해서다. 예를 들어, 바울은 디모데와 디도에게 어떤 사람이 교회 지도자로 선출되어야 하는지에 대해 완전하게 가르쳤다. 셋째, 예수님의 권위가 가진 특징은 겸손한 섬김이라는 사실을 분명히 밝혔다. 이것은 우리가 이제까지 강조한 것과 같다. 넷째, 궁극적으로 '오직 재판장이신 하나님이 이를 낮추시고 저를 높이신다'는 사실이다(시 75:7). 오직 하나님만이 지도자를 교회 안으로 부르신다. 그리고 하나님이 부르시는 사람들을 인정하는 것이 교회의 임무이다. 만약 실수를 저지르거나 또는 지도자가 실족했을 때는, 하나님이 능히 교훈하시며 재교육하신다는 것을 믿어야 한다. 왜냐하면 오직 하나님이 궁극적으로 교회의 주님이시기 때문이다.

이 사실로부터 우리는 지도자가 갖추어야 할 세 번째 특징을 깨닫게 된다. 곧 기꺼이 다른 사람을 교훈하는 정신이다. 지도자는 또한 항상 '온유한 심령으로' 이 일을 해야 한다(갈 6:1). 나와 가까운 관계에서 함께 일했던 한 젊은 그리스도인이 나에게 말했다. "지난 몇 주 동안 매우 고통스러운 나날을 보냈습니다. 그 누구도 편하게 대할 수 없었죠. 그러는 동안 당신이 저에게 무엇인가 이야기해 주기를 바랐어요. 당신의 교훈이 필요했기 때문이지요. 그러나 당신은 아무 말도 하지 않았습니다."

만약 내가 그를 온전히 사랑했다면, 그가 도움을 청하기 전에 먼저 그에게 다가가 필요한 교훈을 전했을 것이다. 우리는 가끔 다른 그리스도인에게 교훈하기를 꺼려할 때가 있는데, 이는 우리 삶 속에 있는 실패의 경험들을 지나치게 의식해서다. 그러나 하나님은 우리에게 다른 사람을 교훈하고 위로해야 할 책임을 주셨다(골 3:16). 그리고 이 책임은 결코 우리 자신의 의로움이나 영적 우월성 때문에 주어지는 것이 아니다. 이것은 그리스도인의 한 몸 안에서 서로를 돌보는 우리의 사랑에 대한 결정적인 표현이다. 그래서 우리는 하나님이 주신 이 책임을 행사하기를 주저하지 말고, 겸손하게 서로 교훈해야 한다. 예수님은 우리에게 결코 남을 비판하거나 판단하지 말라고 가르치셨다. 만약 우리가 다른 사람의 눈에서 티를 본다면, 우리는 먼저 자신의 눈에 들보가 없는지 돌아보아야 한다. 아마도 형제의 눈에 있는 그 티는 내 눈에 있는 들보에 대한 반영일 것이다 (마 7:1-5).

다른 사람을 교훈할 때는 비교적 중요한 문제에 집중해야지 우리의 신경을 건드리는 사소한 문제에 집중하면 안 된다. 반복적인 교훈은 상대방의 용기를 저하시키고 또 너무 적은 교훈은 무관심을 불러온다. 바울은 교회들에게 보내는 편지에서 그들의 삶속에 하나님의 은혜가 있음을 반복하여 강조하면서 격려하려고 노력했다. 나중에 심각한 어조로 말해야 할 때도 그들의 용기를 저하시키거나 그들이 실의에 빠지지 않도록 노력했다. 우리는 너무 빨리 남을 정죄하고 너무 천천히 남을 격려하는 세상에 살고 있다. 그래서 좋은 일에 대해서는 긍정적으로 말하는 것이 특히 중요하다. 교훈은 항상 가르침을 동반해야 한다. 무엇이 잘못이며, 왜 잘못인가? 다음에 어떻게 하면 고칠 수 있는가? 그리고 비록 과거에 이미 가르쳤더라도, 다시 가르치기를 피하지 말아야 한다. 사도들은 이 반복 교육의 가치를 알았다. 물론 예수님이 이렇게 그들을 가르쳤기 때문이다.

지도자는 또한 명백하게 경고할 필요가 있다. 거짓 가르침과 교사들에 관하여, 시험과 시련들에 관하여, 악한 자들의 행위에 관하여 확실하게 경고해야 한다. '각 사람을 권하고(경고하고) 모든 지혜로 각 사람을 가르침'이 바울의 계속적인 관심이었다(골 1:28). 예방이 교훈보다 좋다. 그리고 좋은 교회 지도자들은 사탄의 흉계에 대해 무지해서는 안 된다.

모든 교회 안에 있어야 할 교훈이나 권고의 형태는 마태복음 18장 15-20절에 잘 설명되어 있다. 지도자들 간에 서로 교훈하는 것도 마찬가지일 것이다. 바울은 아주 중요한 원리를 디모데에게 가르쳤다. 만약에 이것이 오늘날 실행된다면, 교회 지도자들에 대한 많은 험담이 사전에 예방될 것이다. "장로들에 대한 송사는 두세 증인이 없으면 받지 말 것이요"(딤전 5:19). 나로 하여금 이 말씀의 중요성을 알게 해 준 스탠리 젭(Stanley Jebb)에게 감사한다. 우리는 절대로 어떠한 그리스도인, 특히 지도자에 대한 부정적인 비판을 듣지 말아야 한다. 만약에 비판하는 사람이 장로들 앞에서 두세 사람의 증인과 함께 공공연하게 비판하지 않는다면 말이다. 비록 그때에도 받아들일 뿐, 그 말에 입각하여 행동하면 안 된다. 더 자세히 알아봐야 하기 때문이다. "그러므로 우리가 화평의 일과 서로 덕을 세우는 일을 힘쓰나니…"(롬 14:19).

훈련으로 지도자를 세우라

앞에서 계속 이야기했듯이 제자 훈련은 곧 지도자 훈련이다. 그러나 교회 성장을 위한 작은 그룹에 필요한 구조적 발전에 대한 언급 또한 중요하다.

하워드 스나이더(Howerd Snyder)는 "교회 내 영적 부흥의 주요 운동은 모두 작은 그룹으로의 귀환이다. 그리고 성경공부, 기도, 신앙 문제, 토론 등을 위하여 이러한 작은 그룹들을 각자의 가정에서 활성화시키는 것을 수반하고 있다"고 말한다. 존 웨슬리도 공감했다. 그리고 이것은 영국을 휩쓴 부흥의 강력한 요소가 되었다. 이 부흥은 수많은 사람들의 개인적인 신앙심에 영향을 끼쳤을 뿐 아니라, 막대한 사회적 변화를 불러일으켰다. 웨슬리 자신은 모라비안 운동의 놀라운 결과에 영향을 입었다. 모라비안 운동은 작은 그룹에 기초하여 서로 밀접한 관계를 유지하는 것을 출발점으로 한다. 진정한 그리스도인의 교제를 형성하고 유지하기 위해 친첸도르프(Zinzendorf) 백작은 여덟 명 내지 열두 명으로 구성된 작은 세포 모임들(banden)을 많이 조직했다. 이것들은 교회가 영적으로 건강해지는 데 지대한 기여를 했고, 나아가 복음 전도의 발판이 되었다. 금세기에 남아메리카 교회가 엄청난 성장을 이룩한 데는 두 가지 주요한 요인이 있었다. 첫째는 성령의 능력과 성령 충만에 대한 강조이다. 둘째는 이와 같은 세포 모임의 발전이다.

이러한 그룹들과 세포 모임의 지도자는 건전한 성장과 확장을 위해 무엇보다 중요한 역할을 감당한다. 요크에 있는 우리 교회에서 생겨난 '지원그룹(support group)'이 훌륭한 역할을 하고 있음을 발견했다. 이 그룹 구성원들은 해당 지역 가정을 지도하는 사람들이고, 이 지원그룹의 지도자는 모든 그룹들을 오랫동안 감독해 온 장로이다. 이 지도자들의 지원 그룹이 하나님과 서로에게 얼마만큼 열려 있는가에 따라서 그들이 지도하는 그룹들 안에서도 성장과 확장이 일어날 것이다. 이들이 예배, 기도, 나눔의 삶, 연구, 보살핌에서 풍성한 은혜를 경험하면 할수록 그것들은 다른 성도들 안에서도 재생산될 것이다.

제자도, 우리 삶을 함께 나누는 것

바울은 골로새서를 기록할 때 '각 사람을 그리스도 안에서 완전한 자로 세우려 함이' 자기 목표라고 천명했다(골 1:28). 하나님은 우리가 단순히 종교적 사람이 아니라 온전한 사람이 되기를 바라신다. 가끔은 교회가 오직 종교적 영역에만 관심을 가지고 있는 것 같아 보인다. 사실 윌리엄 템플은 기독교는 모든 종교 가운데 가장 물질주의적이라고 말했다. 왜냐하면 기독교는 모든 삶의 영역에 영향을 끼치기 때문이다. 그래서 그리스도 안에서의 성숙은 가정과 직장에서 다른 사람들과 맺는 관계, 우리의 여가, 시간과 돈의 사용, 사회 참여 등 모든 삶의 양식과 관련되어 있다.

우리가 기도하기 위하여 모였을 때, 우리는 절대로 제자도를 종교적 또는 신앙적으로만 제한시켜서는 안 된다. 성경공부와 복음 전도를 위해 모였을 때도 마찬가지이다. 제자도는 우리 삶을 함께 나누는 것이다. 제자를 삼는 것은 쉽지 않다. 바울은 이렇게 기록했다. "이를 위하여 나도 내 속에서 능력으로 역사하시는 이의 역사를 따라 힘을 다하여 수고하노라." 항상 이것은 힘든 일을 의미할 것이다. 그리고 이것에는 성령의 은사인 영적 지혜와 영적 분별력이 수반될 것이다. 교회 전체가 제자 훈련을 진지하게 고려하지 못하는 이유는 부분적으로 이것이 힘든 작업이기 때문이다.

우리들 중 어느 누구도 이 과업에 적합한 자질을 지녔다고 느끼지 않는다. 그러나 바울은 다른 사람들을 그리스도 안에서 성숙시키려 할 때 성령이 강하게 역사하실 것을 우리에게 강조한다. 따라서 우리가 그리스도의 지상명령에 복종하려면 오직 성령만을 믿고 의지해야 할 것이다.

4장 나는 제자를 양육합니다

1. 교회 내에서 제자를 양성해야 할 이유는 무엇일까요?

2. 교회에서 제자 양육 프로그램을 계발하여 실제 목회에 적용할 때 때로는 바람직하지 않은 결과가 나타나기도 합니다. 어떤 위험한 요소들이 있을까요? 어떻게 하면 이런 위험들을 피할 수 있을까요?

3. 다음은 예수님의 제자가 갖추어야 할 특징들입니다. 당신 자신을 평가해 보십시오.

① 섬기는 자세   1 2 3 4 5
② 듣고 배우고 받아들이려는 자세   1 2 3 4 5
③ 자신의 약점을 솔직하게 인정하고 고치려는 자세 1 2 3 4 5
④ 윗사람에게 복종하는 자세   1 2 3 4 5
⑤ 다른 사람을 신뢰하고, 용서하는 자세   1 2 3 4 5
⑥ 다른 사람에게 관심을 가지고 헌신하는 자세   1 2 3 4 5
⑦ 시간과 재물을 바르게 사용하는 자세   1 2 3 4 5
⑧ 매사의 목적과 결과를 하나님에게서 찾으려는 자세 1 2 3 4 5

4. 제자 삼는 일에 정해진 기술은 따로 없습니다. 그러나 기본이 되는 성경적 원리는 있습니다. (1) 작게 시작해야 합니다. (2) 작은 그룹을 이루도록 합니다. (3) 가능한 한 삶을 공유해야 합니다. (4) 부모의 사랑을 보여 주어야 합니다. (5) 가르쳐야 합니다. 이 원리에 대한 예수님과 바울의 본을 생각해 보십시오. 마가복음 3장 14절, 요한복음 15장 27절, 누가복음 22장 28절을 통해서 당신이 발견한 것을 적어 보십시오. 그리고 데살로니가전서 2장 7, 11절을 요약해 보십시오.

5. 그리스도인은 원칙적으로 모두가 제자입니다. 그러나 모든 제자들이 다 지도자의 은사를 가지고 있지는 않습니다. 또한 지도자의 은사를 가졌다고 해서 모두 바람직한 영적 지도자가 될 수 있는 것도 아닙니다. 제자들과 마찬가지로 영적인 지도자들은 만들어져야 합니다. 누가복음 22장 25-27절에서 주님이 강조하는 영적 지도자의 자질은 무엇입니까? 영적인 지도자들은 무엇보다도 영적인 권위가 있어야 합니다. 영적인 권위는 어떻게 드러납니까?(행 6:3) 또한 영적인 지도자들은 다른 사람들을 지혜롭게 가르칠 수 있어야 합니다. 지혜롭게 가르치기 위해 주의해야 할 점들을 생각해 보십시오.

6. 제자 삼는 사역의 궁극적인 목표는 단순히 종교적인 사람을 만드는 것이 아니라 온전한 사람(전인격적인 사람)을 만드는 것입니다(골 1:28-29). 어떤 사람을 온전한 사람이라고 말할 수 있습니까?

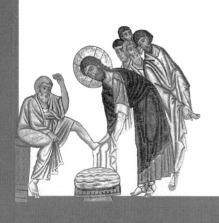

Part 2

성장하는 제자로
부르셨다

5. 성령

나는 성령 안에서
살아갑니다

나는 거의 16년 동안 천식으로 고생했다. 지독한 기침으로 고생해 본 사람은 이것이 얼마나 고통스러운 경험인지 알 것이다. 기침을 하면서 숨을 쉬려고 헐떡이는 것은 문자 그대로 생존을 위한 투쟁 그 자체이다. 이럴 때는 말을 할 수도, 걸음을 걸을 수도, 일을 할 수도, 아니 아무것도 할 수가 없다.

세계 도처의 많은 교회들도 이처럼 만성적인 천식에 걸려 있는 것 같다. 1세기 전에 에드윈 해치(Edwin Hatch)는 다음과 같은 찬송시를 지었다 (편집자주-새찬송가 196장 '성령의 은사를').

나에게 숨결을 부으소서, 하나님의 숨결을,

새로운 생명으로 나를 충만케 하사,

주님의 사랑 본받아 나 사랑하게 하소서

주님의 마음 가지고 나 행하게 하소서.

이것은 오늘날 우리가 전심을 다해 드리고 싶은 기도이기도 하다. 성령의 숨결이 우리 교회와 그리스도인 전체에게 새로운 생명을 가져다주시길!

알렉산더 솔제니친은 "나는 기독교를 러시아의 영적 문제를 치료할 수 있는 유일한 영적 힘이라고 본다"라고 말했다. 더 나아가 그는 현재 상황이 너무 심각해서 실질적 생존을 위해서는 영적 갱신이 반드시 필요하다고 했다. 우리 사회는 물질적으로 풍요하지만 무감각과 냉소주의, 좌절, 소외 그리고 절망감으로 가득 차 있다. 우리는 영적으로 파산된 세대이다. 사람들은 개인적인 확신과 체험을 통해서 하나님을 알려고 노력하지 않으며 예배 시간에 드리는 신앙 고백조차 무의미하다고 여겨 암송하지 않는다. 만약 우리 가운데 하나님이 확실하게 계심을 보지 못하면, 세상 사람들은 교회에서 자신의 시간을 보내려 하지 않을 것이다.

제자들을 향한 예수님의 부름은 절대적이었다. 그들은 자신들을 부인해야 했고, 저마다 자기 십자가를 지고 예수님을 좇아야 했다. 이것은 다시 돌이킬 수 없는 길이었다. 제자들을 향한 은혜의 선물이 없었다면 그들의 제자도는 절망스럽고 불행했을 것이다. 그들은 이제까지 세상이 경험하지 못한 위대한 영적 혁명을 완수했다. 오순절 성령이 그들 위에 임했을 때 아무도 그들을 막을 수 없었다. 위협, 투옥, 고문, 심지어 죽음까지도 그들을 막을 수 없었다. 그래서 그들을 방해하던 자들도 이렇게 유약하고 평범한 남녀들이 세상을 근본적으로 변화시켰다는 사실을 인정하게 되었다. 이것은 엄청난 선교의 열매였다. 아마 교회 역사에서 이것에 버금가는 사건은 다시 없을 것이다. 그들은 인간의 힘에 의존하지 않고 전적으로 성령의 능력만을 의지했다. 오늘날 교회는 의지할 수 있는 것들이 많다. 건물, 투자, 재정, 신학교, 도서관, 영화, 카세트…. 목록을 열거하자면 한이 없다. 현재의 상황은 점점 더 성령의 능력을 필요로 하고 있지만 사람들이 그 능력을 의지한다는 증거는 어디에서도 찾아 볼 수 없다.

예수님은 지상 사역이 끝날 무렵, 성령의 도래에 대해 수차례 말씀하셨다. 성령을 또 다른 보혜사라고 부르며, 제자들과 영원히 함께 있을 것이라고 말씀하셨다. 3년이라는 짧은 기간 동안 예수님이 제자들을 위해 행하신 모든 것을, 이제는 성령이 떠맡아 언제든지 그리고 어디서든지 행할 것이다. 성령은 진리의 영으로 세상적 기준으로 받아들여지거나 이해되지 않고, 오직 예수님을 따르는 모든 사람들 안에 영원히 거하신다. 그분은 제자들에게 모든 것을 가르칠 것이며, 예수님이 그들에게 말한 모든 것을 생각나게 할 것이다(요 14:26). 우리가 알아야 하고 체험해야 하는 성령의 사역에는 중요한 네 국면이 있다. 영적 탄생, 영적 성장, 영적 은사 그리고 영적 능력이다.

영적으로 거듭나라

어떤 성공회 신부의 부인이 어느 날 이런 편지를 썼다.

"성령께서 그리스도인으로서 내 삶을 새롭게 만들기 위해 오랫동안 기도하셨습니다. 그리고 마침내 그 일을 하셨습니다. 내 삶은 새로운 생명과 기쁨으로 충만해졌습니다. 성경을 읽을 때 모든 페이지에서 찬양과 사랑을 깨닫고 있습니다. 이제 예수님에 관하여 알지 않습니다. 바로 예수님 자신을 알았기 때문입니다!"

새로운 영적 삶이 시작되는 데는 몇 가지 단계가 있다. 우선 성령의 절대 주권이 핵심이다. 아무도 이러한 일을 자기 혼자 할 수 없기 때문이다. 먼저 성령이 우리 자신의 필요와 모자람을 보여 준다. 예수님은 '그가 와서 죄에 대하여, 의에 대하여, 심판에 대하여 세상을 책망하시리라'고 말씀했다(요 16:8). 지난 몇 년 동안 나는 수많은 테러리스트들과 장기 수감자들이 그리스도 안에서 새로운 삶을 누리는 것을 보는 특권과 기쁨을 누렸다. 그들은 편지로 자신들의 체험을 표현하면서 거의 같은 말을 사용했다. "나는 처음으로 자유함을 느꼈습니다." 사람들은 누구나 고통스러운 양심의 가책에서 벗어날 수 없다. 대부분은 단순히 덮어 버림으로 죄를 숨기려 하지만 말이다.

그러나 우리의 양심은 우리 안에서 활동하는 성령에 가장 민감하게 반응하는 곳이다. 이것은 하나님이 주신 기관이다. 우리는 불현듯 과거에 했던 어떤 일이나 하지 않은 일에 대해 가책을 느낄 수 있다. "양심의 가책이 느껴질 때의 특징은 그것이 지워지지 않는다는 것과 아픔이 좀처럼 가벼워지지 않는다는 것이다. 아무리 시간이 많이 흐르고 자신이나 환경이 많이 변한다 해도 과거는 죽지 않는다. 그것은 이생에서 결코 덮어지거나 제거되지 않는다."[1]

그래서 바울은 하나님의 말씀을 혼잡케 하는 것을 거부하고 오직 진리를 나타냄으로 하나님 앞에서 각 사람의 양심에 대하여 스스로 천거할 것을 촉구했다(고후 4:2). 하나님의 성령이 하나님의 말씀을 두 날이 예리한 칼로 만들어 모든 장벽과 담을 꿰뚫고 양심의 가책을 폭로하는 것을, 바울은 자기의 겸손한 체험을 통하여 잘 알고 있었다. 우리가 하나님의 영적·도덕적 요구를 의식하는 것은 오직 열린 양심을 통해서이다. 그리하여 우리는 하나님께 긍휼과 용서를 요청할 수 있게 되는 것이다.

두 번째, 성령은 우리에게 새로운 삶을 가져다준다. 하나님은 영이기 때문에 우리가 그분을 알려면 영적으로 살아 있어야 한다. 당연히 우리는 죄로 인해 영적으로 죽어 있다. 그분의 길이 아니라 우리 자신의 길로 마음대로 행했기 때문이다. 우리는 하나님으로부터 격리되어 어둠의 왕국 안에 살게 되었다. 그렇다면 다시 하나님의 왕국으로 들어갈 수 있는가? 어떻게 영적으로 다시 태어날 수 있을까? 예수님은 이 애매하고 모호한 질문에 대하여 니고데모에게 다음과 같이 말씀하셨다. "육으로 난 것은 육이요 영으로 난 것은 영이니 내가 네게 거듭나야 하겠다 하는 말을 놀랍게 여기지 말라"(요 3:6). 이보다 더 핵심적인 말이 또 있겠는가?

새롭게 태어나지 않으면 하나님의 왕국을 볼 수 없다. 당신이 요크를 방문하고 있다고 상상해 보라. 그리고 나는 당신에게 요크의 대성당에 있는 스테인드글라스의 아름다움을 설명하려고 노력할 것이다. 그런데 만약 당신이 대성당 밖에 있다면 내가 아무리 정확하게 설명해도 그것을 결코 보지 못할 것이다. 내가 말하는 것을 당신이 보기 위해서는 그 안에 들어가야 한다. 곧 우리가 다시 태어나 하나님 나라에 발을 들여 놓기 전까지는 결코 영적인 진리를 볼 수 없다. 그때까지 우리는 영적으로 장님인 것이다.

새롭게 태어나지 않으면, 하나님의 왕국에 들어갈 수 없다. 마치 내가 육체적인 삶을 영위하려고 주변에 있는 공기를 들이마셔야 하는 것처럼, 영적인 삶을 살기 위해서는 우리 주변에 있는 하나님의 영을 호흡함으로써 영접해야 한다. 맬컴 머거리지(Malcolm Muggeridge)는 일생의 영적 여행을 마치며 그리스도의 실재를 발견했다고 고백하면서 그때 상황을 이렇게 표현했다.

"인간이 스스로 영원히 행복하게 살겠다고 노력하는 것은 공허한 일이다. 이것을 깨닫는 것은 그리스도에게 돌아올 때이다. 인간은 그리스도께서 말씀한 것처럼, 다시 태어나야 한다. …나에게 있어서는 그리스도를 택하든지, 아니면 아무것도 택하지 않든지 하는 일뿐이었다."[2]

셋째로, 성령은 우리에게 구원의 확신을 가져다준다. 우리가 '아바 아버지!'라고 부를 때는 성령이 친히 우리 영으로 더불어 우리가 하나님의 자녀임을 증거하는 것이다. 자녀이면서 후사 곧 하나님의 후사요 그리스도와 함께한 후사인 것이다(롬 8:15-17). 우리가 이 깊은 내적 확신(성령의 보증 또는 성령의 인침 등 다양하게 불린다, 고후 1:22 참조)을 가지게 될 때, 비로소 우리는 그리스도를 통해 모든 것을 할 수 있게 된다. 이것은 왜 바울이 '현재의 고난은 장차 우리에게 나타날 영광과 족히 비교할 수 없도다'라고 말할 수 있었는가를 설명하며, 왜 그가 '아무것도 우리를 우리 주 그리스도 예수 안에 있는 하나님의 사랑에서 끊을 수 없으리라'고 확신했는지 이해하는 데 도움이 된다(롬 8:18, 31-39). 그러나 오늘날의 많은 교회와 성도들은 자기들의 영적인 체험이 빈약하기 때문에 하나님과의 관계 또는 죄의 용서에 관한 확신이 부족하다. 그 결과 믿음 또한 연약하고 불확실하다. 이 믿음은 세상을 흔들기보다 오히려 세상에 의해 흔들릴 수밖에 없다.

복음 전도 사역에서 대부분의 사람들은 단순히 자기들의 믿음을 확신하게 되는 것을 깨달았다. 그들은 이미 하나님과 진정한 관계를 맺고 있었다. 이러한 의미에서 나는 자주 '이미 회개한 사람들에게 복음을 전한다'라는 명목으로 비난받는 것을 인정한다. 그러나 윌리엄 템플은 '사람이 회개하고 또 그 사실을 알기 전까지는 하나님에게 사용되는 경우가 거의 없다'라고 말하곤 했다. 그래서 복음 전도의 사건이 회개에 이르게 하는 것인지 또는 회개의 확신에 이르게 하는 것인지는 그렇게 본질적인 문제가 아니다. 실제로 경험하지 않는다면, 예배를 통하여 하나님에게 드릴 수 있는 것이 거의 없는 것이다.

영적으로 성장하라

예수님이 성령을 보혜사라고 칭할 때, 그 단어의 의미는 '곁에 서서 도와주는 자'이다. 모든 그리스도인 또는 교회가 영적으로 성장하는 제반 영역에서 성령의 주도권은 절대적이며 필수적이다. 이러한 영역들 가운데 몇 가지는 이 책 앞부분에서 이미 거론되었다. 그러나 성령의 사역 중 다른 국면을 잠시 살펴보는 것도 매우 유익할 것이다.

1. 그리스도를 닮게 함

성령의 우선적이며 절대적인 사역은 그리스도를 영화롭게 하는 일이다(요 16:14). 그러기 위해 성령은 영적으로 닫힌 우리의 눈을 열어 그리스도의 영광을 보게 하신다. 그리고 우리 삶의 모든 영역을 변화시켜 다른 사람에게 그리스도의 영광을 보여 주신다. "주는 영이시니 주의 영이 계신 곳에는 자유가 있느니라 우리가 다 수건을 벗은 얼굴로 거울을 보는 것 같이 주의 영광을 보매 그와 같은 형상으로 변화하여 영광에서 영광에 이르니 곧 주의 영으로 말미암음이니라"(고후 3:17-18). 이처럼 변화시키고 회복케 하는 성령의 사역은 개인적으로는 우리 삶을 예수님께 헌신하게 하는 계기가 된다.

우리 안에 있는 하나님의 형상은 죄로 인해 때가 묻고 왜곡되어 왔다. 하나님은 아들의 죽음을 통해 우리를 구속하신 후, 성령을 보내시어 자기 형상을 치료하는 사역을 시작하신다. 이 작업은 섬세하며 또한 많은 시간을 필요로 하는데, 우리가 하나님과 얼마나 협동하느냐에 따라 좌우된다. 우리의 자연적 자아는 항상 성령에 반대하여 일한다. "육체의 소욕은 성령을 거스르고 성령은 육체를 거스르나니 이 둘이 서로 대적함으로 너희가 원하는 것을 하지 못하게 하려 함이니라"(갈 5:17). 이 본문에서 바울은 인간의 본능이 하는 일과 성령의 열매들(사랑, 희락, 화평, 오래 참음, 자비, 양선, 충성, 온유, 절제)을 대조시키고 있다.

영적 성장에 관한 이론이 너무 복잡하고, 많은 그리스도인이 그 모습을 얻으려 노력하다가 일종의 속박에 빠지는 경우가 많기 때문에 다음의 도표를 통해 단순하게 살펴보는 것이 도움이 될 것이다.

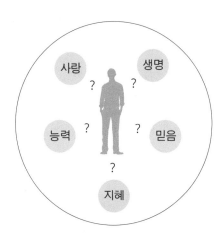

믿음을 가진 후 우리는 삶이 사랑과 생명, 능력, 믿음 그리고 지혜로 충만해야 한다는 사실을 알고 있다. 그러나 이 일은 어렵고, 오랜 세월을 요구하며, 당황스러운 싸움과 같다. 많은 그리스도인들은 예수님을 닮은 모습이 없는 자신의 현실을 다음과 같이 표현한다. '우리에게 없는 사랑과 생명을 어떻게 구할 수 있는가?' 이때 알아 두어야 할 것은, 우리에게 필요한 모든 것이 그리스도 안에 이미 있다는 사실이다. 그래서 진실로 '그리스도 안에' 거하면, 우리는 그 안에서 완전하게 된다. 이미 필요한 모든 사랑과 생명, 능력, 믿음과 지혜가 그분 안에 있기 때문이다. 따라서 우리는 그냥 하나님께 요청하여 이미 우리에게 주어진 놀라운 풍요를 누리기 시작하면 된다. 한편 이것이 얼마나 어려운 일인가 인식하는 것도 중요하다. 가지고 있지 않은 것을 구하려는 노력이 아니라, 그리스도 안에 이미 있는 것들이 성령을 통해 내 것으로 드러나야 하기 때문이다. 우리의 임무는 그 안에 거하는 것이며, 그의 성령이 우리 안에서 그리고 우리를 통하여 활동하도록 그를 신뢰하는 것이다.

2. 치료하심

최근까지 교회의 치료 사역은 대부분 무시되어 왔다. 하지만 성경적으로 '세상에 나가 복음을 전하라'는 그리스도의 명령은 대부분 병든 자를 치료하라는 특별한 지시와 연결되어 있다. 이것은 구원 역사의 중요한 부분이다. 사실 '구원'을 의미하는 영어 단어 'salvation'은 라틴어 '살바레(salvare)'에서 파생되었는데, 그 의미는 '구하다'로 이 동사에서 파생된 명사 '살루스(salus)'는 '건강' 또는 '도움'을 뜻한다.

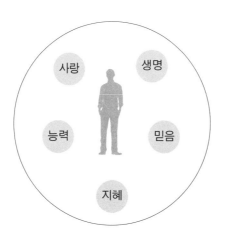

이것은 위험과 질병으로부터의 구원을 의미하며, 안전, 건강, 번영의 의미도 내포하고 있다. 신약 시대에 와서 이 단어의 의미가 육체적 개념에서 도덕적, 영적 개념으로 전환되었지만(그러나 완전하게 전환되지는 않았다) 하나님의 관심은 자기 자녀들이 모두 '온전하게' 되는 것이다. 바울이 온힘을 다하여 일한 것은 하나님의 힘이 자기 안에서 역사하여 '각 사람을 그리스도 안에서 완전한(teleion) 자로 세우기' 위함이었다(골 1:28). 헬라어 '텔레이온(teleion)'이라는 단어의 의미는 '완전한 사람', '온전함', '성숙', '완벽함'이다. 이처럼 우리가 그리스도 안에서 완전해지는 것이 하나님의 궁극적인 목적이다.

죄로 인해 우리는 하나님과 자연적으로 분리되었고, 다른 사람들과도 분리되었다. 또한 스스로에게서도 소외되어 정서적으로 좌절하며 상처받고 불안해한다. 내면적으로 성숙하지 않으면 부정적인 것들에 억눌릴 수도 있다. 이 땅에 계시는 동안 예수님은 어떤 상황에서든지 온전한 사랑으로 반응하셨다. 위선과 탄압 앞에서는 의로운 진노로 거룩한 사랑을 표현하셨고, 자기에게 죄를 범하는 자들에게조차 항상 사랑으로 반응했다. 하나님이 성령을 통해 우리 안에 이루시려는 모습도 이와 같다. 우리가 어떠한 상황에서든지 사랑과 긍정의 반응을 나타내는 것이다. 그리스도의 모든 제자들에게 내적 치유가 필요한 이유가 여기에 있다.

창조세계에 대한 하나님의 최초 계획은 이 세상에 태어난 모든 아이들이 자기 부모와 가족으로부터 보호받고 사랑받는 것이다. 아이들은 성장함에 따라 일정의 스트레스를 겪게 되는데, 이것은 성장의 한 단계이다. 다만 그러한 스트레스는 가족의 사랑으로 감소될 수 있다. 심지어 예수님도 고난을 통하여 순종을 배워야 했다. 그래서 어느 정도의 고통은 건전한 성장을 위하여 필수적이다(히 5:8).

그러나 인간의 타락으로 그러한 사랑의 보호막이 부분적으로 깨어졌다. 그래서 모든 아이들은 어느 정도 해로운 스트레스를 경험하며, 때로는 깊은 상처도 입게 된다. 더군다나 아이들 자신이 죄로 기우는 경향을 가지고 태어나기 때문에, 여러 상황에서 부정적으로 반응하거나 스스로에게 해롭고 치명적인 상처를 입히기도 한다. 공격적이거나 방어적이거나 비판적이거나 우울한 성격이 대표적인 예이다. 다른 말로 표현하자면 우리는 서로를 향하여 그리스도를 닮은 방법으로 행동하거나 반응하지 않는다. 이혼이나 가정의 폭력을 통해 부모의 사랑의 보호막이 깨질 때, 아이들이 받는 상처는 더욱 심각하다. 예를 들어 사랑이 넘치는 가정에서 자란 사람들보다 깨어진 가정에서 자란 사람들의 범죄율이 높은 것은 불가피한 사실이다. 그래서 일탈하는 아이들뿐만 아니라, 정서적으로 찌그러지는 아이들, 청소년들, 성년들에 대한 문제까지 발생하는 것이다.

우리는 성장하면서 자신만의 보호막 또는 가면을 갖게 되는데, 이것을 통해 점점 커지는 상처들로부터 자신을 보호하는 법을 배우게 된다. 그래서 우리는 서로에게 약간의 거리를 두거나 또는 외적으로 자기 확신, 부끄러움, 기쁨, 공격성 등을 나타내 보임으로 '진짜 자아'를 은폐한다. 가장(假裝)의 전문가가 되어 자기 실체를 보기 싫어하고, 다른 사람이 알아보려는 것도 거부한다. 자신을 개방하는 것을 거부하기 때문에, 또 다른 상처로부터 보호받기도 한다. 그러나 이것은 은폐되었을 뿐 여전히 존재하는 상처들을 더욱 악화시킬 뿐이다.

그래서 많은 그리스도인의 교제가 피상적으로 그칠 때가 많다. 우리는 교리나 직장 문제에 대해서는 서로 대화하지만, 정작 자신에 관해서는 서로 알려고도, 보이려고도 하지 않는다. 사회는 자신의 약점을 인정하지 말라고 가르치고, 교회 또한 항상 승리와 기쁨, 사랑, 화평만 생각하라고 가르쳐 이러한 상황을 더욱 악화시킨다. 결과적으로 보호 본능만 강해져 내면에 있는 상처를 깊이 성찰하는 것을 꺼리게 된다. 성경 공부 모임이나 기도 모임, 다른 교회 행사에도 참여하지만, 여전히 우리의 실제적인 모습에 대해서는 눈뜨려고 하지 않는다. 내적 치유가 필요한 지점이다.

하나님의 구원 계획은 명백하다. 그리스도의 죽음과 부활을 통하여 우리는 하나님과 화해할 수 있으며, 그분과의 관계가 치유되는 것을 체험하게 된다. 성령이 우리 마음속에 오심으로 새 삶을 영위하게 된다. 우리가 그리스도를 삶의 주님으로 허락하고 영접할 때, 성령은 우리를 변화시켜 그분의 형상을 닮게 하고 영광으로 영광에 이르게 하신다(고후 3:18). 이리하여 성령의 열매가 보다 효과적으로 맺히게 되는데 이것은 하나님의 가족 안에서 우리의 관계가 새로워지는 과정을 통해서다. 우리의 구원, 곧 완전함은 그리스도 안에서 이뤄진다. 이를 위해서 우리는 하나님과 서로에게 삶을 개방해야 한다. 성령이 우리 내면의 상처를 치료하고, 하나님의 사랑 안에서 변화를 이룰 수 있도록 말이다.

이러한 치료가 효과를 얻으려면 몇 가지 단계를 거쳐야 하는데, 먼저는 보호의 가면을 기꺼이 벗어야 한다. 우리는 보호 본능 때문에 내가 무슨 가면을 쓰고 있는지조차 알지 못한다. 자신의 가면을 찾아내기 위해서는 다른 그리스도인의 도움이 필요하다. 우리가 그리스도의 사랑과 그리스도인의 사랑을 받아들이게 되면 기꺼이 자기 가면을 벗고 실패나 상처, 모자람을 인정하게 된다. 이것은 굴욕적이고 조금은 고통스러운 단계로, 민감한 사랑이 요구되기도 한다.

둘째로, 우리는 자신의 실제적인 자아, 깊은 욕구, 태도와 반응들을 하나님께 완전히 열린 마음으로 고백해야 한다. 그러면서 겸손하게 그분의 용서와 치유하시는 성령의 사랑을 요청해야 한다. 하나님은 시간을 초월하시는 분이라 우리는 기도를 통해 우리가 상처받았던 순간들로 돌아갈 수 있다. 그리고 진실한 마음으로 우리에게 상처 입혔던 사람들을 놓아주고 용서할 수 있다. 또는 다른 사람에게 상처 입힌 일을 고백하면서 하나님의 도움을 구할 수 있다. 다시 말해 스스로의 가면을 벗음으로 내적인 상처들을 치료하는 성령의 도움을 구할 수 있다.

셋째, 우리는 사랑 안에서 열린 마음으로 삶을 함께 나눔으로, 성령의 치유 사역을 극대화할 수 있다. 그리스도 안에서 교제할 때 우리는 스스로에게 더 정직할 수 있고 서로를 위해 기도할 수 있으며 나아가 하나님의 치유를 받아들일 수 있게 된다. 우리는 서로 돌아보고 보살피는 참된 그리스도인의 교제에 참여해야 한다. 치료하시는 분은 하나님이시나, 서로를 향한 진실한 태도를 통해 성령은 보다 자유롭게 활동할 수 있다. "그러므로 너희 죄를 서로 고백하며 병이 낫기를 위하여 서로 기도하라"(약 5:16).

이 세 단계는 완전함을 이루기 위해 결정적으로 중요하다. 완전함은 하나님이 아들과 성령을 우리에게 주심으로써 가능해졌다. 나는 문화적으로 세 번째 단계(마음을 열고 다른 사람과 삶을 나누는 단계)와 전적으로 배치되는 환경에서 자랐다. 그래서 나 역시 가면을 벗는 것을 꺼려했다. 개인적으로는 모든 것을 하나님께 말할 수 있었고, 용서를 구할 수 있었고, 성령의 변화케 하는 능력을 구할 수 있었지만(그것도 나름대로 좋다), 가면과 보호 본능은 여전히 마음 깊숙히 자리 잡고 있다. 그런데 시간이 지나면서 다른 그리스도인의 부드러운 사랑과 온유를 통해 이러한 보호 본능을 차츰 내려놓을 수 있었다. 나의 실제 모습을 맞닥뜨리고, 나 또한 누군가에게 판단 받을 수 있으며 거절당할 수 있음을 깨닫는 일은 참으로 당혹스럽고 경악할 만한 일이었다. 그러나 하나님의 불변하시는 사랑 안에서 나의 영적인 형제자매들이 - 이들도 나와 동일한 치료를 받았던 사람들이다 - 베풀어 준 사랑을 통해, 하나님이 내 모든 인격을 내적으로 치료하심을 과거 어느 때보다 깊이 체험하기 시작했다. 하나님은 나를 영영 포기하지 않았다. 그리스도의 치유하는 성령에 의하여 내 모습이 점점 더 온전해지는 것을 깨달았다. 내가 하나님뿐만 아니라 다른 사람에게도 열린 삶을 살 때, 그리스도는 내 안에서 직접 활동하셨으며, 또 나를 통하여 다른 사람에게까지 영향력을 끼치기 시작하셨다.

치유의 또 다른 형태는 성령의 은사들과 하나님 사랑의 표현들이다. 우리는 항상 구원의 사건에 있어 하나님의 절대 주권성에 복종해야 한다. 여기에는 치료하는 행위도 포함된다. 그렇다면 하나님은 의료 수단을 통해서도 우리 안에서 역사하실 수 있다. 모든 선한 은사들은 위로부터 온다. 그러나 우리는 하나님의 행동을 오늘에만 제한하지 말아야 한다. 또는 우리의 지식이 이해하지 못한다고 해서 그 영역과 가능성을 제한해서도 안 된다. 그리스도와 사도들을 통하여 많은 기적과 표적을 행한 바로 그 성령이 우리들 안에서 역사하고 있다. 성령은 우리가 생각하는 것보다 더 강하게 우리를 육체적 질병, 정신적 혼란 그리고 사탄의 속박에서 해방시키기를 원하신다. 그리고 질병이 즉각적으로 치료되지 않는다 해도 성령은 우리가 연약하다고 느끼는 가운데 하나님의 능력과 아름다움을 우리에게 계시할 수 있다. 이것은 온 세상 수많은 그리스도인의 삶을 통해 증명된 진실이다.

3. 예배

모든 그리스도인들에게 가장 중시되어야 하는 것은 예배이다. 예배는 가장 위대한 계명의 핵심이다. 우리가 하나님의 현존 안으로 들어갈 때, 예배는 우리의 가장 강한 욕구가 되어야 한다. 우리 삶을 그리스도에게 헌신하면 자연스러운 반응으로 예배하게 된다. 이것은 우리 마음에 성령이 있다는 첫 번째 표시이다. 예배보다 중요한 것은 없지만, 그 무엇도 성령의 도움 없이는 가능하지 않다. "하나님은 영이시니 예배하는 자가 영과 진리로 예배할지니라"(요 4:24).

우리는 교회 역사의 모든 영적 부흥이 왜 찬양과 예배 안에서 일어났는지 알 수 있다. 우리 안에 있는 성령은 하나님께 예배하고 찬양하도록 만든다. 그렇게 할 때, 성령은 우리들 가운데서 보다 자유롭게 활동한다. 영적 부흥에 관하여 진지하게 생각하는 교회는 이렇게 중요한 일, 곧 예배를 진지하게 생각하는 교회이다. 처음 시작할 때는 사람들의 마음이 냉랭하고 별 반응이 없더라도 함께 찬양의 제사를 드리게 되면 하나님의 성령이 돌같이 차가운 마음을 변화시켜 뜨겁게 만들 것이다.

이러한 일이 일어나려면 시간을 들여 함께 예배해야 한다. 많은 형태의 예배가 회중과 하나님의 관계를 냉랭한 수준에 머물게 한다. 우리는 찬송을 부르기 위해 일어섰다가 기도하기 위해 다시 자리에 앉는다. 그리고 다시 일어나 찬송을 부르고 성경을 읽으려고 앉는다. 이러한 방법으로는 친밀한 예배를 드리기가 매우 어렵다. 친밀함은 예배의 본질이 되어야 한다. 예배를 의미하는 가장 보편적인 단어 헬라어 프로스쿠네오(proskuneo)는 신약성서에 66회 나오는데(나머지 여섯 단어는 각각 1회씩만 나온다), 이 단어의 본래 의미는 '입 맞추기 위하여 앞으로 나아가다'이다. 이것은 친밀함과 사랑을 나타내는 언어이다.

기독교 신앙은 하나님과 그의 아들 예수 그리스도가 합작한 사랑의 사건이다. 만약 우리가 사랑의 감정을 다른 사람에게 표현하고자 한다면, 당연히 그 사람에게 시간을 투자할 것이다. 하나님께도 마찬가지이다. 토저는 이렇게 말했다. "예배의 의미는 '마음 깊이 느끼는' 것이다. 예배의 형태는 그대로 반복되지만 아무것도 느끼지 않는 사람은 예배를 드리는 것이 아니다. …그리고 예배는 '당신이 느끼는 것을 적절한 방법으로 표현하는 것'이다." 성령의 커다란 도움으로 우리 안에 있는 모든 것이 오직 성령의 거룩한 이름을 찬양할 수 있어야 한다(시 103:1).

성령은 우리 마음에 하나님 사랑을 부어 주셔서 우리가 아버지께 나아가게 한다(엡 2:18). 우리는 사랑에 대한 반응으로만 그분을 사랑할 수 있기 때문이다(롬 5:5; 요일 4:19). 성령은 항상 주도권을 행사한다. 자의식으로부터 우리를 자유케 하며, 속박으로부터 구원하여 살아계신 하나님의 현존을 보다 잘 인식하도록 만든다. 성령은 우리를 도와 아버지를 기쁘게 하며, 그의 아들을 영화롭게 하며, 영적인 가족을 위로하는 방법으로 우리의 사랑을 표현할 수 있게 한다. "나와 함께 여호와를 광대하시다 하며 함께 그의 이름을 높이세"(시 34:3). 우리가 예배를 통하여 하나님을 경배하며 그에게 우리를 헌신할 수 있는 것은 오직 성령의 능력에 의해서이다. "주여 우리가 성령의 능력으로 당신의 찬양과 영광으로 살며 일하게 하소서!"

4. 관용의 삶

오순절 이후 성령이 임했을 때 나타난 변화 가운데 하나는 초대 그리스도인들의 삶이 놀랍도록 너그러워졌다는 것이다. 성경은 이렇게 증언한다. "믿는 사람이 다 함께 있어 모든 물건을 서로 통용하고 또 재산과 소유를 팔아 각 사람의 필요를 따라 나눠 주며… 자기 재물을 조금이라도 자기 것이라 하는 이가 하나도 없더라… 무리가 큰 은혜를 받아…"(행 2:44-45, 4:32-33).

초대 교회와 비교할 때, 또는 제3 세계 교회와 비교할 때 대부분의 서구 교회들이 남에게 인색한 이유는 무엇인가? 정도의 차이는 있지만, 오늘날 가장 헌신적으로 남에게 주는 사람은 '환난이 많은 시련'과 '극한 가난'을 체험한 사람들이다(고후 8:2). 신약 시대 마케도니아 교인들이 보여준 바와 같다. "그러한 상황이라면 누구나 하나님만 의지할 수밖에 없지 않겠는가?"라고 물을 수도 있겠다. 그러나 그들이 그리스도를 순수한 의도로 믿었을 때, 성령은 기적을 일으킬 수 있었다. 단순히 관용의 기적만이 아니다. 바울은 계속하여 그리스도인들이 서로 주는 행위를 '하나님의 은혜'라고 말한다. 이것은 백성들의 삶 속에서 하나님의 성령이 은혜롭게 활동하고 있다는 사실에 대한 표현이다. 우리들 가운데 비교적 풍요롭게 사는 사람들은 최소한 물질적인 면에서는 성령을 의지할 필요가 없다. 그들에게는 다른 방법이 있기 때문이다. 결과적으로 믿음이 발휘될 수 없으며, 성령도 효과적으로 일할 수 없게 된다.

초대 교회에 대해 클라크 피녹(Clark Pinnock)는 이렇게 말했다. "궁핍한 사람들에 대한 이러한 관심, 곧 자기 재산을 기꺼이 통용하고자 하는 마음은 단순히 더욱 이타적이고 윤리적인 삶을 살겠다는 인간적인 결단에서 나오지 않는다. 이것은 성령과의 만남을 통해 우러나오는 것이다. 오늘날 우리들은 자기 것을 내놓으려 하지 않고, 재산을 늘리며, 보수가 적은 직장을 선택하지 않는다. 이것은 아마도 우리가 실제적으로 하나님께 복종하지 않고, 성령 안에서 살지 않기 때문인 것 같다. 하나님의 사랑이 우리 마음에 넘쳐흐르지 않기 때문에 하나님이 혹시 우리를 돌보지 않는 것은 아닌가 두려워하며 살게 되는 것이다."[3]

신령한 은사를 사모하라

예수님은 제자들에게 약속했다. 그들이 예수님이 이 땅에서 행하신 것을 똑같이 행할 것이며, 심지어 '보다 더 큰 일'을 행할 것이라고 말이다 (요 14:12). 그리고 성령이 오실 것을 계속 말씀하셨다. 이 약속이 성취된 것은 성령의 능력과 은사들을 통해서였다.

금세기 세계 도처에는 초기 교회들이 상실했던 것처럼 보이는 성령의 은사들이 새롭게 발견되고 있다. 물론 가짜 은사와 날조된 은사도 많아서 때로는 비극적인 결과를 낳기도 했다. 비판적이거나 적의를 품지는 않았지만, 어떤 기독교 지도자는 성령의 은사에 대하여 의문을 제기하기도 했다. 비록 이것이(성령의 은사) 완전하게 이해되지 않더라도, 아예 사용하지 않는 것보다는 사용하는 것이 낫다. 어떠한 현상이 성령으로부터 온 것인지 아닌지 분별하기 위해서는 성경의 가르침에 유의할 필요가 있을 것이다.

먼저 우리는 긍정적이며 올바른 자세를 가져야 한다. 성경은 우리가 유의해야 할 몇 가지 교훈을 주셨다. 첫째, 성령을 거스르지 말라. 스데반이 유대 지도자들에게 선포했던 것처럼, 하나님이 새로운 일을 할 때마다, 그것을 반대하고 거스르는 사람이 있었다(행 7:51). 하지만 성령의 활동일 수도 있기에 말할 때는 항상 조심해야 한다. 가말리엘이 지적한 것과 같이, 우리가 '하나님을 대적하는 자가 될' 수 있기 때문이다(행 5:39).

둘째, 성령을 소멸하지 말라. 데살로니가 교회는 젊은 그리스도인들이 교회 지도자들에게 기꺼이 복종하지 않았던 것 같다. 바울은 젊은 일꾼들을 존경하고 사랑하여 높게 평가하라고 가르친다. 그러나 몇몇 교회 지도자들은 젊은이들의 열성주의에 대해 비판적이었으며, 어떠한 영적 은사들, 특히 예언하는 것을 반대했다. 그래서 바울은 장로들에게 이렇게 편지했다. '성령을 소멸치 말며 예언을 멸시치 말고 범사에 헤아려 좋은 것을 취하고…'(살전 5:12-22). 교회 안에서 영적인 은사들 때문에 서로 분리되는 이유는 통상적으로 어떤 사람들은 그것을 너무 강력하게 주장하는 반면 다른 사람들은(가끔 지도자들이) 그것을 너무 쉽게 거부하기 때문이다. 이를 지혜롭게 해결하는 방법은, 좋은 것은 서로 격려하고 나쁜 것은 서로 부드럽게 교정해 주는 것이다.

셋째, 성령을 두려워하지 말라. 어느 여인이 근심스러운 마음으로 목회자에게 말했다. "우리 교회에서는 그 어떤 초자연적인 일도 안 일어났으면 좋겠어요." 이것은 두려움 때문에 생기는 문제이다. 어떤 사람은 성령이 자기를 완전하게 주장하는 것을 마치 무슨 위험에라도 빠지는 것처럼 여겨 공포에 떨기도 한다. 우리는 하나님을 인간의 이성이라는 좁은 한계에 가두어 두려는 경향이 있다. 그래서 자신이 원하는 것만 말할 뿐 다른 것은 바라지 않는다. 하나님이 일할 수 있는 방법을 제한하는 것이다. 안전하고 존경할 만한 방법, 우리 삶을 방해하거나 혼란하게 하지 않는 방법, 우리가 쉽게 이해하고 마음대로 통제할 수 있는 방법을 말이다. 그러나 하나님의 방법이나 하나님의 생각은 우리와 전혀 다르다. 가끔 성령은 가장 불편한 간섭자가 될 수도 있고, 이제까지 유지해 오던 사고방식을 산산 조각내기도 한다. 수에넨스(Suenens) 추기경은 이렇게 말했다. "하나님의 성령은 인간의 기대를 꿰뚫고 경이의 햇살을 비추신다." 성령의 새롭게 하는 능력을 결코 두려워하지 말라. 하나님은 모든 선한 선물(은사)을 주시는 분이다. 더군다나 하나님이 우리에게 주시는 것은 두려움의 영이 아니고 능력과 사랑과 근신하는 마음의 영이다(딤후 1:7).

넷째, 성령을 근심케 하지 말라. 가끔 성령의 은사를 보고 분노하거나 비방, 조롱하는 일이 있다. 교만과 시기의 위험은 말할 것도 없다. 성령이 그리스도 안에서 우리를 연합시키고 하나님의 사랑을 충만하게 주실 때, 만약 우리 생각만 주장하면서 서로에게 부정적으로 반응한다면, 그것은 비극이다. 바른 일을 하는 것보다 서로 사랑하는 것이 더욱 좋다. 우리 관계를 조화 있게 유지시키지 못하는 것은, 하나님의 성령을 근심하게 하는 것이다(엡 4:25-32).

다섯째, 성령에 대해 무지해서는 안 된다. 특히 성령의 은사에 무지하면 안 된다(고전 12:1). 오순절에 요엘의 예언이 성취된 것은 특별히 주의 이름을 부르는 모든 사람에게 신령한 은사들이 부어졌음을 가리킨다. 특별히 계시의 은사들이 언급되었는데 이것은 하나님의 뜻을 바르게 이해하는 데 도움이 된다. 예를 들어, 교회의 첫 번째 위대한 선교 여행이 시작된 것은 예언의 은사를 통해서였다. 모든 은사는 교회가 세상에서 바르게 봉사하도록 북돋기 위해 주어진다.

그러면 이러한 은사들은 무엇인가? 고린도전서 12장 4-7절의 중요한 네 단어에 초점을 맞추는 것이 유익할 것이다.

1. 은사들(Gifts)

바울은 '은사는 여러 가지'라고 말한다. '여러 가지'라는 단어는 4-6절에 세 번 나오는데 여기에는 풍부하고 넓은 의미가 있다. 8-9절에는 여덟 가지 은사들이 언급되었으며, 28절에 세 가지 은사가 추가되었다. 그리고 로마서 12장, 에베소서 4장, 베드로전서 4장에 은사들의 목록이 또 있다. 이 목록들은 성령의 은사가 무엇을 의미하는지 예를 든 것일 뿐 다양한 성령의 은사들을 모두 포괄한 것이라고 말하기는 어렵다. 더군다나 신약성서에는 '자연적인 일'과 '초자연적인 일' 사이에 명확한 구분이 없다. 모든 선한 은사들은 하나님으로부터 온다. 비록 어떠한 것(예를 들어 기적들)은 하나님이 평범하지 않게 일하심을 증명하고 있지만 말이다. 은사에 해당하는 헬라어 '카리스마(charisma)'는 하나님의 사랑의 선물을 의미한다. 그리고 바울은 그러한 선물들을 많이 언급하고 있다. 곧 용서, 영생, 교제, 지도력, 결혼과 독신 생활 등을 포함해서 모든 성령의 은사들이다.

그래서 우리는 그러한 하나님의 은사들을 멸시하거나 가볍게 여기거나 무시해서는 안 된다. 예를 들어 나는 방언의 은사를 비꼬는 투로 말하는 사람들에 대해 들은 적이 있다. 만약 당신이 사랑하는 마음으로 나에게 선물을 주었는데, 내가 비꼬며 그것을 거절했다고 하자. 그럼 당신은 분명 마음에 상처를 입을 것이다. 모든 하나님의 은사들은 선하고 아름다운 것이다. 아무리 '작은 것'이라 할지라도 가벼이 여겨서는 안 될 것이다.

더 나아가 이러한 은사들은 모두 하나님으로부터 오는 것이기 때문에, 그것들이 교회의 유익이 되려면 사용할 때 전적으로 성령에 의지해야 한다. 우리는 자연스럽게 여러 가지 은사들, 곧 음악의 은사, 관리 행정의 은사, 남을 환대하는 은사 등을 가질 수 있다. 그러한 은사들은 하나님의 사랑의 표현일 수도 있고, 때에 따라서는 자기 과시의 기회일 수도 있다. 만약에 그러한 은사들을 자기 성취를 위해 사용한다면('나의 것'으로 생각한다면), 다른 사람에게서 하나님의 축복을 빼앗는 격이 된다. 하지만 그러한 은사들을 '그의 것'으로 생각하고, 성령의 다스림 아래 기도하며 사용한다면, 교회의 덕을 세우는 진정한 영적 은사가 될 것이다.

2. 직임(Service)

봉사 또는 섬김에 해당하는 헬라어는 '디아코니아(diakonia)'로, 봉사하기 위하여 간절히 열망하며 준비된 상태를 뜻한다. 하나님은 우리에게 은사들을 주실 것이며, 이미 우리의 재능을 통해 은사들을 주셨는지도 모른다. 순수하게 그리스도를 섬기고자 하고 또 그의 몸을 튼튼하게 하고자 한다면 말이다. 반면 섬기기를 원하지 않는 지체들에게는 그의 은사를 강요하지 않을 것이다.

여기에서 성령의 은사들과 그리스도의 몸의 관계를 강조하는 것은 매우 중요한 과제이다. 왜냐하면 바울은 이 둘을 고린도전서 12-14장에서 함께 강조했기 때문이다. 교회가 특정 은사들을 받지 못하는 이유 가운데 하나는 교회가 실제적인 의미에서, 그리스도의 몸이 되지 못했기 때문이다. 하나님이 우리에게 은사를 부여할 때는, 오직 우리가 한 몸의 지체로서 서로에게 보다 깊게 사랑으로 헌신할 때이다. 그리스도의 몸 안에는 여러 가지 직임이 있는데 이것은 서로 봉사하며 섬겨야 할 일이 많다는 것이다.

특정 은사를 독자적으로 사용하는 것도 그리 바람직하지 않다. 모든 은사들은 하나님의 공동체 내에서 평가되고 시험받아야 한다. 예를 들어, 어떤 사람이 전도와 가르치는 일로 부름 받았다면 먼저 소속 교회 내에서 가르쳐 봐야 한다. 우리의 은사들이 회중들로부터 인정받는 것, 특히 교회 지도자들에게 인정받는 것은 영적인 은사의 남용을 막는 데 있어서 매우 중요하다.

그러나 만약 우리가 이러한 은사들이 '봉사'를 위하여 있는 것이라고 생각한다면, 우리는 그것들을 사용할 필요가 있다. 그것을 사용하지 않을 경우 사랑의 표현을 거부하는 것이다. 바울은 이렇게 말한다. "우리에게 주신 은혜대로 받은 은사가 각각 다르니… (우리는 이것들을 사용)할 것이니라"(롬 12:6-8).

3. 역사(Working)

성령의 은사들은 하나님이 교회 안에서 그리고 교회를 통하여 역사하는 방법이다. 이것은 제임스 던(James Dunn)이 말한 바와 같이 "그리스도의 몸이 살아 움직이는 것"이다. 어떤 사람이 치유 받고 회개하는 것, 자기 것을 나누고 관용을 베푸는 것, 교회 안에서 새로운 기쁨과 사랑을 체험하는 것, 이 모든 것은 하나님이 역사하는 모습들이다.

성령이 언제나 새롭게 활동할 수 있도록 우리가 마음을 넓게 여는 것은 매우 중요하다. 하나님은 자기 백성들이 항상 새로운 일을 시도하기 원하기 때문이다. 그분은 오늘 말씀하시며, 오늘 행동하며, 오늘 구원하신다. 하나님이 과거에 역사하신 것을 기억하며 감사하는 것도 중요하지만, 오늘 우리 가운데 새롭고 신선한 일을 행하시기 기대하며 믿는 것 또한 무엇보다 중요하다. 그 기대를 품고 마음을 열어야 비로소 당신 뜻대로 우리에게 은사들을 나누어 줄 것이며, 우리는 그분이 역사하는 것을 볼 것이다.

4. 나타남(Manifestation)

성령의 은사들은 보이지 않는 하나님이 우리 중에 드러나고 나타나는 것이다. 우리는 예언이나 성경의 가르침을 통해 하나님이 말씀하시는 것을 들을 수 있다. 또한 눈으로는 하나님의 모습을 보지 못하지만 우리가 서로 사랑할 때 우리 가운데 거하시며, 당신의 현존을 계시해 주신다. 그래서 모든 영적인 은사들은 우리 가운데 계신 하나님의 영을 나타낸다.

더 나아가 성령은 오늘날도 모든 그리스도인 안에 계속해서 현현되고 있다(디도타이〔didotai〕, 헬라어의 현재형을 주목하라). 우리가 하나님을 향해 열려 있고 또 서로 기꺼이 섬기고자 한다면 말이다. 우리의 은사들과 봉사는 시간이 흐르면서 변할 수 있지만 그리스도의 몸을 이루고 있는 각각의 사람들은 언제나 변함없이 중요하다. '연약하게' 보이는 사람도 사실상 교회에서 '없으면 안 될' 사람이다(고전 12:22).

찰스 험멜(Charles Hummel)은 그의 유명한 책 《난로 가운데의 불》(Fire in the Fireplace)에서 이렇게 말한다. "당신이 호숫가를 걷다가 도와 달라는 소리를 들었다고 가정해 보자. 놀라서 돌아보니 한 어린이가 물에 빠져 허우적거리고 있다. 당신은 뛰어 들어가 그 아이를 건져낸다. 이때 당신 몸의 지체 가운데 어떤 것이 더 중요한지 논쟁하는 것은 무의미할 뿐이다. 각각의 지체는 저마다 고유한 기능이 있기 때문이다. 그 지체들 가운데 어느 하나라도 알맞은 시간에 알맞게 기능하지 않는다면, 그 아이는 구원받지 못할 것이다."⁴ 우리의 모든 은사들 역시 그러하다. 모든 것은 각각 다른 것을 필요로 한다. 사람이 실제적으로 구원받는 것은 여러 가지 다른 은사들이 함께 사용되었을 때이다.

신령한 은사들이 하나님의 사랑 안에서 행사될 때, 항상 '모든 사람의 유익'이 될 수 있다. 그래서 위대한 사랑의 장(고전 13장)이 은사들에 관한 두 장 사이(12장, 14장)에 자리 잡고 있는 것이다. '유익하게 한다'는 의미의 헬라어 '슘페로(sumphero)'은 '함께 모이게 하다, 고치다, 치료하다, 회복하다, 새롭게 하다, 강하게 하다' 등의 의미로도 쓰인다. 곧 그리스도의 몸을 이렇게 한다는 것이다. 사랑은 모든 은사를 통제하는데, 그것들이 항상 그리스도의 몸을 덕스럽게 하도록, 결코 자기 과시나 다른 사람을 마음대로 다루기 위해 사용되지 못하도록 보증한다. 사랑은 은사가 남용되어 일으키는 상처를 예방한다. 그리고 선한 것은 격려하고, 선하지 않은 것은 부드럽게 교정한다. 사랑은 신령한 은사들을 서로에게 전하는 '가장 훌륭한 방법'이다. 사랑은 서로 다른 사람들의 요구를 채워 준다. 그렇기 때문에 우리는 사랑을 최선과 최고의 목표로 삼고, 신령한 은사들을 진정으로 사모해야 한다(고전 14:1).

영적인 능력을 나타내라

뉴먼(Newman) 추기경은 교회가 기마상(騎馬像) 같다고 말한 적이 있다. 앞다리는 앞으로 달리기 위해 들려 있고, 뒷다리의 모든 근육은 굳게 버티며 생명으로 약동한다. 그것을 보고 있노라면, 언제든 조각상이지만 앞으로 달려 나갈 것만 같다. 그러나 불행하게도 20년 후에 다시 와도 그것은 한 치도 움직이지 않은 채 그대로 있을 뿐이다. 초대 교회는 성령의 충만함을 받은 지 20년 후에 어떻게 변했는가? 그들은 놀라운 활력과 주력으로 앞으로 나아가지 않았는가? 그 이유는 단 하나, 바로 성령의 능력이 그들과 함께 있었기 때문이다.

우리는 어떻게 이 내적인 능력을 알 수 있는가? 이 질문은 예수님이 답하셨다. 하늘에 계신 아버지께 그것을 구하라는 것이다. "너희가 악할지라도 좋은 것을 자식에게 줄 줄 알거든 하물며 너희 하늘 아버지께서 구하는 자에게 성령을 주시지 않겠느냐 하시니라"(눅 11:13). 그러나 우리가 성령의 새롭게 하는 능력을 구하거나 받지 못하게 방해하는 요소들이 몇 가지 있다.

하나는 개인적인 '헌신의 결핍'이다. 예수님은 제자로서 헌신된 사람들에게 성령을 주리라 약속했고, 그들은 예수님을 따르기 위해 모든 것을 버렸다. 베드로의 말에서도 알 수 있다. "하나님이 자기에게 순종하는 사람들에게 주신 성령도 그러하니라"(행 5:32). 우리 교회의 한 자매가 예배가 끝난 후 내게 말했다. "이번 주일에 저는 저의 모든 삶을 주님께 헌신했어요. 모든 일에 대해 주님을 찬양했고, 주님이 저를 위해 계획하신 모든 것을 받아들이며 감사했습니다. 그러자 돌연 성령으로 충만해졌고, 그때부터 제 삶이 완전히 변화되었어요."

성령의 능력을 받지 못하게 하는 또 다른 방해물은 '고백하지 않는 죄'이다. 성령 하나님은 거룩하지 않고 깨끗하지 않은 그릇은 결코 채우지 않는다. 우리는 스스로 깨끗하게 할 수는 없으나, 우리 죄를 회개할 수 있으며 모든 죄로부터 우리를 깨끗하게 하는 그리스도의 피를 믿을 수 있다. 따라서 성령께서 우리 삶의 구석구석을 살펴 무엇이 하나님을 슬프게 하는지 보여 달라고 기도하는 것은 매우 중요하다. 오직 우리가 이것을 겸손하고 정직하게 행할 때, 그리고 그분이 계시한 모든 일을 진지하게 다룰 때, 성령의 충만함을 구할 수 있는 것이다.

다음의 예언의 말씀은 우리 교회에서 기도하는 시간에 주어졌다. "나는 너희들이 진실로 나에게 더욱 헌신하기를 원함을 알았다. 하지만 동시에 너희들은 스스로 불가능하다고 느끼고 있구나. 너희 마음을 억누르는 일, 너희를 수치스럽게 여기는 일들, 너희들이 숨기고자 하는 과거가 있기 때문이다. 나의 자녀들아! 이러한 일들을 있는 그대로 가지고 나에게 오라. 우리가 그것을 함께 살펴보자. …그리하면 그것들이 모두 사라질 것이다. 너희는 어둡고 먼지가 많은 방들과 같고 그러한 먼지를 숨기려 하고 있다. 그러나 내가 너희들이 집을 청소하는 것을 도와주겠다. 내 빛 가운데로 나아오는 모든 것은 무엇이든지 빛이 되기 때문이다. 나는 너희들을 매우 사랑한다. 나에게 오라. 나와 더불어 이야기하자. 나로부터 몸을 숨기지 말라. 오직 너희는 나에게 오라……."

하나님은 항상 우리를 있는 그대로 사랑하신다. 우리가 그에게 나아갈 때, 그리고 죄를 고백할 때, 그분은 우리를 깨끗하게 씻겨 다시 한 번 성령의 빛으로 충만케 하실 것이다.

우리를 영적으로 무능력하게 만드는 또 한 가지는 바로 '자기만족'이다. 예수님은 다음의 말씀에서 성령을 약속하셨다. 한 사람이 한밤에 친구 집의 문을 두드린다. 그리고 먹을 것을 달라고 요구한다. 처음에는 친구가 귀찮게 여기면서 그 청을 거부하지만 이 사람이 너무 끈질기게 부탁하기 때문에 잠자리에서 일어나 청을 들어 주었다. 예수님은 자주 대조법을 사용하여 가르친다. "한밤에 심술이 난 사람도 친구의 청을 들어 주거늘, 하물며 하늘에 계신 아버지가 너희 기도를 들어 주지 아니하겠느냐?"

더욱이 너희가 성령의 능력을 구하는데 말이다. 이때 우리가 성령의 능력을 실제로 원해야 하는 것은 필수이다. 또한 그리스도를 영화롭게 하며 다른 사람들을 섬기기 위하여 하나님의 은사들을 사용하기를 원해야 한다. 이러한 지점에 도달하기 전에 먼지 영적 교만과 영적 자기만족을 버려야 할 것이다.

몇 년 전에 나는 마태복음 5장의 팔복을 연구하고 있었다. 두세 달 뒤, 하나님은 내게 처음 네 가지 복을 체험하게 하셨다. 성령이 내 삶 속에서 부드럽게 움직이는 동안 내가 영적으로 얼마나 가난한지 절감하기 시작했다. 나는 하나님 앞에 무릎을 꿇었고, 영혼은 파산 지경에 이르렀다. 내가 진심으로 깨달은 것은 이제까지 활동적으로 그리스도를 위하여 일한다고 하면서 이러한 사실을 숨기려 했다는 것이었다. 그때 하나님은 나로 나의 영적인 빈곤을 슬퍼하며 울게 만드셨고, 비로소 예수님에 대한 내 사랑의 부족, 낮은 믿음의 수준, 순종의 부족 등에 대하여 근본적인 관심을 갖기 시작했다. 나를 온유하고 겸손하게 만드셨던 것이다. 어느 순간 나는 내 자신이 십자가 밑에서 나의 영적인 빈곤에 대하여 조용히 흐느끼는 것을 발견했다.

그때 나는 의에 대하여 배고픔과 목마름을 느꼈다. 그리고 진정으로 하나님을 영화롭게 하며 모든 방법으로 그를 기쁘게 하는 삶을 소망하게 되었다. 교만과 자기만족은 슬그머니 사라졌다. 매우 고통스럽고 수치스러운 경험이었지만, 하나님은 성령으로 나를 충만케 하려고 준비하셨던 것이다. 나는 나의 삶에 역사하시는 하나님의 지혜를 보게 되었다. 육체적으로 배고픔을 느끼지 못하는 것은 병들었다는 신호이다. 마찬가지로 하나님에 대해 갈망하지 않는다면, 영적으로 건강하지 못하다는 것이다. 그럴 때 우리는 자기만족이라는 두꺼운 껍질을 깨뜨리도록 하나님께 기도해야 할 것이다.

가장 보편적인 방해물 가운데 또 하나는 '불신앙'이다. 그것은 하나님께서 우리 삶을 통해 무엇인가 새로운 일을 하실 것을 믿지 않는 것이다. 과거에 저마다 하나님이 우리에게 무엇인가 행하시기를 기도한 적이 있을 것이다. 그러나 아무 일도 일어나지 않은 것처럼 보인다.

그래서 예수님은 이렇게 말하심으로 우리의 믿음에 용기를 불어넣어 주셨다. "구하라 그러면 너희에게 주실 것이요 찾으라 그러면 찾을 것이요 문을 두드리라 그러면 너희에게 열릴 것이니." 주님은 다른 형태로 이 말씀을 계속 반복했다. 이러한 방법으로 여섯 번이나 우리에게 말씀한 것이다. "이루어지리라, 이루어지리라, 이루어지리라……."

우리는 이 말씀을 듣자마자 그에 대한 믿음을 표현할 필요가 있으며, 또한 그 말씀이 이미 현재에 진리로 드러났음을 찬양해야 한다. 감정과 경험은 매우 다양하게 변화한다. 그것들은 하나님의 시간에 하나님의 방법을 방해하기도 한다. 다른 사람이 알 수 있도록 어떤 형태의 경험을 기다리는 것은 항상 잘못이다.

가장 중요한 일은 하나님의 약속에 대한 신뢰이다. 그리고 그 약속이 우리의 것임을 주장하며, 그 약속이 지금 현재 진리임을 받아들이고 하나님을 찬양하는 것이다. 그 약속은 하나님의 시간에 하나님의 방법으로 성취될 것이다.

'두려움'도 빈번하게 나타나는 문제이다. '나는 무엇을 위하여 사는가? 어떤 변화가 내 앞에 나타날까? 하나님은 나의 삶에서 무슨 일을 하실까?' 하나님께서 새로운 일을 행하실 때마다 이렇게 반응하는 것은 지극히 인간적이며 육적인 것이라고 예수님은 이미 말씀했다. "너희 중에 누가 아들이 떡을 달라 하면 돌을 주며 생선을 달라 하면 뱀을 줄 사람이 있겠느냐 너희가 악한 자라도 좋은 것으로 자식에게 줄줄 알거든 하물며 하늘에 계신 너희 아버지께서 구하는 자에게 좋은 것으로 주시지 않겠느냐?"

이것이 단번에 모든 것을 경험하는 것이 아님을 알고 있어야 한다. '세례 받았다'고 주장하는 사람이나 '성령 충만해 있다'고 주장하는 사람들은 이러한 질문을 받을 수 있다. "음, 그러면 그것이 어디에 있습니까?" 성령의 내적인 갱신은 확실히 해방과 하나님 사랑의 새로운 체험, 또는 영적인 실재의 도약 등을 불러일으킨다. 우리가 그것을 어떻게 묘사하고 설명하든지 무엇인가 일이 일어났음이 확실하다. 그러나 성경에 있는 명령은 '너희는 계속해서 성령에 의하여 충만하라'이다(엡 5:18). 우리가 매일매일 죄 씻김을 위하여 예수님께 나아가고, 성령의 새로운 충만을 받아야 할 필요가 있다는 뜻이다. 오순절 이후, 제자들이 성령 충만해졌음(다시)이 성경에 여러 번 있는 것을 찾을 수 있다. 그러한 시간은 특별한 사역을 위한 특별한 '기름 부음'의 시간일 수 있다.

어떠한 경험과 체험이든지, 성경과 그의 사랑에 대해 우리의 마음을 완전히 열어놓는 것을 두려워하지 말아야 한다. 제임스 백스터(James K. Baxter)는 이 말을 매우 아름답게 표현했다. "우리가 이것을 더 이상 단순하게 말할 수 있을까? 사랑하는 사람들은 여러 가지 방법으로 사랑을 표현하겠지만, 두 가지만큼은 누구에게나 공통적이다. 하나는 '나는 당신을 사랑한다'고 말하는 것이며, 또 하나는 입맞춤이다. 나에 대한 하나님의 말씀을 간단히 요약한다면 그것은 사랑이다. 하나님이 우리를 향해 사랑을 표현하는 방법은 둘이다. 하나는 '나는 너를 사랑한다'고 말씀하는 것이며, 또 하나는 입맞춤이다. 하나님의 입맞춤은 곧 성령 안에서의 세례가 아닐까? 그것은 단지 내가 입맞춤에 해당하는 경험을 갖는 것이다."[5]

존 웨슬리는 다음과 같이 말했다. "나는 이상하게도 뜨거운 마음과 놀랍게도 차가운 머리를 가지고 있다. 이 차가운 머리로 나는 안전하게 활동하는 데 확신 있는 근거를 발견하며, 다른 사람에게 개방적일 수 있고, 대화를 이끌어 가며, 문제를 깊이 탐구하고, 위원회를 설립하며, 지도자 훈련을 계획하고, 논문을 발간하는 등 많은 연구를 한다. 하지만 정말로 내 마음이 성령으로 충만하여 예루살렘 거리로 뛰쳐나가 다른 사람들에게 이 방법을 가르쳐 주고 싶은 것보다 더 좋은 것은 없다."[6]

우리는 오직 주님만을 위해 과감하게 살아가려는 야망을 다시 가질 필요가 있다. 그것은 성령의 능력에 우리의 삶을 전폭적으로 맡기는 것이다. 성령의 능력이 없다면 우리는 진정 아무것도 아니다. 오늘날의 교회는 이 진리를 가장 시급하고 절실하게 깨달아야 할 것이다.

"교회의 위기는 깊은 수준의 권위나 교리를 중시하는 신학의 위기가 아니다. 이것은 무능력의 위기이다. 따라서 오직 유일한 의지처인 성령의 내적인 능력에 도움을 요청해야 한다."[7] 바로 이 방법만이 교회를 무기력으로부터 구원할 수 있으며, 자기파멸을 향하여 치닫는 세상을 구원할 수 있다. 하나님은 결코 자기 계획을 그리고 자기의 약속을 깨지 않으신다. 하나님은 지금도 여전히 성령을 구하는 자에게 성령을 주신다. 그 다음 단계는 우리들의 책임이다.

1. 사람들이 예수를 믿으면 성령 안에서 새로운 삶을 누리게 됩니다. 구체적으로 어떻게 새로운 삶을 누립니까?(요 16:8; 요 3:5; 롬 8:16-17) 당신도 이러한 체험을 했습니까?

2. 예수님의 형상을 닮아 간다는 것은 당신에게 구체적으로 어떤 의미입니까?(갈 5:16-26 참고) 바울에게 있어서 영적 성장의 목적은 무엇입니까?(골 1:28-29) 당신도 그렇게 살고 있습니까?

3. 예배는 믿는 사람들의 자연스러운 반응입니다. 따라서 단순히 설교를 듣는 시간이 아니라 모든 신자들이 한 성령 안에서 함께 하나님께 나아가는 시간입니다. 예배를 통하여 하나님을 경배하며, 헌신할 수 있는 것은 오직 성령의 능력에 의해서입니다. 나는 어떤 자세로 교회 예배에 참석하고 있습니까?

4. 오순절 성령 충만을 받은 후 어떤 일이 일어났습니까?(행 2:44, 4:32) 성령님은 자신에게 허락된 물건을 다른 사람들과 나누도록 합니다. 마태복음 15장 32절에 나타난 예수님의 마음을 생각해 보십시오. 나도 이런 마음을 가지고 있습니까?

5. 요한복음 14장 12절에서 우리가 예수님보다 더 큰 일을 할 수 있다는 것은 무엇을 의미합니까? 예수님이 약속하신 성령은 오늘날도 역사하십니다. 성경은 우리에게 성령을 거역하지 말고(행 7:51), 소멸하지도 말고(살전 5:19), 근심케 하지 말라(엡 4:30)고 합니다. 각각 구체적으로 어떤 태도를 말합니까?

6. 고린도전서 12장 4-7절을 읽고 다음의 원리에 대해서 생각해 보십시오. (1) 신약성경에는 자연적인 은사와 초자연적인 은사의 구별이 없습니다. (2) 은사들을 사용할 때 전적으로 성령에 의지해야 합니다. (3) 자기 과시의 기회가 되어서는 안 됩니다. (4) 은사들은 하나님이 자기 교회 안에서, 교회를 통하여 역사하는 방법입니다. (5) 은사들은 보이지 않는 하나님을 나타내기 위해 주어집니다. (6) 은사들은 그리스도의 몸의 덕을 위해 사용되어야 합니다. 당신은 어떤 은사를 받았습니까?(롬 12장; 엡 4장; 벧전 4장 참고) 그리고 이 은사들을 어떻게 사용하고 있습니까?

6. 기도

나는
기도의 능력을
체험합니다

예수님은 군중들과 떨어져 기도에 깊이 몰두함으로써 하나님 아버지와의 친밀한 관계를 보여 주셨다. 제자들은 예수님이 기도에 쏟는 집중력과 하늘에 계신 아버지와 평온한 교제를 나누는 모습을 보고 의아해했다. 그래서 기도를 마치고 돌아오신 예수님께 다음과 같이 청했다. "주님, 저희들에게 기도하는 방법을 가르쳐 주십시오."

복음서의 기록을 잠시만 살펴보아도 예수님이 항상 가르치며, 위로하고, 교훈하는 것과 더불어 기도하기를 촉구하셨음을 알 수 있다. 기도는 예수님의 호흡이었으며, 생명의 원동력이자 놀라운 사역의 비밀이었다.

그것은 사도들에게도 마찬가지였다. "내가 기도할 때에 기억하며 너희로 말미암아… 간구할 때마다 너희 무리를 위하여… 너희를 위하여 기도하기를 그치지 아니하고 구하노니… 우리가 너희 모두로 말미암아 항상 하나님께 감사하며 기도할 때…"(엡 1:16; 빌 1:4, 골 1:9; 살전 1:2).

마찬가지로 기도는 모든 세대를 통하여 하나님의 성도들을 나타내는 첫 번째 표시였다. 조지 휫필드(George Whitefield)는 매일 10시 정각에 잠자리에 들었고, 새벽 4시에 일어나 기도했다. 존 웨슬리는 매일 두 시간을 기도에 투자했다. 그는 늘 '하나님은 기도를 통해 그리고 기도하는 사람을 통해 일하신다'고 말하곤 했다. 마르틴 루터도 이렇게 말했다. "만약 내가 매일 아침 두 시간을 기도하지 않으면, 그날은 사탄이 나의 하루를 지배해 버린다. 그래서 할 일이 너무 많은 날은 하루에 세 시간을 기도하게 된다. 기도하지 않으면 도저히 아무 일도 할 수 없기 때문이다."

영국의 광범위한 사회 개혁 운동의 창시자인 윌리엄 윌버포스(William Wilberforce)는 매일 세 시간씩 기도하는 것을 규칙으로 삼았다고 한다. 그가 속해 있던 클래펌(Clapham) 당 지도자들은 의회의 반대에도 불구하고 전국의 그리스도인들을 규합하여 기도 모임을 만들었다. 그들은 기도의 능력을 알았으며, 또한 그것을 계속해서 증명했다. 윌리엄 템플은 기도의 응답은 우연일 뿐이라며 기도 운동을 반대하는 자들을 향해 이렇게 말했다고 한다. "기도할 때는 우연이라도 생기지만, 내가 기도하지 않았을 때는 그 우연조차 일어나지 않았다."

그러한 믿음의 영웅들을 열거하면, 쉽게 좌절할 수도 있다. 대부분 자신들의 빈곤한 기도생활을 부끄럽게 여길 테니 말이다. 특히 서구 사회에서는 대부분의 시간을 개인을 위해 써 버리기 때문에 동양의 형제들이 잘하는 명상 기도로 시간을 보내기가 힘들다. 그래서 예수님의 첫 번째 제자들이 했던 처음 기도는 우리를 매일 고무시킨다. "주님, 우리에게 기도하는 법을 가르쳐 주십시오."

예수님은 왜 기도하셨는가?

예수님이 하나님의 아들이라면 아버지와 동등했을 텐데 왜 주님은 그렇게 많은 시간을 기도하면서 보내야 했을까? 그것이 실제로 그분에게 필요했을까? 이에 대한 대답은 이중적이다.

첫째, 그분은 단순히 하나님만이 아니라 또한 인간이셨다. 그리고 하나님의 형상대로 지음 받은 인간은 창조주께 온전히 의지하며 살아야 한다. 죄의 본질적인 속성은 하나님께 의지하지 않고 자기 방식대로 사는 것이다. 그 결과 내 안에 있는 하나님의 형상이 훼손되고 상처 입게 된다. 그 형상이 회복되기 원한다면, 죄에서 떠나 예수님을 구세주로 믿고 하나님께 전적으로 의지하며 살아야 한다. 그 유일한 방법이 바로 기도이다. "기도가 얼마만큼 중요한가는 하나님으로부터 얼마나 많은 것을 기대하는가에 달려 있다"고 토머스 스마일(Thomas Smail)은 말했다. 우리 삶의 궁극적인 목표는 하나님을 영화롭게 하며 그를 영원히 기뻐하는 것이다. 그러나 우리가 그와 더불어 시간을 보내기 전까지는 하나님을 누릴 수 없다.

둘째, 예수님은 또한 완전한 사람이셨다. 그분은 오직 하나님의 흠 없는 어린양으로서 세상의 죄를 짊어지셨다. 우리와 동일한 방법으로 시험받았지만 죄는 없으셨다(히 4:15). 그렇다면 예수님은 끊임없는 시험을 어떻게 이겨냈으며, 또 어떻게 싸움에서 승리할 수 있었는가? 그 대답은 단순하다. 바로 끊임없는 기도를 통해서다. 예수님은 제자들에게 '시험에 들지 않기를 기도하라'고 말씀하셨다(눅 22:40).

이처럼 예수님도 끊임없는 기도를 절대적이고 중요하게 여겼는데, 하물며 우리는 어떠할까? 윌리엄 캐리(William Carey)의 말처럼 "은밀하며 열심이 있는, 믿음에 찬 기도는 모든 개인의 신앙의 뿌리이다." 기도는 우리로 하여금 모든 일에서 하나님을 신뢰하게 만들며, 우리를 예수님의 형상으로 변화시키는 성령께 길을 열어 주며, 우리로 만나는 다른 사람들의 삶에 관심을 갖게 만들어 준다.

어떻게 기도를 시작할까?

자연적 인간의 속성은 본능적으로 기도로부터 멀어지려 한다. 우리의 타락한 본성은 하나님으로부터 숨기 때문이다. '하나님을 찾는 자도 없고…'(롬 3:11). 바로 이 점 때문에 우리는 성령의 도움이 절실하다. "이와 같이 성령도 우리의 연약함을 도우시나니 우리는 마땅히 기도할 바를 알지 못하나 오직 성령이 말할 수 없는 탄식으로 우리를 위하여 친히 간구하시느니라"(롬 8:26). 우리가 하나님의 뜻을 알지 못하거나 어떠한 일로 실족했을 때, 기도를 하게 되면 항상 우리 옆에 계신 성령이 기꺼이 도우신다. 성령께서는 하나님의 마음을 잘 안다. 그래서 하나님이 기다리고 계심을 우리에게 깨닫게 해 주고, 중언부언하는 기도를 효과적이며 능력 있는 기도로 변화시킬 수 있다.

이러한 '말할 수 없는 탄식'과 유사한 것으로 '방언'이 있다. 물론 엄밀히 말하자면 좀 다르지만, 방언은 인간의 심령과 하나님의 성령 사이를 소통시켜 주는 실질적인 방법이다. 이것은 초이성적이거나 비이성적인 현상이 아니다. 의미 있는 의사소통 또는 대화가 가능하기 위해 반드시 문법적으로 정확한 문장이 요구되는 것은 아니다. 특히 사랑하는 사람들 사이에는 더욱 그렇다. "내가 만일 방언으로 기도하면 나의 영이 기도하거니와 나의 마음은 열매를 맺지 못하리라"(고전 14:14). 그렇다면 그것은 의미 없는 기도인가? 물론 아니다. 방언하는 사람은 자기의 덕을 세우며 그 영으로 비밀을 말한다. 그는 하나님께 말하는 것이다. 사람의 중심을 찾으시는 하나님은 우리 중심의 외침을 아신다. 얼마나 말을 잘하느냐는 중요하지 않다. 그러니 그것은 반드시 '성령 안에서' 이루어져야 한다. 사도 바울은 그리스도인들이 항상 영적 전쟁에 직면해 있음을 잘 알고 있었다. "우리의 씨름은 혈과 육에 대한 것이 아니요 정사와 권세와 이 어두움의 세상 주관자들과 하늘에 있는 악의 영들에게 대함이라…." 악의 권세들은 우리의 기도를 어렵게 하고, 무미건조하거나 불가능하게 하려고 온갖 방법을 다 동원한다. 따라서 우리는 무시로 성령 안에서 기도해야 한다.

가장 먼저 우리는 침묵을 배워야 한다. 우리는 잠잠함을 통해 하나님이 하나님이신 것을 알 수 있으며, 항상 우리와 함께하시는 것을 깨닫게 된다. 우리는 먼저 그의 말씀에 귀 기울이고, 성령의 인도하심을 구하며,

성령이 뜻하는 바를 이해하기 위해 노력해야 한다. 왜냐하면 "그의 뜻대로 무엇을 구하면 들으심"을 알기 때문이다(요일 5:14). 특별히 성령께서 기도 중에 우리에게 영감을 주시고, 인도하며 위로해 달라고 간구해야 한다.

내적 침묵을 기르기 위해 자세를 바꾸는 것도 도움이 될 수 있다. 대개는 기도할 때 서서 하거나, 무릎을 꿇고, 또는 걸어가면서, 아니면 누워서 하게 된다. 반면 의자에 바로 앉아, 발을 바닥에 살며시 내려놓고, 허벅지에 양팔을 편안하게 올려놓은 자세를 취하면 근육과 신경이 이완되어 성령의 잔잔하고 작은 소리를 받아들이기가 쉬워진다. 명상 기도 시간을 가지기 전에 깊은 호흡을 통해 몸을 이완시켜 주는 것도 좋다. 긴장을 풀고 편안한 마음과 자세로 기도하는 것이 중요하기 때문이다.

이러한 차분하고 잔잔한 자세와 마음은 예배와 찬양으로 인도되어야 한다. 예배는 하나님의 사랑에 대해 우리 마음을 여는 것으로, 사랑하기 위하여 그리고 찬양하기 위하여 자녀가 아버지에게 나아가는 것이다. 특히 시편은 예배에 많은 도움이 된다. 찬송이나 성가대의 찬양 등도 예배에 힘이 된다. 창조 세계에 나타난 하나님의 아름다운 섭리도 우리의 찬양을 자극한다. 우리는 하늘에 계신 아버지의 진정한 자녀로서 기도 안에서 자유를 누려야 한다. 기도를 통해 자연스러워지고 용감해질 수 있으며, 기쁨을 유지할 수 있다. "너희는 다시 무서워하는 종의 영을 받지 아니하고 양자의 영을 받았으므로 우리가 아빠 아버지라고 부르짖느니라 성령이 친히 우리의 영과 더불어 우리가 하나님의 자녀인 것을 증언하시나니 자녀이면 또한 상속자 곧 하나님의 상속자요 그리스도와 함께한 상속자니"(롬 8:15-17). 우리는 하나님의 현존 앞으로 나아갈 수 있는 '새롭고 살아 있는 길'을 알고 있으며 기도를 통해 그 보좌로 담대히 나아갈 수 있다.

하나님은 우리가 '하나님의 자녀가 갖는 영광의 자유'를 누리길 바라신다. 우리는 말, 노래, 움직임, 춤, 또는 성령에 의하여 주어진 언어 등으로 자유롭게 예배를 드려도 된다. "내 영혼아 여호와를 송축하라 내 속에 있는 것들아 다 그의 거룩한 이름을 송축하라"(시 103:1). 성경은 우리가 가진 모든 것으로 주님을 찬양하라고 가르친다.

"이스라엘은 자기를 지으신 이로 말미암아 즐거워하며 시온의 주민은 그들의 왕으로 말미암아 즐거워할지어다… 춤추며 그의 이름을 찬양하며 소고와 수금으로 그를 찬양할지어다… 너희 만민들아 손바닥을 치고 즐거운 소리로 하나님께 외칠지어다… 찬송하라 하나님을 찬송하라 찬송하라 우리 왕을 찬송하라… 이러므로 나의 평생에 주를 송축하며 주의 이름으로 말미암아 나의 손을 들리이다… 내가 영으로 찬송하고 또 마음으로 찬송하리라"(시 149:2 ; 149:3 ; 47:1, 6, 63:4 ; 고전 14:15).

감사도 기도에 없어서는 안 되는 요소이다. 하나님의 영광과 위대함을 보지 못하고, 그의 놀라운 축복을 잊은 순간에 드리는 기도는 짐짓 지루할 수 있다. 물론 의미가 없는 것은 아니지만 말이다. 우리가 어떤 사람의 은혜를 당연하게 생각하게 되면 그 관계는 깨지기 시작한다. 서로에게 감사를 표현하는 것은 관계 형성에서 매우 중요한 부분이다. "하나님이 우리의 찬양을 원하신다고 말하는 것은 우리가 하나님과의 친밀한 관계에서 그를 찬양하는 기쁨을 누리기 원한다고 말하는 것이다… 사랑은 말로 표현될 때 성장하고 깊어진다. 우리가 사랑과 기쁨 안에서 자라지 못하는 것은 찬양을 통해 우리의 사랑과 기쁨을 표현하지 못했기 때문일 것이

다. 사랑에는 찬양이 요구되며, 찬양에는 사랑이 요구된다."¹

우리가 마음 문을 열고 성령의 도우심으로 기도한다면, 하나님의 기쁨과 사랑, 동정, 또는 슬픔을 알기 시작할 것이다. 기도는 단순하게 말하자면, 하나님의 생각대로 하는 것이며, 우리 몸을 성령의 성전으로 사용하는 것이다. 우리의 감정 상태가 어떠하든지 하나님께 순종하는 마음으로 예배와 감사와 기도의 항해를 시작할 때, 흐느적거리는 돛에 힘을 불어넣어 주는 성령의 바람을 발견하게 될 것이다.

어떻게 기도해야 하는가?

기도에 관한 한 전문가나 숙련자는 아무도 없다. 모두 하늘에 계신 아버지로부터 배우는 자녀일 뿐이다. 예수님의 모범과 가르침으로부터 효과적인 기도의 중요한 특성들을 살펴보도록 하자.

1. 겸손(Humility)

하나님의 현존 앞으로 나아가는 길은 오직 예수님의 피를 통해서이다. 독생자의 죽음을 통한 하나님의 용서와 죄 씻음을 깨닫기 전에는 결코 하나님의 보좌 앞으로 나아갈 수 없다. 이때에도 '아버지께 나아가게 하는'(엡 2:18) 성령의 도움과 감동이 필요하다. 다른 말로 표현한다면, 기도는 다름 아닌 하나님의 주도권에 대한 우리의 겸손한 반응이다. 하나님은 큰 사랑으로 자기 아들을 우리에게 주셨으며, '아바 아버지!'라고 부르는 자들에게 성령을 보내 주셨다. 기도의 의미는 하나님께 '예(Yes)'라고 반응하는 것이다. 우리 삶을 하나님의 뜻에 맡기며, 그의 절대 주권 앞에 머리 숙이고, 아버지의 사랑을 발견하며 누리는 것이다.

만약 우리가 하나님의 길이 완전한 것과 모든 것이 합력하여 선을 이루게 됨을 믿는다면, 기도가 하나님의 의지를 꺾으려 하거나, 우리 뜻대로 하나님을 설득하는 것이 아님을 확실히 알아야 할 것이다. 그러한 기도는 열매를 맺지 못할 뿐 아니라 하나님의 형상을 극도로 왜곡시키는 행위이다. 그분은 우리가 기도하는 것 이상으로 축복하기 원하신다. 그러나 우리는 종종 그의 길이 아니라 우리의 길을 주장함으로 하나님의 뜻을 꺾으려 한다. 예수님이 우리에게 "뜻이 하늘에서 이룬 것같이 땅에서도 이루어지이다"라고 기도하라고 가르치셨을 때, 어떠한 비극적 운명에 자신을 포기하라고 요구하지 않았다. 그러한 사고는 달란트 비유에서 주인에게 "주여 당신은 굳은 사람이라"고 말한 종의 사고와 비슷하다(마 25:14-30). 만약 우리가 하나님이 무한히 은혜로운, 온유하고 부드러운 아버지이심을 조금이라도 이해하고, 또 우리가 그의 자녀라는 생각을 조금이라도 가지게 된다면, 그분의 완전한 뜻에 복종하는 것이 우리가 할 수 있는 가장 위대하고 최선의 일임을 깨닫게 될 것이다.

기도할 때는 겸손하고 단순해져야 한다. 예수님 곁으로 다가간 어린아이를 꾸짖은 제자들을 오히려 꾸중했던 주님처럼 말이다. "어린아이들이 내게 오는 것을 용납하고 금하지 말라 하나님의 나라가 이런 자의 것이니라 내가 진실로 너희에게 이르노니 누구든지 하나님의 나라를 어린아이와 같이 받아들이지 않는 자는 결단코 거기 들어가지 못하리라 하시니라”(눅 18:16-17). 하나님 나라는 아이와 같은 자들이 가득하다. 우리는 사고와 행동에 있어서 어린아이가 되지 말고 성숙해져야 한다. 그러나 한편으로는 아이처럼 아버지의 사랑 안에서 기뻐해야 한다.

> 네 자신을 나에게 복종해라.
>
> 너는 그렇게 크지도 강하지도 않음을 인식해라.
>
> 아이처럼 나의 인도를 받으라.
>
> 나의 작은 아이야.
>
> 오라, 너의 손을 나에게 내밀라.
>
> 그리고 두려워하지 말아라.
>
> 웅덩이에서 내가 너를 건져내 주리라.
>
> 그러나 너는 매우, 매우, 작아야 한다.
>
> 아버지는 아주 작은 아이만을 팔로 안아 건져내 주기 때문이다.[2]

우리는 마음속으로 '나는 아무것도 몰라요'라고 말해야 할 때가 자주 있다. 만약에 우리가 하나님의 모든 길과 일을 이해할 수 있다면, 그분은 나보다 크시거나 절대적인 하나님이 아닐 것이다. 가끔 대화나 기도를 하면서 하나님을 시험하는 것처럼 말할 때가 있다. 하나님의 존재를 증명하라고 요구하고, 왜 자신을 이런 길로 인도하는지 설명해 달라고도 한다. 시편 기자는 인간 사회에서 전형적으로 일어나는 악인의 형통과 의인의 고난이라는 문제에 대하여 고민이 생겼을 때, 자기 판단력으로 이해하려고 했다. 그런데 그러고 보니 그가 불평했던 것과 같이 아주 괴로웠다. 그러다 '하나님의 성소에 들어갈 때에야' 비로소 그 문제가 해결된다. 시편 기자는 하나님께 불평하던 자신을 자책하며 겸손하고 지혜롭게 다음과 같이 고백했다.

> 내 마음이 산란하며 내 심장이 찔렸나이다.
> 내가 이같이 우매 무지하니 주의 앞에 짐승이오나,
> 내가 항상 주와 함께하니 주께서 내 오른 손을 붙드셨나이다.
> 주의 교훈으로 나를 인도하시고 후에는 영광으로 나를 영접하시리니,
> 하늘에서는 주 외에 누가 내게 있으리요
> 땅에서는 주 밖에 나의 사모할 자 없나이다(시 73:21-25).

우리가 비록 이해하지 못해도 아버지의 뜻에 자신을 내어 맡긴다면, 그때부터 삶 안에서 넘쳐흐르는 그의 사랑과 화평과 능력을 깊이 인식하고 체험하게 될 것이다.

2. 실재(Reality)

기도에 관한 놀라운 사실 가운데 하나는 하나님 앞에서 가식적이지 않아도 된다는 것이다. 그분은 모든 것을 알고, 우리 삶의 모든 부분을 함께 나누기 원하신다. 두려움과 실패, 기분과 감정, 사고와 근심, 심지어 극도로 부끄럽게 생각하는 모든 것까지 말이다. 시편을 읽어 보라. 그리고 시편 기자가 하나님 앞에서 얼마나 솔직했는지 확인하라. "여호와여 어느 때까지니이까 나를 영원히 잊으시나이까 주의 얼굴을 나에게서 어느 때

까지 숨기시겠나이가 나의 영혼이 번민하고 종일토록 마음에 근심하기를 어느 때까지 하오며 내 원수가 나를 치며 자랑하기를 어느 때까지 하리이까"(시 13:1-2). 계속하여 그는 자기의 의심과 곤경, 분노와 절망, 혼란, 고통과 기쁨에 관하여 말한다. 그는 하나님께 숨기는 것이 전혀 없다.

예수님도 마찬가지였다. 겟세마네 동산에서 하셨던 진실한 기도를 생각해 보면 된다. "내 아버지여 만일 할 만하시거든 이 잔을 내게서 지나가게 하옵소서." 주님은 동일한 기도를 세 번이나 하셨다. 땀이 커다란 핏방울처럼 땅에 떨어졌다. 아버지의 뜻에 온전히 복종했지만, 십자가의 끔찍한 시련 앞에서 고뇌하신 것이다. 한편 사도 바울도 무척 솔직하고 투명하다. 그는 서신서에 자기의 연약함에 대하여 무려 스물두 번이나 말했다. 고린도에서는 두려움 때문에 몸을 떨었다고 인정했다. 가끔은 삶 전체에 대하여 절망하기도 했다. 그의 모든 삶은, 그의 기도 생활을 포함하여, 생생하고 실재적이었다.

당신의 가장 비밀한 생각과 욕망을 하나님께 맡기는 것을 두려워하지 말라. 그분은 우리가 솔직하고 정직하기를 원하신다.

3. 연민(Sympathy)

우리는 가끔 기도가 응답받지 못하는 원인을 '믿음의 부족'에서 찾는다. 물론 맞는 말이지만, 그보다는 연민 또는 공감력이 부족하기 때문이다. 예수님은 죄인들, 고통당하는 자들, 연약한 자들을 보았을 때 연민의 정을 느꼈고, 이 동정심은 자연스럽게 기도와 실질적인 도움으로 연결되었다. "만약 하나님이 우리에게 주신 연민과 관심으로 다른 사람을 위한다면, 우리의 믿음은 기도하는 이상으로 성장할 것이다. 실제로 진정으로 다른 사람을 사랑한다면, 있는 힘을 다해 그를 도우려 노력하고, 나아가 그를 위해 기도할 것이다."[3]

연민의 의미는 '다른 사람과 함께 고통을 당하는 것'이다. 그들의 고통과 문제를 함께 나누는 것이다. "너희도 함께 갇힌 것 같이 갇힌 자를 생각하고 너희도 몸을 가졌은즉 학대 받는 자를 생각하라"(히 13:3). 앤 타운센드(Anne Townsend)는 이렇게 말했다. "어떤 사람을 위해 기도할 때, 그 사람을 위한 존재가 된다는 것이 어떠한 모습일까 상상할 수 있다면, 그 사람을 위한 중보기도를 시작할 수 있음을 깨닫게 된다. 이러한 상상은 그 사람의 삶에 더욱 깊이 참여하도록 만든다. 이러한 참여는 보살핌으로, 보살핌은 사랑으로, 그리고 이 사랑은 중보기도로 연결된다. 내가 염려하며 기도하는 사람을 한 번도 만나지 못할 수 있지만, 그래도 그에게 가장 최선의 선물을 줄 수 있다고 생각한다. 바로 중보기도를 통해서다. 그것은 무릎으로 그를 사랑하는 것이다."[4] 기도는 우리가 할 수 있는 가장 위대한 사랑의 표현이다. 이것은 전적으로 이타적인 표현 방법이다. 우리의 기도를 통해 축복을 받는 그 사람은 우리가 자신을 위해 기도하고 있다는 사실을 알지 못하기 때문이다.

연민의 기도는 또한 긍정적인 기도가 될 것이다. 모든 문제를 상세하게 기도하는 것은 전혀 도움이 되지 못한다. 그렇게 기도하고 나면 오히려 그 문제들이 마음에서 떠나지 않는다. 그렇게 기도하지 말고 오직 그리스도에게만 초점을 맞추어야 한다. 그의 인격적인 특성에 대하여 생각하고, 우리에게 준 약속을 생각하는 것이다. "주님, 주님께서 나의 모든 필요를 충족시켜 주심을 감사합니다. 주님의 은혜가 항상 나에게 넘칩니다. 주님의 견고한 사랑이 끊이지 않음을 감사합니다. 주님은 모든 일에 있어 절대 주권자이십니다." 이렇게 기도하는 것이 긍정적인 기도이다.

공포, 불신앙, 근심, 분노, 열등감 같은 부정적인 생각들은 하나님이 우리 삶 안에서 역사하시는 것을 방해한다. 그래서 기도할 때는 "모든 생각을 사로잡아 그리스도에게 복종케" 하는 자세가 필요하다(고후 10:5). 사도행전 4장에서 제자들은 더 이상 그리스도에 관하여 가르치지 말라는 협박을 받았을 때, 기도하기 위하여 함께 모였다. 그때 그들 중 누구도 위험 가운데 있음을 말하지 않았다. '주님, 우리를 둘러싸고 있는 위험한 일들을 해결해 주십시오!' 이렇게 기도하지 않았다. 다만 확신에 찬 기쁨으로 만물을 주장하시는 주님의 절대 주권을 찬양했다. "저희가 일심으로 하나님께 소리를 높여 가로되 대 주재여 천지와 바다와 그 가운데 만유를 지은 이시요……."

긍정적인 기도가 민감하게 사용될 때 그것은 복음 전도자나 치료자의 기도가 된다. 기도를 받는 자는 하나님께서 자신에게 무엇인가를 행하고 있다는 사실을 믿을 용기를 얻게 된다. 우리가 은밀히 홀로 기도할 때는 더욱 견고한 믿음을 갖게 된다. 시편 기자도 절망 중에 이렇게 말하는 시점까지 오게 되었다. "내 영혼아 네가 어찌하여 낙심하며 어찌하여 내 속에서 불안해 하는가 너는 하나님께 소망을 두라 그가 나타나 도우심으로 말미암아 내가 여전히 찬송하리로다"(시 42:5). 시편에 등장하는 많은 사람들은 갈등과 투쟁을 통하여 이 같은 지점에 다다랐다. 그러나 그럴 때도 하나님의 구원과 축복의 때를 기대하며 그분의 도움을 바랐다.

연민의 기도는 넓은 범위로 생각할 수 있다. 거기에는 친구들 관계나 교회 활동, 또는 복음 전도 프로그램은 물론이고, 사회적 불의와 여러 사람의 필요까지도 포함된다. 실업, 빈곤, 인종차별, 계층차별, 무주택자와 억압당하는 자들의 곤경, 육체적 또는 정신적 환자, 마음에 상처를 입은 사람들, 외로운 사람들, 도움이 없는 사람들, 희망이 없는 사람들을 위해 드리는 기도들이 모두 연민의 기도라 할 수 있다. 이는 클래펌 당(Clapham Sect)이 왜 사람들에 대한 관심 때문에 하루에 세 시간씩 기도하는지 쉽게 알 수 있는 대목이다. 현대 교회가 공통적으로 가진 문제는 개인적으로 너무나 많은 일들에 얽매여 있어서 사회 활동에 전념하는 사람들은 기도할 시간이 거의 없고, 기도에 열중하는 사람들은 가끔 사회로부터 동떨어지고 만다는 것이다. 그 결과 교회가 예언자의 역할을 못하게 되는 것이다.

4. 기대(Expectancy)

우리는 기도하면서 무엇을 구할 때, 하나님이 일하실 것을 기대해야 한다. 초대 교회에 핍박이 시작되었을 때 초기 그리스도인들은 체포된 베드로를 위해 간절히 기도했다. 하지만 그가 언제쯤 돌아올지 믿음을 가질 수 없었고, 사실 자신들의 기도가 응답되리라 기대조차 하지 않았다. 하나님은 "우리 가운데서 역사하시는 능력대로 우리의 온갖 구하는 것이나 생각하는 것에 넘치도록 능히 하실 이"이시다(엡 3:20). 동시에 기도에 즐겨 응답하신다는 것을 우리가 믿기 원하신다.

영어 단어 'believe'는 함축된 의미가 약할 수 있다. 우리는 어떠한 일이 일어날 수 있다고 이론적으로 믿을 수 있다. 그러나 그것이 이루어질지 확신할 수는 없다. 'believe'라는 단어는 두 색슨어에서 나온 것이다. 곧 '있다(to be)' 또는 '존재한다(to exist)'를 의미하는 'be'와 '마치 있는 것처럼'을 의미하는 'liefan'의 합성어이다. 그래서 '믿는다'라는 의미는 '어떠한 일이 이미 일어난 것처럼, 이미 사실인 것처럼, 이미 성취된 것처럼 받아들인다'는 것이다. 예수님은 이렇게 말씀하셨다. "무엇이든지 기도하고 구하는 것은 받은 줄로 믿으라 그리하면 너희에게 그대로 되리라"(막 11:24).

성경에는 기대하는 마음에 대한 실례가 많다. 동정녀 마리아는 아들이 태어나리라는 약속을 받았을 때, 그 일이 이미 이루어진 것처럼 하나님을 찬양하기 시작했다. "마리아가 이르되 내 영혼이 주를 찬양하며 내 마음이 하나님 내 구주를 기뻐하였음은 그의 여종의 비천함을 돌보셨음이라 보라 이제 후로는 만세에 나를 복이 있다 일컬으리로다 능하신 이가 큰 일을 내게 행하셨으니"(눅 1:30-49). 예수님은 나사로를 죽음으로부터 일으키기 위해 눈을 들어 하늘을 우러러보시고 말씀하셨다. "아버지여 내 말을 들으신 것을 감사하나이다 항상 내 말을 들으시는 줄을 내가 알았나이다"(요 11:41-42). 또 바울은 구원에 이르는 믿음의 본질을 표현할 때 아브라함을 실례로 들었다. "믿음이 없어 하나님의 약속을 의심하지 않고 믿음으로 견고하여져서 하나님께 영광을 돌리며 약속하신 그것을 또한 능히 이루실 줄을 확신하였으니"(롬 4:20-21).

성경 안에 하나님의 약속에 대해 주장하는 실례들을 알고 있다면, 우리도 기대하는 믿음을 가지고 기도하게 될 것이다. 우리가 하나님의 뜻을 알 수 있는 방법은 이러한 그분의 약속을 통해서이다. 그리고 사도 요한의 말처럼 "만약에 우리가 그의 뜻대로 무엇을 구하면" 하나님께서 들으실 것이다(요일 5:14).

5. 인내(Persistency)

삶의 모든 영역에서 기도만큼 부주의하고 나태하기 쉬운 것도 없을 것이다. 우리는 모두 기도를 무시하고 있다. 마음과 진심은 여러 가지 다른 방향으로 흩어진 채 몇 마디 상투적인 문구들을 입술로만 중얼거릴 뿐이다. 그러나 하나님은 우리 삶 안에서 아무런 대가 없이 은혜를 따라 일하신다. 감사한 것은 우리의 가치에 따라서 일하시지 않는다는 것이다. "내 영혼아 여호와를 송축하라 내 속에 있는 것들아 다 그의 거룩한 이름을 송축하라"(시 103:1). "이제 이 일을 기억하고 내 마음이 상하는도다"(시 42:4). "내가 전심으로 여호와께 감사하오며 주의 모든 기이한 일들을 전하리이다"(시 9:1). 성경에는 이처럼 전심을 다해 하나님께 기도한 사람들이 무궁무진하다. 이와 대조적으로, 입술로만 하나님께 영광을 돌리고 마음으로는 하나님에게서 멀어진 바리새인들도 있었다(막 7:6).

예수님은 제자들에게 "항상 기도하고 낙심치 말아야 될 것"을 가르치셨다(눅 18:1). 예수님은 끈질기게 졸라 대는 과부와 밤에 찾아온 친구의 이야기를 들어 기도할 때 인내가 얼마나 중요한지 말씀하셨다. 하나님은 모든 일에 당신을 의지하기 원하신다(오직 그럴 때 그의 사랑을 누릴 수 있는 것이다). 그리고 우리가 무엇을 원하는지 알아보려고 응답을 연기할 수도 있다.

초대 제자들은 기도할 때 인내하고 견디는 것이 얼마나 중요한지 알고 있었다. 예수님이 승천한 후, 그들은 혼자 힘으로는 주를 전할 수 없음을 알고 "마음을 같이 하여 오로지 기도에 힘"썼다(행 1:14). 이 말씀은 포기하지 않고, 용기를 잃지 않는 것을 의미한다. 그들은 기도의 중요성을 알았기에 끈질기게 기도했다. 예루살렘의 교회가 수적으로 엄청나게 증가하자 먼저 다른 사람들을 임명하여 증가하는 목회적 요구와 행정적 요구에 응하도록 했고, 자기들은 "기도하는 것과 말씀 전하는 일에 전무했다"(행 6:4). 그랬기 때문에 하나님의 성령이 자유롭게 역사하여 능력을 나타날 수 있었던 것이다.

6. 연합(Unity)

조나단 에드워즈(Jonathan Edwards)는 종종 이렇게 말하곤 했다. "교회의 영적 지각이 있기 전에는 항상 이보다 앞서 비범하고 연합된 그리고 지속적인 기도 모임이 있었다." 기도가 감소되면 조만간 영적 가뭄이 도래하고, 하나님의 영광도 급속도로 사라진다. 이것은 교회가 계속해서 철저하게 배워야 할 교훈이다. 우리의 육신은 기도에 대항하고, 사탄은 끊임없이 기도하지 못하는 핑계를 만들어 낸다. 오직 성령만이 "깨어 구하기를 항상 힘쓸 수 있도록" 도우신다(엡 6:18).

바로 이러한 이유 때문에 신약성서에 개인적인 기도뿐 아니라 연합으로 하는 기도가 강조되어 있는 것이다. 예수님은 두세 사람이 함께 모여 기도할 때 특별한 능력으로 함께 계실 것을 약속했다(마 18:20). 초대 교회는 항상 함께 기도했다. 기도를 위하여 자신들을 헌신했다. 이러한 방법으로 서로를 위로하며, 영적인 은사들을 서로 나누어 그리스도 안에서 서로 연대해 나가는 것이다.

함께 모여 기도할 때는 성령에 민감한 좋은 지도자가 필요하다. 기도는 예배와 함께 시작하는 것이 좋은데, 하나님을 향하여 마음과 정성을 집중시켜야 할 필요가 있기 때문이다. 너무나 많은 지도자들이 땅의 것을 구한다. 아니 땅의 것에 예속되어 있다. 우리는 '위에 있는 것에 마음을 두어야 한다.' 그러면서 주님이 우리 가운데 계심을 서로에게 알게 하는 것이다. 함께 믿고 함께 기대하는 수준을 높일 필요가 있다. 가능한 한 간결하고 정성 담긴 찬양과 기도가 '직업적인 사람'의 오랜 기도보다 훨씬 좋다. 긴 기도가 자칫 성자의 기도처럼 보일지는 몰라도 확실히 공동체의 기도 불씨를 약화시킨다. 한 가지 주제를 놓고 기도할 때, 이러한 자세는 더욱 도움이 된다. 고린도전서 14장 26절은 이렇게 모여 기도하는 것에 대한 신약성서의 좋은 본보기이다. 모든 사람이 각자 받은 은사대로 모임을 도우면서 나아가 그리스도를 영화롭게 하는 것이다.

7. 용서(Forgiveness)

이것도 효과적인 기도를 위한 필수 요소이다. 우리는 알고 있는 모든 죄를 하나님께 자백하고, 그것을 회개하고, 그리고 죄 용서를 받아야 한다. 여기에서 우리는 성령의 확신과 사탄의 잔소리를 구별해야 한다. 마귀는 "우리 형제들을 참소하던 자 곧 우리 하나님 앞에서 밤낮 참소하던 자"이다(계 12:10). 잔소리의 증후는 일반적인 죄의식 또는 화평의 결핍이다. 그러나 성령이 죄를 깨우쳐 주실 때는 그것이 무엇에 관한 것인지 거의 95퍼센트를 확신할 수 있다. 그러므로 성령이 우리 마음을 감찰하시도록 기도함으로써 마귀가 우리에게서 하나님의 화평을 도둑질하지 못하도록 해야 한다.

우리는 또한 서로를 용서해야 한다. "서서 기도할 때에 아무에게나 혐의가 있거든 용서하라 그리하여야 하늘에 계신 너희 아버지께서도 너희 허물을 사하여 주시리라"(막 11:25). 용서에 대한 이러한 주의는 예수님의 가르침에 반복해서 등장한다. 용서하지 못하는 마음보다 더 하나님과의 관계를 빠르고 쉽게 파괴하는 것은 없다. 그것은 곧 기도를 방해한다. 우리가 죄를 마음에 숨겨 두면 주님은 더 이상 듣지 않으신다(시 66:18). 하나님은 우리와의 영속적인 관계를 원하시기 때문에 우리가 모든 죄를 자백하고 전심으로 돌아가지 않으면 기도에 응답하지 않으신다. 그래서 바울은 에베소 교인들에게 분노를 해질녘까지 품고 있지 말라고 훈계했다. 서로 용서하지 않으면 하나님의 은혜로부터 스스로 떨어져 나가며, 하나님의 보호를 거절하게 되어 사탄이 틈탈 기회를 제공하게 된다(엡 4:26).

예수님은 약속했다. "진실로 다시 너희에게 이르노니 너희 중의 두 사람이 땅에서 합심하여 무엇이든지 구하면 하늘에 계신 내 아버지께서 그들을 위하여 이루게 하시리라"(마 18:19). '합심하다'라는 단어의 문자적 의미는 '함께 소리가 어울리다' 또는 '함께 조화하다'이다. 이것은 기도의 대상에 관한 일반적인 합의보다 더 깊은 의미이다. 곧 사랑과 조화 안에서 더불어 사는 사람들에게 주어지는 약속이다. 그리고 중요한 것은 이 약속이 용서의 문맥에서 주어졌다는 사실이다. '일곱 번의 일흔 번'이라도 용서하라는 문맥에서 말이다. 우리가 다른 사람을 용서할 때, 하나님도 우리를 용서하신다. 그리고 하나님이 우리를 용서할 때 우리도 기도할 수 있는 것이다.

언제 기도해야 하는가?

예수님이 보여 준 모범은 여기에서도 좋은 본보기가 된다. 예수님의 전 생애가 하나의 계속된 기도의 시간이었지만, 그 가운데 기도를 위한 특별한 시간과 절기가 있었다. 이것은 모든 진실한 제자들에게 특별한 가르침을 주고 있다.

1. 매일 아침

만약 우리가 마가복음 1장이 예수님의 사역에 있어서 전형적인 하루를 묘사한다고 생각한다면, 우리는 35절의 힘을 깨닫게 된다. "새벽 오히려 미명에 예수께서 일어나 나가 한적한 곳으로 가사 거기서 기도하시더니." 어떤 사람은 체질적으로 새벽에 일어나는 것이 거의 불가능하겠지만, 대부분의 그리스도인들에게 가장 중요한 기도의 시간은 의심할 필요 없이 아침 첫 시간일 것이다. 가능하면 아침 식사 전, 하루 일을 시작하기 전이 좋다. 이 시간은 하루의 첫 시작을 하나님과 함께하도록 하며, 하루 중 보다 많은 시간을 기꺼이 하나님을 위해 사용하도록 용기를 줄 뿐 아니라, 하루 전체를 하나님께 헌신할 수 있도록 힘을 준다. 전쟁에서 통신 수단은 무척 중요하다. 우리에게는 기도가 그 통신수단이므로 아침마다 조심스럽게 점검하면서 하루를 시작하는 것이다. 그리하여 하나님의 명령이 신속하게 전달되고, 우리의 지원 요청이 하나님께 즉시 전해지도록 하는 것이다. 이것이 없다면 어떠한 군대든지 전멸하고 말 것이다. 예수님의 군대인 우리에게도 마찬가지이다.

우리는 체질상 아침 일찍 일어나 기도하기가 불가능하다고 말하기 쉽다. 솔직히 말하자면 나 역시 기도하려고 일찍 일어나는 것이 얼마나 어려운지 모른다. 아침마다 전쟁을 치르는 것 같다. 그러나 이길 가치가 있는 전쟁임을 믿기 때문에 '내 몸을 복종시켜서' 행동하고 실제적인 조치를 취한다. 여러 해 동안 나는 두 개의 알람 시계가 필요했다. 왜냐하면 하나만으로 깨지 못하는 일이 종종 있었기 때문이다. 회심한 직후 한동안은 알람 시계 하나를 침대 곁에 두고, 또 하나는(값싸고 시끄러운 소리가 나는) 문밖에 놓아두었다. 그것도 10분 늦게 울리도록 맞추었다. 두 번째 알람 시계는 모든 식구를 깨울 정도로 소리가 컸기 때문에 나는 난처한 상황을 만들지 않으려고 첫 번째 알람이 울리자마자 침대에서 일어나 두 번째 알람을 꺼야 했다. 이 작전은 실패한 적이 없다. 때로는 이러한 수단에 의지하는 것이 부끄러울 때도 있었지만, 기도하려고 일어난다는 것은 위대한 연인을 만나기 위해 일어나는 것과 다르지 않다고 스스로를 위로한다. 나아가 이 일이 진지하게 승리를 이끌어야 할 매일매일의 전쟁이라고 하며 나를 격려해 준 많은 사람들에게 감사하지 않을 수 없다.

2. 중요한 결단을 내리기 전에

기독교의 모든 미래는 처음 제자들의 결정과 선택에 좌우된다. 예수님은 한 사람이 자기를 배반하고, 또 한 사람은 자기를 부인하고, 모든 제자들이 반복하여 실족할 것을 미리 알면서도 바른 결정과 선택을 하셨다. 이 사실은 매우 중요하다. "이때에 예수께서 기도하시러 산으로 가사 밤이 새도록 하나님께 기도하시고 밝으매 그 제자들을 부르사 그중에서 열

둘을 택하여 사도라 칭하셨으니"(눅 6:12-13). 인간적으로 말하면 그것은 엄청난 선택이었다. 예수님이 택한 열둘은 교육받지 못한 어부들, 과격한 해방주의자, 세리, 세리가 되고자 하는 자, 야망가, 충동적인 사람, 비관주의자, 허점투성이인 자 등이었다. 만약 예수님이 아니었다면 이보다 더 어중이떠중이들의 패거리를 모으기 어려웠을 것이다. 하지만 그들이 믿음 안에서 교육받고 성령의 능력으로 무장되었을 때, 교회의 지도자들이 되었던 것이다. 밤을 꼬박 새워 예수님이 기도했다는 것은 전혀 놀랄 일이 아니다.

야고보는 "너희 중에 누구든지 지혜가 부족하거든 모든 사람에게 후히 주시고 꾸짖지 아니하시는 하나님께 구하라"고 말했다. 우리는 오직 믿음으로 구하고 조금도 의심하지 말아야 한다(약 1:5). 만약에 우리가 '위로부터 오는' 지혜를 알고자 한다면, 반드시 그리고 본질적으로 겸손하고 진지하게 기도해야 한다. 중요한 결단은 거의 항상 특별한 기도의 시간을 요구한다.

3. 매우 바쁠 때

예수님의 사역은 엄청나게 바빴다. 그러나 성경은 "수많은 무리가 말씀도 듣고 자기 병도 고침을 받고자 하여 모여 오되 예수는 물러가사 한적한 곳에서 기도하시니라"고 증거한다(눅 5:15). 대부분의 그리스도인은 일로 인해 피곤하고 힘들다. 일상적으로 일어나는 육체적·정신적 노동 위에 영적 투쟁까지 겹쳐 우리들을 괴롭히기 때문이다. 예수님은 사역하실 때, 능력이 자기로부터 나가는 것을 알았다(눅 8:46). 그래서 육체와 정신,

영혼에 계속적인 활력을 불어넣을 필요가 있었다. 이것이 무리로부터 벗어나 휴식하며 정기적으로 기도했던 이유이다. 그렇게 하지 않았다면 아무것도 줄 것이 없는 빈털터리가 되었을 것이다.

하나님은 선지자 예레미야를 통하여 자기 백성들을 책망하셨다. "내 백성이 두 가지 악을 행하였나니 곧 그들이 생수의 근원되는 나를 버린 것과 스스로 웅덩이를 판 것인데 그것은 그 물을 가두지 못할 터진 웅덩이들이니라"(렘 2:13). 오늘날의 교회 사역자나 교회의 비극적 모습이 바로 이것이 아닐까? 모든 바른 말과 행위는 있을지 모르나, 결정적으로 중요한 성령의 생수는 메말라 버린 것이다. 오직 성령만이 생명을 제공한다. 우리는 계속적으로 충만해질 필요가 있다. 그래야만 다른 사람의 영적 갈증을 풀어 줄 수 있다. 테일러 스미스(Taylor Smith) 성공회 주교는 항상 "바쁜 삶의 메마름을 인식하라"고 경고했다. 서구 사회의 열정적인 행동주의에 비추어 이것은 너무나 적절한 말이다.

4. 다른 사람에게 관심을 가질 때

어느 때인가 예수님은 베드로에게 부드럽게 말씀하셨다. "시몬아, 시몬아, 보라 사탄이 너희를 밀 까부르듯 하려고 요구하였으나 그러나 내가 너를 위하여 네 믿음이 떨어지지 않기를 기도하였노니 너는 돌이킨 후에 네 형제를 굳게 하라"(눅 22:31-32). 만약 우리가 다른 그리스도인들을 위한 관심을 바로 기도로 옮긴다면, 어두운 세력과 대항하는 교회의 역할을 좀 더 충실히 감당해 낼 수 있을 것이다. 그러나 우리는 너무 자주 다른 사람들을 비판하고, 험담하고, 공격하고, 정죄하지 않는가? 나의 친구 중에 하나가 그리스도의 군사들이 서로를 향하여 총칼을 들이대고 있다고 말한 적이 있다. 이는 마귀에게 좋은 일을 하는 것이다. 서로를 향한 비판을 기도로 변환시킬 때, 우리는 공격받는 서로를 위하여 믿음의 방패를 들 수 있고, 위로하는 성령의 능력을 인식할 수 있으며, 마귀가 우리를 이간질하려고 할 때 하나님의 사랑이 넘쳐흐르게 할 수 있다.

5. 시험받을 때

제자들이 심각하게 시험당할 때 예수님은 "시험에 들지 않기를 기도하라"고 말씀하셨다(눅 22:40). 그들은 매우 피곤하고 졸렸지만, 기도하면서 서로를 격려할 수 있었다. 그러나 슬프게도 그들은 금방 두려움에 휩싸였고, 예수님이 체포되었을 때 죽지 않으려고 줄행랑을 쳤다. 두려움을 못이긴 베드로는 예수님을 부인했다. 나중에는 '유대인을 두려워하여' 문을 잠그고 방 안에 숨어 있었다.

이와 대조적으로, 예수님은 오직 금식과 기도를 통해 광야에서 그리고 겟세마네 동산에서 사탄의 시험을 극복할 수 있었다. 우리의 힘으로는 시험을 이길 수 없다. 나는 여러 번 이렇게 고백하지 않을 수 없었다. "주님, 도저히 제 스스로는 이 일을 해결할 수 없습니다. 노력했지만, 거듭 실패했습니다. 구하오니 이 시험 가운데 저의 힘과 방패가 되옵소서." 이렇게 기도했을 때 하나님의 은혜가 충만해지는 것을 여러 번 체험했다.

6. 고통당할 때

"아버지여 저희를 사하여 주옵소서 자기의 하는 것을 알지 못함이니이다." 예수님은 팔과 발목이 못으로 찔리는 고통 가운데서도 이렇게 기도했다. 여기서 얻게 되는 교훈은 우리가 고통 가운데 있을 때는 의식적으로 생각을 하나님께 전환시키고, 특히 다른 사람을 위하여 기도하는 것이 가장 빠른 탈출구가 된다는 것이다. 한번은 내가 극도로 불안감을 느꼈을 때, 그리고 심각하게 앓았을 때 온밤을 기도하면서 보낸 적이 있다. 하나님의 심오하고 실패하지 않는 사랑을 묵상하는 것만이 나를 온전한 정신으로 악몽 같은 긴 밤을 견디게 하는 힘이었다. 끔찍한 고통을 겪으면서 자연스럽게 불평하고 짜증낼 수밖에 없는 사람들이 다른 사람들을 위해 희생적으로 기도할 수 있다는 것은 하나님의 놀라운 은혜이다. 이 얼마나 아름다운 삶인가? 그 누구도 인생에 고통의 계절이 오는 것을 구하지 않는다. 그러나 하나님은 고통을 통해서도 우리가 좀 더 예수님을 닮아 가게 하신다. 우리 삶을 주관하시는 하나님의 절대 주권을 기도를 통해 받아들이게 되는 것이다.

7. 죽음의 순간에

"아버지여 내 영혼을 아버지의 손에 의탁하나이다." 죽음은 아이가 집에 들어올 때 문을 열어 주는 종으로 묘사되어 왔다. 가끔 죽음은 너무 갑자기 그리고 충격적으로 찾아온다. 그러나 어느 때든 결국 우리는 고향 집으로 돌아갈 수밖에 없는 존재들이다. 이 사실을 안다면 이제 얼굴을 대면하여 만날 사람과 함께 대화하면서 문을 들어서는 것이 얼마나 좋은가? 현세에 너무 집착하면 조금 어려울 수 있겠지만 현재 가진 것에 대한 욕심을 버릴 수 있다면, 분명 하나님의 영광을 함께 나누기 위하여 힘차게 앞으로 나아갈 것이다. 물론 이상적인 것은 우리의 모든 삶이 기도의 삶이 되는 것이다. 잠에서 깨어날 때, 길을 걸을 때, 일할 때, 휴식할 때, 잡담할 때, 그리고 잠자리에 들 때, 순간순간 하나님이 함께 계시다는 사실을 느끼고 누리는 것이다. 주를 찬양하며, 그 안에서 기뻐하고, 감사하며, 그와 더불어 이야기하고, 말씀에 귀 기울이며, 슬픔을 고백하고, 그와 더불어 침묵하며, 함께 나누면, 주님도 우리에게 당신의 삶을 나누어 주신다.

나태나 부주의를 방지하기 위하여 중보기도를 위한 카드나 달력을 만드는 것도 좋다. 그러나 주객이 전도되면 안 된다. 무엇보다 자발적으로 기도하는 것이 중요하기 때문이다. 나는 길이나 집에서 만난 사람들을 생각하며 자주 기도한다. 전화를 받기 전이나 현관에 나가면서 기도한다. 이때 기도했던 사람을 나중에 만나 그 순간을 기억하면, 그 결과는 생각했던 것보다 항상 긍정적이었다. 우리 모두가 매일 만나는 사람들을 위해 아주 짧은 순간이라도 기도할 수 있다면 하나님의 사랑이 사회에 미치는 영향은 매일매일 커질 것이다.

기도의 능력을 체험하라

시편을 조심스럽게 보면 성도의 기도가 찬양과 경배로 일관되어 있는 것을 알 수 있다. 비록 고통이나 좌절, 외로움, 두려움의 순간이 있었지만 시편 기자들은 자기 마음을 하나님의 성실함과 긍휼하심, 의로우심을 기억하며 그를 경배했다. "주님은 위대하시니 크게 찬양받으실지어다!"

우리가 우연히 주님을 위대하게 느껴서가 아니라, 주님이 영원히 위대하신 분이기 때문에 영원히 크게 찬양해야 하는 것이다. 더 나아가 찬양의 제사를 드리면서 주를 영화롭게 할 때마다 주님도 항상 우리를 영화롭게 하신다.

하나님의 백성들이 그의 현존을 놀랍고 신기한 방법으로 체험하는 것은 바로 찬양을 드릴 때다. "나팔 부는 자와 노래하는 자들이 일제히 소리를 내어 여호와를 찬송하며 감사하는데 나팔 불고 제금 치고 모든 악기를 울리며 소리를 높여 여호와를 찬송하여 이르되 선하시도다 그의 자비하심이 영원히 있도다 하매 그때에 여호와의 전에 구름이 가득한지라"(대하 5:13).

물론 찬양 자체가 자동적으로 좋은 결과를 가지고 오는 것은 아니다. 역대상 13장에서 다윗이 하나님의 궤를 예루살렘으로 다시 가지고 왔을 때, 함께 있던 자들은 법궤를 옮길 때 지켜야 할 지시 사항을 힘써 지키지 않았다. "다윗과 이스라엘 온 무리는 하나님 앞에서 힘을 다하여 뛰놀며 노래하며 수금과 비파와 소고와 제금과 나팔로 주악했지만" 웃사는 손을 펴서 궤를 붙들고 말았다. 그 결과 하나님이 진노하셨고, 웃사는 하나님의 진노로 죽고 말았다. 반복해서 하나님은 자기 백성들에게 단순히 종교적 의무를 행하는 것이 아니라 마음으로 복종할 것을 때로 비극적인 방법으로 가르치셨다. 그러한 복종이 없었다면 우리의 찬양이 아무리 열정적이고 강하다 해도 한낱 헛된 예배요, 공허한 말일 뿐이다.

하나님의 현존이 그의 백성들의 예배와 찬양을 통해 나타나는 경우를 여러 번 목격했다. 1978년 7월, 캔터베리(Canterbury)에서 개최된 '영적 갱신을 위한 국제 성공회' 연차 회의에는 세계 도처에서 온 350여 명의 교회 지도자들이 참석하고 있었는데, 여기에는 제3 세계에서 온 30명의 주교들도 포함되어 있었다. 캔터베리 대성당에서의 마지막 성찬 예배는 매우 감동적이었다. 성가대의 찬양이 울려 퍼지는 가운데 떡과 포도주가 분배되었다. 위대한 찬양의 성령! 그렇지만 동시에 하나님은 설교와 예언의 말씀을 통해 참석한 대부분의 사람들에게 고난과 심지어 순교가 있을 것을 경고하셨다.

'화해'를 촉구하는 시간에는 서로에게 인사하라는 인도자의 권고에 따라 오른쪽에 있는 사람에게 몸을 돌렸다. 그는 미국인으로 찬양과 찬송 소리에 마음이 이끌려 대성당 안으로 들어온 사람이었다. 그에게 예배를 어떻게 생각하는지 물었다. 그는 "이렇게 살아 있는 예배는 어느 곳에서도 보지 못했습니다"라고 대답했다. 나는 그가 우리를 이렇게 살아 있게 만드시는 예수 그리스도에 대하여 실제로 알고 있는지, 혹은 그에 대한 확신이 없는지 부드럽게 물었다. 그는 예수 그리스도에 대하여 들어보기는 했지만 확신은 전혀 없다고 대답했다.

그래서 나는 슬그머니 그를 이끌고 성가대석 뒤로 돌아가 성가대가 찬양을 시작할 때 복음을 말해 주었다. 갑자기 그가 나의 팔을 붙들면서 "함께 기도할 수 있겠습니까?"라고 말했다. 나는 삶을 그리스도에게 드리는 간단한 기도를 한 구절씩 따라하게 했다. 그는 진정한 그리스도인이 되었고, 몇 분 후 떡과 포도주 안에서 하나님의 용서하심과 용납하심의 표를 받게 되었다. 더군다나 그는 예배를 마치자마자 자기 교구인 콜로라도의 주교를 만났다. 하나님은 그 젊은 사람의 삶에 놀라운 방법으로 들어오신 것이다. 이 모든 것은 찬양의 능력과 더불어 시작되었다. 그 젊은이의 가슴에는 기꺼이 순교의 자리에까지 임하겠다는 결단이 용솟음치고 있었다.

성경에는 찬양에 대한 응답으로 하나님의 승리를 체험한 기록도 있다. 이에 대한 고전적인 실례는 역대하 20장에 있다. 여호사밧과 그의 백성들은 전혀 불가능하게 보이는 전쟁에 직면해 있었다. 그들은 겸손하게 기도하고 금식했으며 하나님은 예언의 말씀으로 인도했다. 잠잠히 서 있어 하나님의 승리가 자기들 편에 있는 것을 목격하라는 것이었다. 그들은 하나님이 자기들을 도우시겠다는 약속을 믿었고, 노래하는 자들을 군대의 선두에 세워 하나님을 경배하고 찬양했다. "여호와께 감사하세 그 자비하심이 영원하도다!" 그리고 중요한 말이 다음에 계속된다. "그 노래와 찬송이 시작될 때에 여호와께서 복병을 두어 유다를 치러 온 암몬 자손과 모압과 세일산 사람을 치게 하시므로 저희가 패하였으니…." 그들은 놀라운 승리를 체험했다. 바울은 "범사에 우리 주 예수 그리스도의 이름으로 항상 아버지 하나님께 감사하며…"라고 말했다(엡 5:20). 그리고 "범사에 감사하라 이것이 그리스도 예수 안에서 너희를 향하신 하나님의 뜻이니라"고 말했다(살전 5:18). 찬양을 통해서 우리는 구원의 주님을 절대적으로 신뢰한다고 선언할 수 있으며, 악한 자들의 날카로운 공격에 대항하여 믿음의 방패를 들 수 있고, 부정적 자세를 긍정적 자세로 바꿀 수 있으며, 주님으로 하여금 그의 능력을 나타내게 할 수 있다.

찬양은 또한 우리의 삶 안에 있는 성령을 자유롭게 한다. 예수님이 승천하신 후 제자들은 기도하기 위해 계속 모였는데, 늘 하나님을 찬송하기 위해서였다(눅 24:53). 이러한 맥락에서 하나님의 성령이 오순절에 그들에게 부어졌던 것이다. 그리고 그들의 삶이 충만해졌을 때도 성령이 주신 언어로 서로 말하며 예배했다. "우리가 다 우리의 각 방언으로 하나님의 큰일을 말함을 듣는도다." 그들은 매일 모여 하나님을 찬양했다. 예배와 나눔, 사랑의 교제를 통하여 주께서 구원받는 사람을 날마다 더하게 하셨다는 사실은 전혀 놀랄 일이 아니다(행 2:11, 46). 더군다나 그들은 처음으로 커다란 위험에 맞닥뜨렸을 때 즉시 기도에 힘썼다. 그 기도는 거의 찬양으로 일관되었으며, 그 결과 무리가 다 성령이 충만하여 담대히 하나님의 말씀을 전하게 되었다(행 4:24-31).

바울은 에베소 교인들에게 늘 성령 충만할 것을 촉구했다. "오직 성령으로 충만함을 받으라 시와 찬송과 신령한 노래들로 서로 화답하며 너희의 마음으로 주께 노래하며 찬송하며 범사에 우리 주 예수 그리스도의 이름으로 항상 아버지 하나님께 감사하며…"(엡 5:18-21). 찬양은 가끔 하나님의 성령이 주는 감동보다 선행하며 나중에는 성령의 역사를 나타내는 첫 번째 확실한 상징이 된다. 교황 바오로 6세는 이렇게 말했다. "성령의 새로운 입김은 교회 내의 잠재적인 에너지를 일깨우며, 잠자는 은사를 자극하며, 활력과 기쁨의 감각을 불어넣어 준다. 교회를 통해 모든 세대를 젊게 그리고 시대에 맞게 만들며, 각 새로운 세대를 향해 영원한 메시지를 기쁨으로 선포하게 만드는 것은 바로 이러한 찬양의 활력으로부터 비롯된다."[5]

찬양은 또한 모든 그리스도인들이 진실하게 연합하는 데도 크게 기여한다. 비행기에서 내려다보면 지상에서는 높고 크게 보이던 담이며 빌딩들이 작아 보인다. 마찬가지로 하나님의 성령이 찬양을 통해 우리를 하나님의 영광과 아름다움의 차원으로 높이 데리고 올라갈 때, 지상에서는 크게 보이던 인간적인 장벽들은 의미를 잃게 된다. 골로새 교회에 내적인 갈등과 긴장이 있었을 때, 바울은 그들에게 무엇보다 '온전하게 매는 띠'인 사랑을 더할 것을 촉구했다. 한 부분에서 그는 세 번씩이나 감사하라고 권면했다(골 3:12-17). 이것이 화평의 띠 안에서 성령의 연합이 유지되는 위대한 비밀인 것이다. 찬양은 우리 마음을 주님께 고정시키고, 귀를 주님의 말씀에 집중시키고, 그의 사랑이 우리 마음에 부어질 수 있도록 준비하는 데 도움이 된다. 진정으로 찬양하는 교회는 진정으로 사랑하는 교회가 될 것이다.

　　찬양은 다르게 표현하자면 하늘나라를 미리 맛보는 것이다(또한 그래야 한다). 하늘나라에서는 하나님을 향한 찬양이 밤낮으로 끊이지 않는다. "내가 또 들으니 하늘 위에와 땅 위에와 땅 아래와 바다 위에와 또 그 가운데 모든 피조물이 이르되 보좌에 앉으신 이와 어린 양에게 찬송과 존귀와 영광과 권능을 세세토록 돌릴지어다"(계 5:13). 찬양은 하늘나라의 언어이다. 따라서 하늘나라의 입김을 현재, 그리고 여기 우리 가운데로 가져오게 한다. 우리는 성령의 영감을 입은 찬양의 영역에 들어가기 전에 미리 분위기와 감정에 이끌리는 것을 조심해야 한다. 찬양이 사랑과 순종의 순수한 표현이 될 때, 이것은 예수 그리스도를 영화롭게 하며, 가장 철저하게 사탄을 이기게 한다. 레온 모리스(Leon Morris) 박사는 '찬양의 희생제사'에 대해 다음과 같이 강하게 말하고 있다. "우리에게 아무 희생도 요구하지 않는 예배는 그 자체가 희생되어야 한다. 다시 말해 그러한 예배는 없어도 무방하다."

폴 힌네부시(Paul Hinnebusch)는 《찬양하는 삶의 방법》(*Praise a Way of Life*)이라는 유익한 책에서, 찬양의 능력에 대하여 아주 생생한 예화를 들고 있다. 사우디아라비아에서 사업했던 한 크리스천 사업가가 묘사한 찬양의 능력을 살펴보자. "그곳에서 사는 것은 절충이나 타협이 불가능해서 나는 좌절감마저 들 정도였다. 내가 머물고 있었던 호텔은 쥐 죽은 듯 조용했으며, 도시 도처에는 공격과 파괴가 만연했다. 대부분의 사람들이 그리스도와 그리스도를 고백하는 사람들을 철저히 적대시하는 듯했다. 나는 무릎을 꿇고 은밀하게 기도하기 시작했다. 이내 성령 안에서 방언으로 기도하다가 곧 양손을 들고 찬양하기 시작했다. 기도 모임에서 부르던 찬양들을 계속해서 불렀다. 예수님의 이름을 기뻐하며 큰 소리로 예배와 찬양을 드리자 성령의 기쁨이 나를 온전히 둘러쌌다. 좌절감은 몇 분 만에 놀라운 기쁨으로 바뀌었고, 이 기쁨은 거의 한 시간 반에 걸쳐 보다 높은 차원으로 승화되었다. 하나님 찬양! 새롭게 태어나는 것을 그처럼 심오하게 체험한 적은 두 번 다시 없었다."[6]

이처럼 그리스도인들이 창조주와 구원의 주를 찬양할 때 하나님의 실제와 영광을 강하게 체험하는 것은 자주 일어나는 일이다. 리처드 웜브란트(Richard Wurmbrand)는 14년 동안 공산 치하 감옥에 있었는데 그중 3년은 지하 30피트에 위치한 독방에 감금되어 있었다. 그는 단순히 복종의 행위로서 하나님께 찬양하게 되었다. 그런데 찬양을 계속하다 보니 이제까지 몰랐던 그리스도 안에 있는 아름다움을 발견할 수 있었고 하늘나라의 환상도 체험하게 되었다. 이것은 극단적인 환경에서도 그의 삶을 힘 있게 유지하게 해주었다.

요사이 교회 안에 영적 갱신에 대하여 새로운 관심들이 일어나고 있다. 오순절 성령이 부어진 이래, 하나님은 자기 백성들 안에 기도가 우선시될 때 응답해 오셨다. 찰스 피니(Charles Finney)의 지적과 같다. "기도 모임이 무시된다면 모든 노력이 허사임을 많은 목회자들이 알아야 한다."

우리가 어둠의 권세에 대항하여 끊임없이 투쟁할 때 기도와 찬양은 하나님이 우리에게 주신 가장 위대한 영적 무기가 된다. 그 어떤 것도 이것을 대체할 수 없다. "하나님의 나라는 말에 있지 아니하고 오직 능력에 있음이라"(고전 4:20). 그리고 이 능력은 오직 기도를 통하여 드러난다.

1. 예수님은 하나님과 동등하신 분인데 왜 하나님께 기도하셨습니까? 사람들은 자연적으로 기도하게 되지 않습니다. 그러므로 누군가의 도움이 필요합니다. 로마서 8장 26절은 누가 어떻게 우리의 기도를 도우신다고 말합니까?

2. 기도하기 위해 우리들이 힘써야 할 부분이 있습니다. (1) 침묵은 어떤 유익이 있습니까? (2) 기도할 때 바람직한 몸의 자세에 대해서 말해 보십시오. (3) 찬양은 단순히 노래를 부르는 것이 아닙니다. 시편 47편 1, 6절에서는 어떻게 찬양합니까? (4) 감사하는 마음 자세가 필요한 이유를 생각해 보십시오.

3. 기도는 하나님을 설득하는 일이 아닙니다. 오히려 우리의 삶을 하나님의 뜻에 복종시키는 것이며, 아버지의 사랑을 발견하고 그것을 누리는 것입니다. 그렇다면 기도할 때 가장 기본적인 자세는 어떠해야 합니까?

4. 시편 139편 1-3절에 의하면 하나님은 우리에 대해 너무나 잘 알고 계십니다. 그러 므로 기도할 때 우리는 어떻게 해야 합니까? 다른 사람을 위해 기도할 때 우리에 게 가장 필요한 것은 무엇입니까?(히 13:3 참고) 하나님께 간구할 때 필요한 마음 자 세는 어떤 것입니까?(막 11:24; 롬 4:20) 기도는 하나님과의 대화이지만 형제와의 관계 가 매우 중요한 요소가 됩니다. 마태복음 18장 20절과 마가복음 11장 25절은 각 각 어떤 면을 강조합니까?

5. 예수님의 생애는 기도의 생애였습니다. 그가 어떤 때에 기도하셨는지 살펴보십 시오(막 1:35; 눅 6:12; 5:15-16; 22:40; 23:34; 23:46).

6. 역대하 20장 1-23절을 읽으십시오. (1) 외국 군대의 침략을 받아 위기에 처했을 때 여호사밧은 제일 먼저 무엇을 했습니까?(3-4절) (2) 여호사밧이 기도한 내용을 요약해 보십시오(5-12절) (3) 그 후에 백성들은 계속해서 무엇을 했습니까?(19, 21 절) (4) 기도와 찬송의 결과로 어떻게 되었습니까?

나는
하나님의 말씀에
순종합니다

팔레스타인의 사해 근처에 있는 광야는 매우 황폐하고 위험하다. 그 곳에는 울퉁불퉁한 바위들이 널려 있고, 기후도 메말라 흙먼지가 휘날린다. 만약 사람이 여기를 통과하고자 한다면 갈증과 미끄러짐, 맹수들의 공격까지 감수해야 할 것이다. 그런데 바로 이 광야에서 한 사람이 아무 음식도 없이 혼자 전 인류 역사에 영향을 끼칠 문제와 씨름하고 있다. 그는 과연 이 상황에서 아무런 유혹 없이 얼마나 견딜 수 있을까? 더군다나 돌을 빵으로 만들 능력을 가지고 있는 하나님의 아들이라면 말이다.

우리는 여기서 사탄의 합리적인 제안이 얼마나 설득력 있는지 알게 된다. "네가 만일 하나님의 아들이어든 명하여 이 돌들이 떡덩이가 되게 하라." 이것은 사람들의 욕구를 충족시켜 줄 것이다. 예수님의 육체적인 허약함과 배고픔을 생각하면 이 요구에 대한 대답이 얼마나 놀라운지 다시 한 번 느끼게 된다. "기록되었으되 사람이 떡으로만 살 것이 아니요 하나님의 입으로부터 나오는 모든 말씀으로 살 것이라"(마 4:4). 다른 모든 욕구와 필요보다 더 중요한 것, 심지어 육체의 삶보다 더 중요한 것이 하나님의 말씀이라는 것이다. 정확하게 그 '말씀'은 무엇이며, 우리에게 어떻게 오고, 우리는 그것을 어떻게 이해할 수 있는가? 또 어떻게 응답해야 하는가? 이것이 이 장에서 다룰 내용이다. 한마디로 '하나님의 말씀'은 하나님이 자신을 계시하는 방법이며 사람이 이해할 수 있는 그분의 전부를 가리킨다.

오늘날의 교회, 최소한 서구 교회는 대부분 심각한 영적 쇠락을 경험하고 있으며, 살아남기 위해 갖은 노력을 다하고 있다. 그 원인 가운데 하나는 하나님 말씀을 심각할 정도로 무시하고, 예수 그리스도의 복음을 권위 있게 선포하지 못해서다. 이것은 기독교 복음의 중추신경이 마비되는 것과 비슷하다. 아모스의 환상에 나타난 대로 "양식이 없어 주림이 아니며 물이 없어 갈함이 아니요 여호와의 말씀을 듣지 못한 기갈"이다(암 8:11). 하나님은 우리 사회 안에 또 다시 영적인 배고픔을 허락하신 것처럼 보인다. "예전에 없었던 외침이 인간의 마음으로부터 솟아 나온다. '하나님의 말씀이 어디 없는가?' …그들은 우리의 견해나 여론, 충고나 주장을 원하지 않는다. 하나님으로부터 나오는 말씀을 말해 달라고 요구한다.'"

혼돈과 불확실성으로 가득한 현실에서 세상을 궁극적으로 통치하고 우리 삶을 주관하는 하나님이 계시다면, 그분이 우리에게 말씀하시는 것은 무엇일까?

이 엄청나고 중요한 문제를 다루기 전에 먼저 하나님의 말씀을 듣거나 받아들이는 데 방해가 되는 요소부터 살펴보자.

말씀의 장애물

1. 물질주의(Materialism)

예수님은 특별히 우리들에게 '이 세상의 근심, 물질적 풍요에 대한 기쁨, 그리고 하나님의 말씀을 방해하는 욕구들에 대하여 경고했다. 현대는 모든 분야에 물질적인 것이 얽혀 있으며, 우리는 주변 곳곳에서 물질의 유혹을 받고 있다. 이것들은 우리 마음을 빼앗아 예수님의 음성을 듣지 못하게 하며, 그의 길에서 벗어나도록 만든다. 서구의 풍요로운 교회는 경건한 언어의 얄팍한 막 뒤에서 세속적으로 어지럽혀져 있다. 우리는 왜 예수님의 근본적인 가르침에 귀를 기울이지 않는가? 왜 새로운 사회의 구성원으로서 살아갈 수 없는가? 왜 예언자의 외치는 소리를 잃어버렸는가? 왜 가난한 자들과 억압당하는 자들에게 적절한 말을 하지 못하는가? 왜 교회가 오히려 사람들로 예수님을 믿지 못하게 만드는가? 그 이유는 우리가 이 세대의 탐욕에 너무 길들여져 있어서 하나님과 황금을 동시에 섬길 수 없다는 진리를 무시하기 때문이다.

세상의 압력이 미세한 것 같아도 그 실체는 사실 엄청나기 때문에 우리 마음을 계속 새롭게 하지 않으면 그것에 저항할 수 없다. 우리에겐 하나님의 모든 말씀이 다 필요하다. 마귀는 예수님께 세상 모든 나라와 그들의 영광을 단번에 보여 주면서 이렇게 말했다. "만일 내게 엎드려 경배하면 이 모든 것을 네게 주리라"(마 4:9). 이에 예수님은 오직 말씀을 사용하여 마귀의 유혹을 물리쳤다. 하물며 우리는 하나님의 말씀을 얼마나 더 마음에 깊이 새겨야 하겠는가?

2. 행동주의(Activism)

리처드 포스터(Richard J. Foster)는 《영적 훈련과 성장》(Celebration of Dicipline)이라는 유명한 책에서 이렇게 말하고 있다. "현대 사회에서 우리를 방해하는 세 가지 요소는 소음과 분주함, 그리고 군중이다. 우리가 이세 가지에 양적으로나 질적으로 '많이' 몰두하게 된다면 적들은 승리의 미소를 지을 것이다." 심리학자 칼 융(C. G. Jung)은 이렇게도 말했다. "분주함은 악에 속한 것이 아니다. 그것은 바로 악 자체이다."[2] 아마도 우리는 내일에 대한 소망이 결여되어서 더욱 오늘에 미친 듯이 달라붙어 있는 것 같다. 우리는 영원에 대한 안목을 상실한 채 강박적으로 시간에 쫓기며 살고 있다. 때로는 바쁜 생활에 몰두함으로써 개인적 고통이나 좌절감 또는 불안감에서 해방되려고 애쓴다. 예수님은 마르다에게 "네가 많은 일로 염려하고 근심하나 그러나 몇 가지만 하든지 혹은 한 가지만이라도 족하니라"고 부드럽게 꾸중하셨다. 그리고 예수님의 말씀을 하나라도 놓치지 않으려고 듣고 있는 마리아를 닮으라고 권하셨다.

우리는 분주하게 뛰어다니면서 하나님을 위하여 낼 시간이 없다고 생각한다. 모든 시간을 우리에게 주신 분이 하나님이시라는 사실을 망각한 것이다. 현대인들이 요가와 초월적 명상에 열광하는 이유는 그리스도인이 나가서 그리스도에 대해 전하지 않기 때문이다. 그들은 이렇게 주장한다. "요가를 배우고 익히면 육체가 정화되고 건강이 증진되며 마음이 강해집니다. 무엇보다 요가는 영적 능력을 강화시킵니다." 그러한 노력들은 사람을 비인격적이며 우주적인 의식에 연결시키는 것인데, 예수 그리스도를 통해 우리에게 계시된 진리나 살아 계신 하나님과는 전혀 거리가 멀다. 마인드 컨트롤이나 요가가 심리학적으로는 유용할지 모르겠지만 영적으로는 별 도움이 되지 못한다. 그리스도인은 하나님 앞에서 말씀을 묵상하라는 성경의 교훈을 진지하게 생각해 봐야 할 것이다.

3. 인본주의(Humanism)

예수님은 베드로를 향해 "사탄아 내 뒤로 물러가라 네가 하나님의 일을 생각하지 아니하고 도리어 사람의 일을 생각하는도다"(막 8:33)라고 책망하셨다. 이것은 인본주의에 대한 고전적 표현으로, 하나님이 아닌 사람으로부터 시작된 인간의 관점이다. 하나님에 대한 인간의 생각이 사람에 대한 하나님의 생각보다 더 중요한 것이다. 또한 오늘날 세속적인 세대의 정신으로 인간 스스로 모든 것을 해결하려는 것이다. 그리고 이것은 권위를 거부하는 무정부나 불법의 정신이다. 인본주의는 하나님이나 다른 사람이 원하는 것보다 자신이 원하는 것을 하며, 자신에게 의미가 있는 것을 받아들이고 그렇지 않은 것은 거부한다.

세속적 인본주의가 함축하고 있는 교리적·도덕적 의미는 뚜렷하게 나타난다. 오늘날 교회가 엄청나게 혼란에 빠진 이유는 바로 인본주의 정신 때문이다. 많은 사람들이 하나님의 말씀을 들으려 하지 않고 성경의 권위를 거부하면서 오히려 인간의 이성이나 사회의 경향을 집대성해 자기들만의 신앙과 행위를 형성해 나간다. 또 하나님의 개념을 유행에 맞게 개조한다. 그러나 그들은 결국 사람으로부터 출발하여 사람으로 끝나고 만다. 그들이 원하는 하나님은 '믿을 만한 가치가 있는 분'이 아니다. 그래서 바울은 하나님의 진리를 거절하는 사람들에 대하여 이렇게 설명했던 것이다. "오히려 그 생각이 허망하여지며 미련한 마음이 어두워졌나니 스스로 지혜 있다 하나 우준하게 되어…." 이 결과는 다음과 같다. "그러므로 하나님께서 저희를 마음의 정욕대로 더러움을 내버려 두사 저희 몸을 서로 욕되게 하셨으니." 이것은 그들이 스스로 선택한 삶의 양식이다.

4. 원전주의 (Textualism)

토저는 원전주의(원문주의)를 '성령 없는 정통주의'라고 표현했다. 원문으로는 건전할지 몰라도 영적으로는 경직되어 있고 메마른 어떤 근본주의 교회에 대해 말하면서 이렇게 덧붙인다. "보수주의자라고 자처하는 사람들 가운데는 어디에서나 성경의 가르침을 받지만 성령의 가르침은 받지 않는 사람이 있다. …체험되지 않은 진리는 실수보다 나은 것이 없으며, 오히려 위험할 수 있다. 모세의 자리에 앉은 서기관들은 실수의 희생자들이 아니라, 자기들이 가르친 진리를 체험하지 못한 희생자들이었다"[3]. 성령이 우리의 우둔한 마음에 빛을 비추어 차가운 마음을 따뜻하게 하기 전에는 하나님의 계시된 진리를 받아들이지 못한다. 성경 말씀을 아무리 잘 알고 있고, 다른 사람에게 가르친다 해도 말이다. 교회 안에 분열이 많은 것은 문자 이면에 담긴 성령의 역사를 이해하지 못한 채 율법이나 교리의 문자적인 해석에만 몰두해 있기 때문이다.

"사람이… 하나님의 입으로 나오는 모든 말씀으로 살 것이라." 여기에서 '나오는'의 원래 뜻은 '계속적으로 흘러나오는'이다. 하나님은 살아계신 분이라 계속 말씀하고자 하며, 우리는 그 말씀을 들을 필요가 있다. 물론 그가 말씀하시는 방법은 엄청나게 다양하다. 이것에 대해서는 후반부에 간단하게 언급할 것이다. 우리 편에서의 반응은 다음과 같은 질문을 계속해서 하는 것이다. "하나님께서 이 본문, 이 사람, 이 사건을 통해서 내게 말씀하시는 것이 무엇인가?" 본문을 아는 것만으로는 불충분하다. "바로 이 순간 하나님께서 내게 특별히 하시는 말씀은 무엇인가?" 이 물음이 더 중요하다. 만약 영적으로 깨어 있고자 한다면 하나님의 모든 말씀에 귀 기울여야 한다.

리처드 웜브란트는 "내 은혜가 네게 족하다"는 성구를 알고도 이 말씀에서 전혀 위로받지 못하는 그리스도인들이 있다고 지적했다. 우리에게 만족을 주는 것은 하나님의 은혜이지 성구 자체가 아니다. 아무리 아름다운 여성의 사랑의 편지와 사진을 가지고 있다 해도 그 편지와 사랑이 사랑하는 여성이 아닌 것과 같다. 우리에게 중요한 것은 하나님 자신을 우리가 소유하는 것이다.

5. 문자주의(Literalism)

이것은 원전주의의 연장으로, 현대의 세속적 인본주의에서 야기되는 자연스러운 결과물이다. 그리스도인의 특성을 유지하기 위해 우리는 '성경이 그렇게 말하기 때문에 그것은 진실이다'고 말할 함정에 빠질 수 있다. 이것은 맹목적 신앙이다. 이렇게 말하는 것이 어떤 사람에게는 반계몽적 독단처럼 보이기도 해서 합리적인 토론조차 불가능해진다. 이것은 율법을 중시하는 기독교로 쉽게 연결되어 그리스도 안에서 우리가 누려야 할 영광의 자유를 부인한다(롬 8:15-21). 최악의 경우 독단적 신앙과 편협함에 빠져 자기주장이 절대적으로 옳다고 확신하고 실수의 가능성조차 배제해 버린다. 또한 다른 사람이 말하는 것을, 더 나쁜 경우 그 사람을 통하여 말씀하시는 하나님의 음성을 들으려 하지 않는다.

사이비 종파나 이단들이 이와 같이 행동하는 경향이 있다. 그러나 진정한 그리스도인이라고 자처하는 교회 안에도 사이비가 될 가능성이 있는 분당들은 이런 자세를 취한다. 사이비 종교는 특정 인물이나 신념에 절대적으로 헌신한 사람들의 무리로, 공동신조를 함께 고백한 자들로만 구성된다. 사이비 종파는 거의 항상 특정 인물을 추종하며 특정 가르침과 규칙을 엄격하게 준수한다. 이것은 폐쇄된 제도라서 어떠한 일탈 행위나 본문에 대한 다양한 해석 같은 것을 허용하지 않는다.

우리는 다음과 같은 질문을 항상 스스로 제기할 필요가 있다. "이 구절의 역사적·문화적·언어적·종교적 정황은 무엇인가? 이 본문이 의도하는 것은 무엇인가? 이 말씀은 실제적으로 무엇을 의미했는가? 이것과 관계하여 이 말씀이 말하고 있지 않은 것은 무엇인가?" 이후에 두세 가지 실례를 더 들겠지만, 우리는 항상 성경의 문자에는 엄격하게 집착하지만 사고에 있어서는 성경적이지 않은 사람들을 경계해야 할 것이다. 성서 주석의 정확한 원리를 무시한 채 모든 것을 성경으로부터 증명하고자 하는 것은 매우 위험하다. 문자주의는 '율법의 문자'(의문 -개역한글)에 삶과 생각을 제한시켜, 성경이 주는 자유를 누리지 못하는 것이다. "율법 조문(의문, letter of the low)은 죽이는 것이요 영은 살리는 것이니라"(고후 3:6).

6. 지성주의(Intellectualism)

예수님은 본질적으로 우리에게 생명을 주기 위해 오셨다. 우리가 그 생명을 이어가려면 하나님의 입에서 나오는 모든 말씀을 먹어야 한다. 우리가 그 말씀에 대해 생각하거나 함께 토론할 수 있겠지만 만약 거기서 멈춘다면 아주 중요한 요점을 완전히 놓치게 된다. "너희가 성경에서 영생을 얻는 줄 생각하고 성경을 연구하거니와 이 성경이 곧 내게 대하여 증언하는 것이니라"(요 5:39). 성경에 대한 지성적인 이해로는 영적 생명을 얻을 수 없다. "이해는 창조적인 행위이다. 심지어 창조적인 예술이기도 하다. 이것은 독자의 인격을 이해 대상에 참여시킨다. 만약 성경의 독자가 그 주체인 하나님에 대해 마음이 열려 있지 않다면, 그리고 성경이 말씀하는 바에 마음이 감화되지 못한다면 어떠한 사실도 온전히 이해할 수 없을 것이다.'[4]

서구 사회는 진리와 지식의 면에서 히브리적인 개념보다 헬라적인 개념을 더 좋아하는 경향이 있다. 헬라인들은 진리를 명제, 진술, 말 등의 개념으로 파악한다. 반면 히브리인들은 진리를 깊은 인격적 관계라는 개념으로 파악한다. 예수님이 영생에 대해 '아버지를 아는 것'이라고 표현했을 때, '앎(기노스코[ginosko], 헬라어)'은 남편이 자기 아내를 안다고 할 때 사용되는 단어이다. 이는 아주 밀접하고 직접적인 인격적 관계를 말하는 것이다. 그러므로 우리가 진리를 안다고 주장한다면, 또는 그러한 지식(앎)을 가지고 누군가를 비판하고 미워하게 된다면, 진리이신 예수 그리스도를 얼마나 깊이 알고 있는지 진지하게 자문해 봐야 할 것이다. 건전한 교리는 사랑과 생명의 하나님을 알게 하기 때문이다.

성경을 온전하게 지적으로 아는 것은 지성의 충족시킬 수 있다. 그러나 이것이 언쟁이나 분열을 조장하고, 싸움까지 일으킨다면 결코 '건전한' 지식이라고 할 수 없을 것이다. 건전하다는 것은 건강에 유익하고 생명을 주는 것이다. 예를 들어 공격적인 개신교도들은 성경 말씀을 바로 가르칠는지는 몰라도, 생명을 가져다주는 성령에 대해서는 무지한 자들이다. 하나님이 설교자들을 세우는 이유는 그들의 신학적 지식 때문이 아니라 하나님의 말씀, 곧 '살아서 운동력 있는'(히 4:12) 말씀을 전파하도록 하기 위해서다. 중요한 것은 살아계신 하나님의 생명과 능력을 힘 있고 생동감 있게 표현하는 것이다.

창세기 1장에는 다음 구절이 반복해서 나온다. "하나님이 가라사대… 그대로 되니라." 요한계시록에도 '그 입에서 나오는 예리한 검'에 대해 다양하게 언급되어 있다. 이것은 하나님의 말씀의 능력을 의미한다. 예수님의 제자들에겐 성경공부가 단순한 학문적 연습이 아니었다. "성경이 우리의 권위라고 말하는 것은, 신학적 사고도 성경에 근거해야 하며, 우리 삶도 성경에 근거해야 함을 의미한다. 이것은 사상, 정서, 자세, 욕망, 의지까지 만든다."[5] 기도하는 마음으로 성경을 공부한다면 그것은 삶이 변화되는 체험으로까지 이어져야 한다.

7. 반지성주의(Anti-intellectualism)

이 세대의 정신은 반지성주의의 포화 상태라 해도 과언이 아니다. 오늘날 동양의 신비주의 운동이 보편화되면서 이 경향은 더욱 심해졌다. 이들은 경험이나 체험을 위험할 정도로 강조하는 반면 지성이나 합리적 사고는 거부한다. 그들의 주장은 다음과 같다. "신비한 영적 만남을 통해 우리 안에 은혜와 지식이 가득하게 되며, 그럴 때 우리 지성의 방아쇠가 당겨지면 가장 먼저 지성이 우리로부터 분리된다. …오늘날 우리가 투쟁해야 할 대상은 지성이다."

카리스마적 운동의 극단적 형태는 자주 이러한 위험으로 빠진다. 이들은 간단한 노래를 계속 반복하는데, 이것은 만트라(mantra), 곧 주문에 불과하다. 우리는 볼 만한 장관이나 큰 관심을 일으키는 사건들, 또는 귀신론 같은 것에 지나친 관심을 갖지 않도록 유의할 필요가 있다. 예언과 환상에 너무 의존하는 것도 조심해야 한다. 문제가 발생했을 때는 성경적 원리를 이해하며 그것을 삶에 적용하도록 하라. 존 스토트(John Stott)는 그의 유명한 책, 《지성이 중요하다》(Your mind Matters)에서 '비지성적 그리스도인들의 비참함과 위협'에 대해 경고하고 있으며, '진리에 근거하여 부드럽게 헌신하도록' 긍정적으로 권면했다.

신약성서를 읽노라면 초대 그리스도인들이 하나님을 풍부하게 체험한 것(때로는 심오하게 체험적으로)을 보게 된다. 그러나 사도 바울은 그러한 체험에 관하여 오히려 냉담한 반응을 보이면서 수신자들에게 "영의 일을 생각하고", "성령으로 살며(살면) 성령으로 행하라고" 촉구했다(롬 8:5; 갈 5:25). 이것은 매일의 삶을 오로지 그리스도를 닮기 위해 살아가라는 것이며, 그렇게 하면 자연히 성령의 열매를 맺게 된다는 말이다.

하나님의 말씀을 어떻게 들을 수 있는가?

하나님이 주시는 모든 말씀이 진실로 중요하다면 오늘날 하나님은 우리에게 어떤 방법으로 말씀하시는가? 그의 말씀을 어떻게 바르게 듣고 이해할 것인가?

기독교는 본질적으로 계시의 종교이다. 어두운 밤에 하나님을 찾아 헤매는 모습은 기독교적이지 못하다. 자신을 사람에게 계시해 주는 하나님의 모습(개인적이며 인격적인 방법으로 인간의 반응을 요구하는)이 기독교의 본질이다. "옛적에 선지자들을 통하여 여러 부분과 여러 모양으로 우리 조상들에게 말씀하신 하나님이 이 모든 날 마지막에는 아들을 통하여 우리에게 말씀하셨으니"(히 1:1-2). 예수님은 우리를 향한 하나님의 최고 계시이다. 그리고 이 계시는 모든 세대, 모든 문화의 사람들이 이해할 수 있는 것이다.

하나님 말씀의 세 가지 중요한 형태는 다음과 같다.

1. 인격적 말씀(The Personal Word)

무엇보다 하나님은 인격적이다. 하나님의 말씀은 사람이 되어 우리 가운데 거하셨다. 만약 우리가 예수님을 보았다면 우리는 아버지 하나님을 본 것이다(요 14:9). 하나님께 나아가고자 한다면 먼저 아들을 통해야만

한다. 하나님을 아는 것은 곧 아들을 아는 것이다. "이는 하나님의 영광의 광채시오 그 본체의 형상이시라"(히 1:3). 예수님은 보이지 않는 하나님의 형상이며, 하나님의 모든 충만이 그 안에 거하신다(골 1:15, 19).

2. 기록된 말씀(The Written Word)

성경에 기록된 말씀 그대로이다. 분명 하나님은 우리의 궁극적인 권위이지만, 성경은 우리가 하나님의 약속을 얻기 위해 상소할 수 있는 최후의 법정이다. 따라서 기록된 말씀은 우리의 신앙과 행위를 위해 하나님이 주신 객관적인 시금석이다. 물론 모든 신학자들이 이에 동의하지는 않을 것이다. 유신론자들도 하나님의 말씀이 가장 권위 있음을 인정해 왔지만, 그 말씀을 이해하는 데는 전통적으로 세 가지 주요 관점이 있다.

첫째, 전통에 의하여 해석되는 하나님의 말씀이 있다. 교회가 말하는 것이 곧 하나님의 말씀이라는 것이다. 그러나 '교회가 말하는 것이 무엇인가?'라고 묻는다면 좀 곤란해진다. 잘 정착된 많은 전통들이 좋은 건 맞지만, 전통주의는 나쁠 수 있다. 예수님은 바리새인들에게 다음과 같이 말씀하심으로 당시의 전통주의자들을 책망했다. "너희가 하나님의 계명은 버리고 사람의 전통을 지키느니라 또 이르시되 너희가 너희 전통을 지키려고 하나님의 계명을 잘 저버리는도다… 너희가 전한 전통으로 하나님의 말씀을 폐하며…"(막 7:8-9, 13). 예수님은 성경의 권위를 가지고 당시 종교적 대적들을 여러 번 공격하셨다.

둘째, 이성으로 해석되는 하나님의 말씀이 있다. 이성적으로 받아들일 수 있는 것이 하나님의 말씀이라는 것이다. 이것을 근거로 많은 명목상 그리스도인들이 그리스도의 동정녀 탄생, 그의 기적들, 육체적 부활과 인격적 재림 등을 반대하고 있다. 예수님 시대 이성주의자들이었던 사두개인들이 부활의 개념을 이성적으로 납득하지 못했을 때, 예수님은 성서의 진리로 그들을 책망하셨다. 하나님께서 아브라함의 하나님, 이삭의 하나님, 야곱의 하나님으로서 자신을 성경 안에 계시하셨음을 그들에게 상기시켜 준 것이다. 주님은 하나님이 죽은 자들의 하나님이 아니라 살아 있는 자들의 하나님이신 것을 강조했다. 이 말씀을 통해 우리는 아브라함과 이삭과 야곱이 육체적으로는 죽었지만 오늘도 생생히 성도들 안에 살아 있음을 깨닫게 된다. "너희가 성경도, 하나님의 능력도 알지 못하는 고로 오해하였도다"(마 22:29-32). 그들의 이성주의는 하나님을 아는 데 교만한 걸림돌이 되었다.

셋째, 성경을 바탕으로 해석되는 하나님의 말씀이 있다. 성경이 말하는 것이 곧 하나님의 말씀이라는 것이다. 예수님은 스스로 성경이 하나님의 말씀인 것을 보증했다. 그분은 성경을 알았고, 성경대로 살았으며, 그것을 가르치셨고, 성취시키셨다. 나아가 성경을 하나님의 영감으로 된 말씀이라고 이해했다. 성경이 '그리스도의 교과서'이기 때문에 패커(J. I. Packer) 박사는 이렇게 말했다. "그리스도, 부활하신 구세주, 보좌에 앉으신 주님께 충성하려면 성경 말씀에 전적으로 복종해야 한다. 그리고 아무든지 그리고 아무 교회든지 성경에 기록된 것을 믿으려 하지 않거나 성실하게 임하지 않는다면, 그만큼 그리스도에게 반역하는 것이다."[6] 그리스도를 주님으로 영접한다는 것은 그의 가르침을 받아들인다는 것을 포함하여, 말씀과 가르침이 우리 삶의 모든 영역에서 중심이 된다는 사실을 인정하는 것이다.

여러 신약성서 기자들은 자기들이 기록하는 말씀이 하나님으로부터 왔음을 주장했다. "만일 누구든지 (이것을) 알지 못하면 그는 알지 못한 자니라(하나님에 의해)"(고전 14:38; 갈 1:11; 벧후 3:15; 계 1:1 참조). 가끔 성경이 죄인인 인간들을 통해 기록되었기에 오류가 있을 수밖에 없다는 이론들이 제기되곤 한다. 그러나 이것은 잘못된 생각이다. 바울이 주장하는 대로 성경이 하나님의 감동으로 된 것이라면(데오뉴스토스(theopneustos), 딤후 3:16) 하나님은 죄지은 인간을 통해서도 정확하고 무오하게 말씀하셨다고 생각할 수 있다. 가령 마리아를 통하여 하나님의 완전한 아들을 낳게 한 것과 같이 말이다. 하나님은 죄로 물든 인간들이 말씀을 기계적으로 받아쓰도록 하지 않으셨다. 그들에게 감동을 주어 당시에 형성될 수 있는 배경, 인격, 경험, 지성들을 효율적으로 이용하셨다. 그러므로 성경은 인간이라는 존재를 통하여 우리에게 주신 하나님의 말씀인 것이다.

이에 더해 성경은 그 자체로 스스로의 권위를 인정하며 주장하고 있다. 세상의 주장처럼 성경의 권위가 또 다른 외적 권위에 의해 사실임을 확증 받아야 한다면, 이 외적 권위가 최상의 권위가 되어야 할 것이다. 하지만 "절대적이고 궁극적인 권위를 상대적인 권위에 근거하여 증명하려는 노력은 그 자체가 모순이다."[7] 반면 성경 스스로가 하나님의 권위에 대해 주장한다면 일관성과 신빙성이라는 시험대를 통과할 수 있어야 한다. 그리고 그 말씀대로 살려고 노력하는 사람들의 인격적 체험이 있어야 한다. 그래서 우리는 예수님과 사도들의 증언을 통해 이 성경이 하나님의 영감으로 기록된 말씀인 것을 받아들일 수 있는 것이다.

성경은 처음 기록된 그대로 모두 하나님의 감동에 의하여 기록된 것으로 받아들여져야 한다. 그리고 우리는 성경 원문과 그 본문의 문화적·역사적 맥락을 결정하면서 좋은 성서신학자들의 도움을 받아야 한다. 또한 의문이 생기는 부분이 있다면 왜 이해되지 않는지 문제의식을 가지고 풀어 나가야 할 것이다. 이처럼 우리의 양심은 하나님의 말씀에 붙잡혀 있어야 하는 것이다.

3. 선포된 말씀(The Spoken Word)

이것은 설교, 가르침, 증거, 예언 등을 통하여 주어진 말씀이다. 하나님은 창조된 세계의 침묵 속에서, 그리고 우리 양심의 가책이나 마음의 평화를 통해서, 또한 삶 속에서 매일 일어나는 여러 사건들을 통해서 말씀하신다. 하지만 말씀이 이러한 방법만으로 들려지는 것은 아니다. 그것은 성경이 강해될 때, 다양한 형태의 예언이 주어질 때, 형제자매들이 더불어 대화할 때, 거기에서도 들려진다. 성경의 기록이 완료되었다고 해서 하나님의 말씀도 끝나 버린 것은 아니다. 선포된 말씀은 기록된 말씀과 조화를 이루며 인격적인 하나님을 영화롭게 한다. 하나님은 살아 계신 하나님이며 오늘의 하나님이다. 그리고 우리는 날마다 그분과 살아 있는 관계를 누리기 원한다. 여기에는 하나님과 주고받는 대화(two-way conversation)가 포함되어 있다.

예언의 말씀

사도 바울은 우리에게 "신령한 것을 사모하되 특별히 예언을 하려고 하라"고 권면했다. 그리고 현재 세계 곳곳에서는 예언의 은사와 사역이 급증하고 있다. 또한 사이비 기독교 단체나 분파들에서 여러 가지 다양한 영적 은사, 그중에서 특히 예언의 은사들이 무분별하게 행사되고 있다. 우리가 예언의 말씀을 진지하게 생각해 봐야 할 이유가 여기에 있다.

사도들에 의해 신약성경의 기록이 완결됨에 따라 우리에게는 기본적으로 단 한 번의 완전한 예언이 주어졌다. 그와 동시에 초대 교회에는 여러 수준의 예언이 명백하게 체험되었다. 바울은 온 교회가 함께 모였을 때 이 예언의 은사가 자연스러우며 건전한 것이라고 가르쳤다(고전 14장 참조). 신약 시대에도 그 종류가 엄청 다양했지만 이는 다양성 자체보다는 그리스도의 몸을 세우는 목적이 더 중요했다.

기록된 말씀은 모든 시대 모든 사람을 위한 하나님의 진리인 반면, 예언의 말씀은 특정한 시간에 특별한 목적으로 특정 사람이나 집단에게 주어지는 특별한 말씀이다. 만약에 예언의 말씀이 말하는 사람의 언어나 사고 안에서 자신의 괴로움을 반영하면서 주어진다고 해도 우리는 놀라지 말아야 한다. 왜냐하면 하나님은 각자의 세계관과 경험을 사용해 말씀을 전달하시기 때문이다. 그리고 예언이 성경 구절로 가득 채워져 있다고 해도 놀라지 말아야 한다. 왜냐하면 요한계시록의 예언 가운데 절반 이상이 그러한 방법으로 주어졌기 때문이다. 그리고 예언의 말씀이 너무 단순하여 심지어 다른 사람들에게 하찮게 보일지라도 그것을 멸시해서는 안 된다. "그때에 여호와의 사자 학개가 여호와의 위임을 받아 백성에게 말하여 이르되 여호와가 말하노니 내가 너희와 함께하노라 하니라"(학 1:13). 학개 선지자가 받았던 예언은 이것이 전부였다. 한 달 동안 다른 말씀이 나오지 않았다. 이것은 그들이 이제까지 들었던 말씀에 비교하면 가장 가볍고, 하찮아 보이는 말씀이었다. 그러나 분명히 하나님의 말씀이었다.

하나님은 여러 가지 목적을 위해 예언의 은사를 주실 수 있다. 아가보의 예언이 그 예이다. "그중에 아가보라 하는 한 사람이 일어나 성령으로 말하되 천하에 큰 흉년이 들리라 하더니 글라우디오 때에 그렇게 되니라"(행 11:28). 또한 예언은 교회 사역의 방향을 제시할 수도 있다. 성령이 안디옥 교회 지도자들에게 바나바와 사울을 따로 세워 교회의 위대한 선교 과업을 지시한 것이 그런 경우다(행 13:2-4). 그러나 대부분 예언의 목적은 "덕을 세우며 권면하며 안위하는" 것이다(고전 14:3).

예언은 그리스도 몸의 지체를 통하여 나타나는데, 우리는 이를 하나님의 말씀으로 받아들이기 전에 먼저 조심스럽게 검토하고 신중하게 조사해야 한다. 마이클 그린(Michael Green)은 주후 2세기의 몬타누스주의자들에 대하여 논하면서 남용의 위험과 더불어 남용에 관해 지나친 반응을 할 위험성을 동일하게 강조했다. "그들이 개인적으로 자신들을 성령의 화신이라고 주장할 때, 그리고 다른 그리스도인들을 육적이라고 매도하면서 자기들만이 성령 충만하다고 주장할 때, 또한 성경의 가르침으로 지도받기 싫어할 때, 자기들의 말을 신약성경에 기록된 말씀만큼 권위 있다고 주장할 때, 교회는 어떠한 조치를 취해야 했다. 당시 교회가 내렸던 그러한 조치는 특별히 몬타누스주의자들을 배격하기 위해서 내려졌지만,

동시에 교회 안의 모든 예언의 영을 소멸시키는 결과를 낳게 했다. 만약에 몬타누스주의자들이 성경의 권위에 복종했다면, 자신들만이 절대적이라고 하면서 다른 그리스도인들을 매도하려는 유혹을 극복했다면, 교회에 얼마나 큰 덕이 되었을까? 만약 교회가 건전함의 유무를 떠나 모든 운동을 배척하지 않고 예언의 진정성을 검토하는 것에 강조를 두었다면, 얼마나 큰 덕이 되었을까?"[8] 오늘날의 교회는 그의 말을 통해 값비싼 교훈을 얻어야 할 것이다.

그렇다면 어떻게 진정한 예언, 또는 다른 영적 은사들, 특히 하나님의 말씀에 맞는 영적 은사들을 검증할 수 있는가? 이 질문에 답하기 위해서 우리는 아래 질문들을 먼저 확인해야 한다.

1. 그리스도를 영화롭게 하는가? 예언은 그리스도의 이름을 명시하지 않을 수 있다. 그러나 예언의 모든 메시지가 그를 명예롭고 영화롭게 하는지 살펴야 할 것이다. 이것은 성령의 첫 번째 사역이다(요 16:14; 고전 12:1-4).

2. 그리스도의 몸을 세우는가? 사도 바울은 신령한 은사들, 특히 방언과 예언에 관해 논하면서 고린도전서 14장에서 이 점을 일곱 번이나 강조했다.

3. 성경에 기록된 하나님의 말씀과 조화를 이루는가? 만약 우리가 성경을 억지로 풀면서 그것을 왜곡한다면 스스로 멸망에 이를 것이다(벧후 3:16).

4. 사랑의 영 안에서 주어진 말씀인가? 사랑은 성령이 함께 계시는 중

거이다. 심지어 책망하고 꾸중하는 말일지라도 사랑의 영이 함께하는 말이어야 한다.

5. 예언하는 사람의 삶이 예수님을 주로 섬기고 있는가? 거짓 예언자는 그 삶의 열매로 알게 된다(마 7:15).

6. 예언하는 자는 교회의 지도자들에게 복종하는가? 신약 시대의 교회를 살펴보면 대개 독립적이고 완강한 성격을 지닌 사람들이 분열과 분파를 조장했다는 것을 알 수 있다. 이것은 오늘날에도 마찬가지이다. 사도 바울은 에베소 장로들에게 "너희 중에서도 제자들을 끌어 자기를 좇게 하려고 어그러진 말을 하는 사람들이 일어난 것"을 경고했다. 이들은 하나님의 교회를 분열시킨다(행 20:19-31).

7. 예언하는 자는 자기가 한 말을 다른 사람이 판단하고 검토하도록 허락하는가? 이것은 반드시 필요한 것으로, 만약 그러한 검토가 거부된다면 교회 안에 문제가 생길 수 있다(고전 14:29).

8. 예언하는 자는 말할 때 자신을 통제하며 제어하는가? 악한 영이 함께 있을 때는 예언하는 자가 무아지경에 빠져 자신의 이성을 잃어버리는 것이 특징이다(고전 12:2). "끄는 그대로 끌려갔느니라"와 "하나님의 영으로 말하는" 상태를 서로 비교하라(고전 14:32 참조).

9. 미래에 일어날 사건을 이야기했을 때 이 예언이 성취되는가? 대부분의 예언은 '하나님 앞에서' 말하는 것이지 '하나님보다 먼저' 말하는 것이 아니다. 그리스도인들의 예언은 통상적으로 하나님의 말씀을 온 회중들을 위하여 위로와 격려의 수단으로 외치는 것이다. 극히 드문 경우에만 미래 사건을 예언하게 된다. 미래 사건에 대한 예

언이 말해졌을 때 성경적인 검증은 그것이 정말 성취되느냐의 여부다. 그렇지 않으면 그 예언 자체를 신중히 조사해야 한다(신 22장).

로고스(Logos)와 레마(Rhema)

최근에 로고스와 레마를 구별하려는 움직임들이 유행하고 있다. 이것은 대중적이긴 해도 한 번은 짚고 넘어가야 할 문제이다. 많은 사람들이 각기 다른 방법으로 이것을 설명하고 표현한다. 일반적인 용어로 말하면, 로고스는 성경에 기록된 하나님의 객관적 말씀, 언제나 진리인 말씀을 총칭하는 단어이다. 반면에 레마는 지금 현재 주어지는 보다 특별한 말씀으로 개인이나 작은 모임, 또는 온 교회에게 주어지는, 특별한 경우에 특별하게 주어지는 하나님의 말씀을 지칭하는 용어이다. 그러나 이 두 단어를 구별하는 것은 그야말로 차이가 미묘해서 지나친 느낌이 있다.

첫째, 하나님의 로고스가 영원불변한 진리로 중요하지만, 이들의 주장은 우리가 특별히 듣고 순종해야 할 것은 하나님의 레마라는 것이다. 레마는 특별한 시간에 우리에게 주어지는 하나님의 말씀이라고 한다. 이것은 성령의 검이며(엡 6:17), 행동하는 말씀이다. 단순한 정보가 아니라 역동적인 사건이다. 사람들의 삶을 변화시키며, 교회에 방향감각을 제시하고, 영적 전쟁에서 승리하게 하는 말씀이라는 것이다. 그래서 그들은 오늘날 우리에게 필요한 것은 일반적인 성경 강해가 아니라, 현재에 맞는 하나님의 예언이라고 주장한다. 또한 우리가 하나님의 레마에 순종할 때 하나님의 역사와 그분의 능력을 목격할 수 있다고 한다.

둘째, 하나님의 로고스에 관해 의견이 일치하는 영역도 있지만, 그들은 그리스도인들의 연합이 실제적으로 하나님의 레마에 어떻게 반응하는가에 달려 있다고 주장한다. 만약에 주님이 레마로 우리에게 말씀하신다면(아마 예언을 통하여), 우리는 무조건 복종해야 할 것이다. 다른 그리스도인들과 멀어지라는 예언이라 할지라도 말이다. 그들 중에 한 지도자가 나에게 이러한 글을 보냈다. '그리스도인의 연합은 다른 형제들과의 관계를 근거로 형성되는 것이 아니라, 우리가 하나님의 말씀에 어떻게 순종하느냐에 달려 있습니다. 따라서 그리스도의 레마에 관해 의견이 일치하는 만큼 서로 연합될 수 있을 것입니다.' 그의 주장에 따르면 '성령의 레마'에 관해 의견이 일치될 때 그리스도인 간의 거룩한 교제가 가능해진다는 것이다. 이 주장의 바탕에는 자신들이 다른 그리스도인과 분리될 수밖에 없는 배경이 깔려 있다.

그러나 성경적, 신학적, 철학적으로 이러한 구별을 주장하는 것은 불가능하다. 키텔의 《신약성서 신학 사전》에 따르면 로고스와 레마의 용법에서 근본적인 차이가 보이지 않는다. 로고스는 신약성서에 331회(빌레몬서와 유다서를 제외하고 신약성서 전반에 걸쳐 나온다), 레마는 67회 나오기 때문에 특히(누가에 의해서만 32회, 요한에 의해서는 12회 언급), 중복되는 부분이 많다. 《뉴인터내셔널 신약 사전》(The New International Dictionary of the New Testament)은 "로고스가 종종 신약성서에서 그리스도인의 선포를 지칭하는 반면, 레마는 통상적으로 개인적 발언이나 말을 지칭한다"[9]는 사실을 받아들인다. 그러면서 즉각적으로 개인적 발언(레마)에 관해 다음과 같이 설명한다. "사람은 자기가 행한 모든 불의한 말에 대하여 회개해야 한다"(마 12:36). 예수님은 빌라도 앞에서 침묵으로 대답하셨다(마 27:14). 하늘에 있는 존재는 말할 수 없는 말을 한다(고후 12:4). 어떠한 신약성서 사전에도, 그리고 어떠한 헬라어 사전에도 이 두 단어를 구분한 것은 없다.

윌리엄 바클레이(William Barclay)는 로고스에 대한 그의 연구에서 예수님을 하나님의 로고스라고 언급한 부분에 관하여 이렇게 말했다. "예수님을 로고스라 부름으로 요한은 예수님에 관해 두 가지 일을 말했다. 첫째, 예수님은 나에게 오신 하나님의 창조적인 능력이다. 그는 단순한 지식이 아닌 그분 자체로서 능력의 말씀이다. 그는 우리에게 어떠한 것을 말하려고 온 것이 아니라 몸소 행하기 위해 오셨다. 둘째, 예수님은 성육신한 하나님의 마음이다. 우리는 요한의 말을 이렇게 번역할 수도 있다. '하나님의 마음이 인간이 되셨다.' 말은 항상 '생각의 표현'이다. 그러니까 예수님은 인간을 위한 하나님의 생각에 대한 완전한 표현인 것이다."[10]

폰 알멘(J. J. von Allmen)의 《성서 어휘 사전》은 '말씀' 항목에서 특별히 로고스에 관해 언급하는데 요점은 다음과 같다. "말씀은 단지 지적 표현의 실재를 가리키지 않는다. 말씀은 실재 자체이다. 그것은 하나의 사건이요, 이성이 아니라 행동이다. …말씀을 설교한다는 것은 단순히 말을 하는 것이 아니다. 아무리 성서적 '사상'을 성실하게 전달한다고 할지라도 말이다. 계시는 무엇보다 하나의 행동이다. 하나님의 말씀은 하나님이 말씀하시는 것보다 더 넓고 깊은 의미를 가지며, 하나님의 행동 자체이다. 왜냐하면 하나님은 말씀을 통하여 행동하시며, 자기 행동을 통하여 말씀하시기 때문이다."[11]

우리는 여러 비중 있는 증거들을 통해 로고스와 레마가 명확하게 구별될 수 없음을 알 수 있다. 그래서 위에 언급된 극단적인 분류는 잘못된 전제로부터 추론된 것이다. 첫째, 하나님은 이미 우리에게 성경 안에서 그의 기록된 말씀을 주셨다. 그리고 우리는 그것을 읽으면서, 또는 들으면서, 언제든지 성령으로 오늘 우리들을 위한 살아 있는 말씀을 경험할 수 있다. 비록 예언이 성령의 은사이긴 하지만, 예언의 말씀을 기록된 말씀보다 가치 있게 여기는 것은 잘못이다. 로고스와 레마는 본질적으로 동의어이기 때문에 우리는 두 헬라어 단어의 차이점을 따지기보다 하나님의 말씀에 평범한 복종을 해야 할 것이다.

둘째, 그리스도인의 연합은 항상 우리와 그리스도와의 관계를 바탕으로 형성된다. 하나님의 말씀에 대한 우리의 반응이 중요하긴 하지만, 이것이 연합의 경계를 결정하는 것은 아니다. 진정한 그리스도인은 '그리스도 안에' 있는 사람이다. 만약에 당신과 내가 그리스도 안에 있다면, 우리는 서로 형제자매이다. 우리가 하나님의 말씀에 어떻게 반응하는지, 또 그것이 로고스인지 레마인지는 결정적으로 중요한 것이 아니다. 만약에 우리가 서로에게서 분리된다면 그리스도와 그의 몸에 대하여 죄를 범하는 것이다. 왜냐하면 우리는 모두 그 안에서 하나이기 때문이다. 성경이 우리로 하여금 다른 성도를 몸에서 떨어져 나가도록 허락하는 때는 세 가지 경우뿐이다. 곧 그리스도의 신성, 우리의 죄를 위한 그의 죽음, 죽은 자들로부터 부활이라는 신학적 근거를 통해서다. 만약에 어떤 사람이 이 기본적인 원리 가운데 하나라도 부인한다면 그와 교제를 끊어야 할 것이다. 왜냐하면 우리의 연합은 전적으로 그리스도 안에 있기 때문이다. 하지만 하나님의 레마에 반응을 달리했다는 이유로 분열한다면, 이것은 절대 성경적으로 정당화될 수 없다.

하나님의 말씀을 어떻게 이해할 수 있는가?

하나님 말씀의 여러 가지 형태, 기록된 말씀의 권위, 그리고 선포된 말씀의 검증 등에 관해 생각하면, 성경 해석이 얼마나 중요한지를 깨닫게 된다. 예수님은 당시 종교 지도자들이 성경을 잘못 해석한다고 계속 책망했다. 산상수훈에서도 이렇게 반복하셨다. "…라고 너희는 들었으나 나는 너희에게 이르노니…" 모든 경우에 예수님은 성경에 기록된 하나님의 말씀을 결코 변경하지 않으셨다. 그 대신 말씀을 잘못 해석한 것을 책망하고 교정했으며, 말씀의 원래 의미와 목적을 강조했다. 예수님의 제자들처럼 우리는 진리의 말씀을 옳게 분변하는 것을 배워야 한다(딤후 2:15).

진리의 말씀을 옳게 이해하려면 진리의 영, 곧 성령에 의지해야 한다. 인격적 말씀인 예수님이 어머니의 자궁에 잉태된 것은 성령에 의해서였다. 오늘날 진정한 예언의 말씀이 선포되고 기록으로 남은 것도 성령의 영감에 의해서였다. 말씀을 기록하게 한 성령은 다시 말씀을 해석하게도 한다. "먼저 알 것은 성경의 모든 예언은 사사로이 풀 것이 아니니 예언은 언제든지 사람의 뜻으로 낸 것이 아니요 오직 성령의 감동하심을 받은 사람들이 하나님께 받아 말한 것임이라"(벧후 1:20-21).

우리는 하나님의 진리를 분별하기 전에 먼저 성령의 조명하심을 받

236

을 필요가 있다. "사람의 일을 사람의 속에 있는 영 외에 누가 알리요 이와 같이 하나님의 일도 하나님의 영 외에는 아무도 알지 못하느니라 우리가 세상의 영을 받지 아니하고 오직 하나님으로부터 온 영을 받았으니 이는 우리로 하여금 하나님께서 우리에게 은혜로 주신 것들을 알게 하려 하심이라"(고전 2:11-12). 계속하여 바울은 이렇게 기도했다. "우리 주 예수 그리스도의 하나님, 영광의 아버지께서 지혜와 계시의 영을 너희에게 주사 하나님을 알게 하시고 너희 마음의 눈을 밝히사"(엡 1:17-18). 또 바울은 골로새 교회에게 편지하면서 이렇게 말했다. "이로써 우리도 듣던 날부터 너희를 위하여 기도하기를 그치지 아니하고 구하노니 너희로 하여금 모든 신령한 지혜와 총명에 하나님의 뜻을 아는 것으로 채우게 하시고 주께 합당하게 행하여"(골 1:9-10). 성령의 도움 없이는 우리 모두 영적인 장님이 될 수밖에 없다.

성령에 의해 주어진 이해와 함께 우리는 몇 가지 기본적인 해석의 원리들을 지켜야 한다. 두 가지 질문이 제기된다. 첫째, 본문의 원래 의미는 무엇이었는가? 처음 이 질문을 접한 초대 그리스도인들은 어떻게 이해했는가? 우리는 본문으로부터 어느 정도 '거리'를 두고 그 당시 상황에서 본문이 무엇을 의미했는지 생각해 보아야 한다. 이렇게 하면 자신의 선입관이나 편견을 개입시키지 않게 되고, 서투른 교리 지식을 갖다 붙이지 않게 되며, 현재 상황에 필요한 본문의 의미를 주입하지 않게 된다. 두 번째 질문은, '본문은 오늘 우리에게 무엇을 의미하는가?'이다. 우리는 첫째 질문에서 얻은 답을 바르게 적용해 볼 수 있다. 여기에서 우리를 위한 현재의 말씀을 발견할 수 있다.

우리는 특히 말씀을 이해할 때 단어와 문맥, 문학적 양식과 문화적 배경을 조사할 필요가 있다.

1. 단어(The words)

좋은 번역은 문자를 그대로 직역하는 것이 아니다. 그래서 연구를 위해 사용되는 거의 모든 번역본들은 항상 원문에 대한 해석과 풀어쓰기를 포함하고 있다. 예를 들어 《신영어 성경》(The New English Bible)은 고린도전서 14장 13절을 이렇게 번역했다. '무아지경(ecstasy)에 빠져 말하는 자는….' 그러나 이 헬라어를 문자적으로 번역하면, '혀로 말하는 자는…'이다. 곧 '방언으로 말하는 자는…'인 것이다. 방언으로 말하는 것을 무아지경에 빠져서 말하는 자로 표현한 것은 다소 거칠고 비약적인 번역이다. 방언 체험의 정확한 특성에 관한 오해 때문이다. 이는 방언을 극도로 두려워하는 일부 사람들의 현상을 반영한다고 할 수 있다. 그래서 이것은 부정확한 번역이며 풀어쓰기 또한 적절치 못하다. 일상적인 헌신의 삶에서 정상적으로 방언하는 수백만의 그리스도인들은 결코 무아지경에 빠지지 아니한다. 무아지경에 빠져 자아를 잃어버리는 경우는 극히 드물다. 우리는 가능한 한 원문으로 돌아가 초대 교회에서 이 단어가 가졌던 의미를 조심스럽게 따져 보아야 할 것이다.

또한 동일한 단어가 다른 장소에서 동일한 의미를 나타내는지도 고려해야 한다. 예를 들어 바울은 사람이 자기 행위로 의롭다 여겨질 수 없다고 말한 반면, 야고보는 그렇다고 말했다. 이것은 모순인가? 결코 모순이 아니다. 바울은 의롭게 여김을 받는 것(칭의, justification)의 수단에 대하

238

여 말하는 것인데, 이것이 선한 행위가 될 수 없다는 것이다. 야고보는 칭의의 열매에 대해 말하고 있는데 이것이 선한 행위임이 확실하다는 것이다. 그러면서 '행위가 없는 믿음은 그 자체가 죽었다'고 강조한다(약 2:2).

　어떠한 본문이든지 그것을 우화적으로 해석할 때는 매우 조심해야한다. 고린도전서 3장의 '금, 은, 보석, 나무, 풀, 짚'에 대하여 여러 가지 흥미를 끄는 해석을 보았다. 그러나 내가 정말 감동한 것은, 그 해석이 얼마나 정확했느냐가 아니고 해석하는 사람의 삶이 얼마나 진실했느냐의 여부였다. 어떤 설교자는 사울과 다윗과 요나단에 관하여 설교하는데, 그 초점이 모든 사람보다 '머리와 어깨'가 더 컸던 사울에게 가 있었다. 여기까지는 좋았다. 그러나 그는 계속하여 '머리'는 인간의 지혜를 가리키며 '어깨'는 인간의 힘을 가리킨다고 설명했다. 나는 문득 의문이 들었다. 그는 계속하여 사울을 조직 교회로, 다윗을 기름부음을 받은 교회로 풀이했으며, 요나단이 죽은 이유는 다윗과 함께 거하지 않고 사울과 함께 있었기 때문이라고 풀이했다. 나는 아무래도 그에게 해석학 강의가 필요할 것 같다고 생각했다.

2. 문맥(The context)

이것은 다음 두 가지 방법으로 조심스럽게 관찰되어야 한다. 첫째, 어떠한 절이나 본문은 반드시 그 주위 내용에 비추어 이해되어야 한다. 하나의 구절은 각자가 좋아하는 교리를 뒷받침한다. 일련의 사상들이 문맥에 관계없이 한 구절을 근거로 주장된다. 그러나 주위의 모든 내용을 관찰해 보면 엄청나게 다른 해석이 나오는 경우가 있다. 예를 들어, 바울은 십여 개의 구절에서 '금, 은, 보석 등'에 관하여 말하는데, 이것은 지역교회의 분열이 부른 비극과 나아가 연합의 중요성에 관하여 말하는 것이다. 이 문맥에서 불의 시험을 극복하기 위해서는 하나님의 백성들이 끝까지 연합함으로써 성령의 전을 강하게 해야 한다고 가리키는 것이 확실하다.

둘째, 어떠한 본문이든지 역사적 문맥을 파악해야 한다. 요한계시록 2장과 3장의 일곱 교회에게 보내는 편지에서 이것은 특히 중요하다. 각 도시의 역사, 지리, 상업 등에 대하여 얼마의 지식을 갖게 되면, 당시 본문이 가졌던 원래 의미를 보다 생생하게 파악할 수 있을 것이다. 서신에 나타나는 각 성읍의 역사적 배경을 아는 것도 매우 중요하다. 그래야 잘못된 결론을 미연에 방지할 수 있다.

3. 문학적 양식(Literary form)

성경은 일종의 도서관과 같다. 66권의 책이 수많은 자료로부터 최소 40여 명의 저자에 의해 1천 6백여 년이라는 시간 동안 수집되고 기록되었다. 따라서 각각의 책은 다양한 색깔과 양식을 띠고 있다. 중요한 점은 각 본문이 주장하고 말하려는 것이 무엇인지 결정하는 것이다. "역사는 역사로서, 시는 시로서, 과장의 표현과 수사법은 과장의 표현과 수사법으로서, 일반화와 추측은 또한 그대로 받아들여야 한다. 성서 시대와 우리 시대의 문학적 전통이 다른 점도 고려되어야 한다. 예를 들어, 당시에는 전통적으로 비연대기적인 이야기와 정확하지 않은 인용들이 일반적으로 별 비판 없이 받아들여졌다. 따라서 우리가 성경에서 그러한 것들을 발견했다 해도 그것을 오류라고 생각해서는 안 될 것이다. …성경이 무오(잘못된 점이 없음)하다는 것은 현대의 기준에서 절대적으로 정확하다는 의미가 아니다. 그것은 오히려 성경이 주장하는 바가 옳으며 성경 기자들이 목표로 한 진리의 초점을 바르게 적중시키고 있다는 의미이다."[12]

4. 문화(Culture)

이것은 모든 것 중에서 가장 복잡한 것이다. 우리는 이 세상에 동화될 수 없으며, 복음 또한 올바른 감각으로 모든 세대의 문화를 판단할 수 있어야 한다. 교회는 너무나 빈번하게 기존 문화를 분별없이 수용해 왔으며, 그 결과 세상을 향한 예언자적 역할을 수행하지 못하고 있다. 동시에 우리는 문화적 배경에 따라 복음을 달리 적용해야 한다. 그렇지 않으면 영원한 하나님의 진리를 급변하는 우리 사회에 제대로 전달하지 못하게 된다.

정말로 성서적인 상수(常數)는 무엇일까? 그리고 그 상수 중에서 실용적인 변수(變數)는 무엇일까? 모든 문화에 적용되어야 할 하나님의 명령은 무엇인가? 그리고 이러한 명령들이 초대 교회에 적용된 실례는 무엇인가? 다시 말해 그들은 다른 문화적 배경에서 하나님의 명령들을 어떻게 적용했는가? 이러한 질문들은 우리 신앙에서 결정적으로 중요하다. 이 질문들에 대한 답을 찾는 것은 현 시대의 이혼이나 동성연애, 인종 차별, 여성 안수, 예배와 복음 전도에 있어 예술의 사용 여부, 소통 방법, 피임, 사형, 평화주의(즉 반전론), 생활양식 등 기타 중요한 문제들을 다루는 데 유익한 이정표가 될 것이다.

이 모든 복잡성을 설명하는 데 있어서 유진 나이다(Eugene Nida)는 문화의 다양성에 관한 좋은 실례를 제공했다. 그는 서구의 선교사들과 아프리카 교회 지도자들 사이에 일어나는 논쟁에 대해 보고했는데, 그들은 크리스천 여성들이 당 세대의 비기독교 여인들처럼 상반신을 벗은 채 다니는 것이 옳은가 옳지 않은가에 대해 의견을 달리했다. 선교사들은 정중하게 옷을 입어야 한다는 성경의 요구를 강조한 반면, 아프리카 장로들은 교회 내 여인들을 창녀처럼 치장하게 할 수 없다고 주장했다.[13] 그 문화에서는 화려한 옷을 걸치는 여인이 창녀밖에 없었던 것이다. 한 문화에서는 정중한 차림이 다른 문화에서는 전혀 다른 의미를 줄 수 있는 것이다.

비슷한 문제가 있다. 바울은 고린도전서 11장에서 여자가 공중 앞에서 기도할 때는 머리를 가려야 한다고 가르쳤다. 어떤 사람들은 성경이 그렇게 말한다면 어느 문화에서든지 여자들이 모두 모자를 써야 한다고 주장할 것이다. 그러나 우리가 생각해 봐야 할 첫 번째 질문은 이것이다. "1세기 고린도 교회에서는 왜 여자가 머리를 가려야 했을까?" 자세히 조사할 필요도 없이, 당시 존경받는 여인들은 머리와 온몸을 망사로 가렸음을 알 수 있다. 현재 많은 동양 여인들이 하는 것처럼 말이다. 이것은 그 여인이 자기 아버지 또는 자기 남편의 권위 밑에 있다는 것을 표시하는 것이었다. 현재도 그러한 의미는 마찬가지이다. 고린도 교회에서 망사를 쓰지 않은 여자는 자신이 '방탕한 여인', 곧 창녀임을 드러내는 것이었다.

그러나 몇몇 여인들은 그리스도 안에서 새롭게 발견한 자유를 너무 기뻐한 나머지 불필요한 방해를 불러일으키고 말았다. 그렇지 않아도 이방 원수들이 트집을 잡으려던 차에, 망사를 벗어 버린 크리스천 여성들이 추문의 대상이 되었던 것이다. 그렇다면 이런 것이 오늘날 서구 사회에도 여전히 통할까? 전혀 그렇지 않을 것이다. 만약 우리가 교회 밖의 정중한 여성들이 대부분 하지 않는 것, 가령 모자를 착용하는 것을 크리스천 여성들에게 강요한다면, 성경의 요점을 꿰뚫지 못한 것이다.

반면 성과 도덕에 관한 문제는 성격을 달리한다. 우리는 여전히 육체 안에서 살고 있으며 신약성경이 간음, 간통, 동성연애에 관하여 혹평하는 것을 당시에만 적용되는 엄격한 도덕적 원리라고 말할 수 없다. 당시의 도덕이 보편적으로 엄했다고는 결코 보지 않는다. 초대 그리스도인들은 당시의 문화적 분위기에 대항하여 투쟁했다. 예를 들어 로마 황제 초기 15명 가운데 14명이 동성연애를 행했다. 물론 이혼도 성행했다. 주후 1세기 한 문헌에는 23명의 남편들과 이혼 및 재혼을 반복한 여인의 기록도 있다. 그런데 23번째 남편에게 그 여인은 21번째 아내였다.

초대 교회의 그리스도인은 대부분 그러한 문화적 배경에 익숙해 있다가 회개한 사람들이었다. 그래서 바울은 고린도 교회에 이렇게 편지했다. "불의한 자가 하나님의 나라를 유업으로 받지 못할 줄을 알지 못하느냐 미혹을 받지 말라 음행하는 자나 우상 숭배하는 자나 간음하는 자나 탐색하는 자나 남색하는 자나 도적이나 탐욕을 부리는 자나 술 취하는 자나 모욕하는 자나 속여 빼앗는 자들은 하나님의 나라를 유업으로 받지 못하리라 너희 중에 이와 같은 자들이 있더니 주 예수 그리스도의 이름과 우리 하나님의 성령 안에서 씻음과 거룩함과 의롭다 하심을 받았느니라"(고전 6:9-11). 도덕적 기준을 약화시키고, 개방된 성윤리를 가르치는 것은 거짓 선지자의 표시였다.

한편, 기본적인 기독교 교리는 문화적 수용 여부와 전혀 관계가 없다. 신약 시대 사두개인들은 부활을 완강하게 부인했다. 그리고 유대인들은 십자가 설교에 대해 심한 반감을 표시했다. 그러나 교회는 십자가에 못 박히고 다시 부활하신 그리스도를 끊임없이 선포했다. "유대인은 표적을 구하고 헬라인은 지혜를 찾으나 우리는 십자가에 못 박힌 그리스도를 전하니 유대인에게는 거리끼는 것이요 이방인에게는 미련한 것이로되 오직 부르심을 받은 자들에게는 유대인이나 헬라인이나 그리스도는 하나님의 능력이요 하나님의 지혜니라"(고전 1:22-24). 이것은 또한 구원을 위한 하나님의 메시지이며 능력이다.

교리나 관습에 대한 대부분의 문제들은 모든 시대와 모든 문화에 적용된다. 그러나 몇 가지 관습들은 분명 역사의 특정 순간과 특정 장소에서 이루어진 특별한 것이었다. 사도들이 가르친 교훈들이 모든 시대 모든 그리스도인들을 위한 규칙과 법규라면, 이것을 말한 사도 자신들도 경악을 금치 못할 것이다. 우리가 문화적 배경을 고려하지 않은 채 말씀을 해석하고 적용하게 되면 결과적으로 하나님의 자녀가 누려야 할 영광스러운 자유를 박탈하고, 지체들의 삶을 궁핍하게 만들며, 현대인들에게 복음 전하는 것을 방해하게 된다.

지금까지의 내용을 요약하자면, 성경을 연구할 때는 처음부터 끝까지 하나님의 성령에 전적으로 의지해야 한다. 성경 기자를 감동시켜 말씀을 기록하게 하신 이가 하나님의 말씀을 받는 자들의 마음에 빛을 비추실 것이다. 한편 하나님은 우리에게 지성의 마음을 주셨고, 그것을 사용하기 원하신다. 우리는 다음 두 가지 질문을 해야 한다. 기록된 말씀, 문맥, 문학적 양식, 문화적 배경을 염두에 두며 이 본문의 최초 의미가 무엇이었는지 물어야 한다. 그리고 이 본문이 현재 우리에게 의미하는 것이 무엇인가 물어야 한다. 이것은 아마 다양한 상황과 배경에 따라 달라질 것이다. 우리가 하나님 말씀 앞에 머리를 숙이고, 그로 하여금 우리에게 말씀하시게 하며, 우리의 마음이 말씀에 의하여 조사받고 건축되게 하려면 다음의 요점을 잘 기억해야 한다. "당신이 본문을 해석하지 말라. 본문이 당신을 해석하는 것이다."

오늘날 우리가 하나님의 말씀을 듣기 어려운 것은 우리가 원하는 것만 들으려 하기 때문이다. 우리는 선입관을 가지고 본문에 들어가서는 또한 그것을 그대로 가지고 본문으로부터 나온다. 시몬 베드로가 변화산 위에서 받았던 책망의 말씀이 오늘날 우리에게도 절실히 필요하다. "구름 속에서 소리가 나서 이르되 이는 나의 아들 곧 택함을 받은 자니 너희는 그의 말을 들으라"(눅 9:35).

영적인 삶을 위한 교훈

이제까지 보아 왔던 것을 기준으로 다음 세 가지 중요한 교훈을 기억하자.

1. 하나님의 말씀을 들으라

성경 시대 하나님 백성들은 하나님의 목소리를 듣고자 했다. "나 곧 내 영혼은 여호와를 기다리며 나는 주의 말씀을 바라는도다"(시 130:5). "여호와여 말씀하옵소서 주의 종이 듣겠나이다"(삼상 3:9). 신약성경에서 하나님은 빌립, 사울, 아나니아, 베드로, 고넬료, 안디옥의 교사들과 예언자들 그리고 그리스도인 공동체의 모든 구성원들에게 말씀하셨다. 바울은 지역 교회의 모든 구성원들이 하나님의 계시를 받는다고 암시했다(고전 14:26-31). 오늘날에는 그리스도인들의 대다수가 하나님의 목소리를 듣는 것은 거의 불가능하다고 생각하고 있다. 문제는 우리가 잠잠히 묵상하는 시간을 갖지 않는다는 것이다.[14]

하나님의 현존을 체험하기 위해서는 하나님의 말씀을 사용할 필요가 있다. 하나님이 우리에게 말씀하도록 하라. 말씀을 통해 아버지에게 나아가며, 그 아들을 영화롭게 하라. 우리의 존재와 온 마음을 하나님 이름 안에 거하게 하면, 또는 그의 성품 안에 거하게 하면, 성령께서 우리로 하나님을 보게 하실 것이다. 성경의 단어들, 구절들, 심지어 본문 전체는 하나님을 새롭게 만나는 데 엄청난 도움을 줄 것이다. 어떤 사람들에게는 방언으로 기도하고 찬양하는 것이 굉장히 새로운 경험이 될 것이다. 요점은 우리의 마음을 비우는 것이 아니라, 세상 근심으로부터 우리 마음을 떼어내 예수님께 붙이는 것이다.

"이 면이 가끔 무시되곤 하는데, 많은 그룹에서 성경에 관한 가장 중요한 일이 성경의 '가르침'이라고 단정하기 때문이다." 그러나 성경이 개념적인 '가르침'으로 축소된다면 성경의 시, 시가, 비유, 유머와 아이러니 등의 생생한 의미가 상실될 것이다. 성경은 단순히 정보를 전달하는 것이 아니고, 우리를 판결한다. 어떤 면에서는 복음주의적인 접근이 너무 이지적이라고 비판받을 수도 있다. '이 모든 것으로부터 나는 무엇을 배울 수 있는가?'라는 질문은 항상 바른 질문은 아니다. 성경의 어떤 부분은 기쁨에 대한 것이 아니라, 기쁨을 주기 위한 것이다. 또 어떤 본문은 화해에 관한 것이 아니라, 우리를 화해시키기 위한 것이다. 성경은 우리에게 그리스도에 관하여 말할 뿐만 아니라 그리스도를 우리에게 가져다주기 위하여 말한다."[15] 말씀을 읽기 시작할 때는 5분이나 10분 정도 조용하게 묵상하라. 반복을 거듭하면서 시간이 점점 길어지고, 하나님이 성령을 통해 말씀하시는 것을 들을 수 있게 될 것이다. 그리고 곧 살아 계신 하나님이 당신과 함께 계심을 강하게 느낄 것이며, 나아가 매일매일 당신에게 말하는 하나님의 음성을 듣게 될 것이다.

디트리히 본회퍼는 이렇게 기록했다. "침묵이란 하나님의 말씀 안에서 단순히 잠잠히 있는 것이다.… 지금처럼 말이 많은 세대는 침묵을 더 연습하고 익혀야 할 것이다. 실제적인 침묵, 실제적인 잠잠함, 실제적으로 혀를 묶어 두는 것은 오로지 영적인 침묵의 결과이다. …그리스도인의 침묵은 귀를 기울이는 침묵이며 겸손한 침묵이다. …말씀 앞에서 침묵하는 것은 하나님의 음성을 바르게 듣는 길이며, 하나님이 적당한 시간에 말씀하시게 하는 첩경이다." [16]

2. 하나님의 말씀을 연구하라

"너는 진리의 말씀을 옳게 분별하며 부끄러울 것이 없는 일꾼으로 인정된 자로 자신을 하나님 앞에 드리기를 힘쓰라"(딤후 2:15). 베뢰아 사람들은 복음을 들었을 때, "간절한 마음으로 말씀을 받고 이것이 그러한가 하여 날마다 성경을 상고"(행 17:11)하였다. 오늘날 많은 그리스도인들이 영적으로 활기를 찾아가고 있지만 놀랍게도 성경적 진리에 대해서는 아주 피상적인 지식밖에 없다. 그렇다면 최대의 효과를 얻기 위해서 하나님의 말씀을 어떻게 공부해야 할까?

* 준비물: 서구에서는 성경 공부를 위한 준비물이 당황스러울 정도로 많다. 그래서 오히려 무지에 대한 죄과가 더 클 수 있다. 성서 신학은 그리스도의 전체 몸의 유익을 위한 성령의 은사 중에 하나로 결코 무시되어서는 안 된다. 가능한 한 개 이상의 번역 성경이 있어야 할 것이다. 하나는 정확한 번역, 또 하나는 보다 쉽게 풀어서 번역된 것이면 좋다. 동일한 단어가 다른 부분에서 어떻게 쓰였는지 조사하기 위해 괜찮은 성구 사전을 갖추는 것도 유익할 것이다. 몇 개의 성경 핸드북과 사전을 준비하라. 성서 지도까지 사용하면 당시의 배경에 대한 상세한 정보를 얻을 수 있을 것이다.

또한 원문의 의미를 파악하기 위해 주석서들을 사용하는 것도 큰 도움이 된다. 주석서들은 양식, 학문성, 내용 등이 굉장히 다양하기 때문에 구입하기 전에 '좋은 충고를 들으라'는 말밖에 할 말이 없다. 그러나 이 모든 준비물은 당신이 먼저 성경을 읽고 단어와 구절을 보다 정확하게 이해하기 위해 사용하는 것이다. 예를 들어, 너무 주석서에만 의존한다면, 다른 저자의 사상에 감동을 받을지언정 나에게 말씀하시는 주님의 음성을 놓치기 쉽다. 다시 말해 먼저 기도하며 진리의 성령에 의존하며 스스로 성경을 연구하라. 그리고 그 후에 다른 자료들을 참고하라.

* 방법: 요점은 다양성이다. 단 하나의 방법이 절대적일 수는 없다. 시작할 때 성경 읽기에 도움을 주는 여러 가지 자료들을 사용하라. 노트, 카

세트테이프, 소책자 등은 여러 교육적 배경과 연령층에 적합하게 편집되어 발간되고 있다. 여러 성서 협회에서 유익한 책자들을 많이 발간하고 있으니 당신 스스로 적합하다고 생각되는 것을 구입하라.

· 빨리 읽기. 나는 성경을 읽을 때 하루에 네다섯 장씩 읽는 경우가 있다. 교회나 다른 단체에서 발간하는 성경 읽기표를 사용하기도 한다. 이러한 방법은 좋아하는 본문만 읽는 것을 막고 성경을 광범위하게 두루 살피게 한다.

· 한 절 한 절씩 읽기. 이것은 서신서나 복음서의 한 장을 공부할 때 특히 유용하다. 처음에는 서신서 전체를 두세 번 통독하라. 그리하여 저자의 주요 동기가 무엇인지 파악하려고 노력하라. 그 다음에 보다 자세히 연구하라. 이 단계에서 주석서, 사전, 성구 사전 등을 유익하게 사용할 수 있다. 만약에 설교자가 본문을 바르게 해석하는 법을 익힌다면 회중들은 하나님의 말씀을 보다 풍성하게 들을 수 있다. 이와 함께 설교 수준도 향상될 것이며 교회의 영적 건강도 날로 좋아질 것이다.

· 책별로 읽기. 성경 가운데 한 책을 처음부터 끝까지 읽으라. 가능하면 다른 번역으로 여러 번 읽으라. 그리고 나서 책의 주요 주제를 공책에 기록하라. 다음에 한 주제를 선정하여 저자가 이것을 어떻게 발전시켰는가를 조사하라. 보다 더 명확하게 연구하려면 주석서들을 사용하거나, 주요 단어를 선별하여 보다 철저하게 조사하라. 어느 책이든 배경을 알아 두어라. 그렇지 않으면 중요한 의미를 놓치게 될 것이다.

* 제목별 연구: 이것은 단어 연구(예를 들어 '용서'라는 단어가 나오는 절을 모두 조사하는 것)일 수도 있고, 주제별 연구(예수님의 병 치료하는 사역을 조사하는 것)일

수도 있다. 그러나 여기에서는 성구 사전을 함부로 사용하지 말 것을 권한다. 동일한 헬라어가 몇 개의 영어 단어로 번역될 수 있고, 동일한 영어 단어가 몇 개의 헬라어 단어를 포함할 수 있기 때문이다. 동일한 단어나 구절이 항상 동일한 의미를 나타낸다고 생각해서는 안 된다. 이것들이 다른 본문에서는 충분히 다른 의미로 해석될 수 있다.

* 인물별 연구: 참 놀라운 것은 성경이 모든 인물에 대하여 정말 솔직하게 보고하고 있다는 사실이다. 성경에 있는 모든 남녀노소는 있는 모습 그대로 기록되었다. 다윗은 하나님의 마음을 닮은 사람이었다. 그러나 그는 살인자요 간음을 행한 자였다. 시몬 베드로는 초대 교회의 반석과도 같은 지도자였다. 그러나 조급하며 자만하고 연약한 사람이었다. 시작할 때는 작은 인물에 대하여 조심스럽게 연구하라. 작은 인물이라 함은 에바브로디도, 아나니아, 빌립처럼 잘 알려지지 않은 사람을 말한다. 이러한 연구는 거의 예외 없이 엄청난 열매를 맺게 된다.

성경 연구는 개인적으로 하든 단체로 하든 모두 유익하다. 시편 119편을 읽으라. 하나님 말씀을 보다 개인적으로 명상할 때 얻어지는 개인적인 유익을 보라. 그리고 예수님이 제자들을 가르쳤던 방법을 관찰하라. 이는 초대 교회가 실천한 일이기도 했다(행 2:42). 두 접근 방법 모두 중요하다. 비록 한 곳에서는 어느 한 쪽이 강조되고 다른 곳에서는 다른 한쪽이 강조되지만 말이다.

한번은 조선소를 대상으로 교구 사역을 할 때였다. 나는 순진하게도 젊은 형제들에게 침대 옆에서 은밀하고 조용하게 성경을 읽으라고 권유했다. 그랬더니 갑자기 여기저기서 웃음소리가 터져 나왔다. 어떤 사람은 조그마한 공영 주택에서 13명의 식구와 함께 살고 있었다. 성경 읽기와 기도를 위해 조용한 시간을 내는 것은 처음부터 어려운 일이었다. 거기에다가 어떤 사람은 전혀 글을 읽을 줄 몰랐다. 그에게는 1,300페이지에 달하는 성경이 한낱 휴지 덩어리에 불과했다. 다행히 이제는 오디오 성경도 있고, 기타 상상력이 풍부한 성경 공부 자료들도 많아져서 문제는 한결 줄어들었다. 그렇긴 해도 나는 조선소 형제들에게 성경을 읽게 하려면 단체 성경 공부가 최선이라고 생각했다. 아니 현실적으로 그것만이 가능했다.

3. 하나님의 말씀에 복종하라

하나님이 우리에게 말씀하시는 것은 단순히 정보를 제공하기 위해서가 아니다. 그것은 우리의 발을 인도하며, 우리 삶의 방향을 재조정하고, 우리를 변화시켜 그리스도를 닮게 하기 위해서다. "너희는 도를 행하는 자가 되고 듣기만 하여 자신을 속이는 자가 되지 말라"(약 1:22). 앳킨 테일러(J. Aitken Taylor)는 이것을 잘 묘사했다. "어떤 사람은 '하나님, 나를 도와주셔서 성경에서 모순처럼 보이는 부분을 해결하게 하소서'라고 기도하고, 또 어떤 사람은 '하나님, 나를 도와주셔서 주님의 말씀을 전적으로, 의문 없이, 복종하는 마음으로 받아들이게 하소서'라고 기도한다. 후자의 기도는 '주의 말씀은 내 발에 등이요 내 길에 빛이니이다'라고 기도하는 것이다."[17]

* **당신의 삶을 형성하기 위해 하나님의 말씀을 사용하라.** 세상이 우리를 주장하게 하지 말고, 하나님이 우리 마음을 주장하여 그가 원하는 모습을

가지도록 하라(롬 12:1). 하나님의 가치는 세상의 가치와 전적으로 다르다. 만약 우리가 매일 쏟아지는 광고와 일련의 사건들로부터 자신을 흠 없고 순전하게 보존하고자 한다면, 마음과 감정이 하나님의 말씀으로 충만해 있어야 한다.

* **유혹을 이기기 위해 하나님의 말씀을 사용하라.** 예수님의 교훈을 배우라. 그분은 광야에서 사탄의 공격을 받았을 때 '성령의 검'인 하나님의 말씀으로 대응하셨다. 그 유혹에서 예수님이 인용한 세 성경 구절은 모두 신명기 6장과 8장에 나온다. 예수님은 그때 그 본문을 묵상하고 있었던 것 같다. 그래서 유혹을 받았을 때 그렇게 빨리 대응한 것이 아니겠는가?(마 4:1-11)

* **인도받기 위해 하나님의 말씀을 사용하라.** 성경은 기분 내키는 대로 아무 말씀이나 골라 하루의 운수를 점치게 하는 요술 상자가 아니다. 우리는 성경을 알아갈수록 점점 '그리스도의 마음'을 닮아가도록 해야 한다. 그렇게 될 때 하나님이 주신 보편적 원리를 특별한 문제에 적용할 수 있을 것이다.

* **다른 사람을 돕기 위해 하나님의 말씀을 사용하라.** 언젠가 그리스도인의 신앙에 관하여 한 법률가와 함께 거의 두 시간가량 이야기한 적이 있다. 대부분은 그의 말에 대한 나의 변증이었다. 나는 그를 자극시키며 대화를 이어갔지만 열매는 별로 없었다. 그래서 성경을 펴서 그에게 대여섯 절을 보여 주었다. 20여 분 동안 하나님의 성령이 그 말씀에 역사했고 그의 지적 방어력을 분쇄시켜 버렸다. 당시 나는 매우 젊은 나이였는데 그때의 교훈을 결코 잊을 수 없다. 성경은 바르게 다루어지고 또 기도의 영이

함께할 때 사람의 삶을 변화시키는 능력을 가진다.

　* **격려나 위로, 책망, 교훈 또는 소망이 필요할 때 하나님의 말씀을 사용하라.** 하나님의 말씀은 우리의 신앙을 먹이며 우리를 새롭게 만든다. 성경 본문 자체만 의미 없이 인용하는 것은 별 소용이 없다. 말씀의 진리와 그에 함축된 의미를 이해할 수 있을 때, 사람의 생각으로 결코 얻을 수 없는 권위와 능력을 맛보게 되는 것이다. 예수님께 "주여 영생의 말씀이(당신에게) 계시매…'라고 고백했던 베드로가 옳았다.

7장 · 나는 하나님의 말씀에 순종합니다

1. 마태복음 4장 4절은 떡과 하나님의 말씀을 대조하고 있습니다. 우리는 떡에 대한 관심 때문에 하나님의 말씀을 소홀히 하기가 쉽습니다. 내 생활에서 '떡'이 상징하는 것은 무엇입니까?(마 6:31-32, 13:22 참고)

2. 누가복음 10장 38-42절에서 예수님을 접대하려 했던 마르다를 예수님은 부드럽게 꾸중하셨습니다. 예수님의 권면을 요약해 보십시오. 당신이 참여하고 있는 활동들을 나열해 보고 하나님의 말씀대로 사는 일에 방해가 되는 것이 있는지 살펴보십시오.

3. 누가복음 5장 4-5절에서 예수님의 말씀에 순종했던 베드로는 위대한 신앙고백 직후에 실수를 범했습니다. 마태복음 16장 21-23절을 읽으십시오. 베드로가 꾸중을 들은 이유는 무엇입니까? 그의 태도는 마가복음 12장 18-23절에서 질문했던 사두개인들과 어떤 면에서 상통합니까?(24절) 사탄 역시 성경을 잘 인용할 수 있었습니다. 그들의 문제점은 무엇입니까?

4. 하나님 말씀의 세 가지 형태를 말해 보십시오. (1) "말씀이 육신이 되었다"(요 1:4)는 무엇을 의미합니까? (2) "모든 성경은 하나님의 감동으로 되었다"(딤후 3:16)는 무엇을 의미합니까? (3) 데살로니가 사람들이 바울의 말을 "하나님의 말씀으로 받았다"(살전2:13)고 했는데 그 의미는 무엇입니까?

5. 하나님은 교회 안에 예언의 은사를 주셨습니다. 역사적으로 이 은사는 지나치게 강조되기도 했고, 때로는 그 부작용으로 무시되기도 했습니다. 이 은사가 바로 사용되기 위한 기준을 정리해 보십시오(요 16:14; 고전 14:12; 벧후 3:16; 마 7:15; 고전 14:29 참고).

6. 성경을 이해하는 데 가장 필수적인 것은 무엇입니까?(고전 2:11-13) 성경은 하나님의 말씀이면서 또한 인간의 문자로 쓰인 책입니다. 그러므로 조심스럽게 대해야 합니다. 매일 생활에서 성경을 대할 때 나는 어떤 자세로 임해야 합니까?

8. 영적 전쟁

나는
하나님의
영적 투사입니다

    모든 그리스도인들은 제자도가 투쟁이라는 것을 알고 있다. 우리는 왜 조용히 기도하는 것을 그렇게 꺼리는가? 사랑하고 용서하는 것을 왜 그렇게 어려워하는가? 하나님과 다른 그리스도인들을 향해 마음을 활짝 여는 것을 왜 망설이는가? 왜 다른 사람들에게 그리스도를 기꺼이 전하지 못하는가? 왜 끊임없이 교만하고, 이기적이며, 분노하고, 시기하며, 질투하는가? 왜 그렇게 쉽게 패배하는가? 우리의 관계는 왜 그렇게 쉽게 깨지는가? 압박이나 불의, 좌절 등이 왜 계속 존재하는가? 왜 전 세계에는 엄청난 증오와 폭력, 전쟁이 끊이지 않는가? 북아일랜드의 종교 전쟁이 끝나는 것보다 차라리 비행기로 달에 가는 것이 더 쉽다는 말이 왜 나오는 가? 이 지구 안에서 우리는 왜 스스로 파멸해 가고 있는가? 이러한 질문들은 끝나지 않는다.

성경에는 이에 대하여 두 가지로 대답한다. 첫째, 우리가 하나님을 거역함으로 죄의 노예가 되었기 때문이다. 사도 바울의 고백이 우리의 처지를 잘 대변해 준다. "나는 육신에 속하여 죄 아래 팔렸도다 나의 행하는 것을 내가 알지 못하노니 곧 원하는 이것은 행하지 아니하고 도리어 미워하는 그것을 함이라"(롬 7:15). 둘째, 영적 전쟁에서 사탄이 끊임없이 우리에게 역사하시는 하나님의 뜻을 좌절시키려 애쓰기 때문이다.

오늘날 많은 사람들은 마귀의 존재를 믿으려 하지 않는다. 세상 도처에 사탄의 힘이 작용하고 있다는 것을 아는 사람도 드물다. C. S. 루이스(Lewis)는 이러한 이중적인 위험에 대해 우리에게 경고하고 있다. "우리 인류가 마귀에 대해 빠지기 쉬운 두 가지 오류가 있다. 하나는 마귀의 존재를 믿지 않는 것이다. 또 하나는 마귀를 너무 과신하여 건전하지 못할 정도로 지나친 관심을 갖는 것이다. 마귀는 유물론자와 마술사를 동일하게 환영하고 있다."[1]

마귀의 존재를 믿는 그리스도인들 사이에서도 영적 전쟁이 어떻게 이루어지는지, 그리고 마귀의 전략이 어떠한지 전혀 알지 못하는 경우도 많다. "오늘날 대부분의 교회들은 눈가리개를 착용한 병사들을 데리고 전쟁에 임하고 있다. 그들은 자기 주위에 진을 치고 있는 적들을 보지 못한다. 그래서 적으로부터 공격을 받을 때 너무 놀라서 자기들끼리 총칼을 겨누고 싸우는 것이다."[2]

이것이 바로 현재 교회 안에 심각한 증오와 오해, 적의들이 만연하게 된 이유이다. 우리는 영적 공격을 받고 있으면서 그것의 본질과 속성을 보지 못하고 있다. 그래서 눈에 잘 띄는 목표인 서로를 향해 공격하는 것이다.

영적 전쟁에 대한 성경의 증거들

사탄의 영향력에 대해 진지하게 생각하지 않거나 그것이 중세적인 사고라며 우습게 보는 사람들은 성경에 사탄에 관한 언급이 얼마나 자주 등장하는지 눈여겨보아야 한다. 구약성경에 있는 무수한 증거들은 차치하고서라도, 예수님이 공생애를 시작할 무렵 성령에 이끌리어 마귀에게 시험을 받으러 광야로 갔다는 사실은 매우 중요한 의미를 지닌다(마 4:1). 나중에 예수님이 다가올 자신의 고난과 죽음, 곧 사역의 최종 목적을 실현하고자 했을 때도 사탄과의 싸움이 다시 명백하게 언급되었다.

예수님이 "자기가 예루살렘에 올라가 장로들과 대제사장들과 서기관들에게 많은 고난을 받고 죽임을 당할 것을" 가르쳤을 때 베드로는 이것을 거부하려 했다. 하지만 예수님은 다음과 같이 말씀하시며 그를 심하게 책망했다. "사탄아 내 뒤로 물러가라 너는 나를 넘어지게 하는 자로다 네가 하나님의 일을 생각하지 아니하고 도리어 사람의 일을 생각하는도다"(마 16:23). 사탄은 우리가 하나님이 원하시는 바에 무지하도록 모략을 꾸미며, 인간 중심적으로 살도록 유혹한다. 그리고 예수님은 십자가의 시련 앞에서 또 다른 엄청난 영적 전쟁을 치러야 하셨다. 물론 기도와 복종으로 극복했지만 말이다.

예수님은 또한 말씀의 씨앗을 빼앗는 '악한 자'에 대해서도 말씀하셨다(마 13:19). 그는 밭에 가라지를 심은 원수였다(마 13:39). 또 유대 지도자들에게 "너희는 너희 아비 마귀에게서 났으니"라고 말했다(요 8:44). 그리고 제자들이 악(the evil one)에 빠지지 않기를 기도했다(요 17:15). 대부분 예수님의 치유 사역에는 악한 영과 귀신을 내쫓는 일이 포함되어 있었다. 이처럼 예수님의 모든 삶과 가르침, 사역에는 의심할 나위 없이 마귀가 하는 일과 그 인격성이 시사되어 있었다.

사도들도 이 영적 전쟁에 대해 강조해서 가르쳤다. 사도 바울은 우리들에게 사탄도 자기를 광명의 천사로 가장한다고 경고했다(고후 11:14). 그는 자기에게 잘못 행한 자들을 용서하면서 사탄에게 속지 않기 위해서라고 말했다. 왜냐하면 그 궤계를 알지 못하는 바가 아니기 때문이다(고후 2:11). 또한 그는 그리스도인들의 바른 관계를 촉구했는데, '마귀로 틈을 타지 못하게 하기 위해서'였다. 그는 '마귀와 올무'(딤전 3:7; 딤후 2:26), '귀신들의 가르침'(딤전 4:1)에 대해서도 기록했다. 그리고 에베소 교인들에게 다음과 같이 교훈했다. "마귀의 간계를 능히 대적하기 위하여 하나님의 전신 갑주를 입으라 우리의 씨름은 혈과 육을 상대하는 것이 아니요 통치자들과 권세들과 이 어둠의 세상 주관자들과 하늘에 있는 악의 영들을 상대함이라"(엡 6:11-12). 골로새 교인들에게는 하나님이 "통치자들과 권세들을 무력화하여 드러내어 구경거리로 삼으시고 십자가로 그들을 이기셨느니라"(골 2:15)고 위로했다. 야고보도 동일하게 경고하고 있다. "마귀를 대적하라 그리하면 너희를 피하리라"(약 4:7). 베드로도 마찬가지다. "근신하라 깨어라 너희 대적 마귀가 우는 사자 같이 두루 다니며 삼킬 자를 찾나니 너희는 믿음을 굳건하게 하여 그를 대적하라"(벧전 5: 8-9). 이와 같은 본문은 신약성경에 아주 많이 있다.

영적 전쟁에 대한 역사적 증거

교회사를 살펴보면 기독교 지도자들은 영적 전쟁에 관해 진지하게 취급했으며, 사람들이 어떻게 그리스도의 승리를 체험하는지도 가르쳐 왔다. 이냐시오 로욜라(Ignatius Loyola, 1491-1556)는 영적 전쟁과 승리에 대한 위대한 교범을 저술했는데(이 책은 예수 교단에서 아직도 널리 읽히고 있다), 여기에 '영들 분별을 위한 규칙들'이라는 장이 있다. 예를 들어 그는 성령에 의한 죄의 확신과 절망으로 이끄는 사탄의 정죄감을 구분하고 있으며, 또한 성령의 조명과 마귀의 거짓 조명을 대조시키고 있다. 마귀의 거짓 조명은 우리로 더 죄를 짓게 하며 영적 어둠을 부추긴다.

종교 개혁가들은 로욜라의 지침을 성경적인 것으로 받아들였다. 그리고 당시 전염병처럼 유행하던 대부분의 중세적 미신을 거부하면서 영적 전쟁을 진지하게 다루었다. 마르틴 루터(Martin Luther, 1483-1546)는 악한 자에 의한 장기적이며 고통스러운 공격을 알았다. 특히 좌절과 실망의 영역에서 이것은 더욱 뚜렷했다. 이후로 영적 전쟁에 관한 많은 책들이 저술되었는데 여기에는 윌리엄 거널(William Gurnall, 1616-1679)의《그리스도인의 전신갑주》(Christian Armour)도 포함된다. 이 책의 부제는 매우 긴데 그 의미가 남다르다. "마귀를 대적하는 성전(거룩한 전쟁)에 관한 논문: 하나님의 대적과 이들이 사용하는 정책, 능력, 사악함, 전략에 관한 연구, 그리스도인이 전쟁을 위하여 영적 군대를 조직하며, 이를 위하여 영적 무장을 갖추고, 무기를 잘 사용하도록 가르치는 책, 모든 전쟁을 위한 행복한 군수품." 내가 가지고 있는 책은 1837년 판인데 무려 818면에 걸쳐 에베소서 6장 10-20절을 상세하게 강해하고 있다.

또한 존 번연(John Bunyan, 1628-1688)의 《천로역정》(Pilgrim's Progress) 과 《거룩한 전쟁》(The Holy War), 《죄인의 괴수에게 넘치는 은혜》(Grace Abounding to the Chief of Sinners) 등도 있다. 그는 어둠의 권세를 하늘의 도성으로 가는 길 양쪽에 짧은 밧줄로 묶여 있는 사자들로 묘사했다. 이 사자들은 길가로 벗어나는 여행자들은 삼킬 수 있지만, 하나님의 뜻 가운데 끝까지 정도를 걸어가는 사람들은 건드릴 수 없다. 그는 생생한 상상력과 성서적 정확성으로 악의 세력이 그리스도의 사슬에 묶여 있으며, 결코 하나님의 영광과 나라를 파괴할 수 없음을 잘 보여 주고 있다.

존 웨슬리(John Wesley, 1703-1791)와 조지 휫필드(George Whitefield, 1714-1770)도 자신들의 책과 설교에서 명백하게 보여 주었듯이 이 영적 싸움의 실재를 의심하지 않았다. 휫필드는 이렇게 말했다. "사탄은 우리를 방해하려고 온갖 방법을 동원한다. …하지만 그리스도에 의해 저지되었다. … 이제 사탄과 그 추종자들은 끔찍할 정도로 사납게 날뛸 것이다. 나는 독자들에게 바로 이것을 미리 경고하고 싶다. 주님, 영적 전쟁의 날에 우리를 예비시켜 주소서!"

조나단 에드워즈(Jonathan Edwards, 1703-1758)는 특히 영적으로 부흥할 때 사탄이 반격할 거라는 사실을 인식했다. 그는 사탄의 주요 전략이 박해 작전, 비난 작전, 잠입 작전이라고 설명했다. 그는 사탄이 절망과 근심, 상호 불신이라는 전선을 타고 기독교 지도자들과 영적 부흥을 공격한다고 지적했다. 사탄은 가능한 한 그리스도인을 서로 대치시키고, 지도자와 지도자를 대치시켜 서로 분열하게 한다. 그리스도인들의 부흥을 저지시키지 못했을 경우, 차선책으로 부흥하는 그리스도인들이 극단적인 실수에 빠지도록 유인한다. "과거 기독교 역사를 돌이켜 보건대 마귀의 통상적인 술책은 신앙의 부흥을 전복시키는 것이었다. 마귀는 자기가 사람들을 조용하게 만들거나 더 이상 그들의 마음을 잡을 수 없다고 생각할 때, 극단과 방종으로 빠지게 몰아댄다. 마귀는 영적으로 부흥한 사람들을 원 상태로 되돌리려 한다. 그러나 이것이 불가능할 때는 더욱 앞질러 가게 해서 극단으로 빠지게 유도한다."[3]

금세기에 1904-5년의 기간 동안 위대한 영적 부흥이 있었는데 사탄은 이를 흐리게 하려고 위조 작업을 했다. 이에 대한 내용은 에반 로버츠(Evan Roberts)와 제시 펜 루이스(Jessie Penn-Lewis)가 쓴 《성도들의 전쟁》(War on the Sains)에 잘 나와 있다. 보다 최근에는 많은 그리스도인들이 성경적 관점과 목회의 관점에서 신비주의에 관한 새로운 이해를 돕는 책들을 저술했다.[4] 이 주제를 다루면서 당황하고, 또 한편으로는 '광신적인 무리들'의 인기를 중시하는 모습 때문에 어떤 교회 지도자들은 사탄과 하나님의 갈등에 대해 회의적인 반응을 보이기도 한다. 오히려 이들이 지성적이고 존경할 만하게 보일 수도 있다. 그러나 초대 교회 이후 기독교 전 역사를 통해 이 영적 전쟁에 대한 진지한 가르침이 계속 있었음을 간과해서는 안 된다.

영을 분별하는 능력

'영들을 분별하는 능력'은 그리스도 몸 전체의 유익을 위하여 하나님이 우리에게 주신 신령한 은사 가운데 하나이다. 또한 예수님과 제자들의 사역 가운데 중요한 부분이었다. 예수님은 비뚤어진 자와 악한 영들에 붙들린 자들을 만났을 때, 어떤 문제가 있는지 바로 아셨다. "말 못하고 못 듣는 귀신아 내가 네게 명하노니 그 아이에게서 나오고 다시 들어가지 말라"(막 9:25). 효과는 즉시 나타났다. 제자들은 이 아이의 병을 고치는 데 실패했지만, 주님의 손길 앞에서는 완전하게 나았다.

예수님은 이렇게 병을 단순히 육체적인 현상으로만 보지 않았다. 그분은 단번에 병 이면에 있는 원수를 직시했던 것이다. 베드로 역시 빌립의 사역을 통해 회개하고 세례를 받은 그리스도인들과 함께 거했던 마법사 시몬의 가면을 벗길 수 있었다. 그리고 바울은 점치는 영이 들린 소녀를 자유하게 풀어 주었다. 모든 경우에 그들은 문제의 속성을 정확하게 분별해야 했다. 우리가 영적 전쟁에 대해 성경에서 이야기하는 바를 바르게 인식한다면, 교회 역사에 왜 당혹스런 혼란들이 존재했는지 쉽게 알 수 있을 것이다. "만약 영들을 분별하기 위해서 성서의 원리가 적용된다면 교회 역사의 상당 부분이 보다 근본적으로 이해될 것이다. 이것은 보다 철저하게 적용되어야 한다. 한동안 혼란스럽긴 하겠지만 마침내 사탄의 역습과 반격이 성경적 원리로 이해되고 해석될 것이다. 그렇지 않으면 상황이 마치 보이지 않는 운동장에서 선수들이 마구 뛰어다니는 모습처럼 될 것이다."[5]

사도 요한은 요한일서에서 "영을 다 믿지 말고 오직 영들이 하나님께 속하였나 시험하라"고 경고한다(요일 4:1). 이것은 이단과 사이비 종파가 난무하는 현 시점에 특히 중요하게 적용되는 말씀이다. 그러나 이 분별은 '보다 철저하며 세심하게' 수행되어야 한다. 그렇지 않으면 하나님의 순수한 일까지도 거짓이나 이단적인 것으로, 심지어 마귀적인 것으로 매도될 수 있다. 여하튼 좋건 나쁘건 모든 카리스마적 운동을 통하여 이 분별의 행위는 수행되어져 왔다. 그러나 만일 그들이 가말리엘의 경고를 보다 진지하게 고려하고 실천했더라면 보다 현명하게 대처할 수 있었을 것이다. "만일 하나님께로부터 났으면 너희가 그들을 무너뜨릴 수 없겠고 도리어 하나님을 대적하는 자가 될까 하노라"(행 5:39).

사탄은 "믿지 아니하는 자들의 마음을 혼미하게 하여 그리스도의 영광의 복음의 광채가 비치지 못하게" 하는 세상의 신으로 묘사되었다(고후 4:4). 또 "온 천하를 꾀는" 자이다(계 12:9). 그는 무수한 악한 영들을 동원하여 하나님에 관해 거짓 증언들을 한다. 그래서 우리가 하나님의 말씀을 불신하고 영적 암흑에 빠지게 하며, 육적인 행위에 몰두하게 한다. 신약성경에는 실수의 영, 육욕의 영, 공포의 영에 대한 이야기가 나온다. 또한 깨끗하지 못한 영, 유혹하는 영, 말 못하게 하는 영, 듣지 못하게 하는 영, 거짓 인도와 거짓 예언을 통해 사람들을 기만하고 거짓말하는 영이 언급되어 있다. 신비적 관행으로 그리스도인을 미혹하는 영들도 많이 있다. 그리고 이들은 무리 지어 활동하는데, 이 같은 나쁜 영들의 선전 활동을 통해 성경의 진리가 왜곡되고, 그 의미가 은폐된다. 그들은 어떤 교회 조직이나 신학 연구 조직을 통해서도 동일하게 활동한다. 몇몇 교회 지도자들과 신학자들은 그리스도의 신성과 그의 부활, 영광스러운 재림에 관해 부인하고 있는데, 이것은 '세상의 신'에게 맹목적으로 빠져 있기 때문이다.

사탄은 또한 '공중의 권세 잡은 자'로 불리기도 한다. 그는 악한 구조나 부당한 정치 제도 등 모든 방법을 동원해 그리스도의 통치를 반대한다. 약물 남용이나 오용, 섹스 산업, 인간의 존엄성을 파괴하는 물질주의, 사회에 만연한 비정한 폭력주의 등, 모든 현상들의 배후에는 마귀가 자리잡고 있을 것이다. 사도 바울은 디모데에게 이렇게 경고했다. "너는 이것을 알라 말세에 고통하는 때가 이르러 사람들이 자기를 사랑하며 돈을 사랑하며 자랑하며 교만하며 비방하며 부모를 거역하며 감사하지 아니하며 거룩하지 아니하며 무정하며 원통함을 풀지 아니하며 모함하며 절제하지 못하며 사나우며 선한 것을 좋아하지 아니하며 배신하며 조급하며 자만하며 쾌락을 사랑하기를 하나님 사랑하는 것보다 더하며 경건의 모양은 있으나 경건의 능력은 부인하니 이 같은 자들에게서 네가 돌아서라"(딤후 3:1-5). 물론 이러한 현상의 뿌리는 죄로 가득한 인간의 마음에 있지만, 그 타락과 악이 너무 광범위해서 '사탄적인' 또는 '마귀적인'이라는 말 외에는 달리 표현할 수가 없다.

직접적인 공격

악한 자가 취하는 몇 가지 교활한 작전이 있는데 우리는 이것을 잘 이해해야 한다. 첫째, 직접적인 박해를 통해 하나님의 활동을 파괴시키려고 노력한다. 사탄은 하나님 백성들의 몸과 마음, 영혼에 여러 가지 고통을 주어 그들을 공격하는데 특히 그리스도의 일에 헌신한 사람들이 그 대상이 된다. 베드로가 마귀를 '우는 사자'라고 말했던 것을 보라. "너희는 믿음을 굳건하게 하여 그를 대적하라 이는 세상에 있는 너희 형제들도 동일한 고난을 당하는 줄을 앎이라(벧전 5:9)." 그는 먼저 그리스도인들에게 임할 '불 시험'에 대하여 말했는데, "오히려 너희가 그리스도의 고난에 참여하는 것으로 즐거워하라"고 역설했다(4:13).

하나님의 모든 활동은 이런 식으로 방해받았다. 로마 제국이 초대 교회를 악랄하게 박해한 것을 시작으로 금세기에는 공산 국가와 회교 국가가 그리스도인들을 고문하며 투옥시키고 있다. 어림잡아 계산해도 20세기에 순교당한 그리스도인의 수가 처음부터 19세기까지 순교당한 수보다 훨씬 많은 것 같다. 이러한 공격은 그리스도인의 믿음과 행위를 정치적 입장에서 공격했기에 그 규모가 더 커졌다. 극우파 독재정권과 전제 정부들은 그리스도인을 국가 반역, 혁명적 음모, 헌법 파괴 등의 명목으로 핍박했다. 이런 터무니없는 공격은 그 강도 면에서 실로 마귀적이라고 할 수 있다. 그리스도인이 믿음 안에서 거룩한 사랑을 실천하고 있었는데도 그 같은 악행을 저질렀으니 말이다.

육체적 질병과 정신적 질환의 근본적 원인을 분별하는 것은 무척이나 어렵다. 그러나 이러한 질병들이 발병하는 시기나 시사하는 의미, 강도 등을 살펴보면 이 또한 '우는 사자'의 공격이 아닌가 생각된다. 예를 들면, 수많은 세월 동안 많은 그리스도인들이 절망에 맞서 싸워 왔다. 위대한 침례교 설교자인 찰스 스펄전(Charles Spurgeon)은 "깊은 절망감은 가장 고통스러운 경험"이라고 술회했다. 그는 특히 월요일 아침에, 즉 전날 설교로 온 에너지를 쏟고 난 다음날 아침에 더욱 깊은 영적 좌절감을 느꼈다고 한다. 그는 루터가 느꼈던 동일한 갈등에 대해서 이렇게 언급하고 있다. "그의 위대한 영은 가끔 하늘의 칠층 꼭대기까지 올라갔다. 그리고는 자주 절망의 언저리로 떨어졌다. …그는 큰 아기처럼 흐느끼면서 잠이 들기도 했다."[6]

그러나 루터 자신은 절망에 대해 매우 실용적으로 응대했다. "마귀와 말싸움하지 말라. 모든 주제를 떨쳐 버리는 것이 차라리 낫다. …친구를 찾아 별 볼 일 없는 일에 대하여 환담하라. 가령 베니스에서 무슨 일이 일어났다는 등 말이다. …먹고 춤추라, 웃어라, 그리고 노래하라. …혼자 있는 시간을 피하라. …육체적인 노동을 하라. 그것이 마음의 쉼을 제공할 것이다. 말발굽을 갈아 주든지 정원에 거름을 주든지 말이다." 이러한 자세는 절망감을 불러일으키는 사탄의 공격에 대응하는 좋은 방법이 될 수 있다. 우리는 질병을 유발시키는 네 가지 다른 요인이 상호 작용한다는 것을 알아야 한다. 곧 신체적 요인들(아픔, 피로, 영양실조, 생리적 불균형 또는 미량 원소의 결핍)과 심리적 요인들(선천적인 성격), 타락한 심성과 마귀의 공격이다. 물론 마귀는 어떻게 해서든 연약한 곳을 찾아 우리를 공격할 것이다. 만약 우리에게 어떤 병이 생기면 여러 형태의 치료를 받는 것이 도움이 될 것이다. 그러면 우리의 영과 육이 모두 적절히 회복될 것이다.

기소

둘째, 사탄의 목표는 기소라는 간접적 방법으로 하나님의 일을 교란하는 것이다. 그는 '형제들을 참소(기소)하던 자'인데, 강물을 토하듯 거짓말로 교회를 압도한다(계 12:1-17). 성령 사역에 대한 방해는, 교회 안팎에서 동시에 이뤄진다. 교회 안에서는 영적 갱신을 받아들이지 않고 침묵함으로써 방해할 수 있다. 곧 성령이 거부당하는 것이다. 이런 현상은 교회 지도자들에게서 많이 나타난다. 또는 모든 갱신이 엉뚱하게 풍자되기도 한다. 영적 갱신 운동에는 사소한 일탈과 과장이 있을 수밖에 없는데, 그들은 이것을 지나치게 과장해 그리스도인을 혹평하고 진실을 왜곡한다. 나는 선량하고 정직한 크리스천 지도자들이 서로 비난하고 기소하는 것을 본 적이 있다. 순간 깜짝 놀랐던 것은 그 실수가 모두가 자기도 모르는 사이에 범하는 정말 사소하고 지극히 자연스러운 행동이었다는 사실이다. 이처럼 진실한 상황이 엄청나게 왜곡되는 경우가 있는데, 바로 '형제들을 참소하던 자'의 행위가 아니면 무엇이겠는가?

사탄은 그리스도인이 불가피하게 저지를 수밖에 없었던 순수한 실수와 오해를 들추어내 일일이 열거하는데, 바로 교회를 분열시키고 "하나님의 이름이 이방인 중에서 모독을 받게" 하려는 의도에서다(롬 2:24). 바울은 하나님의 이름과 말씀이 훼방 받지 않도록 그리스도인들이 행위에 주의를 기울여야 한다고 권면했다(딤전 6:1; 딛 2:5). 세속적인 서구 사회는 교회에 대해 지난 세대가 지나치게 열중하는 불필요하고 골동품 같은 존재라고 생각한다. 물론 이렇게 되기까지 교회의 책임도 간과할 수 없을 것이다. 그러나 이것은 교회의 실제 모습이 아니며 왜곡과 거짓의 이미지이다. 그럼에도 불구하고 대부분의 사람들이 '정말 그렇다'고 믿는 것은 바로 사탄의 술책 때문이다. 그는 '기소하는 자'임과 동시에 '모함하는 자'다.

기소자는 수많은 그리스도인들의 마음에 불신을 심는다. 연약한 점과 죄 지은 것을 놀라울 정도로 정확하게 그리고 빈번하게 짚어 우리 스스로 정죄하고 절망에 빠지게 만든다. 하나님을 모욕하는 악한 생각들을 집어넣어 우리 마음을 괴롭힌다. 예배와 기도 시간에도 예외는 없다. 그래서 이런 생각을 떠올리는 자신을 발견한 많은 신자들은 본인이 타락했다는 생각에 괴로워한다. 이 모든 것이 단지 '악한 자의 모든 불화살'에 불과하다는 사실을 기억해야 한다(엡 6:16). 우리가 이러한 죄에 대한 강박과 계속되는 절망에 빠지지 않으려면 그리스도께서 승리하셨음을 주장하면서 믿음의 방패를 높이 쳐들어야 할 것이다.

악용

셋째, 사탄은 그리스도인을 이용해 성령의 활동을 더럽히고, 하나님의 일을 훼방 놓는다. 하나님은 진리의 하나님이다. 하지만 사탄은 우리의 인격이나 교회에서 존경받는 영향력 있는 인물들을 이용하여 하나님의 진리의 말씀을 편협하고 경직된 신앙으로 전복시킨다. 그래서 자신은 옳고 다른 사람은 틀렸다는 아집에 갇혀 말이나 펜으로 형제 된 다른 그리스도인들을 혹평하거나 매도하곤 한다.

하나님은 사랑의 하나님이시다. 그러나 사탄은 연약한 인간의 육체를 악용하여 사랑이라는 순수한 체험을 감정적 연류, 심지어 간음이나 동성연애 행위로 전복시킨다. 오늘날 그리스도인의 결혼은 상당한 압박을 받고 있다. 가정이 몰락하는 것을 보면 지극히 자연스러운 것일 수도 있다. 그러나 이러한 현상들이 그리스도인 지도자를 타락시킨다는 점에서 마귀적인 현상임에 틀림없다.

하나님은 평화의 하나님이다. 그러나 사탄은 우리의 연약함을 이용해 평화를 가져오는 자가 아니라 그저 누리기만 하는 자로 만든다. 우리는 갈등을 회피하려고만 할 뿐 서로의 관계에서 생기는 긴장을 해결하지 못한다. 따라서 성도 가운데 죄가 득세해도 침묵하고 방치해 버린다. 그리스도 안에서 굳게 연합되기보다는 희미한 초교파주의 운동 안에서 어떻게든 의견을 합일시키려고 하는 것이다. 신랑이신 그리스도는 자기 신부가 도덕적으로, 교리적으로 순수하기를 요구하신다. 그의 말씀을 통하여 우리가 '사랑 안에서 서로 진리를 말하기를' 명령하시고, 그리스도의 분량까지 성장하기를 원하신다. 우리는 완전하지 못해서 가끔은 실수를 범하고, 사물을 명확하게 판단하지 못한다. 그러나 정직과 사랑, 용서의 마음으로 우리의 관계를 정련해 나갈 때 진정한 평화의 하나님께서 우리와 함께하실 것이다.

위조

넷째, 사탄은 여러 활동들을 허위로 날조해 하나님의 일을 교란시킨다. 이것은 많은 사람들을 기만하고, 하나님의 성령이 역사하는 순수한 운동까지 불신하게 만든다. '빛의 천사'인 것처럼 가장하여 신앙심 깊은 사람들을 '미혹케 하는 영과 귀신의 가르침'으로 유혹함으로(딤전 4:1), 율법주의 또는 방종의 노예로 전락시킨다. 그는 연약한 그리스도인들을 속여 자기가 '의의 일꾼'인 것처럼 행동하며(고후 11:15), 모든 능력과 표적과 거짓 기적과 불의의 모든 속임으로 활동하고 있다(살후 2:9). 또한 그럴듯한 거짓 종교로도 유혹해 오는데, 거기에 성령의 생명과 능력이 있을 리 만무하다(딤후 3:5; 계 13:13). 현대의 경험주의적 분위기에서 순수한 카리스마 운동과 병행하여 다른 한편에서는 여러 신비주의적 관행과 동양 종교들이 버섯처럼 퍼지고 있다. 더군다나 이 현상은 정통 교회가 영적으로 궁핍해지면서 점점 더 악화되고 있다.

신약 시대 이후 교회사의 모습이 바로 이러했다. 사도들과 교부들은 영지주의 이단들과 신비적 종교들을 미혹의 영들이 일으키는 현상이라고 판단했다. 그들은 '적그리스도의 영'과 '실족케 하는 영'을 철저하게 경계했다. 또 사망케 할 이단을 가만히 끌어들이는 거짓 선지자들에 대해서도 경고했다(벧후 2:1). 이름을 거론하면서까지 진리를 대적하며 "마음이 부패하며 믿음에 관하여는 버리운 자들"을 언급했다(딤후 3:8). 교회에서나 사회에서나 혼란이 만연하는 것을 볼 때, 이러한 사도들의 경고를 1세기에만 적용되는 가르침이라고 볼 수는 없을 것 같다. 우리는 영적 영역에서 우리의 한계를 보다 겸손하게 인정해야 한다. 성경의 가르침을 하나님의 말씀으로 받아들이며 현대 교회가 안고 있는 위조된 영적 현상의 위험에 관해 경각심을 불러일으켜야 하겠다.

유혹

다섯째, 사탄은 하나님의 백성을 유혹함으로 그들을 파멸시키려 노력한다. 그는 '유혹자'로도 명명되는데, 그리스도인들의 증거가 서로 다르도록 조장한다. 우리는 유혹을 받을 때, 제정신을 잃거나 자신의 일을 게을리 하고, 남의 일을 시기하며, 스스로 교만에 빠지며, 제 몸에 상처를 입힌다. 사탄이 유혹하는 목적은 그리스도인들의 삶을 허약하게 만드는 것이다.

날로 강해지고 매력적인 유혹은 유사 기독교적인 생활양식이다. 세속적 물질주의, 사회적 지위 구분, 중간 계층의 윤리, 서구적인 풍요 등 이러한 모든 것은 세련미라는 얇은 베일을 쓰고 있는데 사실은 마귀적이라 할 수 있다. 오히려 불신자들은 이 가면을 꿰뚫고 진실을 잘 보기도 한다. 사실 그리스도인들의 증거에 신뢰감을 더해 줄 생활양식을 찾기란 매우 힘들다. 다시 말해 그리스도인의 생활양식이 불신자에 비해 특별할 것이 없다는 것이다.

신자와 불신자를 명확하게 구분 짓는 실질적인 기준은 무엇인가? 사람들이 왜 '신앙을 빙자한 사교 단체'에 가입하려고 하는가? 실제적인 삶에 관해서는 아무런 할 말이 없다. 그들에게 신앙은 단순히 전체적인 삶에서 지극히 일부분을 차지하는 취미 생활에 불과하다. 그들은 진정한 제자도가 던지는 도전을 회피하려고 하는데, 사실 이 유혹은 애매하고 모호하지만 그 영향력은 상당히 크다. 그래서 많은 그리스도인들이 그리스도의 대사로서 제 기능을 못하는 것이다.

우리는 이 세상에서 그리스도인으로 살도록 부름 받았지 세상의 가치에 순응하라고 부름 받은 것이 아니다. 그래서 세상의 속성을 이해하는 것이 중요하다. 어떤 그리스도인들은 한 번쯤 술이나 마약, 섹스, 도박에 관하여 생각한다. 그것은 모두 우리 마음에서 그리스도를 내쫓는 것들이다. 하지만 사도 요한은 온 세상이 악한 자 안에 처했음을 말했다(요일 5:19). 이 세상은 교육과 정치, 철학, 경제, 산업, 오락, 텔레비전, 라디오, 신문 등 여러 부분으로 나뉘는데, 본질적으로 이런 것들은 사탄의 지배를 받고 있다. 그리스도의 직접적인 통치 아래로 들어가지 않는 모든 것은 이 세상에 속한 것이며 하나님의 나라에 대항하는 것이다.

예수님의 말씀들을 유의하여 살펴보라. "노아의 때에 된 것과 같이 인자의 때에도 그러하리라 노아가 방주에 들어가던 날까지 사람들이 먹고 마시고 장가들고 시집가더니…"(눅 17:26-27). 예수님은 그들이 탐욕스러웠거나 간음을 행하고, 도박, 또는 살인을 했다고 말씀하지 않았다. 물론 이러한 악한 행위들이 당시에 없었던 것은 아닐 것이다. 그러나 예수님은 단지 일상적이며, 단순한 일들을 언급했다. 그들은 이러한 평범한 삶을 영위했는데, 노아가 방주에 들어가고 홍수가 나서 모든 사람들이 다 멸할 때까지 계속했다. 그렇다면 왜 하나님은 그들을 심판하셨을까? 곧 당시 사람들이 하나님을 제외한 모든 일에 몰두했기에, 하나님이 그들 삶의 중심에서 밀려나 언저리에 앉아 있을 수밖에 없었던 것이다. 하나님은 언제나 우리 삶의 중심에 계셔야 한다.

그래서 그리스도인의 문제는 먹고, 마시고, 결혼하고 하는 일들을 어떻게 피해야 하느냐가 아니라, 이러한 일들의 배후에 있는 세력을 어떻게 해야 하는 것인가이다. 왜냐하면 온 세상이 악한 자의 세력 밑에 있기 때문이다. 심지어 일상적이며, 무해하며, 보편적인 일도 사탄의 통제 하에 있는 세상에 속한 것들인데 하물며 어떻게 이 세상의 강한 손아귀에서 자유로울 수 있겠는가? 그렇다면 우리를 하나님의 사랑으로부터 빼앗으려 하는 욕망들, 유혹들을 어떻게 극복할 수 있을까? 그 답은 이것이다. 우리가 그리스도 안에서 그리고 십자가를 통해 이미 세상에 대해 못 박혔고, 세상은 우리에 대해 십자가에 못 박혔다는 사실을 깨닫는 것이다(갈 6:15). 우리는 더 이상 죄와 더불어 사는 옛 세상의 시민이 아니다. 우리는 이미 예수님이 다스리시는 새로운 세상의 시민이다.

실제적으로 이 진리가 구현되는 것은 우리가 하나님께 마음을 열고, 성령이 우리 삶을 통치하고 변화시키도록 헌신할 때이다. "그가 나를 사랑한즉 내가 그를 건지리라 그가 내 이름을 안즉 내가 그를 높이리라"(시 91:14). 우리는 하나님과 세상을 동시에 사랑할 수 없다. 오직 하나님의 사랑이 매일매일 우리의 마음에 쏟아질 때, 이 세상의 손아귀에서도 자유로울 수 있다. 이것을 단번에 완결되는 영적 전쟁이라고 생각하면 잘못이다. 확실히 우리는 현재 그리고 영원히 예수님이 다스리시는 은혜의 나라에 살고 있다. 그래서 삶의 모든 부분을 그의 절대 주권적 통치에 맡기고,

성령과 더불어 그의 사랑과 은혜 안에서 새롭게 충만해져야 하는 것이다. 그럴 때 점점 하나님 자녀들의 영광스러운 자유에 이르게 된다(롬 8:21).

사로잡힘(귀신들림)

여섯째, 사탄은 하나님의 창조물인 인간을 사로잡아 하나님의 일을 조롱할 수도 있다. 사탄은 '살인자'와 '무저갱의 사자'로 하나님의 일을 파괴하려 한다(요 8:44; 계 9:11). 인간의 인격이 악한 영에 사로잡혀 파멸해 가는 현상은 경악스러울 정도로 안타깝다. 복음서에도 더러운 귀신 들린 사람이 이리저리 끌려 다니며 넘어졌는데, 예수님의 명령으로 회복된 예가 있다(눅 4:33-36). '군대'라고 불리는 귀신은 그 사람으로 하여금 몸에 둘린 사슬과 착고를 끊고 광야로 나가게 했다. 그러다 예수님에 의하여 나오게 되자 돼지 떼에 들어가 돼지들을 모두 절벽 아래로 떨어뜨렸다(눅 8:26-33). 더러운 귀신에 사로잡힌 소년은 경련으로 고통스러워했다. 귀신은 그를 잡아 졸지에 부르짖게 하고 경련을 일으켜 거품을 흘리게 하며 심히 상하게 하고야 겨우 떠나갔다(눅 9:37-43). 예수님은 깨끗하지 못한 영이 사람에게서 나가면 다시 다른 '쉴 곳'을 찾을 것이라고 경고했다. 만약 나중에 그의 집이 텅 비어 있는 것을 발견하면, 다른 일곱 귀신을 더 데리고 와 거기에 머물 것이라고 말했다. 그리하여 "그 사람의 나중에 전보다 더 심하게" 되는 것이다(눅 11:24-26).

나 또한 귀신 들려 삶이 파괴된 경우를 몇 사람에게서 본 적이 있다.

조롱하고, 거짓말하고, 고통을 가져오는 귀신들이 하나님의 형상대로 창조된 인간의 인격을 사로잡아, 자기도 모르게 악한 일을 하고 폭력을 행하는 것을 보았다. 귀신의 목소리가 사람을 통해 나오는 것도 직접 들었다. 어둠의 권세에 휘둘리는 사람들의 비참한 모습도 목격했다. 다른 이유가 더 있겠지만 일반적으로는 신비주의적 관행을 좇다가 그렇게 되는 경우가 많다. 나는 끔찍한 투쟁의 시간을 보내며 끊임없이 기도했다. 그때 사탄의 힘에 붙잡혔던 사람이 예수님께 돌아와 구원을 얻는 것을 목격했다. 악령의 실재를 보고 무척 놀랐기도 했지만, 다른 한편 예수 그리스도의 위대한 능력을 체험하게 되어 더 기뻤다. 나는 지난 15년 동안 개인적으로 체험한 바가 있어 악령의 존재를 의심할 수 없게 되었다. 비록 그러한 개념에 관해 지적으로 이해하는 데 어려움은 있지만 말이다.

그러나 보통 사탄의 파괴적 성격은 그렇게 기괴하게 표현되지 않는다. 사탄은 인간의 제도에 개입해 개인을 굴욕스럽게 만들기도 하고, 사회 및 정치 제도에 개입해 가난한 자와 약한 자를 압제하며, 인간의 탐욕을 조장해 엄청난 부정 축재를 낳게 하고, 타락한 욕망을 사용하여 모든 정열을 육적인 일에 몰두하게 만들며, 젊은 사람들로 섹스에 탐닉하게 만든다. "어둠의 세력들이 판을 치며 하나님의 창조 세계를 파괴하고 멸망의 분위기를 형성하는데, 여기에 인간의 책임과 죄가 제외되는 것은 아니다. 히틀러 권력 밑에서 6백만의 유대인이 학살되었을 때, 이러한 살인적 행위에 참여한 인간들이 보여 준 적개심과 맹목, 그리고 이에 대한 논리적 정당화 등은 악령 개념에 의해 간단히 설명될 수 있다."[7]

영적 전쟁을 직시하지 않는다면, 사람들을 시기하고 증오하고 싶은 유혹을 받을지도 모른다. 이 땅에서 우리를 박해하는 사람들은 우리의 원수가 아니며 그렇게 여겨서도 안 된다. 예수님이 우리에게 원수들을 사랑하라고 말씀하시며, 나아가 박해하는 자를 위하여 기도하라고 하신 이유가 여기에 있다. 선하건 악하건, 하나님은 모두를 사랑하신다. 하나님은 죄는 미워하실지 몰라도 죄인은 사랑하신다. 그러므로 우리도 그들을 사랑해야 한다. 우리의 전쟁은 육에 대항하는 것이 아니라, 인간의 삶과 사회 구조를 지배하는 영적인 권세자들과의 싸움이다. 영적 투쟁은 그 규모와 강도, 증후가 매우 다양하고 미묘하기 때문에 하나님으로부터 영적 분별의 은사를 간구해야 한다. 바울은 골로새 교인들이 하나님의 뜻을 아는 지식으로 충만할 것을 위하여 기도했다(골 1:9).

하나님의 투사가 되라

서신서의 독자들은 대부분 영적 전쟁에 익숙했던 것으로 보인다. 교회를 격려하려고 보낸 교훈을 보면 귀신에 관해 구체적이며 명백하게 충고한 부분은 거우 몇 군데뿐이다. 그러나 오늘날은 그러한 전제가 통하지 않는다. 그래서 승리와 자유를 얻기 위한 몇 가지 중요한 원리를 간단하게 요약할 필요가 있다.

1. 당신의 적을 알라

사탄에 관해 말하면서 바울은 "우리는 그 계책을 알지 못하는 바가 아니로라"고 말했다(고후 2:11). 우리는 악령의 성격과 전략을 알아야 한다. 그렇다고 너무 깊이 몰두할 필요는 없지만 사탄의 파괴적인 행위는 잊지 말아야 한다. 예수님은 꾸벅꾸벅 조는 제자들에게 "시험에 들지 않게 깨어 기도하라"고 말씀했다(마 26:41). 그리고 주기도문에서 "우리를 악에서 구하옵소서"라고 가르치셨다.

2. 하나님의 사랑 안에 머물라

유다는 마지막 때에 나타날 조롱하는 자들, 당을 짓는 자들, 육에 속한 자들, 성령이 없는 자들에 관하여 말하면서 독자들에게 하나님은 "능히 너희를 보호하사 거침이 없게 하시고 너희로 그 영광 앞에 흠이 없이 즐거움으로 서게 하실" 분임을 확신시켜 준다. 그러나 우리들 편에서 "거룩한 믿음 위에 자신을 세우며 성령으로 기도하며 하나님의 사랑 안에서 자신을 지킬" 것을 또한 요구했다(유 1:20-21). 흔히 죄 짓는 그리스도인은 바보라고 말한다. 그리스도 안에 거한다면 그럴 필요가 없기 때문이다. 마찬가지로 우리가 사탄의 능력에 관하여 알아야 하지만, 그것 때문에 놀랄 필요는 없다. 그리스도와 함께 빛 가운데 행한다면, 어둠의 권세를 두려워할 이유가 전혀 없다. 바울은 "사망이나 생명이나 천사들이나 권세자들이나 현재 일이나 장래 일이나 능력이나… 다른 어떤 피조물이라도 우리를 우리 주 그리스도 예수 안에 있는 하나님의 사랑에서 끊을 수 없으리라"(롬 8:38)고 확신했다.

3. 그리스도 안에서 강하라

바울은 에베소 교회에게 지시했다. "너희가 주 안에서와 그 힘의 능력으로 강건하여지고"(엡 6:10). 그리스도는 "모든 통치와 권세와 능력과 주권과 이 세상뿐 아니라 오는 세상에 일컫는 모든 이름 위에 뛰어나게 하시고 또 만물을 그의 발아래에 복종"(엡 1:21-22)시키신다. 영적으로 싸울 때는 그를 전적으로 의지하라. "너희 안에 계신 이가 세상에 있는 자보다 크심이라"(요일 4:4). 사탄과 대항하여 우리가 승리할 수 있는 것은 그리스도의 십자가가 있기 때문이다. 왜냐하면 하나님이 "그의 십자가의 피로 화평을 이루사 만물 곧 땅에 있는 것들이나 하늘에 있는 것들이 그로 말미암아 자기와 화목"케 하셨기 때문이다(골 1:20). 그리고 형제들을 참소하던 자를 정복할 수 있는 것도 '어린양의 피'로 가능하다(계 12:11).

사람을 사탄의 속박으로부터 해방시키는 십자가의 능력은 정말 극적이다. 나는 십자가에 관한 성경 구절과 본문을 읽기만 해도 영적 전쟁에서 커다란 힘을 얻곤 한다. 특히 십자가의 모습이 진지하게 묘사된 부분에서는 더 그렇다. 우리는 축사 사역과 무분별한 퇴마(귀신을 쫓는 것) 행위를 절제해야 한다. 모든 질병이 사탄의 강박이나 붙들림에 의해 기인했다고 볼 수는 없기 때문이다. 너무 한쪽으로만 치우쳐 생각하면 오히려 고통이 심해지고 심각한 합병증이 유발될 수 있다. 그리스도께서 우리를 위하여 승리하셨다. 우리는 구원을 위한 그리스도의 계획을 알아, 육을 십자가에 못 박고 성령 안에서 행해야 할 것이다. 그리고 거의 모든 경우에 우리는 그리스도의 능력 안에서 이 일을 형제자매들과 함께 할 수 있다.

4. 성령으로 충만하라

바울은 에베소 교인들에게 '열매 없는 어두움의 일'과 '악한 때'에 관하여 경고하면서 그들에게 성령 충만할 것을 촉구했다(엡 5:1-18). 그들은 전쟁에 효율적으로 임하기 위해 성령의 모든 은사로 무장할 필요가 있었다. 그는 디모데에게 "전에 너를 지도한 예언"에 의하여 감동을 받아 "그것으로 선한 싸움을 싸우라"고 경고했다(딤전 1:18). 자기 확신과 자기 의지에 의해 나타나는 교만은 너무 쉽게 우리의 사고를 지배한다. 시몬 베드로처럼, 우리는 스스로 무엇인가를 할 수 있다고 생각한다. 다른 사람들은 넘어질지라도 우리는 굳게 설 것처럼 생각하는 것이다. 만약에 다른 그리스도인의 죄로 인해 충격을 받은 적이 있다면, 그것은 자신의 연약함을 돌아보지 못했다는 증거이다. 우리는 모든 삶의 영역에서 성령에 의지할 수밖에 없는 자리에 이르러야 한다. 만약 예수님의 보혈로 날마다 우리 죄를 씻지 않고, 성령 충만하지 않는다면 결코 악한 자를 극복하지 못할 것이다.

5. 그리스도를 증거하며 섬기는 일에 적극적으로 참여하라

바울은 자기 독자들에게 성령 충만을 받으라는 명령과 동일한 문맥에서 세월을 아끼고, 잠에서 깨어나라고 촉구했다. 유다도 의심하는 자에게 확신을 주며 다른 사람들을 불에서 건지라고 권면했다. 다시 말해 우리는 모두 우주적 전쟁에 참전했으므로 잠시라도 해이해질 틈이 없다는 것이다. 우리는 날마다 주님의 뜻이 무엇인지 그리고 그분이 무엇을 행하는지 알 필요가 있다. 아이작 와츠(Isaac Watts)의 지적은 참으로 맞는 말이다. "사탄은 아직도 게으른 사람이 무엇인가 큰 재난을 일으키기를 기대한다." "서두르라. …마귀가 있다"고 했던 칼 융(Carl Jung)의 말도 주목해야 한다. 여기에서 중요한 것은 중용 또는 균형이다. 복음서에서 예수님은 마지막 순간까지 균형을 잃지 않았다. 영은 고요하고 평화로웠지만 몸은 바빴다. 그러나 성급하지도 않았다. 경계를 했지만 긴장하지는 않았다. 예수님은 하나님이 주신 일을 완전하게 성취했다. 그래서 사탄은 그의 삶에 발붙일 수 없었다.

6. 잘못된 관계를 바로잡으라

모든 교회는 죄인들의 사귐이어서, 뜻하지 않게 서로 상처를 주고받게 된다. 그래서 예수님은 용서의 필요성을 계속 가르쳤는데, 필요하다면 일흔 번씩 일곱 번이라도 용서하라고 말씀하셨다. 정당하든 부당하든 바울은 우리가 가끔 화를 낼 것을 알았다. 하지만 만약에 해를 입힌 사람에게 분을 내었다면 마귀로 틈을 주지 않기 위하여 해가 질 때까지 그것을 품지 말라고 권면했다(엡 4:27). 너무 심하게 화를 내면 쉽게 잠들지 못할 것이다. 다음날 아침에는 의기소침해 있고 불안해할 것이다. 그로 인해 두 그리스도인의 교제에 틈이 생긴다면 마귀는 그것을 재빨리 악용할 것이다.

우리는 또한 다른 사람들을 향해 우리 삶을 열어 두어야 한다. 그래야만 영적 전쟁이 일어났을 때 서로 도울 수 있다. 만약 당신의 삶에 무슨 일이 일어나고 있는지 모른다면, 어떻게 도움을 주겠는가? 그러나 서로의 삶을 순수하게 함께 나눈다면, 당신이 넘어질 때 내가 당신을 일으켜 세울 수 있고, 내가 넘어질 때 당신이 나를 일으켜 세울 수 있다. "두 사람이 한

사람보다 나음은… 혹시 그들이 넘어지면 하나가 그 동무를 붙들어 일으
키려니와 홀로 있어 넘어지고 붙들어 일으킬 자가 없는 자에게는 화가 있
으리라… 한 사람이면 패하겠거니와 두 사람이면 맞설 수 있나니 세 겹 줄
은 쉽게 끊어지지 아니하느니라"(전 4:9-12). 전쟁에 관한 바울의 교훈은 교
회에게 주어진 것이지 개인에게 주어진 것이 아니다. 우리는 서로를 일으
켜 세워야 하며, 함께 기도해야 하며, 서로를 의지해야 한다. 그리고 이것
은 순수하게 사랑 안에서 연합될 때만 가능하다.

7. 하나님의 전신갑주를 입으라

하나님은 우리에게 필요한 모든 방어물들을 주셨다. 주님과 함께 걸
을 때는 '진리의 허리띠'를 착용할 것이며, 삶은 하나님과 더불어 '의'가 되
어야 하고, 어디에서든 평화를 가져와야 하며, 악한 자의 모든 화전을 소
멸하기 위해 믿음의 방패를 가져야 하고, 쉽게 공격해 오는 공포와 근심으
로부터 마음을 지키며, 성령의 능력 안에서 승리하기 위해 하나님의 말씀
을 사용할 것을 바울은 촉구했다. 예수님이 광야에서 대적을 이긴 것은 하
나님의 말씀의 검을 휘둘렀기 때문임을 기억하라.

8. 끊임없이 기도하라

"모든 기도와 간구를 하되 항상 성령 안에서 기도하고 이를 위하여
깨어 구하기를 항상 힘쓰며 여러 성도를 위하여 구하라"(엡 6:18). 만약에
우리가 기도하지 않아서 하나님과의 밀접한 관계를 상실한다면, 전쟁에
서 결코 승리하지 못할 것이다. 우리는 매일 그의 '행진곡'을 들어야 한다.

하나님께 나아가 그를 섬기고, 그 안에서 우리의 힘을 갱신하며, 순종하고, 말씀에 귀 기울이며, 끝없이 신뢰하면서 세상 안으로 들어가 대적과 싸워야 한다. 예수님도 자신의 사역을 위하여 계속 기도해야 할 필요를 느끼셨으니, 우리는 더욱 겸손하게 자신의 연약함을 인정해야 한다. 쉬지 말고 기도하라.

9. 즐거운 소리를 사용하라

시편기자는 "즐거운 소리를 아는 백성은 유복한 자"라고 노래했다(시 89:15). 역사 이래로 하나님의 백성은 즐거운 노래로 찬양할 것을 장려 받았다. 특히 전쟁 때는 더욱 그랬다. 여호수아는 백성에게 말했다. "외치라 여호와께서 너희에게 이 성을 주셨느니라 …이에 백성은 외치고 제사장들은 나팔을 불매 백성이 나팔 소리를 들을 때에 크게 소리 질러 외치니 성벽이 무너져 내린지라 백성이 각기 앞으로 나아가 그 성에 들어가서 그 성을 점령하고…"(수 6:16, 20). 여호사밧은 강한 적을 만났을 때 하나님의 백성들을 향해 기도와 금식을 요청했다. 이에 하나님은 예언을 통해 전쟁에서의 승리를 약속하며 그들을 격려했다. 그들은 몸을 굽혀 얼굴을 땅에 대고 하나님을 경배했으며, 노래하는 자들은 일어나 '심히 큰 소리로' 이스라엘의 하나님을 찬송했다. 그들이 전쟁터로 나아갈 때, 노래하는 자들이 군대 앞에 행하면서 하나님을 찬양했다. 그리고 하나님은 그 소리에 맞춰 그들에게 승리를 허락하셨다(대하 20장).

더 나아가 사도행전 4장에는 그리스도인들이 주님을 죽인 통치자들과 대면하여 심각한 갈등에 직면했을 때, 일심으로 소리 높여 '대 주재여…'라고 큰 목소리로 찬양하는 모습이 나온다. 그들은 만물을 통치하시는 하나님을 찬양하면서 오직 그의 말씀을 담대하게 외칠 수 있기를 기도한 것이다. 그들이 성령에 의해 새롭게 충만해진 것은 놀랄 일이 아니다. 어둠의 권세가 물러간 것 또한 전혀 놀랄 일이 아니다.

세계 도처의 찬양 축제에서 나는 많은 그리스도인들에게 즐거운 소리를 사용할 것을 장려했다. 많은 회중들이 함께 모여 기쁨의 큰 소리를 외쳤을 때, 많은 사람들이 나중에 이 단순한 행동으로 말미암아 큰 용기를 얻었다고 내게 말했다. 주님 안에서 서로의 손을 굳게 잡아야 한다. 세계 도처의 사람들이 증오하며 서로 해치고, 폭력으로 서로를 괴롭히며, 정치적 구호를 외치고, 축구팀을 응원하며, 인기 가수의 공연장에서 아우성칠 때, 우리는 성경적 원리를 따라 하나님을 큰소리로 찬양해야 할 것이다. 이것은 어려움을 넘는 힘이 되고, 살아 계신 하나님을 향한 믿음을 더욱 견고케 할 것이다. "만일 하나님이 우리를 위하시면 누가 우리를 대적하리요"(롬 8:31). 우리는 위험의 한가운데서 그리고 당혹스러운 나날에 서로를 격려할 필요가 있다. 또한 예수 그리스도가 만물을 통치하시는 주님인 것을 큰소리로 전파할 필요가 있다.

1. 그리스도인에게 제자도는 일종의 투쟁입니다. C. S. 루이스가 경고한 마귀에 대한 두 가지 오류는 마귀의 존재를 믿지 않는 것과 마귀에 대해 지나치게 관심을 갖는 것입니다. 이 두 가지 오류에 대한 현실적인 예를 들어보십시오.

2. 사탄은 십자가에서 크게 패했지만 아직도 이 세상에서 활동합니다. 사탄이 활동하는 실제적인 예들을 생각해 보십시오(고후 11:14; 엡 6:11; 벧전 5:8).

3. '영들을 분별하는 능력'은 그리스도의 몸 전체를 유익하게 하려고 하나님이 우리에게 주신 신령한 은사들 가운데 하나입니다. 이 능력이 어떤 영역에서 사용될 수 있을까요? (1) 육체적, 정신적 질병 (2) 이단과 사이비 종파 (3) 교회 조직과 신학 연구 단체 (4) 악한 세속문화 등. 사탄은 우리를 직접 공격해서 하나님의 일을 방해합니다. 이것은 사회적인 핍박으로도, 개인적인 고난으로도 옵니다. 이에 대해 우리는 어떤 대책을 세워야 합니까?(벧전 5:9-10)

4. 사탄은 간접적으로 형제들을 참소하는 방법을 통해 하나님의 일을 교란시킵니다 (계 12:10). 이런 일이 교회 안에서는 실제적으로 어떻게 일어납니까?(눅 9:50-51; 고전1:12) 그 결과는 어떻습니까?(롬 2:24) 이러한 사탄의 공격을 대적할 방법을 생각해 보십시오.

5. 사탄은 하나님의 백성을 유혹함으로 그들을 파멸시키려 합니다. 이 유혹은 사회적으로 세속문화를 통해 오기도 하고, 개개인의 욕심을 통해 오기도 합니다. 실제적인 예들을 생각해 보십시오. 그리고 이에 대한 방어책도 생각해 보십시오(눅 9:23).

6. 성경은 사탄의 공격활동을 가르쳐 주면서 이를 대적하기 위한 전략도 알려 줍니다. 이에 대한 구체적인 활동으로 무엇이 있는지 생각해 보십시오. (1) 적을 알고 조심하라(마 26:41). (2) 하나님의 사랑 안에 머물러라(롬 8:38-39). (3) 주 안에서의 승리를 확신하라(골 2:14-15; 엡 6:10). (4) 성령으로 충만하라(엡 5:18). (5) 주를 위한 일에 참여하라(고전 15:58). (6) 잘못된 관계를 바로 잡아라(엡 4:26-27). (7) 하나님의 말씀으로 무장하라(엡 6:14-17; 시119:9,11). (8) 기도하라. (9) 찬양하라.

9. 전도

나는 복음의
증인입니다

　그리스도께서 제자들을 부르신 것은 그들의 유익만을 위해서가 아니다. 이 사실을 인식하는 데는 사도들조차 꽤 많은 시간이 필요했다. 그들은 항상 무엇을 얻을까, 그리고 자기들 가운데 누가 제일 큰가에 온 신경이 팔려 있었다. 예수님은 이들을 책망하지 않을 수 없었다. "인자가 온 것은 섬김을 받으려 함이 아니라 도리어 섬기려 하고 자기 목숨을 많은 사람의 대속물로 주려 함이니라"(마 20:28). 이처럼 예수님이 자기 생명을 내준 것은 어려움에 처한 사람들을 불쌍히 여겼기 때문이다. "예수께서… 무리를 보시고 불쌍히 여기시니 이는 그들이 목자 없는 양과 같이 고생하며 기진함이라"(마 9:35-36).

　　그러면 그가 이렇게 행하신 목적은 무엇인가? 주님은 열두 명의 제자들을 모아 가르친 후 복음을 전파하고 아픈 자를 치료하도록 내보내셨다. 그러면서 '천국이 가까웠다'는 말을 외치게 했다(마 10장). 얼마 후 또 다른 칠십 명이 동일한 목적으로 파송되었다. "그 후에 주께서 따로 칠십 인을 세우사 친히 가시려는 각 동네와 각 지역으로 둘씩 앞서 보내시며…"(눅 10:1-20). 이것은 쉬운 일이 아니었다. 어떤 사람들은 그들을 거부했고, 다른 사람들은 그들을 박해했다. 그들은 거대한 영적 전쟁에 휩싸이게 되었다. 그러나 칠십 명은 기쁨에 충만해서 돌아왔다. 틀림없이 이 경험은 그들에게 놀라운 배움과 자극의 기회가 되었을 것이다. 그들은 사도로서 부름 받았고 또한 보내졌으며 밖으로 나가 제자를 양육하면서 동시에 자신들도 성숙해 갔다.

　　나중에 예수님은 모든 제자들이 예수의 증인이 되고 복음 전도의 과업에 헌신하기 위하여 부름 받았다는 사실을 명백하게 말씀하셨다. "아버지께서 나를 보내신 것 같이 나도 너희를 보내노라… 너희가… 땅 끝까지 이르러 내 증인이 되리라"(요 20:21; 행 1:8). 만약 그리스도의 첫 번째 부름이 '오라'라면, 그의 두 번째의 부름은 '가라'이다. "갈지어다 내가 너희를 보냄이… 너희는 온 천하에 다니며 만민에게 복음을 전파하라 …모든 민족을 제자로 삼아…"(눅 10:3; 막 16:15; 마 28:19).

　　그들이 하룻밤 사이에 능력 있고 효과적인 복음 전도의 과업을 배운 것은 아니다. 예수님은 그들이 자연스럽게 공포심을 버리고, 무기력을 극복하도록 하셨다. 또한 추수가 임박했음을 보고, 깨어 기도할 수 있도록 도와주었다. 하나님의 나라에 관해 계속해서 가르치면서, 교만과 자기중심적인 생각에서 자유로울 수 있게 하셨다. 때로는 부끄럽고 고통스러운 방법이긴 했지만, 그들 힘으로는 아무것도 할 수 없음을 깨우쳐 주기도 했다. 오직 기도와 금식으로만 하나님의 능력이 역사하는 것을 기대할 수 있다고 말이다. 주님은 그들이 하나님을 진실로 사랑하는지 시험했고, 진실로 헌신하는지 보셨으며, 어려운 시대가 도래할 것을 경고하며 영적 전쟁을 위하여 준비시키셨다. 그리고 그 과정을 통해 성숙해질 것을 약속했다. 이 후에 제자들은 성령의 도우심으로 예수님이 행했던 일을, 나아가 그보다 더 큰 일을 행할 수 있었다.

인간적 두려움과 실패로 깨질 뻔했던 초대 교회가 성령 안에서 다시 살아난 것을 보면서, 우리는 당시 사람들이 복음을 화젯거리로 삼았으리라는 걸 상상해 볼 수 있다. 누가 먼저 그리스도의 복음을 거대한 이방 도시 안디옥에 전했는가? 뵈니게 지방을 오르내리면서 복음을 전한 사람은 누구였는가? 그들은 결코 전문가들이 아니었다. 그들은 '적은 사람들'이자 소시민이며 이름 없는 평신도들이었다. 이들은 나중에 그리스도를 전파하는 사람들로 불렀다. 어떠한 세력도 그들의 행보를 막을 수 없었다. 이처럼 교회가 복음을 담대하고 활동적으로 전했기에 세상을 극적으로 변화시킬 수 있었다.

오늘날 교회도 동일한 복음 전도의 정신을 어떻게 고취시킬지 살펴볼 필요가 있다. 첫 몇 세기 동안 복음 전도의 정신이 교회사에 얼마나 커다란 충격을 던졌는지 생각해 보라. 그리고 현재 남서 아시아, 아프리카, 라틴 아메리카 등지에서 어떤 효력을 발휘하고 있는지 생각해 보라. 우리는 선천적이기도 하고 때로는 문화적 요인이기도 한 이 얼어붙은 입을 어떻게 극복할 수 있을까? 마치 한겨울에 얼어붙었던 강이 봄이 와서 순식간에 녹는 것처럼 말이다. 선천적으로 사람을 두려워하고 변화를 싫어하는 사람들을 어떻게 자유하게 할 수 있을까? 복음 전도의 바람이 우리 교회의 예배와 교제에서 가정으로, 일터로 어떻게 퍼져나가게 할 수 있을까? 사람이 있는 곳이라면 어디든지 복음 전도의 바람이 불어야 할 것이다.

지경을 넓히라

수에넨스 추기경과 함께 옥스퍼드 대학에서 사역했던 스티븐 닐(Stephen Neill) 주교는 복음 사역의 확장에 깊은 관심을 가지고 다음과 같이 말했다. "우리는 항상 진짜 이방인(the real outsider)에 관한 문제로 고심했다. 다른 분야의 사역에서도 마찬가지겠지만 학교 사역에 참석하는 대부분의 사람들은 좋은 그리스도인과 부분적인 그리스도인, 부패한 그리스도인들이었다. 우리가 실제로 이방인들과 접촉할 수 있는 기회는 참으로 적었다. 그들에게 어떤 메시지를 들려줘야 하는지 결정하기도 매우 어려웠다. 내 고민에 대해 아무도 적당한 해결책을 내놓지 못했고, 복음 전도라고 해야 대부분 교회 안이나 교회 주변에서만 이루어졌다. 우리는 그리스도인이 자기들끼리만 모여 무슨 일을 하려는 성향을 깨뜨리는 방법을 아직 찾지 못했다. 그리스도인은 자기 구역을 세상으로 확대해야 하는데 말이다."[1]

　　그리스도인들이 연합하여 복음 전도나 축하 행사를 할 때, 믿지 않는 사람들을 만날 수 있는 장이 만들어질 수 있다. 이때 주변적 그리스도인들은 지금보다 철저하게 헌신해야 하며, 다른 사람들은 이들을 격려해야 할 것이다. 지난 몇 년 동안 나는 세계 도처에서 열리는 수많은 부흥 집회와 전도 집회에 참석했다. 음악, 찬양, 춤, 연극 등 환희를 표현하는 여러 수단을 이용해 복음을 선포했다. 그러한 일들은 세 가지 목표를 가지고 있었는데, 복음 전도와 신앙 부흥, 그리고 그리스도인끼리의 화해였다. 이 셋은 그리스도인의 선교에서 떼려야 뗄 수 없는 하나의 흐름이다.[2] 그렇지만 그리스도를 영접하지 않은 사람들(진짜 이방인)이 이러한 방법을 통해 그리스도를 발견하기란 그리 쉽지 않다. 그들을 실질적인 제자도로 이끌기 위해서는 개인적으로 다가가야 한다. 물론 여러 방법이 있겠지만, 이보다 더 효율적인 것은 없다고 생각한다.

　　이러한 관점에서, 교회는 그리스도인들이 가정과 일터에서 그리스도를 증거할 수 있도록 훈련하고 지원해야 한다. 개인적인 전도는 그리스도인들에게 매우 일상적인 일이면서 교회가 침투할 수 없는 지역을 파고드는 데 가장 좋은 방법이다. "우리는 실업인들, 상업인들, 근로자들과 함께 예배를 드릴 때, 그들에게 좋은 남편이 되라는 등 우리도 잘 지키지 못하는 교훈들을 이야기한다. 그들의 일상생활에 유익하거나 절실한 이야기는 아무것도 해 주지 못한 채 말이다. 그들의 일상생활은 분명 하나님의 나라가 오늘 이 땅에 임할 수 있는 영역이다. …우리는 전문적인 목회자뿐 아니라, 하나님의 백성이라면 누구나 자신이 처한 곳에서 하나님께 부름 받았다는 소명 의식을 고취시킬 필요가 있다. 현재 우리의 복음 전도 전략에서 가장 부족한 것이 하나님의 뜻대로 움직일 수 있는 이런 기동력이 아닐까 한다."[3]

유럽을 비롯한 서구의 많은 교회들은 선교 활동에 힘써야 한다. 왜냐하면 대부분의 사람들이 그리스도인의 믿음에 관해 거의 또는 아무것도 모르며, 교회를 부적절한 기관으로 여기고 있기 때문이다. 우리는 선교를 위해서 그리스도께 헌신된 사람들로 구성된 작은 그룹을 만들어야 한다. 그래서 기독교 실업인회, 교사회, 정치인 연합회, 사회적 압력 단체 등 모든 삶의 영역으로 들어가 그리스도를 증거하고, 그리스도께서 원하시는 교회의 모습, 곧 세상의 빛과 이 땅의 소금으로서 사명을 완수해야 할 것이다.

크리스천 극작가 와츠(Murray Watts)는 이에 대해 다음과 같이 표현했다. "우리는 오늘날 텔레비전을 보면서, '너무 끔찍해! 온통 폭력과 비윤리, 선정적인 장면들뿐이군. …썩을 대로 썩었어'라고 말한다. 세상이 썩은 것은 사실이다. 그러나 먼저 세상이 그렇게 된 데는 소금이 없었기 때문이라는 사실을 잊어서는 안 된다." 이런 이유로 다른 것들이 판을 치고 있다. 여러 가지 세속적인 일들, 혁명적이고 종교적인 물결이 사회 각 분야에 침투하여 그리스도의 복음은 무가치하며 부적절하다는 철학을 세상에 퍼트리고 있다. 그들의 전략은 매우 성공적인데 그 이유는 단 하나다. 곧 자신들의 목적을 달성하기 위해 모든 희생을 기꺼이 감수하며, 철저하게 헌신된 제자들을 훈련하고 동원하기 때문이다. 만약에 우리 그리스도인들이 하나님의 나라가 임하기를 기도한다면, 기꺼이 자신의 기도에 응답해야 할 것이다. 그것은 초대 제자들이 가졌던 담대함을 우리도 소유하는 것이다.

증인이 되라

모든 그리스도인이 복음 전도자로 부름 받은 것은 아니지만 모두가 그리스도에 대한 증인이므로 우리는 복음 전도라는 교회 과업에 헌신적으로 참여해야 한다. 그러나 복음 전도자는 그중 단 몇 사람일 뿐이다(엡 4:11). 어떠한 교회든 10퍼센트는 이 특별한 은사를 받는다는 것이 피터 와 그녀의 신념이다.[4] 이것은 10퍼센트의 사람들이 이 은사 안에서 훈련받고 격려되어야 한다는 것을 의미한다. 반면 다른 90퍼센트의 사람들은 거기에 속하지 못했다고 해서 양심의 가책이나 죄책감을 가져서는 안 된다. 모든 은사들은 다른 모양으로 하나님의 일을 위해 쓰일 것이기 때문이다.

그렇다면 먼저 증인(witness)의 특징은 무엇인가?

* 증인은 그리스도에 대한 직접적인 체험을 가지고 있어야 한다. 전해 들은 말은 법정에서건 이 세상의 여론이라는 장에서건 받아들여지지 않는다. 사람들은 오직 우리가 개인적으로 듣고 본 바를 듣게 될 것이다.

* 증인은 그것을 말로 표현할 수 있어야 한다. 비록 우리의 삶이나 일, 관계, 자세, 고난, 심지어 죽음을 통해서 그리스도를 전할 수 있지만, 그래도 우리는 "마음에 있는 소망에 관한 이유를 묻는 자에게는 대답할 것을 항상 예비해야"한다(벧전 3:15). 말로 전할 때는 '부드러움과 존경심'을 잃

지 말아야 하며, 우리가 말한 것이 생활 속에서 느껴지게 해야 한다.

* 증인은 하나님의 능력을 확신해야 한다. 증인들은 복음의 능력과 말씀의 능력, 십자가의 능력, 성령의 능력을 확신하는 사람들이다. 하나님은 모든 장벽을 깨뜨릴 수 있으며, 어떠한 사람이라도 변화시킬 수 있다. 이 확신은 교만이 되어선 안 되고, 겸손과 예민한 마음 안에서 이뤄져야 한다. 증인은 하나님 없이는 아무것도 할 수 없으며, 하나님과 함께라면 모든 것을 할 수 있음을 알아야 한다.

* 증인은 영적으로 방황하는 사람들을 불쌍히 여겨야 한다. 하나님이 그런 영혼을 매우 중히 여기신다는 것을 깊이 인식하고 돌봐야 한다. 그 사람은 하나님의 형상대로 지음 받은 존재이며, 아들에 의해 구속함을 받았고, 성령이 거하는 성전이다.

다음으로 복음 전도자(evangelist)의 특징은 무엇인가? 물론 전도자들은 그리스도의 증인들이 갖추어야 할 특징들을 최소한 잠재적이라도 갖추고 있어야 할 것이다. 그리고 이러한 특징들은 복음 전도자의 삶에서 더 완전해져야 한다. 증인이 갖추어야 할 자격과 아울러 복음 전도자는 다음과 같은 잠재 능력을 가지고 있어야 할 것이다.

* 복음 전도자는 다른 사람에게 복음을 전할 때 명확하게 설명할 수 있어야 한다. 자기 메시지에 확신을 가지고 단순하면서 적절하게 전달해야 한다.

* 복음 전도자는 마음에 호소하기보다 의지에 호소할 수 있어야 한다. 복음의 말씀을 가르친 후, 그리스도를 믿어 회개하도록 하며, 그리스도를 구세주로 영접하게 해야 한다.

＊ 복음 전도자는 하나님이 주신 믿음을 가지고 있어야 한다. 어떤 상황에서 성령이 감동을 주실 때, 즉시 그 자리에서 정확하게 반응해야 하는 것이 복음 전도자이다.

다시 한 번 강조하지만 우리는 사람들의 '잠재력'을 정확하게 관찰할 수 있어야 한다. 이를 위해 서로 기도로써 용기를 불어넣어 준다면, 이 잠재력은 우리 삶에서 날로 향상될 것이다. 어쩌면 다른 사람들이 더 분별 있는 시선으로 우리 안에 계신 하나님의 은사를 발견할 수도 있다. 이것은 자칫 은사를 망치는 이기적인 야망으로부터 우리를 보호할 수 있을 것이다. 모든 은사는 하나님의 영광을 위하여 그리고 그의 백성들의 유익을 위하여 사용되어야 한다.

복음 전도의 동기 부여

돔 헬더 카마라(Dom Helder Camara)는 "온 세상에 혁명을 일으키려면 단 하나가 필요한데, 그것은 우리가 실제적인 확신을 가지고 예수 그리스도의 복음대로 살면서 그것을 전파하는 것이다"라고 말했다. 진실로 맞는 말이다. 그러나 오늘날 많은 교회에서는 이에 대한 동기 부여조차 되어 있지 않다. 과거 어느 때보다 복음 전도를 위한 훈련 과정이 많이 생겼고, 우리 또한 무엇을 어떻게 말해야 할지 알고 있지만, 실질적으로 맞닥뜨리는 문제는 '그리스도인들이 그렇게 할 수 있도록 동기 부여를 받는 방법'이다.

신약성경의 인물 중 한 사람, 복음 전도자 빌립을 살펴보자. 그는 사도행전 6장에서 처음으로 언급되었는데, 이 사람의 성장 배경에 관해서는 거의 알려진 바가 없다. 그는 다른 여섯 사람과 함께 교회 실무를 담당하는 집사로 지명되었으며, 이후에 복음 전도자로서 지대한 영향력을 끼쳤다. 그렇다면 무엇이 빌립과 초대 교회의 많은 사람으로 하여금 그렇게 담대하게 그리스도를 전파하게 했을까?

1. 그는 성령이 충만했다

빌립을 포함하여 사도행전 6장에 등장하는 일곱 명의 집사들은 모두 성령 충만한 자들이었다. 그들은 믿음과 지혜와 성령이 충만했다. "증거에 대한 촉구는 교회 안에서 잉태되었다. 이것은 곧 교회의 본질이자 존재 자체이다. 교회는 그 안에 거하는 성령 때문에 전도하지 않을 수 없었다. 오순절 성령 강림 사건은 교회를 '전도하는 교회'로 만들었다. 왜냐하면 이때 성령이 예수님의 지상명령을 성도들의 삶의 양식으로 만들었기 때문이다. …교회가 성령의 감동으로 율법에 너무 자발적으로 반응했기 때문에, 그리스도의 명령에 억지로 복종한다는 느낌이 전혀 없었다. …교회가 전도의 동기를 느낀 것은 복종에 대한 의무가 아닌 자연스러운 것이었다."[5] 초대 교회 제자들의 가슴에는 그리스도의 사랑이 성령에 의해 지속적으로 부어졌기 때문에, 그것이 다른 사람에게 넘쳐흐르는 것이 지극히 자연스러운 일이었다.

바울은 "이는 우리 복음이 너희에게 말로만 이른 것이 아니라 또한 능력과 성령과 큰 확신으로 된 것임이라"(살전 1:5)고 말하고 있다. '큰 확신'을 가리키는 헬라어 단어 '플레로포리아(plerophoria)'는 컵에 물이 가득 차

넘치려는 모습을 나타낸다. 사람들이 우리와 맞부딪치게 되면, 우리 마음에서 넘쳐흐른 성령이 그들의 삶에 다가가 그리스도의 존재를 깨닫게 할 것이다. 만약에 우리 마음이 성령으로 가득 차 있지 않다면, 우리는 기꺼이 그리스도를 전하려 하지 않을 것이다. 왜냐하면 증거할 대상이 없기 때문이다. 의무감 때문에 그리스도에 대하여 말한다면, 그것은 공허한 말이 될 뿐 결코 예수님의 실재를 전달하지 못할 것이다.

무신론자이며 불가지론자였던 프린스턴 대학의 어떤 철학 교수가 후에 진실한 그리스도인이 되었다. 그는 역사 이래로 위대했던 성도들의 삶을 매우 주의 깊게 연구했는데 그 과정에서 그들의 삶이 영적으로 찬란했다는 사실에 깊이 빠져 들었다. 가끔 그들은 엄청날 정도로 가혹한 고난을 받았고, 비록 하나같이 평범했지만 모든 고통을 통하여 그 정신이 놀라운 광채를 발하게 되었다. 이 철학자는 어떤 초자연적 존재가 그들의 마음을 주장하고 있음을 확신하기에 이르렀다. 이 진리가 그를 그리스도에게 인도한 것이다.

나의 한 친구는 우리 그리스도인들에게 가장 중요한 일이란 무엇을 말하고 무엇을 행하는가가 아니라고 말한 적이 있다. 중요한 것은 우리의 무의식적인 영향력, 곧 예수님의 향기를 내뿜는 우리의 삶이라는 것이다. 예수님은 우리가 당신의 증거자가 되길 원하신다. 그리고 우리와 더불어 끊임없이 대화하길 바라신다. 중요한 것은 우리가 누구이고 무엇인가 하는 것이다. 말하는 것이나 행하는 것보다 증인이라는 존재가 더 중요하다. 안디옥의 성 이냐시오(St. Ignatius of Antioch)는 이렇게 말했다. "침묵을 지키면서 주의 증인이 되는 것이 떠들썩하게 말하면서 주의 증인이 아닌 것보다 훨씬 좋다."

다음의 시는 이런 위대한 진리를 내포하고 있는 것 같다.

그대의 말이나

그대의 행위를 통해서만은 아니다.

지극히 무의식적인 방법으로,

그대 안의 그리스도가 표현되고 있다.

고요하고 평화로운 미소인가?

그대 눈가에 거룩한 빛이 흘러나오는가?

당신이 그냥 웃을 때,

나는 그가 함께 계심을 느낀다.

나에게 중요한 것은,

당신이 가르치는 진리가 아니다.

그것이 당신에게는 밝았지만 나에게는 어두웠으니.

단지 당신이 나에게 왔을 때,

나는 그를 느꼈다.

당신의 눈을 통하여 그가 나에게 인사했고,

당신의 마음을 통하여 그의 사랑이 빛났다.

그때 나는 당신을 보지 못했고,

대신 그리스도를 보았다(출처 불명).

2. 그는 활동하시는 하나님을 보았다

빌립이 무엇을 보았는지 우리가 정확하게 알 수는 없지만 그가 예루살렘에서 급속도로 성장하는 교회의 잘 알려진 인물이었기 때문에, 오순절 성령 강림 때 그도 제자들과 함께 있었다고 예측할 수 있다. 아마 그는 하나님의 사랑에 압도되었을 것이며, 그리스도가 함께 계심을 느끼며 감탄을 금치 못했을 것이다. '사랑과 경이와 찬양으로 넋을 잃고' 성령이 주신 언어로 하나님을 경배했을 것이다. 그는 사도들이 행하는 '많은 기사와 표적들'을 목격했을 것이며, 성전에서 절름발이가 나음을 받고 '걸으며 뛰며 하나님을 찬양하는 것을' 보고 기뻐했을 것이다. 반대자들이 날로 증가하여 사도들이 하나님의 말씀을 담대하게 전하기를 기도했을 때도 함께 참여했을 것이다. 방 안에 있던 모든 사람이 성령 충만함을 받았을 때도 거기 있었을 것이다. 그가 새로 태어난 교회 안에서 사랑의 돌봄과 커다란 관용을 함께 경험했으리라는 사실도 의심의 여지가 없다. 교회의 삶이 위기에 처했을 때, 곧 아나니아와 삽비라가 성령에 대하여 거짓말을 했을 때도 하나님의 극적인 심판을 확실하게 체험했을 것이다. 확실히 그는 오순절 때 120명이었던 교인이 불과 수주일 만에 수천 명으로 급격히 증가하는 것을 목격했다. 그들은 "온 예루살렘을 자기들의 가르침으로 충만하게" 했다. 심지어 매를 맞고 경고를 받았을 때도 "저희는 날마다 성전에 있든지 집에 있든지 예수는 그리스도라 가르치기와 전도하기를 쉬지 아니" 했다.

하나님이 활동하시는 것을 보는 것보다 더 감동적인 일은 없다. 사람들이 그리스도에게 돌아올 때, 그들의 삶이 변화할 때(어떤 때는 극적으로 변하기도 한다), 그리스도인들이 하나님의 사업에 자발적으로 헌신할 때, 사람들이 질병에서 나음을 받거나 귀신의 권세로부터 풀려날 때, 하나님의 백성들이 찬양하며 그분을 뜨겁게 느낄 때, 그리스도의 몸 안에서 하나님의 사랑을 구체적으로 느낄 때, 우리는 믿음 안에서 모든 것을 행할 수 있다. "우리는 보고 들은 것을 말하지 아니할 수 없다"(행 4:20). 그래서 영적 갱신은 복음 전도에 결정적인 역할을 한다. 만약에 교회의 삶이 낮은 수준에 머물러 있다면, 믿는 것은 하나의 투쟁과도 같을 것이며, 그리스도를 증거하는 것은 죽기보다 힘들 것이다. 그러나 하나님의 백성들에게서 주의 사랑과 능력이 발견된다면 우리는 자연스럽게 그리고 자발적으로 모든 것을 이야기하게 될 것이다.

3. 그는 고난을 당하자 더욱 박차를 가했다

빌립이 집사로 임명된 직후, 일곱 집사 중 하나인 스데반이 체포되고 재판을 받게 되었다. 하나님의 능력이 그와 함께하신다는 것이 너무 두드러졌기 때문에 정치 지도자들은 어떤 행동이라도 취할 수밖에 없었다. 스데반은 하나님이 백성들이 거부당하자 용기 있게 외쳤다. "목이 곧고 마음과 귀에 할례를 받지 못한 사람들아 너희가 항상 성령을 거슬러 너희 조상과 같이 너희도 하는도다." 스데반은 담대함 때문에 순교 당했으나 그의 고난은 교회에 용기를 북돋워 주는 계기가 되었다. 그 후 박해가 계속되자, 사람들은 유다와 사마리아 전역으로 흩어지게 되었다. 그리고 그 흩어진 사람들은 두루 다니며 복음의 말씀을 전했다(행 7장, 8:1-5). 스데반의 설교는 빌립과 다른 사람들에게 많은 영향을 끼쳤다. 빌립은 그 설교에 자극받아 아무도 가지 않은 사마리아로 간 것으로 보인다.

바울은 "형제 중 다수가… 주 안에서 신뢰하므로 겁 없이 하나님의 말씀을 더욱 담대히 말하게 된 것은" 그 자신의 고난과 매임을 통해서라고 말했다(빌 1:14). 순교자의 피는 교회의 씨다. 모든 시대에 있어 그리스도인들이 받은 박해는 복음의 확장으로 이어졌다. 본회퍼는 "교회는 복음을 위하여 핍박받고 순교당하는 사람들의 공동체이다"라고 말하곤 했다. 그도 그리스도를 위하여 목숨을 바친 수백 만 순교자 가운데 한 사람이 되었다.

마이클 그린(Michael Green)은 《복음 전도-현재와 과거》(Evangelism-now and then)라는 뛰어난 책에서, 아민(Amin) 장군이 정치적인 이유로 감옥에 가둔 세 우간다 사람들의 이야기를 들려준다. "그들은 성령의 능력과 사랑 안에서 성숙해 갔다. 그리고 공중 앞에서 처형받기 위해 끌려 나갔다. 그때 그들은 복음을 가져다주고 용기를 준 페스토 키벤제레(Festo Kivengere) 주교에게 자기들을 처형하는 사람들에게도 복음을 전해 달라고 부탁했다. 그들은 군중들 앞에서 처형을 기다리는 순간에도 그리스도를 기쁘게 증거하면서 자기들을 용서하고 받아들이는 하나님을 계속 찬양했다. 총성이 울려 퍼지는 순간까지 그들의 증거와 찬양은 끊이지 않았다. 이 이야기는 거센 불길처럼 온 나라를 휩쓸었다."[6]

서구의 많은 교회가 안고 있는 문제는 그들이 너무 편안하다는 것이다. 어느 곳에서도 그리스도인이 되기 위한 희생을 요구하지 않는다. 오늘날의 교회는 박해와는 도무지 관련이 없어 보인다. 어떠한 의미에서는 교회가 더 이상 박해받을 가치도 없어졌다. 교회가 세상을 반대하지도 않을 뿐더러 서서히 세력이 약해지고 있으니 말이다. 그러나 교회가 오늘날의 세속적인 문화를 반대하고 나선다면 시기하는 영들로부터 박해받게 될 것이다. 교회에서 타락한 인간들의 이기적인 야망이 발견돼 예수 그리스도의 빛과 사랑에 의하여 위협받게 되면, 사람들이 움츠러들 뿐만 아니라 오히려 되받아치게 된다. 만약에 교회가 성령으로 새롭게 거듭나기를 원하고 또 이로 인해 야기되는 핍박을 기꺼이 받기 원한다면, 그리스도를 담대하게 증거할 용기를 갖게 되거나, 아니면 그리스도인의 공동체에서 도태될 것이다. 이제는 교회가 정화되어야 할 시기이다. 그렇게 되면 능력 있는 복음 전도의 시대가 도래하게 될 것이다.

복음 전도에 대한 영국 성공회의 보고서는 비유적으로 이렇게 말한다. "예수께서 제자들에게 '나를 따라 오너라 내가 너희로 사람을 낚는 어부가 되게 하리라'고 말씀하셨을 때, 그들이 마음에 그렸던 그림은 다음과 같았다. 자신들의 일터이자 다른 어느 호수보다 위험했던 갈릴리 호수에 깊이 들어가 배 옆에서 그물을 던지고 또 끌어당기며, 잡힌 고기들을 물가로 가져오는 것 말이다. 이 일은 매우 위험하고 힘겨운 작업이었지만, 평생 해야 할 생업이었다. 그러나 영국에 있는 현대 어부의 보편적 이미지는 이와 다르다. 물론 원양 어선을 타는 직업적 어부는 그렇지 않겠지만 우리가 고기를 낚는 어부를 생각할 때 떠오르는 그림은 주말에 취미 삼아 낚시하는 사람들이다. 강둑에 편안히 앉아 햇빛 가리개를 쓴 채 낚싯대에 미끼를 달아 물에 던지고는 가끔 걸려드는 고기를 끌어당겨 바구니에 담고는 흐뭇하게 웃음 짓는 모습 말이다. 그들에게는 위험을 감수할 것이 전혀 없으며, 그들이 낚시하는 대상도 그다지 가치가 없다. 그들은 일상이 아니라 가끔 주말을 즐기기 위해 낚시할 뿐이다. 그들의 삶이 여기에 달려 있는 것이 아니기 때문이다."[7]

　우리가 복음 전도를 '재미로 즐기는' 한, 그리고 위험한 일은 피하고 스스로 아무 대가를 치르려 하지 않는 한, 우리는 사회에 아무런 충격을 가할 수 없다. 우리가 복음 전도를 주말을 위한 점잖은 스포츠가 아니라 일상생활의 진지하고 심각한, 그리고 희생을 요구하는 사업(교회의 사활을 결정하는 사업)으로 여길 때, 폭풍우 치는 바다를 극복하고 하나님의 영광을 위하여 나간 어부의 만선을 맞이할 수 있을 것이다. 어떤 나라에서는 종교적, 정치적 상황이 너무 좋지 않아서 교회 지도자들이 복음을 전하지 말라고 요구한다고 한다. 만약 스데반이나 빌립이 이러한 경우에 놓였다면 그들은 어떻게 반응했을까?

복음 전도의 내용

　빌립의 메시지에는 애매하거나 자기 방어적이거나 자기 변론적인 요소가 전혀 없었다. "빌립이 사마리아 성에 내려가 그리스도를 백성에게 전파하니"(행 8:5), "빌립이 하나님 나라와 및 예수 그리스도의 이름에 관하여 전도함을…"(행 8:12), "빌립이 입을 열어 이 글에서 시작하여 예수를 가르쳐 복음을 전하니"(행 3:35). 우리에게 위탁된 하나님의 메시지는 예수 그리스도이다. 이것의 중심은 철학적 명제가 아니라 그리스도의 인격이다.

　"복음 전도는 사랑 안에 있는 교회가 궁핍한 세상을 향해 성령의 능력으로 그리스도의 주장을 제시하는 것이다."[8] 그리스도에 관한 이 주장들의 기초는 그의 특별한 인격, 우리 죄를 위한 그의 죽음, 죽은 자들로부터의 부활, 그리고 산 자와 죽은 자를 심판하기 위하여 다시 오심이다. 히브리서는 제자도가 유발하는 갈등 때문에 믿음이 동요되는 사람들을 대상으로 기록되었다. 이 편지의 메시지는 다음과 같이 간단하게 요약할 수 있다. "예수님 같으신 분은 아무도 없다!" 그는 하나님의 마지막 말씀이자 이 세상의 창조주로 묘사되었다. 그는 하나님의 영광을 반영하며 그분의 속성과 본질을 가지고 있다. 그는 능력의 말씀으로 우주를 떠받치고 있다. 그는 우리 죄를 위한 단 한 번의 희생 제물로 자신을 단번에 그리고 완전하게 제공했다. 그래서 우리는 하나님 앞으로 담대하게 들어갈 확신을 얻게 되었다. 아무도 그와 같은 분이 없다(히 1:1-3, 10:10-20).

그렇기 때문에 예수님 외에 중요한 건 아무것도 없다. 예수님이 없다면 우리 존재의 가장 중요한 목적이 상실되기 때문이다. 베드로는 예수님의 죽음을 확증한 유대 지도자들 앞에서 담대하게 말했다. "다른 이로써는 구원을 받을 수 없나니 천하사람 중에 구원을 받을 만한 다른 이름을 우리에게 주신 일이 없음이라"(행 4:12). 바울은 우리가 언젠가는 모두 그리스도와 더불어 결산해야 한다고 말했다. "우리가 다 반드시 그리스도의 심판대 앞에 나타나게 되어 각각 선악 간에 그 몸으로 행한 것을 따라 받으려 함이라"(고후 5:10). 예수님도 장차 도래할 심판에 관하여 명백하게 그리고 반복해서 가르치셨다. 그는 우리를 너무 사랑하셔서 우리에게 가장 필요한 것을 가르치셨을 뿐만 아니라 죽음을 통해 그 필요를 직접 충족시켜 주셨다.

이제 우리가 할 일은 죄로부터 돌이켜 그를 구세주로 신뢰하며 성령을 우리 마음 안으로 받아들이는 것이다. 만약에 우리가 그러한 위대한 구원을 무시한다면 어떻게 하나님의 의의 심판을 피할 수 있겠는가?(히 2:3)

또한 만약 우리가 이 복음에 대해 주저하고, 부끄러워하며 변명하기 급급하다면, 어떻게 다른 사람을 도와줄 수 있겠는가? 만약 우리 메시지의 중심이 그리스도가 아니거나 또는 우리 삶을 불태울 만한 정열이 없다면, 우리가 어떻게 다른 사람으로 예수님을 믿게 도우겠는가? 만약에 그리스도의 제자들이 서로 싸우고, 함께 일하기 싫어하고, 하찮은 일에 집착한다면, 사람들이 '예수님과 같은 분이 또 없다'는 것을 어떻게 믿겠는가? 만약 잃어버린 영혼에 대한 긍휼함이 없거나 복음 전도에 냉담하다면, 또는 기꺼이 희생을 감수하지 않는다면, 어떻게 세상 사람들로 하나님이 필요하다는 사실을 믿게 하겠는가? 이것들은 교회 밖에 있는 사람들이 진지하게 제기하는 문제들인데, 교회도 이와 같은 질문을 심각하게 제기해야 할 것이다.

하나님은 화해의 사역을 우리에게 위임하셨다. 우리는 사람들이 예수 그리스도를 통하여 하나님과 화해하도록 요청해야 한다. "그러므로 우리가 그리스도를 대신하여 사신이 되어 하나님이 우리를 통하여 너희를 권면하시는 것 같이 그리스도를 대신하여 간청하노니 너희는 하나님과 화목하라"(고후 5:20). 그러나 우리는 그리스도 자신이 하나님 나라를 선포하신 것을 기억할 필요가 있다. 하늘에 있는 것이나 땅에 있는 것이 다 그리스도 안에서 통일되도록 하는 것이 하나님의 목적이다(엡 1:10). 그리고 하나님이 의도하시는 것은 온 세상이 그리스도를 통하여 서로 화해하는 것이다. 오로지 개인적 구원에만 관심을 쏟는 복음 전도는 신약성서의 복음 전도가 아니다. 그리스도에 관한 선포는 삶의 모든 영역에 영향을 끼친다. 개인적인 영역은 물론이고 사회적, 정치적, 교육적인 모든 영역에 그리스도가 선포되어야 한다.

이에 대하여 풀러 신학원(Fuller Theological Seminary)의 윌리엄 글래서(William Glasser) 박사와 대화한 적이 있는데, 그는 나에게 수사학적 질문으로 이렇게 물었다. "남아프리카를 위한 복음은 무엇입니까? 그리스도께서 당신의 죄를 위하여 죽으셨다는 것 아닙니까?" 내가 남아프리카의 대학에서 복음 전도 사역을 지도하고 있을 때, 그 학생들이 당면했던 심각한 화제들에 대해 그들이 먼저 이야기한 적이 없었다. 하나님은 인종 차별에 대하여 무어라고 말씀하시는가? 그리스도인이 '위에 있는 권세들에게 굴복하라'는 것은 무엇을 의미하는가?(롬 13장) 나는 하나님이 아들의 죽음과 부활을 통하여 우리의 죄에 응답하셨음을 확실하게 설교했다. 어쨌든 복음 전도자는 사람들이 질문하는 것을 주의하여 듣고 진지하게 생각해야 한다. 오직 그럴 때 적합한 복음 전도자가 될 수 있다.

남아프리카 출신인 데이비드 보쉬(David J. Bosch) 교수는 그것을 이렇게 표현했다. "만약에 우리가 사람들의 감정을 충족시키는 문제나 개인적인 문제들(당신은 외로운가? 당신은 실패했다고 느끼는가? 당신은 친구가 필요한가? 그리하면 예수님께 오라!)에 상응하는 복음만 이야기하고, 이웃과의 관계나 인종 차별, 노동 착취, 포악한 불의 등에 관해 침묵한다면, 우리는 복음을 선포하는 것이 아니다. 이것은 바로 본회퍼가 말한 이른바 '값싼 은혜'의 전형이다."[9]

현대의 많은 사람들은 그리스도의 복음을 거부하고 가령 마르크스

적인 철학 등을 옹호하고 있는데, 그 이유는 부분적으로 그들이 가끔 듣
는 복음의 메시지를 실제적으로 보지 못하기 때문이다. 만약 당신이 한
사람을 변화시킨다면, 세상을 변화시킬 것이다. 데이비드 보쉬는 그것
을 멋지게 표현했다. "개인과 함께 시작하지 않는 기독교는 시작되지 않
는다. 그러나 개인과 함께 끝나는 기독교는 그렇게 끝나고 만다." 하나님
이 개인의 구원에 관해 무한한 관심을 갖고 있다는 것은 확실하다. 그러
나 그의 목적은 창조 세계를 치유하는 것이다. 그래서 하나님 나라에 대
한 빌립의 설교는 하나님 나라에 대한 많은 표적들을 수반하고 있다. "무
리가 빌립의 말도 듣고 행하는 표적도 보고 한마음으로 그가 하는 말을
따르더라 많은 사람에게 붙었던 더러운 귀신들이 크게 소리를 지르며 나
가고 또 많은 중풍병자와 못 걷는 사람이 나으니 그 성에 큰 기쁨이 있더
라"(행 8:6-8).

　　현대 사회의 주요한 특징은 실망과 좌절과 절망이다. 과거 어느 때
보다 우리는 하나님 나라의 복음을 선포하고 증명할 필요가 있다. 하나님
은 죄와 악과 죽음을 지배하신다. 하나님의 능력이 사람들의 마음을 변화
시키고, 깨어진 관계를 회복시키고, 억압 상태를 깨뜨리고, 정의를 구현하
며, 정서적 상처와 육체적 질병을 치료하는 것을 볼 때, 그들도 한 마음으
로 하나님을 주목하기 시작할 것이다. 최소한 우리는 세상에서 가장 영광
스러운 좋은 소식인 이 복음을 기쁜 열정으로 다른 사람에게 전해야 할 것
이다. 드라마와 무언극, 음악과 춤 등 모든 방법을 동원하여 이 소식을 계
속 전해야 한다. "만약에 당신이 괜찮다면 현대를 살아가는 우리는 이미
지나 비유, 이야기, 소설 등을 사용할 필요가 있다. 현대 서구인들은 너무

슬프게도, 인격적 영양 결핍으로 고통을 당하고 있다. 지금은 우리가 일어서서 열심히 우리 이야기를 들려줄 때다."[10] 이러한 방법을 통해 나는 감옥에서, 길가에서, 학교에서, 대학에서 교회를 향해 냉소와 반감을 던지는 많은 사람들이 신선한 반응을 보이는 것을 자주 목격했다.

주동자였던 어떤 테러리스트가 감옥에서 예배를 드린 후 나에게 이런 편지를 보냈다. 그는 북아일랜드에 투옥되어 있었다. "그리스도인이 되는 문제를 두고 저는 오랫동안 고민해 왔습니다. 그러나 당신의 선교 팀을 본 후에는 더 이상 주저할 필요가 없음을 느끼게 되었습니다. 이제 나는 그리스도의 피로 구원을 받았습니다." 그의 편지는 두 가지 재미있는 사실을 보여 주었는데, 먼저 폭력으로 일관된 삶임에도 불구하고 그는 영적으로 굶주려 있었다. 둘째, 실제적으로 그를 움직였던 것은 내 설교가 아니라 우리 선교 팀의 사역이었다는 것이다.

우리가 또 하나 주목해야 할 것은 빌립의 복음 전도 사역이 완전하지 않았다는 것이다. 마술사 시몬을 대할 때 빌립의 영적 분별력은 완벽하지 않았다. "시몬이 사도들의 안수함으로 성령 받는 것을 보고 돈을 들여 가로되 이 권능을 내게도 주어 누구든지 내가 안수하는 사람은 성령을 받게 하여 주소서." 시몬의 회심은 거짓이었는데 이에 대하여 사도 베드로가 책망했다. "하나님 앞에서 네 마음이 바르지 못하니 이 도에는 네가 관계도 없고 분깃 될 것도 없느니라 그러므로 너의 이 악함을 회개하고 주께 기도하라… 내가 보니 너는 악독이 가득하며 불의에 매인 바 되었도다." 우리는 그리스도의 몸 안에서 서로의 은사를 서로 필요로 한다.

빌립도 사마리아 사람들이 성령을 받기 전에 베드로와 요한의 사역을 필요로 했다. 사마리아 사람들이 성령을 충만하게 받을 수 있겠는가에 관해서는 많은 논란이 있었기에 거기에는 사도의 증거와 확증이 필요했다. 빌립의 전도 메시지에는 성령에 대한 직접적인 언급이 없을 수도 있다. 사도행전 18장의 아볼로의 경우처럼 말이다. 오순절에 행한 베드로의 가르침은 명백했다. "너희가 회개하여 각각 예수 그리스도의 이름으로 세례를 받고 죄 사함을 받으라 그리하면 성령의 선물을 받으리니"(행 2:38). 영국에서 있었던 성령 운동 주의자들과 복음주의자들과의 대화로부터 비롯된 복음과 성령이라는 진술은 다음과 같이 설명된다. "우리가 복음을 전도하며 가르치는 모든 일에 있어서 우리를 위한 그리스도의 구원과 은사의 모든 범위를 제시할 필요가 있다는 데에 모두의 의견이 일치한다. … 그것은 곧 한 쪽이 잘려 반신불수가 된 복음을 전파하는 것이 아니라 완전한 복음을 전파하는 일이다."[11]

복음 전도의 방법

빌립의 복음 전도 사역의 가장 두드러진 특징은 그가 하나님의 성령에 복종했다는 것이다. 그는 성령께 복종하는 마음으로 유대와 사마리아의 분열의 담을 넘었다. 그는 열매를 많이 맺는 사역을 버리고 예루살렘과 가사 사이에 있는 광야 길을 수마일이나 여행해야 했다. 자기가 어디로 가는지 알지 못했는데도 말이다. 그는 복종하는 마음으로 어떤 여행자의 마차에 올라탔다. 이후에 복종하는 마음으로 그 사람을 떠나 여러 성을 지나

다니며 복음을 전하고 가이사랴에 이르게 되었다. 빌립이 에티오피아 내시에게 개인적으로 복음을 전한 사건을 살펴보면, 그는 적절한 사람에게 적당한 시간에 적절한 말씀과 함께 바른 사역을 하였다. 이 일은 빌립이 성령께 순종함으로 가능했다.

1. 적절한 사람

'에디오피아 여왕 간다게의 모든 국고를 맡은 큰 권세가 있는 내시'는 하나님의 성령이 활동하고 있었던 사람임이 분명했다. 빌립이 무대에 등장하기 오래 전부터 말이다. 그 내시는 예루살렘을 다녀가며 거기에서 하나님의 역사하심을 본 듯하다. 아마 북부 이집트에 있었던 유대인들이 그의 호기심을 자극한 것 같다. 나는 자주 테일러 스미스 주교의 이 기도문을 가지고 기도한다. "주여 나에게 당신을 위한 모든 기회를 볼 수 있는 눈을 주시고, 또 그것을 잡을 수 있는 은혜를 주옵소서." 하나님의 성령이 세상을 통해 활동하심을 믿으면서, 우리는 성령이 사람들의 삶 속에 역사하심을 볼 필요가 있다. 그리고 그러한 기회가 올 때 그것을 취할 수 있는 민감함과 담대함을 가질 필요가 있다. 에디오피아의 전승에 의하면 이 내시가 이 나라 최초 개종자가 되었을 뿐만 아니라 최초의 복음 전도자가 되었다고 한다. 그는 분명 적절한 사람이었다.

2. 적절한 시간

빌립이 성령의 지시에 따라 전차로 다가갔을 때, 어떤 사람이 성경을 소리 높여 읽는 것을 듣게 되었다. 다른 곳도 아니고 바로 이사야 53장이었다. 이 얼마나 완벽한 타이밍인가! 말해야 할 때가 있고 침묵을 지켜야 할 때가 있다. 나의 복음 전도 사역의 경험으로 미루어 보자면, 하나님이 특별히 가깝게 느껴지고 쉽게 발견되는 순간이 있다. 우리는 "여호와를 만날 만한 때에 찾으라 가까이 계실 때에 그를" 불러야 한다(사 55:6). 비록 바울이 디모데에게 권고한 것처럼 '때를 얻든지 못 얻든지 항상' 복음을 전파해야 할 만큼 복음이 절실하고 시급하게 요구되지만, 우리는 성령이 인도하시는 사람에게로 나아갈 수 있도록 기도해야 한다. 그 사람이 그것을 의식하든지 말든지 관계없이 말이다. 예수님이 사마리아 여인을 우물가에서 만난 시간도 또 하나의 좋은 예다.

3. 적절한 말씀

빌립이 다급히 물어보았다. "읽는 것을 깨닫느뇨?" 그는 빌립에게 마차에 오를 것을 청하고는 대화를 이어나갔다. 여기에서 몇 가지 재미있는 점이 발견된다.

1) 우리는 복음을 전하려는 사람에게 적합한 말씀을 사용할 필요가 있다. 빌립은 그에게 아주 예의바르게 행동했으며 그가 무엇을 필요로 하는지 알고 있었다. 따라서 그를 더 깊이 변화시킬 수 있었다. 영국 성공회 신부로 있는 한 친구가 얼마 전 한 청소부를 인도한 일이 있었다. 그는 청소부에게 이렇게 말했다. "빌, 세상에서 가장 위대한 청소부를 한 분 소개해 줄까요? 그분은 언제라도 자네의 쓰레기를 치워 주실 것이네." 빌은 내 친구의 말이 자기 상황과 너무도 잘 들어맞아 무척 놀라워했단다. 그는 예수님이 자기 마음의 쓰레기를 치우려고 오셨음을 이해했고, 동시에 자기

삶을 깨끗하게 하셨음을 인정했다. 이것은 예수님이 우물가 여인에게 하신 것과 같은 접근 방법이었다.

2) 우리가 누군가를 그리스도께 인도하는 데는 단순하고 논리적인 말도 필요하지만, 무엇보다 기도해야 한다. 한 여인이 이웃 사람에게 그리스도를 전하려고 마음먹었다. 그러나 자신이 복음 전도자도 아닌 데다 적당한 기회조차 주어지지 않았다. 그래서 어느 날 아침 이렇게 기도했다. "주님, 주님이 그 사람을 사랑한다는 것을 보여 주기 위해 제가 할 수 있는 말이 무엇입니까?" 평소 그녀는 자신의 기도에 그처럼 즉각적으로 응답하는 하나님을 본 적이 없었다. 그런데 그때는 마치 주님께서 크게 말씀하시는 것처럼 강한 감동을 주셨다. 그녀는 복종하는 마음으로 이웃에게 가서 문을 두드리고 들어가도 좋은지 물었다. 그리고 조심스럽게 말을 건넸다. "오늘 아침에 하나님이 당신에게 어떤 말을 하고 싶으신지 기도로 물었어요. 그러자 하나님이 당신께 '두려워하지 말라'고 말씀하신다는 생각이 들더군요." 그러자 이웃이 갑자기 웃음을 터뜨렸다. 오늘 아침 그녀의 딸이 수술해야 한다는 말을 듣고 두려움에 가득 차 있었다는 것이다. 그 말 한마디에 하나님이 자신을 지극히 사랑하신다는 것을 깨달은 그 이웃은 조금의 저항도 없이 주님께로 인도되었고, 이제는 날마다 하나님의 지극한 사랑을 확신하며 주 안에서 살고 있다.

3) 복음을 전할 때 우리는 성경을 알아야 한다. 빌립은 에디오피아 내시가 읽고 있는 성경 본문을 보자마자 예수님의 복음을 전했다. 우리는 누구에게나 성경을 통해 하나님을 발견할 수 있도록 도와야 하며, 또 그 안에서 사람들이 반복해서 묻곤 하는 가장 보편적인 질문에 대해 명료하게

대답할 수 있어야 한다. 나는 《누구 있습니까?》(Is Anyone There?)라는 다른 책에서 우리에게 계속 반복되는 질문에 대해 잠깐 논한 적이 있다.

- 왜 이 세상에 고통이 존재하는가?
- 교회는 아주 죽은 것 같고 또한 부적합하다.
- 다른 종교들은 왜 있는가?
- 이해할 수 없는 일이 너무 많다.
- 과거에 수없이 노력했으나 아무 소용이 없었다.
- 교회에 빠질게 될까 오히려 두렵다.
- 하나님은 나를 어떻게 인도하시는가?
- 나는 어떠한 일이든지 쉬지 않고 척척 해낼 수 있다. 나 혼자서 이것을 해낼 수는 없는가?
- 나는 하나님에 대한 필요를 전혀 느끼지 못한다.
- 어렵게 교회를 나갈 필요가 있는가?
- 나는 성경을 받아들일 수 없다.

이런 여러 질문에 꼭 들어맞는 대답을 찾기란 매우 어렵다. 특히 고통에 관한 것은 더욱 그렇다. 어쩌면 다른 질문에도 완전하게 대답할 수는 없을 것이다. 어쨌든 하나님이 우리 삶에서 왜 그렇게 역사하시는지 우리가 온전히 안다면, 그분은 우리보다 결코 크지 않을 뿐더러 믿을 만한 가치도 없을 것이다. 하지만 이러한 질문을 받았을 때 성경을 바탕으로 사려 깊게 설명하려고 노력해야 한다. 이것이 불신앙의 핑계나 신앙의 장애가 되지 않도록 말이다. 많은 경우, 믿지 않는 사람들은 믿으려 하지 않는 사람들이다. 이것은 의지의 문제다. 우리가 아무리 설득시키려 해도, 그는 여전히 자기 견해를 버리지 않을 것이다.

또한 어떤 사람의 신앙이 명확한 논리에 의존할 경우, 그는 보다 더 명확한 논리가 나타나면 굴복하고 만다. 바울의 관심은 성령의 능력 안에서 오직 '그리스도와 그의 십자가에 못 박히신 것'만 전파하는 것이었다. 그것은 말씀을 받은 사람들이 사람의 지혜에 의지하지 아니하고 오직 하나님의 성령의 능력에 의지하도록 하기 위함이었다(고전 2:1-5). 사마리아 여인이 예수님께 하나님을 어디에서 경배해야 하는지, 예루살렘인지 사마리아인지 물었을 때(예수님이 회개를 촉구하는 아주 개인적 영역을 건드렸을 때 이 질문이 나왔다) 예수님은 대답을 다하지 않으시고, 오히려 그녀에게 영적인 주제에 대해 말씀하셨다. "하나님은 영이시니 예배하는 자가 영과 진리로 예배할지니라"(요 4:24). 계속 제기되는 인간의 보편적인 질문을 미리 알고 대답을 준비해 두는 것도 좋지만, 중요한 것은 질문의 핵심을 보다 인격적이고 유용한 방향으로 돌리는 것이다.

사람들을 그리스도에게 인도하라

만약 우리가 낯선 마을에서 길을 잃고 방황하다가 누군가를 만나 길을 물었을 때 그가 "왼쪽으로 가다가 다시 오른쪽으로 돌아 거기에서 쭉 가세요. 그러면 큰길을 찾을 수 있을 겁니다"라는 식으로 말해 주면 좋을 것이다. 물론 이보다 더 복잡하고 정확하게 표현할 수도 있다. 그러나 우리가 원하는 것은 길을 찾는 가장 빠르고 간단한 방법이다. 이것을 신학에 대입해 보면, 길을 찾는 이에게는 무언가 '명백하고 간단한 것'이 전부이다. 그렇다면 신앙의 측면에서 그리스도께 인도되는 가장 간단한 방향은 무엇인가? 나는 수년 동안 이것을 표현하기 위해 많은 방법들을 사용해 왔다. 그리고 21세 때 그리스도에게로 향하는 간단하고 명백한 방향을 발견했다. 다음과 같이 네 단계로 나누어 그리스도를 다른 사람에게 증거하는 것이다.

1. **인정해야 할 것** 먼저 하나님이 필요함을 인정하라. 특히 당신은 죄 속에 있고, 그의 용서가 필요하다는 것을 인정해야 한다. 죄는 하나님의 길을 벗어나 하나님이 원하는 대로가 아니라 당신이 원하는 대로 행한 것을 의미한다. 바울은 성경에서 이렇게 말했다. "모든 사람이 죄를 범하였으매 하나님의 영광에 이르지 못하더니"(롬 3:22-23). 멋진 삶에 관한 한 당신은 에베레스트 산꼭대기에 있고, 나는 계곡 골짜기에 있을 수 있다. 그러나 중요한 것은 '차별이 없다'는 것이다. 왜냐하면 당신이나 나나 별을 만지지 못하는 것은 매한가지 아닌가. 성경을 통해 볼 수 있듯이 하나님의 완전함에 비하면 우리 모두는 턱없이 부족하며, 특히 예수 그리스도의 삶과 가르침에 비추어 보면 더욱 그렇다. 죄가 우리를 하나님으로부터 격리시켰으니, 우리에겐 그분의 용서가 절대적으로 필요하다.

2. **믿어야 할 것** 그리스도께서 당신을 위하여 죽으신 것을 믿어라. 이

손(나의 왼 손을 붙들면서)은 당신 자신이라고 가정하고, 이 물건(책을 나의 손에 올려놓으면서)이 당신의 죄라고 가정하라. 이 죄가 당신과 하나님 사이를 '장애물'처럼 가로막고 있어서 하나님이 멀리 계신 것처럼 보이는 것이다. 이 다른 손(나의 오른손을 붙들면서)이 예수님이라고 가정하라. 예수님은 결코 아무 죄도 없으시다. 이사야 53장 6절은 예수님이 장차 십자가 위에서 고통 당하실 것을 미리 말했다. "우리는 다 양 같아서 그릇 행하여 각기 제 길로 갔거늘 여호와께서는 우리 모두의 죄악을 그에게 담당시키셨도다." 이제 당신의 죄가 어디에 있는가? 예수님이 십자가 위에서 돌아가셨을 때 그것은 예수님에 의하여 제거되었다. 예수님이 왜 죽어야 했는지를 잘 이해할 수 없었던 시몬 베드로는 나중에 이렇게 말했다. "그리스도께서도 단번에 죄를 위하여 죽으사 의인으로서 불의한 자를 대신하셨으니 이는 우리를 하나님 앞으로 인도하려 하심이라"(벧전 3:18). 예수님이 당신을 위하여 죽으심으로 하나님의 사랑을 영원히 알 수 있게 하셨다.

3. 고려해야 할 것 예수님이 먼저 당신의 삶에 들어와야 한다. 예수님은 이렇게 말씀했다. "아무든지 나를 따라 오려거든 자기를 부인하고 자기 십자가를 지고 나를 좇을 것이니라"(막 8 : 34). 우리는 죄에 대하여 '아니오!'라고 말하고 나쁜 것으로부터 기꺼이 돌아서야 한다. 이것은 하나님의 도우심으로 충분히 가능하다. 또 자아에 대하여 '아니오!'라고 말하며 예수님을 우리 삶의 주인으로 기꺼이 받아들여야 한다. 가정, 직업, 시간, 돈, 야망, 인간관계 등 삶의 모든 부분에서 예수님이 주인이 되어야 한다. 그리고 우리는 그리스도인이 된 것을 다른 사람에게 기꺼이 알려야 한다.

비록 어떤 사람은 우리를 조롱하고 반대할지 모르지만 말이다. 세상 누구보다 당신을 사랑하고 돌보며, 당신의 삶이 항상 최선의 것이 되기를 원하시는 분께 마음을 여는 것을 두려워하지 말라.

4. 행해야 할 것 당신의 삶을 예수님께 드려라. 그러면 예수님도 성령을 통해 자기 삶을 당신에게 주실 것이다. 결혼을 비유로 생각해 보면, 몇 년 전 내 결혼식에서 주례를 맡은 목사님이 말씀하셨다.

"데이비드, 이 여인을 아내로 맞이하겠습니까?" "예."

"앤, 당신은 이 남자를 남편으로 맞이하겠습니까?" "예."

이 순간 우리의 새로운 관계가 확립되었다. 방법은 똑같다.

"주님, 이 죄인을 받아들이시겠습니까?" "물론 그렇게 하겠노라."

"~~ 죄인, 예수님을 구주로 맞이하겠습니까?" 이 순간 당신이 "예, 제가 그렇게 하겠습니다"라고 대답하면 새로운 관계가 맺어지는 것이다. 이 비유로부터 다른 요점들이 추론된다.

1) 내가 결혼식에서 '예'라고 대답했을 때, 나는 '다른 모든 여인을 버릴 것'을 약속한 것이다. 이처럼 예수님께 '예'라고 대답할 때, 우리는 기꺼이 예수님을 가장 먼저 생각해야 한다.

2) 결혼식에서 내가 '예'라고 대답했을 때 아무런 느낌이 없었다. 오로지 나의 결정과 의지에 의한 것이었다. 예수님께도 마찬가지이다. 관계는 느낌과 감정이 아닌 오직 헌신과 신뢰를 바탕으로 한다.

3) 내가 결혼식에서 '예'라고 대답했을 때, 그것은 단지 새로운 관계의 시작일 뿐이다. 예수님께 '예'라고 대답할 때도 단지 새로운 관계가 시

작되는 것이다. 게다가 항해가 항상 순탄한 것만도 아니다. 의심의 순간, 불순종의 순간, 반항의 순간 등이 끊이지 않고 되풀이된다. 그러나 어떠한 관계라도 어려움을 잘 극복하고 이끌어 나가면 곧 성숙하고 발전된 모습이 된다.

이와 같은 지시 사항들을 문서로 작성한다면, 그것은 아주 융통성이 없고 판에 박은 것이 될 수도 있다. 사람도 대화도 각양각색이기 때문이다. 단 단계마다 다음으로 이어지기 전에 확실하게 이해해 두어야 한다. 필요하면 질문을 하고 설명과 실례들을 제공하면 좋다. 이러한 모든 것의 열쇠는 기도와 성령에 깨어 있기, 개인에게 관심을 기울이고 진실로 사랑하기 등이다. 패커는 우리가 복음 전도에 관한 한 전적으로 하나님의 성령에 의존하고 있음을 이렇게 표현한 바 있다. "복음을 아무리 명백하게 그리고 아무리 그럴싸하게 설명한다고 해도, 한 사람이라도 확신케 하거나 또는 회심케 할 희망이 전혀 없다. 당신과 내가 아무리 토의를 벌인다한들 사탄의 권세를 막을 수 있다고 생각하는가? 아니다. 당신 또는 내가 영적으로 죽은 자들에게 생명을 줄 수 있는가? 아니다. 끈질기게 설명하면 죄인이 복음의 진리를 확신하리라고 기대하는가? 아니다. 간절한 어조로 전하면 사람들이 복음에 감동하여 순종하겠는가? 아니다. 이러한 절망적인 사실에 맞닥뜨리기 전까지는, 그 사실이 우리에게 실제로 충격을 주기 전까지는, 복음 전도에 대한 우리의 접근 방법은 결코 현실화될 수 없다."[12]

우리는 오직 보다 많은 기도에 힘쓰고, 겸손함으로 우리의 부족함을 인정하며, 성령의 인도하심에 의지함으로써 우리 눈을 가린 비늘이 떨어져 그리스도의 영광된 복음의 빛을 볼 수 있는 것이다(고후 4:3). 누구라도 그리스도에게 나아가는 계단을 이해한 것처럼 보인다면 그에게는 실제적인 행동을 취해 줄 필요가 있다. 나는 가끔 이렇게 제안한다. "괜찮다면, 제가 당신의 기도를 인도하겠습니다. 당신은 나의 기도를 한 구절씩 따라 하면서 묵상하십시오. 조용히 해도 좋고 소리를 내어도 좋습니다. 당신이 보다 완전하게 취할 단계가 무엇인지 이해하는 데 도움이 되는 참고도서를 알려 줄 수도 있습니다." 그때 나는 그리스도에게 헌신하는 기도를 하도록 부드럽게 격려한다. 왜냐하면 예수님의 씨 뿌리는 자의 비유에서, 마음의 토양에 뿌리가 내리기 전에 그 씨를 마귀가 와서 빼앗아 간다고 한 이야기를 기억하기 때문이다. 그가 기꺼이 따르면 뜻한 대로 신속하게 기도한다. 그리고 나의 기도가 그의 마음에도 흡족한지 살핀다. 나는 천천히 기도한다. 어떤 때는 몇 마디의 말로, 어떤 때는 이렇게 기도한다.

"주 예수님, 내가 죄인이며, 그래서 당신의 용서가 필요하다는 것을 압니다. 나를 위하여 십자가 위에서 돌아가시어, 나의 죄를 가져가셨음을 감사드립니다. 나의 삶의 잘못된 모든 것으로부터 이제 기꺼이 돌이키고자 합니다. 당신이 나의 삶의 처음이 되기 원합니다. 이제 당신에게 나아갑니다. '내가 하겠습니다'라고 이제 말합니다. 나의 삶을 당신에게 드립니다. 나의 주 나의 구주여. 기도하옵건대, 당신의 성령으로 당신의 생명을 허락하소서. 나에게 오셔서 나와 함께 영원히 거하소서. 감사합니다. 주 예수님. 아멘."

그 사람은 나의 기도를 따라할 것이다. 소리를 내든 내지 않든 말이다. 그 뒤 나는 또 다른 짤막한 격려의 기도를 한다. 우리의 기도를 들으시는 예수님에게 감사하면서, 그리고 이 사람이 성령 충만해져서, 자기 삶에서 하나님의 계획을 발견하고, 예수님과의 관계 속에서 성장하며(다른 그리스도인들의 도움과 더불어서), 또한 이 세상에서 도움을 필요로 하는 누군가에게 예수님의 사랑과 진리를 나누어 줄 수 있기를 간구하면서 말이다.

그리고 나서 차후에 어떠한 의혹이 일어날지라도 예수님께서 잡아주실 거라고 얘기해 준다. 그리고 약속을 정하고 하루나 이틀 정도 지속적으로 만난다. 헤어질 때는 그가 읽으면 좋을 책을 건네준다. 책을 통해 그 사람이 기본적으로 취해야 할 단계를 파악할 수 있도록 도와주는 것이다.[13]

어린 그리스도인들에게는 주의 깊은 양육이 필요하다. 이 원칙은 개인적 만남이나 특정한 '새신자' 모임 모두에 적용된다. 새신자 모임이라면 첫 주간에 다음 주제를 토의하는 것이 좋다. 구원의 확신, 성장, 기도, 성경, 신앙에 관한 근본적 진리들(하나님, 그리스도, 성령, 십자가와 부활, 교회, 영적 은사들 등). 또는 경우에 따라 제기되는 증거, 인도, 구제 등의 주제에 대해서도 토의할 수 있다.[14]

그리스도를 전하는 것은 시작에 불과하다. 하나님이 사랑하시는 것처럼, 성령이 인도하시는 대로 우리는 그 사람이 진실한 그리스도의 제자가 될 때까지 그를 섬겨야 한다. 이후에 그가 다른 사람에게 그리스도를 증거하고, 또는 그리스도의 지체로서 역할을 담당하게 되면 우리 노력이 주 안에서 헛되지 않았음을 감사하고 기뻐하게 될 것이다. 이처럼 한 사람이 다른 사람을 제자로 세우는 과업은 결코 중단되어서는 안 된다. 제자도는 우리가 가진 모든 것을 요구하지만 보상 또한 엄청나게 크다. 윌리엄 바클레이의 말처럼 말이다. "이 세상에 한 영혼을 그리스도께 인도하는 기쁨보다 더 큰 기쁨은 없다." 이것이 바로 모든 제자들이 소유하고 있는 특권이며 책임이다.

9장 나는 복음의 증인입니다

1. 초대 교회에 비해 현대 교회에서 복음전파의 힘이 약해지고 열매가 적게 된 이유는 무엇일까요? 전도의 영역, 전도의 방법, 세상을 보는 자세에서 어떤 변화가 있어야 할까요?

2. 모든 그리스도인들은 예수 그리스도의 증인으로 부름을 받았습니다(행 1:8). 증인의 특징에 대해 생각해 보고 당신이 그러한 특징을 어느 정도 가지고 있는지 점검해 보십시오.

① 그리스도에 대한 직접적인 체험이 있습니다.   1   2   3   4   5

② 그리스도에 대해 말해 줄 수 있습니다(벧전 3:15).   1   2   3   4   5

③ 사람을 변화시키는 하나님의 능력을 확신합니다(롬 1:16). 1   2   3   4   5

④ 사람들을 사랑하는 마음이 있습니다(고전 13:1-2).   1   2   3   4   5

3. 사도행전에 나오는 집사 빌립은 전도자의 좋은 본보기가 됩니다.

① 사도행전 6장 3절에서 집사로서 빌립의 신앙 상태는 어떻습니까?

② 전도는 말로 하는 것이 아니므로 성령의 충만함이 필요합니다(살전 1:5). 그렇다면 성령 충만함은 생활에서 어떻게 나타날 수 있습니까?

③ 빌립은 초대 교회 가운데서 어떤 종류의 하나님의 역사를 보았습니까?

④ 빌립은 동료 집사인 스데반이 순교하는 것을 보았습니다. 그것이 빌립에게 어떠한 영향을 미쳤겠습니까?

4. 현대 교회의 문제점은 너무 편안하다는 것입니다. 교회는 박해에 관해서 너무 연약합니다. 어떤 의미에서는 더 이상 박해받을 이유가 없어졌습니다. 왜냐하면 세상과 타협하기 때문입니다. 나와 우리 교회는 어떻습니까?

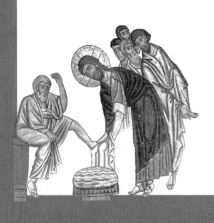

Part 3

대가를 지불하는
제자로 부르셨다

10. 제자도와 삶의 태도

나는
단순한 생활양식을
추구합니다

세계 도처에서 다른 모습으로 살고 있는 성도들 사이에는 안타깝게도 경제적인 불평등이라는 걸림돌이 존재하고 있다. 이것을 날카롭게 대조시켜 보여 주는 두 가지 실례가 있다. 먼저, 시사 주간지 〈타임〉은 매주 텔레비전 쇼에 출연하는 미국의 복음 전도자들에 관한 재미있는 기사를 실은 적이 있다(1980년 2월 4일자). 복음과 그들이 복음을 전하는 양식에 관해서다. 개인적으로 조금 염려스럽긴 하지만 "무슨 방도로 하든지 전파되는 것은 그리스도니 이로써 나는 기뻐하고 또한 기뻐하리라"고 말한 사도 바울의 관대한 마음을 동일하게 가지길 소망한다(빌 1:18). 어쨌든 최소한 몇몇 사람은 이 프로그램을 통해 하나님의 사랑과 평화, 치유하심을 체험하게 될 것이다. 그렇다면 내가 염려하는 것은 무엇일까? 바로 거기서 거론되는 설교자들의 생활양식이다. 기사에 따르면 한 복음 전도자는 청중들로부터 매년 오천백만 달러에 달하는 선물을 받았고 그중 50퍼센트는 개인 수입으로 계산했다고 한다. 그들은 이미 호화저택을 소유하고 있었고, 고급 승용차를 비롯하여 기타 수많은 물질적 특권을 누리고 있었다. 〈타임〉지 기자는 이런 모습에 대해 비판하고 있었는데 우리도 충분히 이해할 만하다.

　기사를 읽고 한 달여 뒤, 나는 로널드 사이더와 존 스토트의 주재로 영국에서 열린 '단순한 생활양식을 위한 국제 협의회(International Consultation on Simple lifestyle)'에 참석하게 되었다. 협의회가 개최되던 날 밤, 콜롬비아에서 온 한 복음 전도자가 나에게 한 마을에서 있었던 일을 이야기해 주었다. 그는 무척 힘든 전도 활동을 마치고 배고픔에 지쳐 그 마을에 있는 동안 머물기로 한 어떤 목사의 집으로 돌아왔다. 저녁 식탁에 목사 부부와 다섯 아이들이 둘러앉아 있었다. 하지만 접시는 달랑 하나뿐이었는데 바로 복음 전도자인 자신을 위한 것이었다. 그가 식탁에 앉자 목사 부인이 접시 위에 달걀 하나와 작은 감자를 올려놓았다. '아니? 이것이 전부라고? 난 배가 고파 죽을 지경인데….' 그런 마음이 들었지만 그는 머리 숙여 주신 음식에 감사했다. 저녁을 막 먹으려다 나머지 사람들은 식사를 했는지 물었는데, 목사 부인이 허둥대며 자기들은 조금 뒤에 먹을 거라고 대답했다. 그때가 이미 밤 10시 30분이 지났던지라 복음 전도자는 계속 캐물었다. 알고 보니 그 집에는 달걀 하나와 작은 감자가 전부였다. 그는 부인에게 접시를 더 가져다 달라고 부탁하고는 자기 분량의 작은 식사를 여덟 조각으로 나누어 먹었다고 한다. 그리고 다시 머리 숙여 감사했다.

이러한 실례들은 훨씬 더 많을 것이다. 우리는 모두 하나님의 동일한 지체인데 왜 이토록 다른 생활양식으로 살아가고 있는 것일까? 여기에 과연 하나님의 특별한 뜻이나 의도가 있는 것일까? 특히 서구 교회의 생활양식이 세계 선교와 복음 전도에 도움이 되는가, 아니면 방해가 되는가? 개인이든 단체든 우리에겐 새로운 이미지가 절실히 요구되고 있다. 그것은 예수님의 단순성으로 만들어진 근본적인 제자도의 이미지이다. 그럴 때 비로소 세상을 너무 사랑하여 하나밖에 없는 아들을 주신 하나님에 관하여 당당하게 말하고, 나아가 하나님 나라가 지니는 가치에 확신을 갖고 증거할 수 있지 않겠는가?

크리스천 극작가 머레이 와츠(Murray Watts)는 이러한 실례를 나에게 이야기한 적이 있다. 청각장애인으로 태어났지만 화목한 기독교 가정에서 잘 자란 사람이 있었는데, 어느 날 인도에서 기차를 타고 가다가 그 안에서 전심을 다하여 하나님을 찬양하고 있는 거지를 만났다고 한다. 그 거지는 비록 물질적으로는 심히 초라해 보였지만 마음은 감사와 찬양으로 충만해 있었다. 이 모습에 큰 충격을 받은 그는 비로소 자기 주위에 항상 있었던 하나님의 사랑이 마음으로 흘러 들어오는 것을 용납하게 되었다.

이 실화는 하나의 비유로 해석될 수 있다. 세상 사람들은 물질주의에 팔린 교회의 외침에 대해 점점 더 귀를 닫고 있다. 만약 교회가 오직 하나님만 의존하면서 가난한 사람들을 위해 자발적이든 타의적이든 물질적 빈곤을 받아들이게 된다면 세상은 이 모습을 보고 엄청난 충격을 받게 될 것이다. 물질적 풍요와 영적인 나약함은 종종 함께 짝을 이룬다. 마치 물질적 파산이 가끔은 영적인 풍요를 동반하는 것처럼 말이다. 우리가 하나님 외에는 아무것도 가지지 않고, 그런 상황에서도 하나님을 찬양하고 감사하면 하나님의 존재를 의심하던 자들도 우리 안에 하나님이 살아 계심을 목격하게 될 것이다.

사실 오늘날 우리 주변에는 경건한 말이나 신앙의 확신, 가난함에 대한 토론이나 영성에 대한 표현 등이 부족하지 않다. 그러나 세상은 우리의 복음 전도가 그 입으로 선언한 것은 고통스럽고, 대가를 지불하며, 실질적인 비용을 치르는 것을 기대하고 있다.

존 테일러(John Taylor)는 이렇게 말했다. "예수님과 제자들의 삶은 감사의 생활이었을 뿐만 아니라 전투의 생활이기도 했다. 예수님은 세상일에 관하여 말만 해서는 안 된다고 생각했다. 세상은 구체적인 예와 눈앞에 보이는 것들을 믿는다. 우리 시대에도 마찬가지다. 성장만 중시하고 거기에 안주하는 것이 성경적으로 옳지 않다고 지적하는 데만 그쳐서는 안 된다. 이제 그만 표류하고 세상 풍조에 기쁘고 당당하게 맞서야 할 것이다."

이러한 이유 때문에 예수님은 제자들에게 돈과 재산 등 모든 주제에 관해 가르치고, 아울러 그들과 더불어 지내면서 삶 자체를 나누셨다. 만약 그들의 순종이 진실하지 않았다면, 예수님은 반석 위에 교회를 짓는 것이 아니라 공중에 성을 건축하는 것처럼 느꼈을 것이다. 반석 위에 지은 교회에 대해서는 지옥의 문들이나 다른 문들이 결코 간섭하지 못한다. 그렇다면 효과적인 제자도의 결정적인 요소는 과연 무엇이며 또한 어떻게 발전시킬 수 있는가?

순종

예수님은 처음부터 제자들에게 자신을 생명의 주로 받아들이고 순종할 것을 가르치려 했다. 그는 제자들을 하나님 나라로 이끄는 안내자로서, 그들이 이해하든지 말든지 또는 인정하든지 말든지, 당신 자신이 제자들의 모든 삶을 통치하고 다스린다는 것을 보여 주셨다. 누가복음 5장에서 나사렛 출신 목수의 아들은 노련한 갈릴리 어부 시몬에게 대낮에 바다에 그물을 던지라고 말했다. 직업이 어부였던 베드로는 의문을 제기한다. "선생님, 우리들이 밤새 수고했지만 얻은 것이 없습니다!" 하지만 예수님의 권능이 배 안에까지 미치고 있었기에 시몬은 이어서 말했다. "그렇지만 말씀에 의지하여 그물을 내리겠습니다." 그리하니 잡은 고기가 너무 많아 그물이 찢어질 정도였다. 이것은 베드로를 '사람을 낚는 어부'로 만들기 위한 가장 처음이자 최상의 교훈이 되었다. 이처럼 우리가 단 한 순간이라도 그리스도께 순종한다면 이후에 무한한 가치를 발견하게 될 것이다. 우리의 지혜와 육체적 에너지가 바닥 날 정도로 단 한 번이라도 순종한다면 우리의 미래도 달라질 것이다.

짧은 기간이지만 예수님은 제자들과 생활하는 동안 이 교훈을 반복해서 가르치셨다. 초대 교회가 성장한 까닭도 이 가르침의 결과였다. 유능한 군대는 지휘관의 명령에 항상 복종한다. 전통적인 군대나 특수 부대, 심지어 테러 조직까지도 이 사실을 잘 알고 있다. 만약 하나 둘 의문을 제기하며 리더에게 순종하지 않는다면 어느 집단이든 효율성이 떨어질 것이다. 전적인 순종의 반응을 얻기 위해서는 보기에 아주 사소한 일일지라도 순종하는 훈련이 필수적이다. 특별히 물질적인 면에서는 더욱 순종을 배울 필요가 있다.

후안 카를로스 오르티즈(Juan Carlos Ortiz)는 사람들이 자신을 위로하는 성경 구절은 좋아하고 괴로움을 주는 성경 구절은 무시하는 경향에 대해 지적하곤 했다. 우리는 예수님의 위로의 말씀에는 즐겁게 반응한다. "적은 무리여 무서워 말라 너희 아버지께서 그 나라를 너희에게 주시기를 기뻐하시느니라." 하지만 그 다음 구절까지 들어야 한다. "너희 소유를 팔아 구제하여…"(눅 12:33). 하나님은 이처럼 희생을 전제로 한 순종을 통해 당신의 나라를 우리에게 허락하신다. 예수님의 도전을 진지하게 고려하지 않는다면, 약속하신 하나님의 나라가 왜 권능으로 임하지 않는지 의아할 것이다. 이는 우리가 "예, 하지만…'이라고 말하기 때문이다. 하나님의 성령은 오직 자기를 순종하는 자에게 주어진다(행 5:32).

마태복음 6장 19-24절에서 예수님은 문제들을 예리하게 대조시키셨다. 우리는 두 보화(땅의 것 vs. 하늘의 것), 두 조건(빛 vs. 어두움), 두 주인(하나님 vs. 재물) 사이에서 하나를 선택해야 한다. 다시 말해 '무엇이 우리 삶에서 가장 중요한가?'라는 질문을 끊임없이 해야 한다. 이 질문에 대한 답은 재물에 대한 우리의 전체적인 태도에서 가장 잘 드러난다.

예수님은 우리가 사유 재산을 지니는 것을 금하지 않으셨다. 이 점이 매우 중요하다. 성도들 간에 함께 나누는 일이 가장 관대하게 잘 이뤄졌던 시기에 베드로는 공동체에 내놓으려고 자기 땅을 판 아나니아를 향해 이렇게 말했다. "땅이 그대로 있을 때에는 네 땅이 아니며 판 후에도 네 마음대로 할 수가 없더냐"(행 5:4). 몇몇 제자들도 자신들의 재산을 가지고 있었다. 이 사실은 그들이 가지고 있던 것을 계속 팔아서(헬라어의 미완료 시제는 과거의 반복적 행동을 의미한다) 가난한 자를 도왔다는 진술을 통해 미루어 짐작할 수 있다(행 4:34). 더 나아가 예수님은 미래를 대비하는 것을 결코 반대하지 않았다. 이는 바울이 기록한 바와 같다. "누구든지 자기 친족 특히 자기 가족을 돌보지 아니하면 믿음을 배반한 자요 불신자보다 더 악한 자니라"(딤전 5:8). 예수님은 하나님이 우리에게 주신 수많은 것들을 마음껏 누리게 하셨다. 영지주의자들의 잘못된 가르침처럼 물질 자체가 악은 아니기 때문이다. "하나님께서 지으신 모든 것이 선하매 감사함으로 받으면 버릴 것이 없나니"(딤전 4:4). 바울은 비천에 처할 줄도 알고 풍부에 처할 줄도 알았다. 그리하여 배부를 때나 배고플 때나, 풍부할 때나 궁핍할 때 주님의 평화를 발견했던 것이다(빌 4:12).

예수님이 강하게 반대하셨던 것은 자신을 위해 재물을 쌓아 두는 것이었다. 이것은 어리석은 일로 쌓아둔 재물은 조만간 부패하든지 사라지고 말 것이다. 그리고 나아가 세계 도처에서 이 재물을 필요로 하는 사람들이 많다는 점에서 너무나 이기적이다. 한마디로 하나님의 사랑을 직접적으로 부인하는 일이 되는 것이다. 그리고 무엇보다 나쁜 것은 이것이 우상 숭배라는 것이다. 왜냐하면 재물 있는 곳에 우리의 마음도 있기 때문이다(마 6:21).

"세상의 재산은 제자들의 마음을 종종 예수님으로부터 빼앗곤 한다. 그렇다면 우리는 무엇에 열중해야 하는가? 혹시 우리 마음이 지상의 재물에 집착해 그리스도에 대한 충성을 잊고 있지는 않은가? 아니면 진정 그에게 헌신하고 있는가? …재물이 있는 그곳에 우리의 든든함과 안전이 있고, 마음의 위로가 있으며, 우리의 하나님이 계시다. 재물을 쌓아 두는 것은 우상 숭배이다. …하나님에 대한 우리의 사랑을 방해하는 것은… 그 어떤 일보다 우리가 가진 재물이다. 여기에 우리의 마음이 있기 때문이다. …만약 우리 마음을 온전히 하나님께 드리려면 두 주인을 동시에 섬길 수 없으며 오직 한 분, 주님만 섬겨야 한다."[2]

예수님은 눈이 몸의 등불이라고 말씀했다. 우리 눈의 초점이 흐려지면 몸 전체가 어두움 속에서 행할 수밖에 없다는 것이다. 무엇을 하든 어디로 가든 눈이 없으면 아무것도 볼 수 없다. 오직 우리의 '눈'(성경 언어로는 '마음'과 동의어이다)이 그리스도의 빛에 고정되어야 삶이 명백한 방향으로 나아가게 되는 것이다. 그러나 눈 또는 마음이 다른 주인을 섬긴다면 우리 삶은 곧 깊은 어두움 속에 버려지게 된다. "돈을 사랑하는 것은 만 가지 악의 뿌리이다." 우리는 매일의 삶을 통해 이 명제가 절대적인 진리임을 확인하게 될 것이다.

그렇기 때문에 제자들을 선택하고 부를 때 예수님은 절대 타협하지 않으셨다. 심지어 사랑스럽고, 재능이 있고, 장래가 촉망되며, 탐구심이 있고, 부자인 젊은 관원에게 이렇게 명령했다. "네가 온전하고자 할진대 가서 네 소유를 팔아 가난한 자들을 주라 그리하면 하늘에서 보화가 네게 있으리라." 재물이 많았던 그 청년은 예수님의 말씀을 듣고 근심하며 갔다. 재물을 섬기고 있었기에 예수님의 제자가 될 수 없었다.

이 이야기에서 우리는 몇 가지 교훈을 찾을 수 있다. 첫째, 로널드 사이더가 주석한 것처럼 "예수님이 그 부자 청년에게 재산을 팔아 가난한 자들에게 주라고 한 것은 '빈곤해져라'가 아니라 '나를 따라오라'고 말씀하신 것이다. 다시 말해 나눔과 사랑의 공동체에 가입하도록 초청한 것이다. 여기에서는 그의 안전이 재산에 있지 않고, 얼마만큼 성령에 마음을 여는지, 또한 새로 형성된 관계에 얼마만큼 관심을 주는지에 달려 있음을 가르쳐 주신 것이다."[3]

둘째, 예수님이 먼저 찾은 것은 가난이 아니라 순종이다. 비록 순종이 가난으로 이어질 수는 있지만 빈곤 자체를 선택하는 것은 자신의 선택에 달려 있다. 달리 말해 예수님의 명령 때문이 아니라 나름대로 종교적 이상을 가지고 그렇게 행동할 수도 있다는 것이다.

셋째, 많은 사람은 이 문제를 율법적으로 재해석해 자기 삶에 교묘하게 대입하면서 '예, 하지만…'이라고 말하곤 한다. 이것은 사이더의 다음 진술에서 잘 드러난다. "서구 그리스도인들의 99퍼센트가 자기 시간의 99퍼센트를 투자해서 들어야 할 말씀은 '네 소유를 팔아'와 '당신에게 구하는 사람에게 주라'이다."

넷째, 우리는 부의 유혹이 주는 위험을 과소평가해서는 안 된다(딤전 6:9-10; 약 4:1-2). 오늘날 서구에서 가장 심각한 죄가 있다면 그것은 탐욕일 것이다. 그리고 탐욕스러운 자는 어느 누구도 하나님의 나라를 기업으로 받지 못한다. 그리스도의 통치가 임해 우리를 시험한다면 아마도 그 시금석은 물질에 대한 우리의 태도가 아닐까 싶다. 진실로 그의 제자가 되려면 바리새주의나 율법주의 같은 삶의 태도를 거부하고 하나님이 요구하시는 성경적이고 진실한 사람이 되어야 할 것이다.

믿음

만약 우리가 하나님의 능력이 역사하는 것을 보고자 한다면 믿음이 반드시 필요하다. '나를 믿는 자'만이 '나의 하는 일을 저도 할 것이다.' 예수님은 마지막 설교를 통해 제자들에게 다음과 같이 약속하셨다(요 14:12). "너희가 내 이름으로 무엇을 구하든지 내가 행하리니 이는 아버지로 하여금 아들로 말미암아 영광을 받으시게 하려 함이라"(요 14:13).

예수님이 마태복음 6장 25-34절에서 염려하지 말라고 했을 때 그분은 우리에게 결정적인 질문, 곧 핵심을 꿰뚫는 질문을 한 것이다. 당신은 실제로 누구(또는 무엇)를 신뢰하는가? 믿음의 명백한 대상이 무엇인가? 우리는 둘 가운데 하나를 선택하면 된다. 곧 하늘의 아버지를 신뢰하든지, 아니면 여러 형태의 세상 피난처를 신뢰하든지 하는 것이다. 물질을 소유하게 되면 가끔 근심에 빠진다. 원하는 것을 사기 위해서는 돈이 있어야 하고, 돈이 생기면 어떻게 보관할까 걱정한다. 더불어 미래를 걱정하며 쌓아 두기까지 한다. 통화나 재산의 가치를 올리기 위해 경제적 불안이나 인플레이션, 슬럼프, 경기 불황 등을 극복하려고 애쓰기도 한다.

예수님은 그런 염려를 통해 우리의 영이 손상을 입는다고 경고했다. 우리 마음에 뿌려진 말씀의 씨는 이생의 염려나 재물, 향락에 그 기운이 막히면 온전히 결실하지 못하기 때문이다(눅 8:14). 만약 하나님 아버지의 성실함을 믿는다면 우리는 하루하루에 충실하면서 살 것이다. "내일 일을 위하여 염려하지 말라 내일 일은 내일이 염려할 것이요 한 날의 괴로움은 그날로 족하니라"(마 6:34). 이 말은 다소 순진하며 책임감 없게 들릴 수도 있다. 예수님이 우리를 이 세상 나라로부터 하나님의 나라(하나님 백성들의 사랑의 돌봄과 관대한 나눔이 있는 나라)로 부르고 계심을 인식하기 전까지는 말이다. 하지만 우리가 하나님의 사랑을 실제로 체험하고, 다른 사람과 함께 나누는 삶을 살게 되면 우리 안에 깃든 두려움이 물러날 뿐 아니라 모든 일에서 하나님을 신뢰하는 진정한 믿음을 얻게 될 것이다.

확실히 이것은 예수님이 사셨던 생활방식이자 제자들에게 가르치셨던 삶이었다. 제자들의 사역 능력은 그들이 얼마나 자발적으로 하나님을 신뢰했는가에 달려 있었다. 예수님이 그들에게 당부한 말씀을 기억하라. "가면서 전파하여 말하되 천국이 가까이 왔다 하고 병든 자를 고치며 죽은 자를 살리며 나병환자를 깨끗하게 하며 귀신을 쫓아내되 너희가 거저 받았으니 거저 주라 너희 전대에 금이나 은이나 동을 가지지 말고 여행을 위하여 배낭이나 두 벌 옷이나 신이나 지팡이를 가지지 말라"(마 10:7-10). 그들의 신앙도 단번에 그러한 수준에 이른 것은 아니다. 예수님은 단순히 그리고 부드럽게 그들을 책망했다. "믿음이 적은 자들아!"(마 16:8).

그들이 물질에 관한 부분에서 믿음이 적었다는 것은 곧 영적인 사역 면에서도 그랬음을 의미한다. 잠시 뒤 제자들이 왜 자기들은 귀신을 쫓아내지 못했는지 묻자 예수님이 대답했다. "너희 믿음이 작은 까닭이니라"(마 17:20). 그렇기 때문에 예수님은 계속해서 일상생활을 통해 그들의 믿음을 시험하셨고, 더불어 돈독히 하셨다. 그들의 믿음이 성장해야 세상에 나가 하나님의 나라를 전하는 사역을 힘 있게 감당할 수 있기 때문이다.

똑같은 시험이 70명을 파송할 때도 행해졌다. "전대나 주머니나 신을 가지지 말며… 어느 동리에 들어가든지 너희를 영접하거든 너희 앞에 차려 놓는 것을 먹고 거기 있는 병자들을 고치고 또 말하기를 하나님의 나라가 너희에게 가까이 왔다 하라." 그들은 경험도 없었고, 잘 배우지도 못했지만 단순한 믿음만은 가지고 떠났다. 그런데 사역 후 기뻐하면서 돌아왔다. "70인이 기뻐 돌아와 가로되 주여 주의 이름으로 귀신들도 우리에게 항복하더이다." 예수님도 기뻐했다. "천지의 주재이신 아버지여 이것을 지혜롭고 슬기 있는 자들에게는 숨기시고 어린 아이들에게는 나타내심을 감사하나이다 옳소이다 이렇게 된 것이 아버지의 뜻이니이다." 아이라 함은 하나님 아버지를 믿고 그 믿음을 세상에 전하는 자들을 가리킨다(눅 10:21).

사람들은 대부분 적당하게 타협하기를 좋아한다. 물론 우리는 먼저 하나님의 나라를 구하려고 할 것이다. 그러나 이 땅의 재물들은 계속해서 우리 마음을 유혹하거나 염려를 일으키거나 우리 믿음을 약화시킬 것이다. 만약 우리가 재정적인 안전을 보장받는다면 그렇게 영적으로 부유해지려고 애쓰지 않을 수도 있다. 그러나 두 세계의 좋은 점을 모두 다 차지할 수는 없는 법이다. 다시 한 번 말하지만 예수님은 사유 재산을 금지하지 않았다. 단 우리가 거기에 집착하기 시작한다면, 마음의 미혹을 받고 믿음에서 떠나 많은 근심에 빠지게 될 것이다(딤전 6:10).

"우리가 하늘의 보화보다 땅의 보화를 선호하는 것은 믿음이 부족하기 때문이다. 진실로 우리에게 믿음이 없는 것이 분명하다. 만약에 하나님 나라의 재물을 진실로 믿는다면, 과연 어느 누가 어리석게 이 땅에 황금을 쌓아 두려고 할 것인가? 그렇다면 하늘은 그저 꿈이며 종교적 환상에 불과한 것인가? 정통주의자이기 때문에 단순히 하늘을 믿을 뿐인가? 만약에 사람들이 하늘을 믿는다면, 거기에 있는 영원한 주거지를 준비하는 데 많은 시간을 투자할 것이다. 그러나 아무도 이 일을 하지 않는다. 단지 우리 삶이 끝났을 때 무언가 좋은 것이 우리를 기다린다는 보장을 좋아할 뿐이다."[4]

우리는 사람이 믿음으로 의롭다 여김을 받는다는 사실을 기뻐할 수 있다. 그러나 이 사실을 알기 전에는 그 신앙이 어느 정도 실제적이겠는가? 존 화이트(John White)는 그것을 이렇게 표현했다. "만약 우리가 개인의 칭의에 관한 허울뿐인 믿음만 가지고 있다면, 곧 일상생활에서 하나님이 우리의 물질까지도 통치하신다는 믿음을 가지고 있지 않다면, 그 믿음은 의심되어야 한다. 내가 죽을 때 도래하는 유토피아에 대한 신앙은 증명될 수 없는 것이다. 반면 하나님이 오늘 나의 필요를 채우고 계신다는 것은 증명될 수 있는 것이다."[5]

예수님이 그 젊은 청년 관원에게 정확하게 도전했던 것이 바로 이것이었다. 예수님은 그에게 모든 것을 팔아 가난한 자들에게 주라고 명령한 후, 그에게 하늘의 보화를 약속했다. 그리고 자신을 좇으라고 말씀하셨다. 그러나 결국 청년은 재물에 대한 미련 때문에 예수님을 따르지 않았다. 혹 믿었다 해도 순종하지는 않았을 것이다. 예수님은 이때 부자가 하늘나라에 들어가는 것이 쉽지 않음을 말씀하셨다. 한편 자신을 위해 모든 것을 버린 이들에게 다음과 같이 약속하셨다. "또 내 이름을 위하여 집이나 형제나 자매나 부모나 자식이나 전토를 버린 자마다 여러 배를 받고 또 영생을 상속하리라"(마 19:29). 크든 작든 제자들은 자신의 삶을 하나님께 온전히 맡겼을 때 하나님으로부터 오는 즉각적인 공급과 큰 부요함을 체험했다. 이전까지 알지 못했던 것을 깊이 깨달았으며, 함께 살고, 함께 일했으며, 함께 기도하고, 함께 배웠다. 그들은 모든 것을 포기했지만 그 결과로 보다 많은 것을 얻게 되었다.

그래서 다음 질문이 제기되는 것이다. 재정적으로 힘들 때 우리는 실제로 누구(또는 무엇)를 믿는가? 과연 예수님에 대한 진실한 믿음이 있는가? 우리가 의롭게 되는 것은 믿음에 의해서이며, 우리의 사역에서 하나님의 능력을 보게 되는 것도 믿음에 의해서이다. 오늘날 세상의 재물을 조금 또는 거의 가지지 않은 사람들 사이에서 하나님의 능력이 보다 더 명백하게 나타난다는 것은 이 땅의 재물과 안전에 둘러싸여 있는 풍요로운 그리스도인들에 대한 하나님의 책망이다. 믿음에 있어서는 이 세상의 물질을 가지지 않은 사람들이 더 부자인 것이다.

온전함

현대도 마찬가지겠지만 기만과 부패로 대표되는 거짓 선지자들의 계속적인 위험 때문에, 바울과 초대 교회 지도자들은 복음 전도, 가르침, 목회 사역 등을 할 때 스스로 완전무결해야 함을 절실히 깨달았다. "우리는 수많은 사람들처럼 하나님의 말씀을 혼잡하게 하지 아니하고 곧 순전함으로 하나님께 받은 것 같이 하나님 앞에서와 그리스도 안에서 말하노라 …이에 숨은 부끄러움의 일을 버리고 속임으로 행하지 아니하며 하나님의 말씀을 혼잡하게 하지 아니하고 오직 진리를 나타냄으로 하나님 앞에서 각 사람의 양심에 대하여 스스로 추천하노라 …우리가 이 직분이 비방을 받지 않게 하려고 무엇에든지 아무에게도 거리끼지 않게 하고 오직 모든 일에 하나님의 일꾼으로 자천하여… 마음으로 우리를 영접하라 우리는 아무에게도 불의를 행하지 않고 아무에게도 해롭게 하지 않고 아무에게서도 속여 빼앗은 일이 없노라"(고후 2:17, 4:2, 6:3-4, 7:2).

바울은 위선이나 교만이 아니라 열린 마음과 부드러운 설명을 통해 의혹을 풀어 주었다. "아시아에 들어온 첫날부터 지금까지 내가 항상 여러분 가운데서 어떻게 행하였는지를 여러분도 아는 바니 곧 모든 겸손과 눈물이며… 우리가 너희 가운데서 너희를 위하여 어떤 사람이 된 것은 너희가 아는 바와 같으니라 …형제들아 우리의 수고와 애쓴 것을 너희가 기억하리니 너희 아무에게도 폐를 끼치지 아니하려고 밤낮으로 일하면서 너희에게 하나님의 복음을 전하였노라"(행 20:18-19; 살전 1:5, 2:9). 이러한 실례는 성경에서 얼마든지 발견할 수 있다.

메시지를 전하는 자의 완전무결은 메시지의 권위와 변화의 능력을 위해서도 중요하다. 예수님은 자기를 비판하는 자들에게 이렇게 도전했다. "너희 중에 누가 나를 죄로 책잡겠느냐"(요 8:46). 예수님의 집안이 비교적 안정적이긴 했지만 그의 가족은 부와 거리가 멀었다. 게다가 예수님은 진정한 부요함을 증명하기 위해 스스로 가난을 택하셨다. 아마도 당대에 부가 사회를 기만하고 있었기 때문에, 자신의 단순한 생활양식이 사역 전체를 신뢰로 이끄는 데 큰 역할을 한다고 여긴 것 같다. 그래서 제자들도 동일한 생활양식을 택해야 한다고 주장했던 것이다. 그들은 공동으로 자금을 운용하고, 가난한 자들에게 정기적으로 기부했다(요 13:29 등에서 암시된 것처럼). 재산을 쌓아 편안하게 생활하기를 거부했으며 나중에는 다른 사람들에게도 동일하게 살라고 가르쳤다. "우리가 먹을 것과 입을 것이 있은즉 족한 줄로 알 것이니라 부하려 하는 자들은 시험과 올무와 여러 가지 어리석고 해로운 욕심에 떨어지나니 곧 사람으로 파멸과 멸망에 빠지게 하는 것이라"(딤전 6:8-9). "돈을 사랑하지 말고 있는 바를 족한 줄로 알라"(히 13:5).

거짓 선지자의 특징 중 하나는 탐욕에 연단된 마음이다(벧후 2:14). 그는 사람들에게 자신의 이익을 위해 아첨도 했을 것이다(유 1:16). 이러한 이유 때문에 교회에서 지도자가 되기를 원하는 사람은 "돈을 사랑치 아니하며"(딤전 3:3), "더러운 이를 탐하지 아니해야"(딤전 3:8; 딛 1:7) 하는 것이었다.

"그리스도의 말씀을 전하는 자들에게 있어서 가난은 그들이 자유하다는 증거이다. …그들이 말씀의 대사가 되려고 할 때 주님은 그들에게 엄격한 가난을 허락하신다. …그들은 거지처럼 행세하거나, 사람들의 관심과 주목을 받기를 원하거나, 기생충처럼 다른 사람에게 부담을 주어서는 안 된다. 그들은 가난의 갑옷을 입고 전장에 임해야 한다. 마치 여행자가 그날 밤 친구 집에서 숙식을 제공받으리라 기대하고 최대한 간소하게 출발하는 것처럼 말이다. 이것은 믿음의 표현으로, 사람에 대한 믿음이 아닌 자기들을 보내고 돌보아 줄 하늘 아버지에 대한 믿음이다. 이 가난이 다른 사람들에게 복음을 믿게 하는 힘이 되는 것이다."[6]

현대는 상업 시대로 광고가 판을 치는 시대이다. 따라서 사람들이 광고 문구에 의문을 갖는 것은 당연한 결과다. 어디까지가 진실이고 어디까지가 거짓인가? 그대로 받아들여도 되는가? '세일즈맨'이 직접 물건을 팔려고 찾아왔다면 한 번 더 생각할 수밖에 없다. 그렇기 때문에 그리스도의 말씀을 전하는 자들은 하나님이 주신 자유의 선물에 대해 말할 때, 개인적으로 물질적 또는 재정적 유익을 취해서는 안 된다. 만약 우리가 세상의 가치를 따르거나 보다 단순한 생활양식을 채택하지 않는다면, 우리의 사역은 냉소적인 시선을 가진 사람들로부터 외면당하게 될 것이다.

오늘도 아주 유명한 복음 전도자가 보낸 인쇄물이 집으로 배달되었다. 그는 인쇄물에서 '바로 지금'의 필요성에 대해 감동적으로 진술한 후, "스스로 성령에게 복종하여 당신의 특별한 감사의 선물에 대한 주님의 인도를 구하십시오! 당신을 향한 주님의 선하심을 간구하십시오!"라고 강하게 호소했다. 그리고 내가 요점을 파악하지 못했을까 봐 '회신'하는 데 드는 비용까지 동봉해 두었다. 내가 서명해야 하는 칸에는 '현재의 추세를 역전시키기 위한 나의 선물'이라는 제목이 적혀 있었다. '아무개(복음 전도자의 이름) 형제여, 나를 선택하셔서 인류를 치유하는 예언의 동역자가 되게 하신 하나님의 선하심과 사랑에 감사합니다. …나는 이방 민족을 구원하기 위하여 11월 기부금으로 00달러를 보내라고 하시는 성령의 인도를 느꼈습니다.' 양식 끝에 '바로 지금이 하나님의 시간입니다!'라고 다시 상기시키는 구절이 있었다. 물론 쉽게 감동받는 대부분의 그리스도인들은 이 도전에 많은 재정을 후원할 것이다. 우리 교회의 몇몇 과부들은 이 동일한 압력에 아주 관대하게 반응한 적이 있다. 그렇다면 이 복음 전도자는 계속 '성공'을 만끽할 것이다. 어쨌든 그가 그리스도를 전파하는 것 같기 때문에 하나님은 그의 노력을 이런 저런 방법으로 축복할 것이다. 그러나 이러한 접근은 주님의 신뢰도를 깎아 내리는 것이다.

내가 복음 전도자로서의 나의 일에 관하여 저널리스트나 기자들과 인터뷰할 때, 그들이 늘 던지는 질문이 있다. "이것을 통해 당신이 얻는 것이 무엇인가요?' 내가 일에 얼마나 만족하는지 묻는 것이 아니라, 재정적으로 얼마나 보상받는지 궁금한 것이다. 내가 이 질문에 솔직하게 대답한다면 내 경제 사정이 그대로 드러나겠지만 동시에 내가 말하는 다른 일에 대한 신뢰도 또한 상승할 것이다. 탐욕이라는 죄가 일반화된 이때에 교회가 미묘하지만 강한 유혹에 맞서 자신을 지키는 일이 과거 어느 때보다 중요해졌다.

지역 교회에 뿌리를 두지 않고 개인적으로 사역하는 사람들에게 이러한 유혹과 함정이 더 클 수 있을 것이다. 확실히 지역 교회에서는 주님과 주님의 일을 위해 기꺼이 기부하는 일이 그리스도인의 당연한 책임이요, 또 성경에서도 그렇게 가르치고 있음을 정기적으로 설교해야 한다. 왜냐하면 하나님은 우리 소유를 기쁘게 드리는 것을 통하여 영광을 받으시고, 그리스도인들은 그러한 기부를 통하여 축복받을 수 있기 때문이다. 반면에 기금을 마련하는 쪽은 그 쓰임을 명백히 해야 한다. 그것을 하나님을 경배하고 전하는 데 쓰지 않고 오로지 교회를 번영시키는 데만 사용해서는 안 된다. 여기에 참여하는 모든 사람은 완전무결해야 한다.

동일시

예수님의 삶과 사역을 통해 순종과 믿음, 온전함 같은 요소들이 완전하게 예증된 것처럼, 우리는 예수님의 성육신을 통해 자기 정체성을 발견할 수 있다. 마르틴 루터의 예수님에 관한 이 단순한 표현들을 보라. "그는 먹었고, 마셨고, 잠을 잤고, 잠에서 깨어났다. 피곤했고, 슬퍼하셨으며, 기뻐하였다. 그리고 웃고 우셨다. 그는 배고픔과 목마름을 알았으며 땀을 흘렸다. 그는 말했고, 괴로운 일을 했고, 또는 기도했고… 그와 다른 사람들 사이에는 아무런 차이가 없었다. 다만 그는 하나님이었으며, 죄가 없었다는 사실만 제외하면 말이다."

오늘날 예수님의 신성에 관한 논쟁들이 신학계에서 활발하게 일어나고 있지만, 학문과 거리가 먼 그리스도인은 오히려 예수님의 순수한 인간성에 관해 더 어려움을 느낀다. 아마 그를 본질적으로 보통 사람들과 다른 존재로 생각하기 때문인 것 같다. 이리하여 교회는, 하나님의 대행자로서 모든 창조물을 치유하는 역할을 잘 감당하지 못하는 것이다. 우리는 거룩한 것과 세속적인 것을 잘못 구분해 왔다. '세상에 오염되지 않게' 한다는 명분으로 가끔 아예 세상과 결별해 버리기도 하는 것이다. 그렇다면 우리는 하나님이 주신 화해의 사역을 어떻게 수행할 수 있겠는가? 바울은 그러한 종교적 결별을 거부했다. "내가 모든 사람에게서 자유로우나 스스로 모든 사람에게 종이 된 것은 더 많은 사람을 얻고자 함이라… 여러 사람에게 여러 모습이 된 것은 아무쪼록 몇 사람이라도 구원하고자 함이니 내가 복음을 위하여 모든 것을 행함은 복음에 참여하고자 함이라"(고전 9:19, 22-

23). 이것은 복음 전도와 봉사를 위해 효과적으로 적용된 성육신의 원리인 것이다.

성경 전체를 통해 보면 하나님은 명백하게 가난한 자들 편에 서 계신 것처럼 보인다. 그분은 결코 사람을 차별해서 대우하지 않으며, 자기를 부르는 모든 사람에게 똑같이 후한 의로운 하나님이다. 부유한 자들이 가난한 자들을 무시하고 억압하며 고통을 주었기 때문에 하나님은 가난한 자들의 편에 서야만 했다. 더 나아가 하나님은 자신을 가난한 자들과 동일시한다. 가난한 자들에게 친절하게 대하는 것은 하나님에게 꾸이는 것과 같다(잠 19:17). 우리가 배고프고, 목마르며 외롭고, 헐벗고, 아픈, 또는 감옥에 갇힌 자들을 돕는다면 이것은 바로 예수님에게 행하는 것과 같다(마 25:34-40). 예수님이 보통 사람들이나 가난한 사람들에게 사랑받고 환영받는 이유는 그가 의식적으로 자신을 그들과 동일시했기 때문이다. 그는 가난한 자에게 복음을 전하려고 왔으며, 자기 머리 둘 곳이 없이 사시면서도 그 일을 하셨다. 십자가 위에서는 말 그대로 모든 것이 벗겨졌다. 십자가 위에 벌거벗은 채로 못 박힌 자보다 더 비참한 사람이 있을까? 그럼에도 불구하고 사도 바울은 그분의 '십자가의 능력'에 대해 반복적으로 언급했다.

초대 교회에서도 동일한 일이 반복되었다. 베드로와 요한은 성전 미문에서 구걸하는 앉은뱅이를 향해 자신들에게 금이나 은은 전혀 없지만, "나사렛 예수의 이름으로 걸으라"고 명령하여 그를 낫게 했다. 하나님이 그들을 통하여 '많은 기사들과 표적들을' 행했다는 것은 전혀 놀랄 일이 아니다. 하나님은 그들이 물질적으로 가난한 자들을 성실하게 대하는 것을 보시고 그들을 신뢰하셨고, 커다란 영적 부요함을 제공하셨다. 그들은 '각 사람의 필요'라는 원리에 따라 나누며 살았는데, 이것이 하나님의 은혜가 그들 가운데 거한다는 분명한 증거가 되었다. 그리고 이 은혜는 다른 많은 방법으로 명백하게 증명되었다. 당시에 가난하고 궁핍한 자를 비롯해 모든 사람들에게 하나님의 말씀이 그렇게 빠른 속도로 확산된 것은 아주 당연한 결과였다.

그러나 현대 서구 교회는 대부분 풍요로운 중산층에게만 다가간다. 문화적인 차이를 핑계로 벽을 쌓아 가난한 자들이 선포된 복음을 듣지 못하게 방해하는 격이다. 교회 빌딩이나 목사관들, 교인들의 옷차림, 언어와 음악 등 우리가 누리는 것 자체가 너무 높은 수준이어서 한눈에 봐도 누구를 향해 예수 그리스도를 외치고 있는지 알 수 있다. 그렇다고 지저분하고 보잘 것 없는 건물에 살라는 말은 아니다. 그러나 빌딩이라는 물질적인 것에 얽매이는 순간, 진정으로 구세주를 필요로 하는 사람들에게 복음의 문을 닫아 버릴 위험에 처할 수 있다. 교회 역사에서 교회가 가장 급속도로 성장한 것은 처음 3세기 동안이었음을 기억하라. 이 기간에는 교회에 빌딩도 물질적 자산도 전혀 없었다.

최근 미국에 갔을 때 있었던 일이다. 나는 각기 다른 전통을 따르는 몇 개의 교회를 방문했는데, 그들은 모두 각자의 방식으로 매우 인상적이었다. 나는 얼마 안 있어 그 교회 빌딩 안에 있는 수많은 기구들, 그 조직의 효율성, 매주일 배부되는 인쇄물의 양과 질, 좌석마다 놓인 총천연색 광고지와 환영 카드, 각 예배의 정확한 시작, 성가대와 오르가니스트의 높은 음악 수준, 교인들의 화려한 의복, 더 나아가 예배에 참석하는 회중들의 숫자 등에 큰 충격을 받았다. 나의 전체적인 인상은 그들의 수준 높은 연구와 행사들이 매우 효율적인 방법으로 교회를 뒷받침하고 있다는 것이었다. 그 모습에 우리 영국 교회(내가 섬기고 있는)가 들이는 노력이 얼마나 초라하고 서투른지 되돌아보게 되었다. 그리고 한편으로 그들로부터 많은 것을 배워야겠다고 느끼기도 했다. 결국 세련된 행정력도 성령의 은사 가운데 하나니 말이다. 또한 동시에 나는 거기에서 하나님의 현존을 느끼고 그분의 음성을 듣기 위해 부단히 애를 써야 했다. 예배 안에 자유함이 거의 없었기 때문이다. 그러한 교회에서 사회적·문화적 열정을 뺀다면 진정한 회개가 과연 있을지 궁금할 수밖에 없었다. 그리고 순수하게 혹시나 성화되지 않은 사회 구성원들이 교회에 대해 거부감을 느끼지 않을까 두려운 마음도 생겼다. 그들 교회가 오직 중산층에게만 아첨하려고 애쓰는 것처럼 보였기 때문이다.

이와 대조적인 또 다른 교회를 방문했는데, 그 교회는 건물도 없이 주일마다 인근 학교의 체육관을 빌어 예배를 드리고 있었다. 주일마다 열심 있는 사람들이 나와 양탄자를 깔고, 2천여 개의 의자를 운반하고, 단을 세우고, 효과적인 마이크 시스템을 설치했다. 이 교회는 다른 전통적인 교회들과 무척 대조적이었다. 구조와 조직이 거의 없었으며, 예배는 아주 편안했으나 감동적이고 친밀했다. 목회자의 부드러운 통제 가운데 많은 사람들이 그리스도의 몸을 세우기 위하여 신령한 은사들을 행하고 있었다. 이들은 4년 만에 아무도 없는 상태에서 2천 명의 성도가 참석하는 교회로 성장했다. 이들 중 대다수가 순수한 회심자들이었는데, 대개 전통적인 교회의 형식성에 실망한 사람들이었다. 그 체육관 안에서 살아 계신 하나님의 임재를 모르고 지나칠 사람은 아무도 없었다. 그들의 교제 안에는 하나님의 사랑, 기쁨, 생명, 관대함이 그대로 살아 있었다. 주일마다 회심과 치유, 구원의 역사가 일어났다. 영적인 실재를 찾는 사람이라면 누구든지 그 의미를 찾을 수 있었다. 물질적으로 가진 것은 없었지만, 영적 능력에 관해서는 확실히 하나님의 임재와 성육신한 그리스도의 영이 있었다. 그러한 배경에서는 평범한 죄인들도 복음을 기쁘게 들을 수 있었던 것이다.

사랑

사랑은 모든 것 중에서 가장 고상하다. 만약에 사랑이 없다면 유창한 설교는 시끄러운 꽹과리 소리처럼 들릴 것이다. 무엇보다 핍박받는 초대 교회를 통치하고 강권했던 것은 바로 그리스도의 사랑이었다. "우리가 이같이 너희를 사모하여 하나님의 복음뿐 아니라 우리의 목숨까지도 너희에게 주기를 기뻐함은 너희가 우리의 사랑하는 자 됨이라"(살전 2:8). 그들의 사랑은 마치 자석처럼 믿지 않는 자들을 주님께로 끌어당겼다. 가난한 자들과 소외당하는 자들, 병든 자들과 불구자들, 유대인들과 이방인들, 종이나 자유자, 남자나 여자, 심지어 영향력이 컸던 몇몇 부자들까지 모두 주님께 나아왔다. 마음이 시기로 가득 차 강퍅해진 사람을 제외하고는 말이다. 그리스도인들이 서로 사랑하는 한 다른 사람들도 그들이 명확하게 예수님의 제자요, 그들 가운데 하나님이 함께 계신다는 사실을 목격할 수 있었다. 사랑은 언제나 세상에서 가장 위대하며, 하나님을 가장 강력하게 보여 주는 확실한 증거가 된다.

하지만 그리스도인의 사랑은 언제나 그 특징이 있는데 곧 희생적으로 주는 것이다. "하나님이 세상을 이처럼 사랑하사 독생자를 주셨으니." 모든 시대를 통틀어 사랑에 관한 이 위대한 표현에는 결코 감상적인 것이 없다. 마찬가지로 사랑의 확실한 증거와 확인은 복음 전도자의 유창한 말보다 훨씬 낫다. 누구나 사도행전의 첫 몇 장만 읽어 보면 그들이 생활과 소유를 서로 나누어, 믿지 않는 사람들에게 살아 계신 하나님을 확실히 보여 줌으로써 예수를 증거했던 사실을 발견할 수 있을 것이다. "믿는 사람이 다 함께 있어 모든 물건을 서로 통용하고 또 재산과 소유를 팔아 각 사람의 필요를 따라 나눠 주며… 주께서 구원 받는 사람을 날마다 더하게 하시니라"(행 2:44-45, 47). "믿는 무리가 한마음과 한 뜻이 되어 모든 물건을 서로 통용하고 자기 재물을 조금이라도 자기 것이라 하는 이가 하나도 없더라 사도들이 큰 권능으로 주 예수의 부활을 증언하니 무리가 큰 은혜를 받아 그 중에 가난한 사람이 없으니 이는 밭과 집 있는 자는 팔아 그 판 것의 값을 가져다가 사도들의 발 앞에 두매 그들이 각 사람의 필요를 따라 나누어 줌이라"(행 4:32-35).

예수 그리스도의 복음이 이처럼 큰 변화를 부른 것은 딱 두 가지 맥락에서 해석된다. 바로 말씀 안에 있는 사랑과 서로를 위한 희생이다. 사도행전 6장에도 이와 동일한 양식이 반복된다. 어떤 헬라파 과부들이 물질적으로 빈곤했을 때 사도들은 믿음과 성령이 충만한 일곱 사람을 택해 그들의 물질적 필요를 채워 주는 조치를 취했다. 그때 어떤 일이 생겼는가? "하나님의 말씀이 점점 왕성하여 예루살렘에 있는 제자의 수가 더 심히 많아지고 허다한 제사장의 무리도 이 도에 복종하니라."

많은 그리스도인들은 최소한의 자기 땅을 소유했음이 분명하다. 하지만 재산을 처분하거나 돈을 기부하는 일에서 강제성은 전혀 없었다. 물론 사유 재산을 포기하라는 어떠한 압력도 없었다. 하지만 그들은 공동체 안의 지체가 궁핍할 때마다 계속해서 자기 소유를 팔았다. 이 새로운 공동체 가운데 드러나는 하나님의 사랑이 워낙 컸기 때문에 이들은 자기를 통해 하나님의 사랑이 기꺼이 드러나기를 소망했다. "누가 이 세상의 재물을 가지고 형제의 궁핍함을 보고도 도와 줄 마음을 닫으면 하나님의 사랑이 어찌 그 속에 거하겠느냐"(요일 3:17). 심지어 기근에 대한 예언이 있었을 때에도 안디옥에 새롭게 형성된 이방 교회는 "각각 그 힘대로" 유대에 사는 형제들에게 돈을 보냄으로써 사랑으로 반응했다(행 11:27-30).

내가 서구 교회에서 성서에 기록된 대로 이 생활양식을 가르치려고 하면, 대부분 아주 강하게 반대를 했다. 대부분의 그리스도인들은 믿음이나 사랑, 봉사, 선교 등에 관한 가르침에는 쉽사리 동의한다. 그러나 돈이나 재산, 단순한 생활양식의 영역을 건드리면 아주 민감하게 반응한다. 대체 왜 그럴까 그 이유를 생각해 봤는데, 그들이 아무리 부인한다 해도 돈이나 재산에서 위안을 받기 때문이 아닐까 싶다. 황금의 신이 우리 삶에 예상보다 더 강력한 영향력을 행사하는 것이다. 또는 본능적으로 세상의 압력을 거부할 수 없고, 성서의 가르침대로 살기 어렵다는 걸 알기 때문이기도 하다.

문제는 서구 교회들이 신약 시대의 확실한 규범이었던, '삶과 소유를 함께 나누는 생활양식'에 대해 아무것도 모르고 있다는 것이다. 오히려 거센 핍박이 존재하는 제3 세계 교회들 가운데는 이것이 예증되고 있지만 말이다. 서구의 수많은 그리스도인들에게 있어서 '제자도'는 고작 교회에 정규적으로 출석하는 것, 자기 수입의 일부분을 바치는 것(통상적으로 십분의 일, 가끔 이보다 훨씬 적다), 그리고 교회 행사에는 매우 제한되게 참여하는 것 이상의 의미를 지니지 않는다.

결과적으로 서구 그리스도인들과 교회들의 생활양식은 주위의 풍요로운 사회에 대응하여 예언자로서 그 역할을 하지 못하고 있다. 사실 교회와 그리스도인들의 생활양식을 사회로부터 구별하기란 매우 어렵다. 우리는 세상의 가치와 기준을 무의식적으로 채택해 왔다. 그리고 지난 30년 동안 생활수준이 상당히 올라가면서 그리스도인들도 우리 이웃들처럼, 승용차나 카펫, 대형 텔레비전, 세탁기, 고급 가구, 고성능 오디오 등에 많은 돈을 투자하고 있다. 그러면서 우리는 이것들이 '현대 생활'을 살아가는 데 꼭 필요하다고 간주한다. '필요에 따라' 물건을 사고, 가진 음식과 의복에 만족하며 나머지는 모든 선한 일을 위하여 사용하는 성경적 태도는 어디로 가버렸을까? 사랑 안에서 서로를 위하여 헌신하는 삶, 어려운 경제 상황 속에서도 함께 나눔으로써 그리스도의 사랑을 아주 비싸게, 구체적으로, 그리고 희생적으로 표현하는 삶은 과연 어디에 있는가?

론 사이더는 그것을 이와 같이 표현했다. "신약성서에서 우리는 전혀 새로운 생활양식으로 사는 새로운 공동체를 부르시는 예수님을 보게 된다. 초대 교회는 새로운 사회였다. 이것은 모든 관계가 변화되는 하나의 새로운 몸이었다. …신약성서에서 가장 확실한 것이 있다면 그들이 재정적으로 함께 나누며 살았다는 것이다. …하나님은 부와 가난이 극단적으로 대립하는 것을 원하지 않는다. …만약 오늘날 범세계적인 그리스도인 공동체가 감히 그러한 비전을 구체화시켜, 그리스도의 몸 안에서 일종의 경제적 평등을 실천한다면… 이것은 우리가 취할 수 있는 가장 강력하고 효과적인 복음 전도가 될 것이다. 초대 그리스도인들이 자신들의 재정을 통용하며 그 사회에 던졌던 충격은 너무나 놀라운 것이었다. 불행하게도 신약 시대의 코이노니아가 현대 서구 교회에는 거의 사라져 버린 것 같다."[7]

　　나는 이 모든 것에서 가장 중요한 교훈을 배우기 시작했음을 주장할 따름이다. 나는 항상 도전을 받고 있으며, 앞으로도 더 많은 도전을 받을 것이다. 그러나 나는 지난 8년 동안 공동체 안에서 살면서 보다 단순한 생활양식으로 서로에게 진실하게 헌신했으며, 그리하여 자유롭게 '서로 돌아보아 사랑과 선행을 격려'할 수 있었다. 내가 할 수 있는 이야기는 비록 우리의 진보가 부끄러울 만큼 더디고 적었지만, 이제까지 보지 못했던 그리스도의 부요함과 그리스도인들의 깊은 교제를 발견하기 시작했다는 것이다. 나아가 최소한 이 세상의 올무로부터 해방되는 것을 발견했다. 감히 바울처럼 "가난한 자 같으나 많은 사람을 부요하게 하고 아무것도 없는 자 같으나 모든 것을 가진 자로다"라고 말할 수는 없지만, 그가 무엇을 의미하는지 어느 정도는 알 수 있을 것 같다. 그래서 하나님 나라를 위하여 돈과 인간의 능력을 자유롭게 풀어놓을 수 있었던 것이다.

사랑은 말이 아닌 행동으로 증명된다

나는 최근에 영국 성공회 신부로부터 한 가지 질문을 받았다. 신약성서에 등장하는 교회를 고도로 복잡한 첨단 기술의 시대에 재현하는 것이 과연 정당하다고 생각하느냐는 것이었다. 나는 신약성서의 원리들이 시대를 초월한다고 믿는다. 그러나 그것이 실천되려면 이 특별한 세대에 맞게 현대적인 방법이 적용되어야 할 것이다. 곧 초대 교회를 그대로 따르는 것은 아니지만 지금 서구 교회의 영향력이 가장 약해졌을 때, 또는 이러한 필요들이 커지고 있을 때, 그리고 현대 교회의 위기가 영적 능력과 사랑의 결핍에서 비롯되었음이 확실시될 때, 우리는 당연히 2천 년 전과 현재 제3세계 교회를 그렇게 능력 있고 효율적으로 만든 성서의 기본 원리들을 면밀히 살펴보아야 한다.

의심할 여지없이 이 영역은 성령의 인격과 사역에 관한 것이다. 우리에겐 성령 충만한 그리스도인들과 교회가 절실히 필요하다. 이것을 대체할 수 있는 것은 아무것도 없다. 만약 우리 안에 예수님의 삶과 사랑이 명백하게 드러나야 한다면 교회는 이 땅에서 그리스도의 몸이 된다는 것이 무엇을 의미하는지 다시금 배워야 할 것이다. 교회는 하나님의 새로운 사회를 증명할 필요가 있다. 문제는 돈이다. 이것은 탐욕스러운 이 세대에만 적용되는 것이 아니다. 다른 사람들이 우리의 신앙이 실제적으로 어떤 의미인지 목격하게 될 때, 예수 그리스도의 복음은 종교적인 어떤 말들보다 더 귀한 것이 될 것이다.

제임스 백스터(James K. Baxter)는 이렇게 말했다. "오순절에 성령의 폭탄이 터지기 전까지는 초대 그리스도인들도 자유롭고 완전하게 자기 것을 나누지 않았다. 그때가 오지 않았다면 자유롭고 기쁨이 넘치는 나눔의 삶을 감당하지 못했을 것이다. 소유하려는 습관은 인류의 깊은 본능에 뿌리내리고 있다. '이것은 당신들의 것이다. 나의 것이 아니다'라고 말하면서 그대로 실천하는 것은 마치 하나님이 죽은 자를 다시 살리는 것만큼 기적적인 일이다."[8]

다른 사람들이 우리가 입술로 크게 선포하는 것의 실재를 보는 것은 그러한 하나님의 은혜가 있기 때문이다. 그러나 우리 안에 하나님의 사랑에 대한 구체적인 증거가 없다면, 기독교는 "가난하며, 수다스러우며, 소인배적인 사람들로 구성된 집단"이라는 포스터(E. M. Foster)의 책망을 피할 수 없을 것이다.

"자녀들아 우리가 말과 혀로만 사랑하지 말고 행함과 진실함으로 하자"(요일 3:18).

(이 주제 전체에 관한 보다 감동적이며 균형 있는 진술을 위해서 이 책의 후반부에 있는 '단순한 생활양식을 위한 우리의 다짐'과 부록 I 을 참고하라.)

1. 복음 전도의 중심 메시지는 무엇입니까?(행 2:36; 5:42) 우리는 예수 그리스도를 전할 때 그를 어떻게 소개해야 합니까?(골 1:20; 엡 1:10)

2. 사도행전 8장 6-8절에서 빌립은 말로 복음을 전한 것 이외에 어떤 이적을 나타냈습니까? 오늘날에도 이와 동일한 이적을 요구할 필요는 없습니다. 그러나 동일한 성령의 역사를 간구할 수는 있습니다. 우리들의 전도에 성령이 구체적으로 역사하기 위해서 우리가 할 수 있는 일들을 생각해 보십시오.

3. 복음이 열매를 맺기 위해서는 적절한 시간에 적절한 사람에게 적절한 말씀을 전해야 합니다. 사도행전 8장 26-40절에서 빌립이 구스 내시에게 복음을 전하는 장면을 보십시오.

   ① 어떤 의미에서 구스 내시가 전도하기에 적합한 사람이었습니까?

   ② 성령은 어떤 순간에 두 사람이 만날 수 있도록 했습니까?(행 8:28)

   ③ 적절한 말씀이란 한편으로는 영원히 변치 않는 하나님 말씀을 가리키지만, 복음을 듣는 당사자에게 적절한 말을 의미합니다. 빌립은 어떻게 이 양면을 조화롭게 전했습니까?

4. 복음 전도는 단순히 그리스도를 전하는 데 그치지 않고 사람들이 그 복음에 반응하도록 도와주어야 합니다.

  ① 사도행전 2장 37-38절에서 "어찌할꼬?" 하는 사람들에게 베드로는 어떻게 하라고 했습니까?

  ② 자신의 죄를 인정하고 회개함과 동시에 어떤 결심이 필요합니까?(롬 10:9-10) 위 ①②번의 두 고백이 왜 중요할까요?

  ③ 예수를 믿는다는 말은 구체적으로 예수를 영접한다는 말입니다(요 1:12). 이 말은 예수님을 손님으로 정중히 모시는 것을 말하지 않습니다. 누가복음 9장 23절은 예수님을 모시는 이의 자세를 무엇이라고 표현합니까?

  ④ 골로새서 2장 6-7절에서 예수 그리스도를 모신 사람들이 계속해서 기억할 일은 무엇입니까? 복음을 전한 사람들은 계속해서 그들을 양육할 책임이 있습니다. 나는 이 책임을 어떻게 감당하고 있습니까?

11. 제자가 치르는 대가

나는
대가를
지불합니다

예수님이 우리의 가장 깊은 욕구를 충족시켜 주는 것은 사실이지만, 자기를 따르는 자에게 안락한 삶을 약속하지는 않았다. 오직 그 안에서 과거를 용서받고, 현재 새로운 삶을 살며, 미래에 영광의 소망을 볼 수 있을 뿐이다.

동시에 예수님은 이 땅에 자기 교회를 세우기 위해 오셨다. 자기 회원의 유익만 생각하는 클럽과는 달리 교회는 창조 세계 전체를 치유하기 위한 하나님의 대리자이다. 전적으로 비회원의 유익을 위해 존재하는 것이다. 그렇기 때문에 교회 회원이 되는 것은 필연적으로 제자도를 포함하며 나아가 예수님의 요구를 받아들이는 것을 의미한다. 사실 예수님이 제자도의 대가를 너무 정직하게 말씀하셨기 때문에 그를 추종하던 많은 사람들은 더 이상 그를 따르지 않게 되었다. 다락방에서 성령의 약속을 기다리던 5백여 명 중에도 겨우 120명 정도만 그의 부름을 기꺼이 받아들였다. 3년에 걸친 그의 사역은 이상하리만큼 결실이 적었다. 그 이유는 그가 아픈 자들을 치료하고, 불구자들을 자유롭게 했지만 당신이 부른 자들에게, 그리고 따르기를 청하는 자들에게 제자도가 치러야 할 대가를 직선적인 말로 명백하게 선언했기 때문이다.

어떤 사람이 예수님께 이렇게 말했다. "어디로 가시든지 나는 따르리이다"(눅 9:57). 이에 예수님은 "여우도 굴이 있고 공중의 새도 집이 있으되 인자는 머리 둘 곳이 없도다"라고 대답했다(눅 9:58). 여기에서 예수님은 제자가 되기를 원하는 이 사람에게 신앙에 순종할 때 감수해야 할 것을 보여 주셨다. 세상적인 말로 한다면, 계속 불확실하고 불안하게 산다는 의미이지만, 영적인 말로 한다면, 그것은 보이지 않는 일에 대한 계속적인 확신의 삶이며, 하나님의 사랑에서 완전한 안전을 누리는 삶이다(히 11:1). 예수님은 사람들이 하나님을 전적으로 신뢰하도록 부를 뿐, 세상의 불확실한 부를 신뢰하도록 부르지 않는다.

믿음은 진정한 제자도의 필수 조건이다. 믿음이 없이는 하나님을 기쁘게 할 수 없기 때문이다. 그래서 제자라면 누구나 하나님을 신뢰할 수밖에 없는 어려운 상황에 놓일 것을 예상해야 한다. 최초의 제자들은 자기들의 스승과 더불어, 다음 식사를 어디서 할지, 오늘밤 어디에서 자야 할지 난감할 때가 많았다. 예수님께 부름 받은 뒤 가정과 직업, 돈과 재산을 버리고 전적으로 예수님만 따랐기 때문이다. 물론 예수님은 그들을 실망시키지 않으셨고, 그들의 필요를 모두 채워 주셨지만 제자들은 시험을 만날 때 믿음이 흔들리는 모습을 보이기도 했다. "믿음이 적은 자들아, 왜 의심하느냐? 믿음이 없느냐?" 이것은 계속적인 그분의 꾸중이었다. 주님은 반복해서 제자들을 격려하고 가르치고, 인도하고, 강하게 훈련시켰다. 그러나 그들이 예수님을 신뢰하고 순종하는 것을 배우기까지, 이러한 모든 훈련이 수포로 돌아가게 될 것도 아셨다.

순종의 길

그리스도의 사역이 처음 시작되었을 때 사람들은 그의 고귀한 인격에 거듭 충격을 받았다. "무리들이 그의 가르치심에 놀라니 이는 그 가르치시는 것이 권위 있는 자와 같고 그들의 서기관들과 같지 아니함일러라"(마 7:28-29). 너무 놀란 나머지 자기들끼리 수군거리기도 했다. "그가 누구이기에 바람과 바다도 순종하는가"(막 4:41). 그들은 하늘과 땅의 모든 권세가 그에게 주어져 있음을 몰랐다(마 28:18). 예수님은 단순히 이상한 권세를 가지고 기적을 행하는 사람이 아니었다. 그는 세상의 모든 권세를 가진 영광의 주님이었다. 그분께는 반쪽이나 적당히 같은 것이 없다. 그의 제자가 되기 원한다면, 그의 숭고한 권위를 우리 삶의 모든 영역에서 받아들여야 한다. 그렇지 않으면, 그분은 구세주가 될 수 없다. 예수님께서는 모든 것이 아니면 아무것도 아닌 것이다. 하나님의 나라에 있다는 것은 예수님을 왕으로 받아들인다는 것이다. 그리고 만약 예수님이 왕이라면 우리는 그분의 권위에 따르고 순종해야 한다.

최초의 제자들은 이것을 명백하게 이해했다. 사도행전 4장에서 베드로와 요한은 "도무지 예수의 이름으로 말하지도 말고 가르치지도 말라"(18절)고 협박받았을 때, 이렇게 대답했다. "하나님 앞에서 너희의 말을 듣는 것이 하나님의 말씀을 듣는 것보다 옳은가 판단하라 우리는 보고 들은 것을 말하지 않을 수 없다." 후에 그들은 하나님의 말씀을 담대하게 말할 수 있는 용기를 달라고 다시 기도했다. 사도행전 5장에 다시 심각한 위협이 있은 후, 베드로와 사도들은 이렇게 대답했다. "사람보다 하나님께 순종하는 것이 마땅하니라 너희가 나무에 달아 죽인 예수를 우리 조상의 하나님이 살리시고"(행 5:29-30). 그들의 반대자들이 크게 노하여 사도들을 없애고자 한 것은 그리 놀랄 일이 아니다. 그리고 하나님의 말씀이 고대 세계에 산불처럼 번진 것도 전혀 놀랄 일이 아니다. 최초의 그리스도인들은 개인적으로 치러야 할 희생이 아무리 크다 해도 순종하는 것을 배웠다. 곧 복음을 위하여 목숨을 포기하는 것이었다. 그렇기 때문에 하나님이 그들을 통하여 그렇게 강력하게 역사했던 것이다. 하나님은 자기를 순종하는 사람들에게 성령을 주신다(행 5:32).

필립스(J. B. Phillips)의 글을 보라. "아마 그들이 아주 단순하게 살았기 때문에, 그리고 항상 믿을 준비, 순종할 준비, 고통당할 준비, 필요하다면 죽을 준비가 되어 있기 때문에 하나님의 성령이 항상 찾아오셨던 것이다. 곧 사람들이 믿음과 사랑 안에서 교제하며 견고하게 연합되어 있었기 때문에 성령이 그들을 통해 아무런 방해물 없이 일할 수 있었다."

예수님의 부름은 사랑의 부름이었다. 그의 말씀에 대한 제자들의 순종은 그의 사랑에 대한 신뢰를 의미했다. 예수님이 우리에게 완전한 사랑을 요구하는 것은, 그가 우리를 사랑하여 자기 생명을 내놓았기 때문이다. 우리에게 필요한 것은 그의 계명을 따르면서 실제로 순종하는 사랑이다. 진실로 제자가 되기를 원하는가? 우리 삶에 하나님의 가장 좋고 완전한 뜻이 역사하기를 원하는가? 하나님을 신뢰하는 일이 진정으로 기쁜가?

예수님의 말씀의 배후에는 아주 중요한 진리가 있는데 이것은 당시 군중들에게도 그랬듯 지금도 마찬가지로 '난해한 말씀'이다. "무릇 내게 오는 자가 자기 부모와 처자와 형제와 자매와 더욱이 자기 목숨까지 미워하지 아니하면 능히 내 제자가 되지 못하고 누구든지 자기 십자가를 지고 나를 따르지 않는 자도 능히 내 제자가 되지 못하리라"(눅 14:26-27). 이는 예수님에 대한 우리의 사랑이 그 누구(우리와 가장 가깝고 우리를 아끼는 사람일지라도)에 대한 사랑보다 우선되어야 한다는 뜻이다. 곧 예수님을 향한 사랑에 비교하면 다른 사랑은 미움일 수 있다는 것이다. 예수님이 주님이라는 것은 예수님 이외의 다른 것은 우리의 충성과 헌신을 요구할 수 없음을 의미한다. 비교와 타협이 있을 수 없다. 조건적 복종도 있을 수 없다. "누구든지 자기 십자가를 지고 나를 따르지 않는 자도 능히 내 제자가 되지 못하리라… 너희 중의 누구든지 자기의 모든 소유를 버리지 아니하면 능히 내 제자가 되지 못하리라"(눅 14:27, 33).

예수님은 우리에게 이렇게 전적이며 비타협적인 순종을 원하셨다. 그러나 우리는 현대 문화의 관점에서 보다 '합리적인' 노선을 선택함으로써 그리스도의 부름을 제한하려고 하며, 그의 엄격한 요구를 완화시키려고 한다. 그러면서 예수님 당시와 현대 상황은 다르다고 입버릇처럼 말한다. 우리는 지적, 신학적 노력으로 신약성서의 열정을 식히는 소위 '보다 균형적인' 견해를 찾으려고 애쓰고 있지 않은가? 또는 예수님의 가르침을 나름대로 해석하여 피할 궁리만 찾고 있지는 않은가? 성경을 너무 문자적으로만 해석하는 율법주의자가 되라는 말은 아니다. 다만 해석학의 결정적 원리들을 무시한 채 자의적으로만 해석해서는 안 된다는 의미이다.

우리는 종종 하나님의 말씀을 다음과 같은 식으로 해석하는 것을 듣게 된다. "가령 예수님이 '네 원수를 사랑하라'고 하신 속뜻은 '너에게 잘못 행한 사람에게 복수하지 말라'는 것이었다. 예수님이 '내가 곧 길이요…나로 말미암지 않고는 아버지께로 올 자가 없느니라'고 말씀한 것은 '나는 네가 하나님께 나아갈 수 있는 하나의 길이다. 그러나 물론 다른 길도 많이 있다'를 의미한다. 예수님이 '너희는 먼저 하나님의 나라를 구하라'고 말씀했을 때는 '너희가 존재하고 일상적인 생활을 유지하기 위해 먼저 구해야 할 일이 많이 있지만, 너희는 너희의 생활로부터 하나님의 나라를 버리지 아니하도록 유의하라'는 의미였다." 하지만 이것은 절대적인 순종을 바라는 예수님의 명백한 부름을 회피하려는 해석 방법이다. 이것은 비극이다. 그가 우리를 사랑하시며 우리에게 가장 좋은 것을 주기 원하신다는 사실을 믿지 않는 것이고, 이러한 불신앙과 불순종으로는 그의 진정한 제자가 될 수도 없다.

믿음의 길

앞에서 이미 살펴봤듯이 예수님이 우리의 순종을 시험하는 궁극적인 이유는 우리가 그만큼 자신을 순수하게 믿는지 알기 위해서다. 모든 것은 궁극적으로 하나님의 은혜에 달려 있다. 우리는 그의 한없는 사랑으로 말미암아 삶의 길을 잃고 방황하다가 구원을 얻었다. 모든 하나님의 은사들이 믿음으로 말미암아 '은혜에 의하여' 우리에게 주어졌다. 믿음이 없이는 아무것도 기대할 수 없다. 믿음은 하나님이 우리에게 은혜로 주는 것을 받을 수 있는 빈손이다. 그렇기 때문에 우리는 믿음으로 의롭다 여김을 받고, 믿음으로써 하나님이 계신 곳에 나아갈 수 있다. 또한 믿음으로 성령을 받고, 믿음으로 마음에 그리스도를 모신다. 성령을 받은 자들은 종종 '믿음과 성령이 충만한' 자들이었다고 표현된다. 그리고 하나님이 그들 가운데 특별하게 역사할 수 있었던 것도 그들이 '예수님의 이름을 믿었기' 때문이다.

사도행전 8장에는 빌립이 어떻게 믿음으로 성령에 인도되는 삶을 살았는지 기록하고 있다. 그의 이러한 믿음은 사마리아 사람들에게 새로운 삶을 가져다주었으며, 에디오피아 내시에게도 새 생명을 가져다주었다. 초대 그리스도인들의 원수이자 두렵기만 했던 사울을 조심스럽게 찾아갔던 아나니아의 믿음을 보라. 이방인 고넬료의 집에 위대한 분수령을 가져다 준 시몬 베드로의 믿음(비록 마지못해 하는 믿음이긴 했지만)을 보라. 초대 교회 이야기를 하나로 묶으라고 한다면, 그것은 부활한 그리스도에 대한 능동적인 믿음을 보여 주는 모습이 될 것이다. 그들의 복음 전도는 히브리서

11장에 기록된 위대한 믿음의 영웅들이 보여 준 서사적 이야기를 잇는 장엄한 '제2막'이었다.

이 모든 실례들 가운데서 우리가 유추할 수 있는 것은 하나님의 은혜를 받는 믿음은 하나님의 말씀에 순종함으로써 얻어진다는 사실이다. 순종이 없다면 믿음도 있을 수 없다. "믿음으로 아브라함은 부르심을 받았을 때에 순종하여 장래의 유업으로 받을 땅에 나아갈새 갈 바를 알지 못하고 나아갔으며"(히 11:8). 본회퍼도 이 사실을 잘 알았던 것 같다. "오직 믿는 자만이 순종한다. 그리고 오직 순종하는 자만이 믿는다. …사람들이 믿는 것이 어렵다고 불평할 때, 이것은 고의적이든 무의식적이든 불순종의 표시이다. …오직 마귀만이 우리가 도덕적 곤경에 처한 것을 기뻐한다. 마귀는 이렇게 말할 것이다. '계속해서 (믿음에 관한) 문제점들을 제기하라. 그리하면 순종의 필요성을 회피할 수 있을 것이다.'"[2]

사도 요한이 예수님을 믿기 반대하는 자는 불순종하는 것이라고 복음서에서 제시한 것은 매우 중요하다. "아들을 믿는 자에게는 영생이 있고 아들에게 순종하지 아니하는 자는 영생을 보지 못하고 도리어 하나님의 진노가 그 위에 머물러 있느니라"(요 3:36). 사도 바울 역시 우리가 예수님을 믿음으로 말미암아 구원을 받은 반면, 하나님의 의로운 진노가 어느 날 "하나님을 모르는 자들과 우리 주 예수의 복음을 복종치 않는 자들에게" 임할 것이라는 사실을 명백하게 말했다(살전 1:8). 믿음과 순종이 동행하는 것처럼 불신앙과 불순종은 동전의 양면과 같다. 만약에 우리가 예수님이 하신 말씀을 행하지 않는다면 그를 '주님'이라고 부를 이유가 전혀 없지 않은가?

칼뱅은 이렇게 말했다. "의롭게 여김을 받을 수 있는 것은 오직 믿음 뿐인 반면, 의롭다 여김을 받는 믿음은 절대 단독으로 존재하지 않는다." 믿음은 언제나 선한 일들을 동반한다. 왜냐하면 행함이 없는 믿음은 죽은 것이기 때문이다. 야고보가 자기 서신에서 이야기하는 선행의 기초는 하나님의 말씀에 대한 순종인 것이다. "너희는 말씀을 행하는 자가 되고 듣기만 하여 자신을 속이는 자가 되지 말라"(약 1:22).

"우리가 인지해야 할 가장 중요한 문제는 복음 전도에 있어 보다 많은 결단이 필요하다는 것이다. 교회의 관리와 조직, 효율적인 운영을 위해서는 보다 많은 돈과 보다 좋은 건물 및 시설이 필요하다. 그러나 무엇보다 절실한 것은 그리스도인들이 주의 가르침을 보다 명백하게 이해하고 순종하도록 돕는 것이다. 이 사실을 보지 못하면 우리는 저주를 받을 것이다. …그리스도를 마음에 초청하는 기도를 드리는 것, 감정적인 체험을 가지는 것, 그리스도를 전하는 것, '구원의 계획'을 다른 사람과 함께 나누는 것, 성령의 충만함 안으로 들어가는 것, 성경을 가르치는 것, 그리고 이외에도 가치 있고 선한 많은 일들이 있을 것이다. 그러나 이러한 모든 일들은, 만약 우리가 사사로운 생활 가운데서 예수님께 순종하지 않으면 아무 의미가 없다. 절대로 있을 수가 없다."[3]

예수님의 제자는 예수님을 따르는 사람이다. 예수님이 가는 길을 자기도 가겠다고 헌신하는 자요, 절대적인 순종의 삶을 살겠다고 맹세한 자이다. 그러므로 예수님을 순종하지 못할 때는 즉시 회개하여 그리스도의 용서를 구해야 한다. 왜냐하면 죄는 제자도를 파괴시키며 관계를 망쳐 놓기 때문이다. 순종이 없다면 믿음이 있을 수 없고, 믿음이 없다면 제자도 또한 있을 수 없다.

십자가의 길

예수님은 자신이 가야 할 길이 오직 하나라고 제자들에게 반복해서 가르쳤다. "인자가 많은 고난을 받고 장로들과 대제사장들과 서기관들에게 버린바 되어 죽임을 당하고"(막 8:31). 고난(suffering)과 버린 바(rejection) 사이에는 명백한 차이가 있음을 주목하는 것이 중요하다. 만약 예수님이 단지 고난만을 당했다면, 당시 모든 유대인들에게 엄청난 동정을 샀을 것이다. 그리고 위대한 존경과 명예를 얻었을 것이다. 그러나 주님은 그렇게 하지 않았다. 예수님이 모든 인간을 사랑하고 환영했음에도 불구하고 인간들로부터 조롱받고 거부당했다는 사실은 정말 이율배반적이다. 인간적으로 말하자면 그의 고통이 전적으로 아무런 명예가 없다는 것이다. "그는 멸시를 받아 사람들에게 버림받았으며 간고를 많이 겪었으며 질고를 아는 자라 마치 사람들이 그에게서 얼굴을 가리는 것 같이 멸시를 당하였고 우리도 그를 귀히 여기지 아니하였도다"(사 53:3).

주님은 참기 어려운 고통을 당했으며 또한 십자가의 수치를 짊어졌다. 군인들에게 조롱당했고, 채찍과 가시, 못에 찔리는 고통을 감당했으며, 군중들의 야유를 받았고, 한 강도에게는 놀림을 받았으며, 대부분의 친구들에게도 버림받았다. 유대 역사가 클라우스너(Klausner)는 십자가형에 대해 이렇게 기록하고 있다. "십자가형은 인간이 같은 인간에게 보복하려고 고안한 방법 가운데서 가장 끔찍하고 잔인한 사형 방법이었다." 키케로도 이를 "가장 잔인하고 가장 소름끼치는 고문"이라고 말했다.

그러나 이것이 예수님이 가야만 했던 길이었다. 때로는 단념하고 싶은 유혹을 받기도 했다. 심지어 가장 가까운 제자로부터 그 길을 피하라는 제안을 받기도 했다. 하지만 십자가가 없었다면 그리스도는 결코 그리스도가 될 수 없었을 것이다. 십자가는 항상 인간들에게 불쾌한 것이었다. 심지어 종교인들조차 십자가를 하나의 '걸림돌'로 생각했다. 왜냐하면 십자가는 모든 인간적 교만을 그의 발 앞에 꺾어 버리기 때문이다. 또한 예수님을 따르는 것이 곧 십자가의 길임을 상기시켜 주기 때문이다. "종이 주인보다 더 크지 못하다… 사람들이 나를 박해하였은즉 너희도 박해할 것이요"(요 15:20).

제자들은 이것이 진리임을 곧 체험했다. "무릇 그리스도 예수 안에서 경건하게 살고자 하는 자는 박해를 받으리라"(딤후 3:12). 그리스도의 제자인 우리들은 그분의 고통과 고난, 거절, 그리고 십자가형까지 함께 나누어야 한다. "무릇 그리스도 예수와 합하여 세례를 받은… 우리가 그의 죽으심과 합하여 세례를 받음으로 그와 함께 장사되었나니… 우리가 알거니와 우리의 옛 사람이 예수와 함께 십자가에 못 박힌 것은… 우리가 그리스도와 함께 죽었으면… 내가 그리스도와 함께 십자가에 못 박혔나니… 그리스도 예수의 사람들은 육체와 함께 그 정욕과 탐심을 십자가에 못 박았느니라"(롬 6:3-8; 갈 2:20, 5:24).

한 청년이 나이 든 그리스도인에게 물었다. "십자가형이나 다른 형태의 순교를 경험하기 어려운 오늘날, 십자가의 길이 시사하는 바는 무엇인가요?" 그러자 그가 대답했다. "그리스도와 함께 십자가에 못 박힌 자는 자신의 계획을 더 이상 가지지 않아요. 전적으로 하나님의 손에 자기 삶을 의뢰하지요. 어떠한 상황에서도 그는 '예, 주님'이라고 말합니다."

그렇다면 우리가 예수 그리스도의 진실한 제자가 될 때, 죽어야 하는 - 또는 성경이 종종 말하는 대로 이미 죽은 - 것은 무엇인가? 첫째, 우리의 옛 자아가 죽었다. 이것은 사도 바울이 로마서 6장에서 설명한 위대한 진리이다. 로마서 1-3장에서 바울은 죄에 관하여 언급하면서 모든 사람이 하나같이 죄를 범했으며, 따라서 하나님의 심판 아래 있다고 지적했다. 로마서 3장 끝에서 바울은 어떻게 죄인이 거룩한 하나님에 의하여 용서를 받고 용납될 수 있는지 질문한다. 여기에는 단 하나의 대답이 있을 뿐이다. 하나님의 은혜로 그리스도와 그의 죽음을 믿음으로써 우리는 의롭게 되는 것이다. 로마서 4장에서 바울은 계속하여 진정한 믿음, 곧 구원케하는 믿음의 본질에 대하여 설명한다. 그리고 5장에서 아담과 그리스도를 서로 대조시킨다. 아래의 그림과 같다.

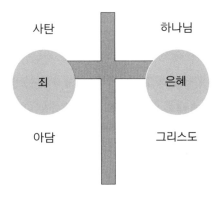

우리는 모두 '아담 안에' 있기 때문에, 아담의 불순종으로 인해 본질적으로 죄가 다스리는 사탄의 나라에 있다. 그러나 '그리스도 안에' 있게 되면, 죽음에까지 이른 그리스도의 순종으로 말미암아 은혜가 다스리는 하나님의 나라에 들어가는 것이다. 우리는 사망에서 생명으로 건너갔다. 이제 더 이상 옛 생활에 속하지 않고 죽은 것이다. 사탄의 나라에서 하나님의 나라로 들어갈 수 있는 유일한 방법은 그리스도의 십자가를 받아들임으로 그분과 우리 자신을 완전하게 일치시키는 것이다. 이것은 우리가 그와 함께 죽었다는 것이다. 이는 동시에 자아와 죄의 옛 세상에 대해 죽는 것을 의미한다. 옛 세상은 더 이상 우리의 일부분이 되어서는 안 된다. "이와 같이 너희도 너희 자신을 죄에 대하여는 죽은 자요 그리스도 예수 안에서 하나님께 대하여는 살아 있는 자로 여길지어다 그러므로 너희는 죄가 너희 죽을 몸을 지배하지 못하게 하여 몸의 사욕에 순종하지 말고"(롬 6:11-12).

에밀 브루너(Emil Brunner)는 이것을 힘 있는 어조로 말했다. "그리스도의 십자가 안에서 하나님이 인간에게 말씀한다. '여기가 너희들이 있어야 할 곳이다. 나의 독생자가 너희를 대신하여 여기에 달렸다. 그의 비극은 너희들의 비극이다. 너희들은 교수대에 달려 마땅한 반역자들이다. 그러나 너희들의 현재 모습에도 불구하고 내가 너희를 사랑하기 때문에, 너희를 대신하여 내가 고통을 당하노라. 너희를 위한 나의 사랑이 너무 크기 때문에 나는 여기에서, 바로 십자가 위에서 너희를 만나노라. 나는 다른 어떠한 곳에서도 너희를 만날 수 없다. 너희들은 십자가 위에 있는 자와 너희 자신을 동일시함으로써 하나님인 나를 만날 수 있다. 내가 그에게 말했던 것처럼 너희에게도 '나의 사랑하는 아들아!'라고 말할 것이다"[4].

하지만 우리가 그렇게 예수님과 우리를 동일시하게 되면 '하나님의 자녀'라는 놀라운 특권을 소유하는 반면, 그리스도를 위하여, 또는 그와 함께 고난도 받아야 한다. 어떤 사람은 예수님이 우리의 죄를 없이 하려고 단 한 번 우리를 대신하여 죽었기 때문에, 우리는 고난의 삶을 살 필요가 없다고 생각하기도 한다. 물론 우리가 자신의 죄를 속하기 위해 고난을 감당하는 것은 분명 아닐 것이다. 예수님이 모든 시간을 위한 속죄의 사역을 십자가 위에서 이미 완성했기 때문이다. "이것들을 사하셨은즉 다시 죄를 위하여 제사 드릴 것이 없느니라"(히 10:18). 여기서 십자가는 고난으로부터의 도피를 의미하는 것이 아니라, 그리스도의 제자가 되고자 하는 모든 사람을 위한 고난을 약속하는 것이다. 바울은 "나는 이제 너희를 위하여 받는 괴로움을 기뻐하고 그리스도의 남은 고난을 그의 몸된 교회를 위하여 내 육체에 채우노라"(골 1:24)고 말했다. 그리스도가 세상 죄를 짊어지심으로 우리 죄는 대속되었다. 그러나 그리스도의 길을 간다는 것은 여전히 십자가의 길이다.

비록 우리는 은혜가 다스리는 나라에서 현재를 살고 있지만(이러한 의미에서 우리는 우리의 삶을 지배하는 죄와 사탄의 권세로부터 자유로워졌다), 그리스도가 모든 원수들을 자기 발 앞에 무릎 꿇게 하는 날까지는 계속해서 치열한 영적 전쟁을 치러야 할 것이다. 우리는 진정 그리스도 안에서 자유롭지만 이는 싸우기 위한 선택이다. 히브리서 기자는 독자들에게 악의 힘에 대항해 계속해서 싸우라고 권고한다. "너희가 피곤하여 낙심하지 않기 위하여 죄인들이 이같이 자기에게 거역한 일을 참으신 이를 생각하라 너희가 죄와 싸우되 아직 피 흘리기까지는 대항하지 아니하고"(히 12:3-4). 확실하게 그리스도인은 은혜의 영역에서 살며, 죄의 영역에 대해서는 단 한 번에 완전히 죽었다. 그렇기 때문에 바울도 자기 독자들에게 '현재의 모습대로 살라'고 반복하여 권면하고 있다.

이것이 바울이 로마서 6장과 다른 서신에서 주장하는 진리의 힘이다. 그는 그리스도 안에 있는 그리스도인의 모습이 무엇인지를 설명하며, 그들에게 부름에 합당한 삶을 살라고 촉구한다. 옛 자아는 그리스도의 십자가로 말미암아 죄에 대하여 죽었다. 우리는 그리스도 안에 있는 새로운 생명의 빛 안에서 살아야 한다. 과거의 죄가 더 이상 우리를 지배하지 않도록 말이다. 어떤 의미에서 죄를 범하는 그리스도인은 바보다! 물론 우리 모두는 '무지해서, 또는 연약해서, 또는 우리의 고질적인 실수 때문에' 죄를 범하지만 말이다. 우리는 여전히 세상을 현혹시키는 쾌락에 매료당하고 있다. 자칫 그 유혹에 넘어가서 죄를 범하는 순간, 그리스도와의 관계가 타격을 입고(다른 사람과의 관계도 마찬가지이다), 마음의 평화를 잃게 되며, 죄에 속박될 뿐 아니라 섬김의 결실이 없어지고, 구원의 기쁨을 누리지 못하게 된다. 그렇다고 죄를 범하면 무조건 바보가 되는 것은 아니다. 무한한 인내와 긍휼 안에서 우리를 회복시키기 원하는 하나님께서 우리가 진실로 회개할 때 우리를 용서하실 것이기 때문이다.

그리스도 안에서 항상 자유하고 열매를 맺는 것은 결코 쉽지 않다. 그렇기 때문에 우리는 자신을 낮추어 죽음에 이르기까지 복종하셨던 그리스도의 마음을 늘 생각해야 한다(빌 2:5-8). 그리고 그리스도의 본을 살펴서 그 발자취를 따라가야 한다(벧전 2:21). 우리를 시련하려고 오는 불 시련을 결코 이상한 일로 여기면서 놀라지 말아야 한다. "오히려 너희가 그리스도의 고난에 참여하는 것으로 즐거워하라 이는 그의 영광을 나타내실 때에 너희로 즐거워하고 기뻐하게 하려 함이라"(벧전 4:13).

자기 비하의 중심에는 옛 자아를 제거하려는 결단이 없는 경우가 많다. 우리는 이미 그리스도와 함께 십자가에 못 박혔다. 중요한 것은 하나님의 뜻을 행하려는 결단과 그리스도의 고난을 통하여 이미 우리에게 주어진 자유 안에 굳게 서려는 결단이다. 우리는 두 가지 상반된 오류인 율법주의와 방종에 빠짐으로써 그 자유를 상실할 수도 있다. 싸움 자체가 없어지지는 않을 것이며, 고난을 회피할 다른 방법도 없을 것이다. 그러나 우리는 이 싸움을 통과하여 승리할 수 있을 것이다.

우리는 또한 세상의 매력 앞에서 죽어야 한다. 이렇게 되기 위하여 예수님은 부자 청년 관원에게 자기의 모든 이기적 야망을 포기하고, 모든 세상 재산을 팔아 가난한 자들에게 주어야 한다고 주장했던 것이다. 그렇게 했다면 그도 예수님을 따라갈 수 있었을 것이다. 이와 같이 세상의 모든 가치 기준을 버리기 전까지는 여전히 세상의 속박에 머물러 있게 되며, 그리스도의 제자가 될 수 없다. "이 세상이나 세상에 있는 것들을 사랑하지 말라 누구든지 세상을 사랑하면 아버지의 사랑이 그 안에 있지 아니하니 이는 세상에 있는 모든 것이 육신의 정욕과 안목의 정욕과 이생의 자랑이니 다 아버지께로부터 온 것이 아니요 세상으로부터 온 것이라"(요일 2:15-16). 너무 교묘하고 강력하게 우리 마음을 그리스도로부터 빼앗는 집착을 버려야 할 필요가 있다. 예수님은 우리가 '세상 밖으로' 나가길 원하지 않으신다. 대신 악한 것으로부터 멀어지는 것을 원한다. 우리가 세상

안으로 들어가는 것은 그를 위하여 세상을 구원하기 위해서다. 만약 우리의 삶을 끌어당기는 세상으로부터 자유로울 수 있다면, 우리는 자유롭게 세상에 들어갈 수 있다.

하나님은 우리가 과거에 세상과 가졌던 관계를 완전히 끊게 하시려고 모든 방법을 동원해 우리를 부르신다. 그리스도 안에서 우리는 모두 새로운 인격이 되었다. "그런즉 누구든지 그리스도 안에 있으면 새로운 피조물이라 이전 것은 지나갔으니 보라 새것이 되었도다"(고후 5:17). 그렇기 때문에 우리의 모든 관계는 그리스도 안에 있어야 한다. 만약 그것이 하나님이 보기에 선하고 바르다면 말이다.

주후 1세기 무렵 나타난 영지주의자들은(오늘날에도 다른 이름으로 존재하고 있다) 영혼과 사물에 관해 이분법적으로 가르쳤는데, 그들은 하나님이 오직 영혼의 성장에만 관심이 있다고 잘못 가르쳤다. 그들은 영혼을 육체와 물질세계로부터 탈출시켜야 한다고 생각했다. 그들은 이후에 양극단으로 분열되었는데, 한쪽은 육체가 중요하지 않기 때문에 모든 욕망들(특히 성적 욕망에서)에 대해 너무 관대한 반면, 또 한쪽은 극단적인 금욕주의(붙잡지도 말고, 맛보지도 말라며, 만지지도 말라)로 빠지게 되었다. 바울은 이에 대하여 바르게 설명해 주고 있다. "이런 것들은 자의적 숭배와 겸손과 몸을 괴롭게 하는 데는 지혜 있는 모양이나 오직 육체 따르는 것을 금하는 데는 조금도 유익이 없느니라"(골 2:23). 바울은 다른 곳에서 이 모든 것을 '귀신의 가르침'이라고 불렀다. 그리고 "하나님께서 지으신 모든 것이 선하매 감사함으로 받으면 버릴 것이 없나니"(딤전 4:4)라고 가르쳤다. 다시 말해 이 세상에 있는 모든 것은 하나님에 의해 창조되었기 때문에 기본적으로 선하다는 것이다. 그러나 우리가 타락한 세상에 살고 있기 때문에 하나님이 주신 선한 것들이 그리스도에 의하여 구속되고 그의 통치권 아래로 들어오기 전까지는, 그것들을 누릴 수 없다.

아브라함의 삶에서 고전적인 실례를 찾을 수 있다. 하나님은 그에게 자기 나라와 아버지의 집을 떠나 알지 못하는 곳으로 떠나라고 명령했다. 아브라함은 자기가 어디로 가는지 몰랐지만 누구와 함께 가는지는 알았다. 나중에 그는 하나밖에 없는 약속의 아들을 하나님께 희생 제물로 바치라는 도전을 받았다. 그는 기꺼이 가장 소중한 아들을 바치고자 했는데, 이는 하나님이 죽은 자까지 살리시는 분임을 확신했기 때문이다. 그런 믿음에 힘입어 그는 마침내 하나님이 약속하신 축복의 땅으로 들어갈 수 있었다.

이삭에 관한 사건에 대해 본회퍼는 다음과 같이 설명했다. "아브라함은 이삭과 함께 산을 내려왔다. 산을 오를 때와 똑같이 말이다. 그러나 모든 상황은 근본적으로 변화되었다." 신약성서의 용어로 표현한다면, 아브라함은 이삭과의 관계를 그리스도의 주권 밑으로 가져간 것이다. "그리스도가 아버지와 아들 사이에 서 있었다. 아브라함은 모든 것을 버리고 그리스도를 따랐다. 그리스도를 따랐을 때 그는 과거의 삶으로 돌아가 거기에서 살도록 허락받게 되었다. 외형적으로는 변한 것이 없지만 옛 것은 지나갔고, 모든 것이 새로워졌다. 모든 것이 그리스도를 통과했다."[5] 이와 같이 우리 삶의 모든 부분도 기본적인 과정을 지나야만 그리스도께 구속받을 수 있다.

세상 안에 있지만 세상에 속하지 않는 것을 배우는 것은 때로 고난의 연속을 의미한다. "사탄이 여전히 활동하고 있는 세상에서 복음에 순종하는 것은 긴장과 함께 사는 것을 의미한다. 이것은 성육신이 가진 의미의 한 부분이다. 성육신은 하나님에 대한 믿음을 통해서만 의미를 지닌다. 만약 그 믿음이 신실하다면 교회의 삶은 예수 그리스도의 삶과 병행할 것이다. 그리스도인으로서 우리는… 성육신한 그리스도께 전적으로 의존하는 것을 배운다. 우리가 세상 안에서 안락함을 느끼거나 또는 완전한 '마음의 평화'를 누리고 있다면, 깜짝 놀라며 스스로를 돌아보아야 할 것이다. 세속적인 세상에서 그리스도인으로 살아가는 것은 긴장과 스트레스이며, 때로는 고통이다. 우리 사회가 가진 구조 체계의 목표는 개인을 세상에 순응시키며 긴장들을 제거하는 것이다. 그러나 예수를 따르는 자가 된다는 것은 이해하지 못할 말씀이나 때로는 걸림돌이 되는 말씀, 가령 '내가 세상에 화평을 주러 온 줄로 생각하지 말라 화평이 아니요 검을 주러 왔노라 내가 온 것은 사람이 그 아버지와, 딸이 어머니와, 며느리가 시어머니와 불화하게 하려 함이니 사람의 원수가 자기 집안 식구리라'(마 10:34-36) 등과 같은 말씀을 받아들인다는 것을 의미한다. 오직 이렇게 함으로써만 진정한 평화가 임하기 때문이다."[6] 그리스도인은 이 고난으로부터 도피할 수 없다. 온 창조물들이 탄식하며 멸망의 속박으로부터 자유하게 되기를 기다릴 때, 우리는 그리스도인으로서 '탄식하며 양자될 것, 곧 우리 몸의 구속을 기다려야' 하는 것이다. 그러나 이때에도 인내해야 한다(롬 8:2-25).

고통의 길

어떤 사람도 홀로 섬에서 살 수 없다. 삶은 서로 얽혀 있기 때문에 우리가 누구인가 그리고 무엇을 행하는가는 항상 다른 사람에게 영향을 끼친다. 그래서 신약성경에는 독단적인 그리스도인에 대한 이야기가 있을 수 없다. 그리스도는 그들과 함께 교제하셨으며, 동시에 그의 제자들이 다른 모든 사람들과 교제하도록 하셨다. 비록 우리가 하나님이 주신 개인성을 지키기 원하지만(하나님은 다양성을 사랑하신다), 또한 우리가 자신의 독립성(이것이 모든 죄의 뿌리이다)을 버릴 것을 주장하신다. 우리는 모두 그리스도의 권위 아래 복종해야 하고, 그리스도를 경외함으로 서로에게 복종해야 한다. 오직 이러한 방법으로 몸의 각 지체들이 함께 연합되고 묶일 때 그리스도의 생명이 이 땅 위에 나타날 수 있다. 그럴 때 세상은 예수 그리스도에 관한 진리를 믿으며 체험하기 시작한다. 그러나 바로 이 점에서 문제가 야기된다.

독일 철학자 쇼펜하우어(Schopenhauer)는 자신의 저서에서 추운 겨울밤, 추위를 피해 서로 다가갔다가 바늘 때문에 떨어지는 몇 마리의 고슴도치를 통해 인간관계의 어려움과 딜레마를 지적했다. 고슴도치들은 서로에게서 온기를 얻으려고 밀착했지만 밀착하자마자 가시 때문에 상처를 입게 된다. 그래서 다시 떨어지고, 또다시 가까워지려다가 다시 멀어지는 과정이 반복되는 것이다. 우리의 본능적인 독립성도 대개 밀접하고 고통스러운 관계에 대한 방어인 것이다.

오늘날 많은 교회들은 신약성서가 규범적으로 제시하는 성경적 교제의 깊이에 대하여 거의 모르고 있다. 많은 회중들은 자신들과 마음을 함께 나눌 수 있는 모임을 찾아가지만 대개는 고립되고 독립적인 개인들로 구성되어 있다. 그리스도의 제자로서 우리는 가면을 벗고, 상대방에게 마음을 열어, 보다 솔직하고 실질적으로 교제를 나누어야 한다.

진정한 교제 안에서 성령이 역사하시면 다음 두 가지를 발견하게 될 것이다. 첫째, 그리스도 안의 형제와 자매로서 깊이 사랑하는 관계를 발견하게 된다. 둘째, 또한 고통도 발견하게 될 것이다. 우리는 고슴도치들처럼 온기를 위하여 함께 밀착되었다가 서로에게 가시를 돋우는 여전히 죄스러운 인간들이기 때문이다. 그러면서 서로를 다치게 하는 관계들로부터 우리 자신을 방어하고 분리하기 위해 우리는 거리를 유지하며 장벽을 쌓으려는 유혹을 받는다. 하지만 그것은 사랑과 연합을 깨뜨리는 것이며, 최소한 관계를 약화시키는 행동이다. 제자들이 예수님의 마음을 아프게 했을 때 예수님이 그들로부터 멀어졌다면 그리스도의 교회는 결코 탄생하지 못했을 것이다.

우리는 모두 서로를 위해 '짐을 진 자(burden-bearer)'들이다. "너희가 짐을 서로 지라 그리하여 그리스도의 법을 성취하라"(갈 6:2). 문맥적으로 이것은 서로의 근심뿐만 아니라 죄까지도 함께 지는 것을 의미한다. 바로 앞 절에서 바울은 이렇게 기록했다. "형제들아 사람이 만일 무슨 범죄한 일이 드러나거든 신령한 너희는 온유한 심령으로 그러한 자를 바로잡고 네 자신을 돌아보아 너도 시험을 받을까 두려워하라 너희가 짐을 서로 지라." 내가 이 일을 행할 수 있는 유일한 길은 다른 사람이 범한 죄를 용서하는 것이다. 비록 그가 범한 죄가 나를 거스르는 심각한 죄일지라도 말이다. 이렇게 함으로 나는 나의 형제를 죄와 죄책감으로부터 풀어 주며, 또한 동시에 용서하지 않아서 갇히는 감옥으로부터 나를 해방시킬 수 있다. 용서의 본질은 해방, 곧 풀어 주는 것이다. 예수님이 '용서하라 그리하면 용서함을 받으리라'고 말씀했을 때, 그것은 또한 '풀어 주라 그리하면 풀림을 받으리라'로 해석될 수 있다.

나에게 상처를 준 사람을 용서하려면 하나님의 은혜와 긍휼이 필요하다. 용서는 결코 쉬운 일이 아니다. 용서는 예수님이 당신의 생명을 값으로 치르며 이루신 열매이다. 그리고 이것은 나의 교만과 증오, 분노, 또는 원한 등을 십자가에 못 박는 것을 의미한다. 나는 용서하지 못하는 나의 입장을 정당화할 수많은 이유를 댈 수 있다. 그 가운데 어떤 것은 논리적으로 옳을 수 있고, 또한 인간적으로 이해될 수도 있다. 그러나 하나님은 나에게 회개하라고 명령한다. 용서하지 않는 것보다 더 하나님의 성령을 근심하게 하는 것은 없기 때문이다. 용서의 결핍은 그리스도의 몸의 건강을 해친다. 또한 그리스도의 사역을 방해한다. 증오는 고통을 야기하며, 다른 많은 것을 오염시킬 수 있다. 변명과 핑계들은 십자가 아래에서는 아무 의미가 없다. 우리는 이 십자가 밑에서 하나님이 그리스도 안에서 나를 어떻게 용서했는지 깨닫기 시작한다. 그의 사랑에 힘입어 형제를 용서하지 않을 수 없는 것이다. 비록 그가 나를 거슬러 일흔 번의 일곱 번씩 죄를 범했다 할지라도 말이다.

이것은 아무리 강조해도 지나치지 않다. 요한일서에서 사도는 '생명의 말씀'을 실제로 들었으며, 보았으며, 만졌다는 것을 아주 흥분된 어조로 말하기 시작한다. 예수님 안에 "이 생명이 나타내신바 된지라 이 영원한 생명을 우리가 보았고." 베드로도 둘째 편지에서 "우리는 그의 크신 위엄을 친히 본 자"라고 감동 어린 말로 전하고 있다. 그러나 예수님의 생명이 오늘날 어떻게 나타날 수 있는가? 신약성서의 대답은 명백하다. 하나님의 영광은 오늘날 교회 안에서 드러나야 한다(엡 3:21). 사도 요한은 이렇게 기록했다. "어느 때나 하나님을 본 사람이 없으되 만일 우리가 서로 사랑하면 하나님이 우리 안에 거하시고 그의 사랑이 우리 안에 온전히 이루어지느니라"(요일 4:12).

예수님은 전혀 죄가 없었지만 자신의 권리를 포기하고 다른 사람에게 약하고 상처받기 쉬운 모습으로 나타나셨다. 만약 우리도 서로 관계를 유지하면서 하나님께 복종해야 한다면, 우리의 죄뿐 아니라 권리까지 포기하여 다른 사람에게 관대해지고 또 약해져야 할 것이다. 이러한 과정에서 상처를 받을 수도 있지만 이것이 하나님의 영광을 드러내는 방법인 것이다.

필 브래드쇼(Phil Bradshaw)는 그것을 이렇게 표현했다. "그리스도는 아무런 방패도 가지지 않았다. 자신의 삶과 죽음 안에서 온 세상의 죄를 흡수하여 다시 세상에 되돌리지 않으셨다. "욕을 당하시되 맞대어 욕하지 아니하시고 고난을 당하시되 위협하지 아니하시고"(벧전 2:23). 만약 우리가 이 길을 추구하기 바란다면 굳이 세상으로까지 나갈 필요가 전혀 없다. 교회 안에 있는 형제자매들이 여러 죄(분노나 좌절, 비난, 요구, 공포의 대상들)를 우리에게 쏟아낼 것이기 때문이다. 우리에 대한 도전은 죄로 돌아가는 것이 아니다. …만약 우리가 성서적 의미에서 연합하기 원한다면, 다음의 성경적 가르침을 숙지해야 할 것이다. 성경이 말하는 연합은 우리의 삶을 주님에게 그리고 다른 사람에게 주는 것이다. 그러한 종류의 교제는 온유해야 하며, 온유하기 위해서는 영혼이 깨어져야 한다. 영혼이 깨어지기 위해서는 권리를 포기해야 한다. …이처럼 연합에는 많은 대가가 요구된다. 그러나 …그 보상은 치유와 회복의 힘을 가진 그 무엇이며, 또한 사람을 진리로 이끌 수 있는 그 무엇이다. 이것은 또한 우리를 통해 이 땅에서 하나님의 영광을 드러내게 하는 그 무엇이다."[7]

예수님의 궁극적인 관심사는 하늘에 계신 아버지를 이 세상에서 영화롭게 하는 것이었다(요 17:4). 바로 이 이유 때문에 때론 너무 가혹하게 보일 정도로 철저한 제자도를 요구하셨다. 교회와 세상을 위한 그분의 계획은 너무 위대해서 엉거주춤하는 제자들을 데리고 있을 여유가 없었다. 그리스도는 덥지도 차지도 않은 라오디게아 교회에게 이렇게 말씀했다. "내 입에서 너를 토하여 내치리라." 하나님의 영광은 순종의 길, 믿음의 길, 십자가의 길, 고통의 길을 걸을 준비가 되어 있는 사람들 안에서 나타날 것이다. 이는 예수님이 걸으셨던 길이기도 하다. 우리가 이 길을 따를 때 세상이 구원 받을 수 있다.

1. 누가복음 18-23장을 읽으십시오. 예수님은 영생을 구하는 청년에게 자기 소유를 팔아 가난한 사람들에게 주라고 했습니다. 이렇게 말하시는 예수님의 숨은 의도는 무엇입니까? 물질에 관한 순종은 생활양식으로 나타납니다. 나는 어떻습니까?

2. 마태복음 6장 25-34절을 읽으십시오. 예수님은 의식주를 염려하는 그리스도인들을 어떻게 평가하십니까?(30절) 염려의 결과는 어떻습니까?(마 13:22) 바울은 돈을 사랑하는 사람들의 결과에 대해 어떻게 말합니까?(딤전 6:10)

3. 고린도후서 4장 1-2절은 그리스도인이 무엇을 조심해야 한다고 말합니까? 사도 바울은 이 부분에서 어떤 본을 보여줍니까?(살전 2:5; 8-9) 이스라엘의 지도자였던 사무엘이 자신의 신실성을 증거하며 강조한 것은 무엇입니까?(삼상 2:3) 이에 비해 거짓 선지자들의 공통적인 특징은 무엇입니까?(벧후 2:14-15; 미 3:5, 11)

4. 예수님과 바리새인들은 가르침에서 차이가 났지만, 또 다른 부분에서도 중요한 차이가 있습니다. 어떤 차이가 있습니까?

　　(1) 예수님(눅 9:57-58)

　　(2) 바리새인(눅 16:14)

5. 그리스도인들은 모든 면에서 예수님의 정신을 본받아야 합니다. 특히 예수님의 성육신을 통해 우리는 무엇을 본받아야 합니까?(요 1:14; 마 2:1; 눅 2:6-7; 눅 2:24과 레 12:8을 비교; 마 2:23과 요 1:46을 비교) 그리스도인이나 교회의 생활양식이 어떠해야 할지를 생각해 보십시오.

6. 요한복음 3장 16절과 요한일서 3장 16절은 그리스도인이 누릴 수 있는 최대의 축복인 동시에 최대의 책임입니다. 초대 교인들은 이것을 어떻게 실천했습니까?(행 2:44-45, 47) 이들의 사랑은 쓰다 남은 물건을 나누어 주는 차원이 아니라 목숨까지 주기를 즐겨하는 사랑이었습니다(살전 2:8). 우리는 어떻습니까?

12. 영원한 소망

나는
소망으로
가득합니다

    말트비(F. R. Maltby)는 예수님이 제자들에게 세 가지를 약속했다고 말하곤 했다. 곧 그들이 말도 안 되게 행복할 것이고, 두려움이라곤 전혀 모를 것이며, 끊임없는 걱정거리들과 마주할 것이라는 거다. 이 세 가지는 신약성경의 교회를 적절하게 요약한 것으로, 성경에서 하나님이 자기 백성을 다루실 때 반복되어 발견된다.

    기쁨과 고통은 곱게 짜여져,
    거룩한 영혼을 위한 옷을 만드네 - 윌리엄 블랙

이 세상 괴로움의 물 위에 빛과 어둠의 그림자가 함께 어울려 춤추는 것처럼 우리는 기쁨과 고통, 영광과 아픔, 환희와 애통, 생명과 죽음을 함께 보고 있다. 우리는 그것이 예수님의 삶 가운데 아주 생생하게 나타났음을 발견한다. 그가 태어났을 때, 하늘의 영광이 찬란하게 나타나고 천사들의 찬양이 울려 퍼졌지만 얼마 뒤 어린아이들이 무차별하게 살해당하는 끔찍한 일이 벌어졌다. 그가 세례를 받았을 때도, 하늘로부터 성령이 내려와 하나님의 사랑하는 아들임을 확증했지만, 곧 광야로 가서 40일 동안 탈진할 정도까지 마귀에게 시험을 받으셨다. 변화산 위에서의 찬란했던 영광은 곧 악한 영들의 추방, 그리고 믿음이 부족하여 귀신을 쫓지 못하는 제자들을 책망하는 것으로 이어진다.

70명의 전도자들이 하나님의 능력을 체험하고 흥분에 들떠 돌아왔을 때, 예수님은 성령으로 기뻐하셨지만(눅 10:21) 바로 직후에 귀신의 일을 한다고 비판하는 자들에 의하여 고소당하고 만다. 종려나무 가지를 흔들며 '호산나'를 외치는 환희에 찬 군중들의 모습 뒤로 예루살렘의 영적 무지와 자신에게 곧 임할 심판 때문에 우시는 예수님의 모습은 너무나 극단적인 대조를 이룬다. 마지막 만찬의 더할 나위 없는 온화한 분위기는 배신과 체포, 부인, 절망을 위한 서곡이었다. 이후 베드로는 처절하게 울었고, 유다는 목을 매달았다. 예수님은 병든 자를 고치고, 죽은 자를 일으키고, 곤고함 가운데 있는 모든 이에게 연민을 느꼈지만, 예루살렘의 군중들은 그의 피를 갈구했다. "십자가에 못 박아라! 십자가에 못 박아라!" 예수님은 다른 사람은 구원했지만 자기 자신은 구원하지 않았고, 자기를 믿는 자들을 결코 버리지 않겠다고 약속했지만, 정작 자신은 끔찍한 십자가의 고통 가운데서 이렇게 울부짖었다. "나의 하나님, 나의 하나님, 어찌하여 나를 버리셨나이까?"

초대 교회도 이와 비슷하다. 오순절에 성령의 힘이 그들을 휩쓸었을 때 수천 명이 회개하고 극적인 치유와 '많은 기사들과 표적들'을 경험했지만, 곧바로 투옥과 구타, 성령을 속이는 일이 있었다. 이 일로 아나니아와 삽비라는 하나님의 심판을 받게 된다. 사도행전 6장에서 교회가 폭발적으로 증가했다면, 7장에서는 스데반의 순교가, 8장에서는 교회에 대한 핍박이 태풍처럼 닥쳤다. 커스버트 바슬리(Cuthbert Bardsley) 주교는 이렇게 말한 바 있다. "성령이 비처럼 내려올 때 있었던 경이로운 이야기를 알고 있다. 큰 무리 가운데 회개하는 역사와 방언, 기적 등이 이루어졌으나 아울러 공포와 좌절, 고통도 뒤따랐다." 오순절 성령이 새롭게 하고 부흥케 하는 능력으로 성도들 위에 임할 때부터 기쁨과 고통은 항상 함께 있었던 것이다.

베드로는 소아시아 전역에 퍼져 있었던 그리스도인들의 무리를 향해 다음과 같이 경고했다. "사랑하는 자들아 너희를 연단하려고 오는 불 시험을 이상한 일 당하는 것 같이 이상히 여기지 말고 오히려 너희가 그리스도의 고난에 참여하는 것으로 즐거워하라 이는 그의 영광을 나타내실 때에 너희로 즐거워하고 기뻐하게 하려 함이라 너희가 그리스도의 이름으로 치욕을 당하면 복 있는 자로다 영광의 영 곧 하나님의 영이 너희 위에 계심이라"(벧전 4:12-14). 불 시험, 즐거워하라, 고난, 영광, 치욕, 복…. 이것은 항상 제자도의 패턴이었다.

시편에도 이 같은 예가 많이 등장한다. "여호와께서 시온의 포로를 돌리실 때에 우리가 꿈꾸는 것 같았도다 그때에 우리 입에는 웃음이 가득하고 우리 혀에는 찬양이 찼었도다." 이 넘치는 기쁨 뒤에 회복을 위한 탄식과 절교가 이어진다. "여호와여 우리의 포로를 남방 시내들 같이 돌려보내소서 눈물을 흘리며 씨를 뿌리는 자는 기쁨으로 거두리로다." 이처럼 눈물 가운데 풍성한 소망이 함께 있는 것이다(시 126편).

우리의 삶은 사계절과 같아서 항상 추수기만 있는 것이 아니다. "햇빛만 쏟아지는 곳은 사막이 된다"는 아랍 속담이 있다. 이것은 인생에 있어서도 진리이다. 검은 구름이 하늘을 뒤덮고 비가 쏟아질 때 생명의 환희가 일어난다. 삶에는 춥고 고생스러운 계절이 필요하다. "겨울이 왔다면, 이제 봄이 멀지 않았다!"[2]

오늘날 많은 교회가 길고 황폐한 겨울을 지내고 있다. 잎이 떨어져 황량한 가지들, 열매를 맺지 못하는 과수원, 아무것도 생산하지 못하는 토양, 추수의 증후는 어디에도 없어 보인다. 게다가 설상가상으로 현대 세계의 적대적이고 어두운 그림자까지 드리워 많은 사람들이 영적 기근에 허덕이고 있다. 지금은 교회를 위하여 하나님이 하실 일을 기대해야 할 때이다. 수에넨스 추기경은 그것을 이렇게 표현했다. "역사적으로 교회가 이보다 더 위험한 순간에 직면한 적은 없었다. 인간적인 관점에서 본다면 어느 곳에도 도움이 없다. 오직 하나님께서 무엇인가 하시기 전까지 아무것도 알 수 없다. 그의 이름 외에는 아무런 구원이 없다. 바로 이 순간, 사도행전과 베드로의 편지에서처럼 성령의 역사가 지금의 교회에도 나타나신 것을 보게 된다. 하나님이 다시 한 번 우리의 역사에 개입하시는 것 같다."[3] 하나님은 확실히 교회 안에 성령의 힘으로 새로운 일을 행하고 계신다. 이른 봄의 어린 새싹이 딱딱하게 굳은 땅을 뚫고 나오는 것처럼, 어두운 구름과 몰아치는 겨울바람이 가느다란 햇빛에 의해 사라지는 것을 볼 것이다. "하나님의 성령은 우리가 예측할 수 있는 모습으로 나타날 것이다. 경이로운 광채와 함께."[4]

우리가 바른 방향을 바라본다는 가정 하에 우리를 향한 많은 격려와 소망이 있지만, 반드시 기억하고 있어야 할 것은 추수가 있기 전에 고난도 있다는 것이다. "한 알의 밀이 땅에 떨어져 죽지 아니하면 한 알 그대로 있고 죽으면 많은 열매를 맺느니라"(요 12:24). 그것은 이를테면 우리가 자존심을 내려놓고, 권리와 특권을 주장하지 않으며, 편견을 없애고, 인간적인 야망을 잠재우며, 무조건적인 편안함을 버리고, 자기만족에 빠지지 않는 것 등을 말한다. 그렇지 않고는 결코 추수나 이 세상을 위한 소망을 기대하지 말아야 한다.

가끔 영적인 삶과 능력에 관한 우리의 개념은 예수님이 보인 실례들과 너무 다를 때가 있다. 최초 제자들이 그랬던 것처럼 삶의 가치를 세상적인 관점으로 보는 것이다. 예를 들어 예수님은 잉태되는 순간부터 성령 충만했고, 세례를 받을 때 성령으로 기름 부음을 받았지만 이것이 그분께 의미하는 바는 무엇이었을까? 그것은 예수님이 기꺼이 우리와 똑같이 되기를 원하셨다는 것이다. 그분은 죄를 제외하고 모든 면에서 인간이길 바라셨다. 그분은 연약해져 마음에 상처를 입었고, 고독과 외면당하는 고통을 알았으며, 조롱당하고 오해받았으며, '격렬한 절규와 눈물'을 실감했다. 그는 고난을 통하여 순종을 배웠으며, 마귀로부터 시험당하고, 매를 맞아 멍이 들고 결국 십자가에 못 박히기까지 했다. 그는 '슬픔의 사람이었으며 비통에 익숙한 사람'이었다.

그런데 우리가 성령으로 충만해졌을 때 우리는 가끔 하나님과 똑같이 되려고 한다. 능력과 권위와 영광으로 영적 은사를 마음껏 발휘하면서 연약한 자들에게 나아가 그들을 우리 힘으로 들어 올리려 하는 것이다. 사도 바울은 '이루었다'고 생각하고 있었던 고린도교인들을 이렇게 질책했다. "너희가 이미 배부르며 이미 풍성하며… 우리는 그리스도 때문에 어리석으나 너희는 그리스도 안에서 지혜롭고 우리는 약하나 너희는 강하고 너희는 존귀하나 우리는 비천하여 바로 이 시각까지 우리가 주리고 목마르며 헐벗고 매 맞으며 정처가 없고… 우리가 지금까지 세상의 더러운 것과 만물의 찌꺼기 같이 되었도다"(고전 4:8-13). 예수님을 따른다는 것은 그가 겪은 고난과 십자가의 길까지도 따르는 것을 의미한다.

고난 가운데 빛나는 소망

예수님이 기꺼이 순종과 죽음으로 우리를 위해 자기 삶을 내놓으신 데는 중요한 이유가 있다. 먼저, 우리 죄를 씻는 길은 오직 십자가의 고통뿐임을 알고 있었기 때문이다. 또 하나, "저는 그 앞에 있는 즐거움을 위하여 십자가를" 참으셨다(히 12:21). 바울도 이와 똑같은 이유로 예수님을 따르는 고통을 받아들였다. 첫째, 자신의 고난이 결코 죄를 사하지는 못했지만, 그리스도의 남은 고난을 그의 몸 된 교회를 위해 자신의 육체에 채우고 있다고 보았다(골 1:24). 그의 고난은 다른 사람을 위하여 필요했다. 바울의 연약함을 통하여 그리스도의 능력이 많은 생명들에게 전해져 그들을 변화시킬 수 있었기 때문이다. 둘째, 그는 "현재의 고난은 장차 우리에게 나타날 영광과 족히 비교할 수 없음"을 알았다(롬 8:18). 그는 소망 가운데 풍성히 있었다.

이와는 대조적으로 제자도를 걸으면서도 영적 갱신의 값을 기꺼이 치르려 하지 않는 것은, 일시적인 사람의 특권해 안주한 채 하나님의 사랑 안에서 안전을 찾지 못한다는 증거이다. 혹시 지금 하나님 외에는 아무것도 남지 않을까 두려워하고 있지는 않은가? 이러한 두려움은 우리의 믿음과 소망과 사랑을 조롱하는 것이다. 파스칼은 교회를 향해 이렇게 말했다. "교회가 오로지 하나님밖에는 의지할 것이 없을 때, 그때가 교회를 위해서는 가장 행복한 때이다."[5] 우리가 오직 하나님만 의지하게 될 때 우리는 대담한 믿음에 도달할 수 있으며 참된 안전을 경험한다. 시편 기자는 이 사실을 다음과 같이 생생하게 표현한다.

> 여호와는 나의 빛이요 나의 구원이시니 내가 누구를 두려워하리요
> 여호와는 내 생명의 능력이시니 내가 누구를 무서워하리요
> 악인들이 내 살을 먹으려고 내게로 왔으나 나의 대적들, 나의 원수들인 그들은 실족하여 넘어졌도다
> 군대가 나를 대적하여 진 칠지라도 내 마음이 두렵지 아니하며 전쟁이 일어나 나를 치려 할지라도 나는 여전히 태연하리로다
> 내가 여호와께 바라는 한 가지 일 그것을 구하리니 곧 내가 내 평생에 여호와의 집에 살면서 여호와의 아름다움을 바라보며 그의 성전에서

사모하는 그것이라

여호와께서 환난 날에 나를 그의 초막 속에 비밀히 지키시고 그의 장막
은밀한 곳에 나를 숨기시며 높은 바위 위에 두시리로다(시 27:1-5).

예수님은 오늘날 당신을 따를 사람을 찾고 있다. 그 대가가 무엇이든
지 말이다. 수많은 사람들이 자신의 정치적·종교적 이상을 좇지만, 예수
님은 이 세상이 사랑의 혁명으로 물들기를 원하신다. 이 일의 적임자는 생
명까지도 헌신하고 그의 나라를 절대적인 목표로 삼는 제자들이다. 우리
는 지금 심각한 위험의 순간에 처해 있다. 우리는 우리의 내일에 대해 자
랑할 수 없으며, 우리의 믿음의 자녀들에게 확신을 가지고 남겨 줄 것을
거의 가지고 있지 않다. 지금은 그리스도를 위하여 모든 것을 버려야 할
때이며, 우리 삶의 초점을 소망의 하나님께 맞추어야 할 때이다.

그리스도를 아는 지식

사도 바울이 가졌던 가장 큰 야망은 그리스도를 더 많이 아는 것이었
다. 그는 그러한 지식이 깊어지려면 고난이 수반되어야 한다는 사실도 잘
알고 있었다. "내가 그리스도를 위하여 다 해로 여길 뿐더러 또한 모든 것
을 해로 여김은 내 주 그리스도 예수를 아는 지식이 가장 고상하기 때문이
라 내가 그를 위하여 모든 것을 잃어버리고 배설물로 여김은… 내가 그리
스도와 그 부활의 권능과 그 고난에 참여함을 알고자 하여"(빌 3:7-10). 그는

함께 있던 사람들과 "힘에 지나도록 심한 고생을 받아 살 소망까지 끊어지고 우리 마음에 사형 선고를 받은" 것 같은 고난을 겪었다. 그리고 그것이 "우리로 자기를 의뢰하지 말고 오직 죽은 자를 다시 살리시는 하나님만 의뢰하게 하심이라"는 의미임을 알았다. 그래서 다음과 같이 덧붙인다. "그가 이같이 큰 사망에서 우리를 건지셨고 또 건지실 것이며 이후에도 건지시기를 그에게 바라노라"(고후 1:10). 만약 우리가 해가 비칠 때만 하나님을 안다면 우리의 지식은 피상적인 것에 그치고 말 것이다. 하지만 우리가 폭풍우 가운데서 그를 신뢰한다면 그 관계는 보다 성숙해질 것이다. 밝은 대낮에 우리가 볼 수 있는 가장 먼 대상은 해이다. 그러나 어두운 밤에는 해보다 엄청나게 먼 곳에 있는 별들의 아름다움을 볼 수 있다. "네게 흑암 중의 보화와 은밀한 곳에 숨은 재물을 주어"(사 45:3).

역사를 거듭하면서 수많은 사람들은 이것이 진실임을 체험해 왔다. 조지 매티슨(George Matheson) 목사는 태어날 때부터 시력이 좋지 않았는데 결국은 아무것도 보지 못하는 상태가 되었다. 그는 은퇴 후 많은 글과 찬송시를 쓰면서 여생을 보냈다. 그는 하나님의 뜻을 받아들일 수 있기를 기도했고, "어쩔 수 없는 체념이 아니라 거룩한 기쁨으로, 불평 없이 할 뿐만 아니라 찬양의 노래로써" 그러기를 구했다. 리처드 웜브란트(Richard Wurmbrand) 목사는 공산 치하에서 신앙을 지키기 위해 14년 동안 옥고를 치렀다. 그는 추위와 배고픔과 누더기 속에서 살았고, 공산당원들로부터 고문을 당해 네 개의 척추 뼈와 다른 부위의 많은 뼈까지 부러지는 고통을 겪었다. 그의 몸에는 수십여 군데의 칼자국이 있으며, 열여덟 군데의 불로 지진 자국과 도려내고 패인 구멍이 있었다. 그럼에도 불구하고, 그는 "나는 내 감방에서 홀로… 매일 밤 기쁨으로 춤을 추었으며… 이전에는 결코 알지 못했던 그리스도 안에 있는 아름다움을 발견하게 되었다"[6]고 술회하고 있다. 고난이 항상 비극을 의미하는 것은 아니다. 우리는 고난을 통해 커다란 깊이의 영성을 경험할 수 있으며, 하나님을 아는 지식에서 훌쩍 자랄 수 있다.

소망은 섬김을 풍요롭게 한다

하나님은 사랑이다. 이 사랑의 본질은 희생적인 섬김으로 세상을 구원하기 위해 하나밖에 없는 아들을 내주는 것이었다. 그러므로 우리는 그 사랑에 보답하기 위해 하나님께 그리고 다른 그리스도인에게 마음과 몸으로 헌신해야 한다. 서로에게 상처 입고 고통 받을 수도 있지만 또한 그 결과로 소망을 품게 되고 하나님의 사랑을 배울 수 있다. 그것은 곧 고통과 절망 중에 있는 사람들에게 나아갈 수 있는 하나님의 사랑인 것이다.

위르겐 몰트만(Jürgen Moltamun)은 이 소망에 대해 다음과 같이 말했다. "폐쇄된 사람은 근심으로 가득 차 결코 어떠한 소망도 가지지 못한다. 나아가 폐쇄된 사회는 미래가 없으며 그 사회에 속한 사람들의 소망까지 죽인다. 마지막에는 자신까지도 멸망시키게 된다. 하지만 소망은 살아남는다. 우리가 자기를 깨뜨려 기쁨과 고통을 기꺼이 감수하면서 다른 사람에게 다가갈 때 소망은 살아남을 수밖에 없다."[7]

만약 그리스도가 다른 사람들에게 개방된 삶을 살았다면 그리스도의 몸인 우리도 동일하게 살아야 한다. 자신을 죽이고, 예전에 의지하던 것을 잊어야 한다. 이 죽음으로부터 부활이 나온다. "우리 살아 있는 자가 항상 예수를 위하여 죽음에 넘겨짐은 예수의 생명이 또한 우리 죽을 육체에 나타나게 하려 함이라 그런즉 사망은 우리 안에서 역사하고 생명은 너희 안에서 역사하느니라"(고후 4:11-12). 이는 복음의 신비이자 기적이다. 다른 사람에게 자신을 개방하면, 고통이 뒤따를 것이다. 그러나 이렇게 할 때 그리스도의 부활하신 생명의 능력이 우리에게 임하게 됨을 기억하자.

하나님을 향한 소망이 살아 있다는 것은 그가 우리 삶에 무슨 일을 행하든지 신뢰한다는 것을 의미한다. 주방장은 고기를 부드럽게 하려고 요리 전에 그것을 여러 번 두드린다. 마찬가지로 우리 마음을 강퍅하게 하는 죄 때문에, 하나님은 우리를 부드럽고 사랑스럽게 만들기 위해 많은 고통을 겪게 하실 것이다. 고난을 통하여 우리 마음이 보다 부드럽게 되었을 때, 풍성한 성령을 허락하신다. 바울은 고난을 통해 하나님으로부터 위로받고 있음을 알았다.

"찬송하리로다 그는 우리 주 예수 그리스도의 하나님이시요 자비의 아버지시요 모든 위로의 하나님이시며 우리의 모든 환난 중에서 우리를 위로하사 우리로 하여금 하나님께 받는 위로로써 모든 환난 중에 있는 자들을 능히 위로하게 하시는 이시로다 그리스도의 고난이 우리에게 넘친 것 같이 우리가 받는 위로도 그리스도로 말미암아 넘치는도다 우리가 환난 당하는 것도 너희가 위로와 구원을 받게 하려는 것이요 우리가 위로를 받는 것도 너희가 위로를 받게 하려는 것이니 이 위로가 너희 속에 역사하여 우리가 받는 것 같은 고난을 너희도 견디게 하느니라 너희를 위한 우리의 소망이 견고함은 너희가 고난에 참여하는 자가 된 것 같이 위로에도 그러할 줄을 앎이라"(고후 1:3-7).

바울이 말할 수 없는 어려움과 고난을 기꺼이 감당한 것은 그리스도의 능력이 자기에게 머물도록 하기 위함이었으며(고후 12:9), 그 결과 그는 "겁 없이 하나님의 말씀을 더욱 담대히" 전했다(빌 1:14). 여러 가지 시련 가운데서 그리스도가 주는 은혜를 체험하면, 비슷한 시련을 겪는 다른 사람에게 말할 자격이 생긴다. 고난을 겪고, 충만한 믿음과 소망으로 그 고난을 통과한 사람은, 시련이 왔을 때 하나님의 말씀이 진리일 것이라고 단순하게 믿는 사람보다 훨씬 더 권위 있게 그리스도에 대하여 증거할 수 있다.

낙담하지 말라

마귀는 그리스도인들이 낙담할 때 희롱하기를 즐긴다. 많은 지역에서 그리스도인의 사역이 난항을 겪고 있다. 우리 사회의 절망적인 분위기에 그리스도인들도 영향을 받고 있다. 사람들은 어디에서도 자기의 존재 이유를 찾지 못하며, 미래에 대해 소망도 가질 수 없다. 물질이 정신을 압도한 결과 절망적인 분위기가 세상의 많은 부분을 점령해 버리고 말았다. 그리고 아주 소수만이 오락과 여행(서구 사회에서 번창하고 있는 두 산업이다)으로 도피할 여유를 가졌을 뿐이다.

바울은 자신이 살던 시대가 낙담할 만한 때임을 알았다. 고린도후서

4장에서 그는 "우리가 낙심하지 아니하고"라고 두 번씩 말하고 있다. 그리고 그리스도의 영광의 복음의 빛을 보지 못하도록 방해하는 영의 눈먼 상태에 대하여 언급했다. 더불어 자기가 왜 낙담하지 않기로 결심했는지 두 가지 좋은 이유를 들고 있다.

첫째, 그는 사역의 특권이 오로지 하나님의 긍휼에 의하여 자기에게 주어졌음을 깊이 인식했다. 하나님은 그에게 하나님의 사랑과 긍휼을 알게 하여 다른 사람에게도 전할 수 있게 하셨다. 하나님의 말씀은 사람들에게 과거의 죄를 용서하고, 현재와 미래에 영광스러운 소망을 가져다 줄 수 있는 유일하고 진실한 메시지이다. 하나님이 예수 그리스도의 빛과 함께 우리 마음속의 어둠을 쫓아 버린 것처럼, 우리도 다른 사람들을 위해 똑같은 일을 행할 수 있다. 그렇기 때문에 바울은 우리에게 낙담하지 말라고 부탁하는 것이다. 우리는 계속하여 그리스도를 주님으로 전파할 수 있다. 그리스도를 믿으면 누구든 하나님 안에서 새로운 피조물이 될 수 있다.

둘째, 바울은 항상 영광스런 미래를 소망했다. "우리의 겉 사람은 낡아지나 우리의 속사람은 날로 새로워지도다 우리가 잠시 받는 환난의 경한 것이 지극히 크고 영원한 영광의 중한 것을 우리에게 이루게 함이니 우리가 주목하는 것은 보이는 것이 아니요 보이지 않는 것이니 보이는 것은 잠깐이요 보이지 않는 것은 영원함이니라"(고후 4:16-18). 그는 미래에 대한 확신이 있었기에 수많은 고통을 참을 수 있었다. "우리가 사방으로 우겨쌈을 당하여도 싸이지 아니하며 답답한 일을 당하여도 낙심하지 아니하며 박해를 받아도 버린바 되지 아니하며 거꾸러뜨림을 당하여도 망하지 아니하고 우리가 항상 예수의 죽음을 몸에 짊어짐은 예수의 생명이 또한 우리 몸에 나타나게 하려 함이라"(고후 4:8-10).

바울은 기꺼이 모든 시련을 감당했는데, 이것이 다른 사람에게 도움이 된다는 걸 알았기 때문이다("모든 것을 너희를 위하여 하는 것은"). 그리고 최선의 것이 아직 오지 않았음도 알았다. 바울의 "잠시 받는 환난의 경한 것"이 고린도후서 11장으로 전환되는 것을 매일 성찰하는 것은 유익한 일이다. 그는 여기에서 옥에 갇히는 일, 매 맞은 일, 죽을 뻔한 일, 돌에 맞은 일, 파선한 일, 강의 위험, 강도의 위험, 자지 못하고 주리며 목마르며 여러 번 굶고 춥고 헐벗은 일에 관하여 이야기한다. 물론 그는 자신이 날마다 모든 교회를 위하여 근심하고 있음은 언급하지 않았다. 이러한 모든 것이 하나님이 그리스도의 진실한 제자들을 위하여 준비하신 '지극히 크고 영원한 영광의 중한 것'과 비교하면 아무것도 아님을 알고 있었던 것이다.

루이스(C. S. Lewis)도 소망에 대해 다음과 같이 적고 있다. "소망은 신학적 덕목들 가운데 하나이다. 영원한 세계를 계속적으로 기대한다는 것은 도피주의나 또는 단순하게 원하는 생각(마치 현대인들의 대부분이 이렇게 생각하는 것처럼 말이다)의 형태가 아니고, 그리스도인이 행하지 않고서는 안 되는 일 가운데 하나라는 것이다. 자신이 처한 바로 현재 그곳에서 말이다. 역사를 통해 알 수 있듯이, 현 세계를 위하여 가장 커다란 기여를 한 그리스도인들은 후세를 많이 걱정한 사람들이었음을 깨닫게 될 것이다. 로마 제국이 기독교 국가로 전환하는 데 토대를 놓은 사도들이나 중세를 건설했던 위대한 사람들, 노예 제도를 폐지시킨 영국의 복음주의자들이 지구상에 이 모든 흔적을 남길 수 있었던 것은 그들의 마음이 천국에 사로잡혀 있었기 때문이다. 그러나 대부분의 그리스도인들이 다음 세상에 대해 더 이상 생각하지 않게 되면서 기독교는 세상에서 그 힘을 잃고 말았다. 천국을 지향하면 세상을 '덤'으로 얻게 될 것이다. 반면 세상을 지향하면 '현재와 다음' 둘 다를 잃게 된다."⁸

옛 설교자들은 똑같은 말을 이렇게 표현했다. "당신이 잘 죽기 전까지 당신은 결코 잘 살 수 없다." 우리가 천국에 관한 확신을 가질 때, 비로소 이 땅에서 다른 사람을 섬기면서 지낼 수 있을 것이다. "이는 내게 사는 것이 그리스도니 죽는 것도 유익함이라"(빌 1:21). 이 얼마나 영광스러운 소망인가! 아무것도, 심지어 죽음까지도 우리를 하나님의 사랑으로부터 끊어 버릴 수 없기에, 우리는 하나님의 사랑에 뿌리를 내리며 기초를 다져, 하나님의 세상에서 그리스도의 사역을 향하여 우리 자신을 바칠 수 있는 것이다. 더군다나 그리스도인의 소망은 헛된 꿈과 같지 않다. 예수님이 특별한 것을 주시기로 거듭 약속하셨고, 부활을 통해 확실한 증거를 보이셨기 때문이다.

오늘날은 과거 어느 때보다 미래에 대한 확실한 소망을 품어야 한다. 그리스도는 제자들에게 세상의 끝이 오기 전에 많은 사람들을 미혹케 할 많은 거짓 가르침이 있을 것이라고 경고했다. 전쟁과 지진, 핍박과 사악함이 있을 것이고, 천재지변과 우주의 징조가 나타날 것이라 말했다. "일월성신에는 징조가 있겠고 땅에서는 민족들이 바다와 파도의 성난 소리로 인하여 혼란한 중에 곤고하리라 사람들이 세상에 임할 일을 생각하고 무서워하므로 기절하리니 이는 하늘의 권능들이 흔들리겠음이라 그때에 사람들이 인자가 구름을 타고 능력과 큰 영광으로 오는 것을 보리라 이런 일이 되기를 시작하거든 일어나 머리를 들라 너희 속량이 가까웠느니라 하시더라"(눅 21:25-28).

우리는 이 말이 무엇을 의미하는지 정확하게 알 수 없다. 또한 베드로가 "주의 날이 도둑 같이 오리니 그날에는 하늘이 큰 소리로 떠나가고 물질이 뜨거운 불에 풀어지고 땅과 그중에 있는 모든 일이 드러나리로다"라고 표현한 것이 무엇을 의미하는지 정확히 해석할 수 없다(벧후 3:10). 이런 시적인 표현들이 핵전쟁의 참극일 수도 있고, 인류 전체가 자멸하는 끔찍한 현상들을 가리키는 것일 수도 있다.

제3 세계들이 핵무기를 소유하거나 그것을 사용해서는 안 된다는 정당한 이유는 없다. 그러나 생각해 보자. 가난한 나라들이 풍요한 나라로부터 수년 간 받아 온 압박과 착취를 핵전쟁을 일으켜 되갚는다면 세상은 어떻게 될 것인가? 빌리 그레이엄(Billy Graham)은 1980년에 만약 하나님이 서구 사회를 심판하지 않는다면 소돔과 고모라에 대해 용서를 빌어야 할 것이라고 말한 적이 있다. 과장된 말이 결코 아니다. 하나님은 선지자 에스겔을 통하여 이렇게 선언했다. "네 아우 소돔의 죄악은 이러하니 그와 그의 딸들에게 교만함과 음식물의 풍족함과 태평함이 있음이며 또 그가 가난하고 궁핍한 자를 도와주지 아니하며 거만하여 가증한 일을 내 앞에서 행하였음이라"(겔 16:49-50). 동일한 무지 속에서 교만하게 행하는 우리가 어떻게 하나님의 심판을 피할 수 있으리라고 생각하는가? 과거에 하나님은 악한 자를 사용하여 신적인 목적들을 성취하곤 했다. 미래를 낙관해서는 안 된다. 인간적인 관점에서 보아도 현 세상은 너무 황폐해져 있기 때문이다.

제자로의 부름은 하나님의 약속된 영광에로의 부름이다. 우리는 이 시대가 긴박한 만큼 어떻게 하면 그리스도를 영광스럽게 할 수 있을지 생각해야 한다. 그러면 그의 몸 안에 난 상처들을 우리가 치료할 수 있을 것이며, 또한 하나님이 오실 날을 재촉할 수도 있을 것이다. 이 시대는 결코 종교적 게임을 할 때가 아니다. 시간이 너무 촉박하다. 예수님은 우리 안에서 복음에 순종하여 담대하게 말씀을 전하고, 주 안에서 공동체를 이루며 성령으로 충만한 제자들을 찾고 있다. 하나님의 나라는 쉽게 이루어지지 않을 것이다. 그 길은 기쁨과 슬픔이 한데 엉켜 있고, 눈물과 고통, 찬란한 사랑이 말할 수 없는 기쁨으로 뒤범벅되어 있다. 또한 주님은 하나님 나라에 소망을 품고 개인의 소망을 포기하는 제자들을 원한다. 그리스도로부터 받은 대로 베풀어라. 그리하면 다른 사람들도 이 땅을 덮은 깊은 어두움으로부터 일어날 수 있을 것이다. "일어나라 빛을 발하라 이는 네 빛이 이르렀고 여호와의 영광이 네 위에 임하였음이니라"(사 60:1). 소망을 품은 그리스도의 제자들은 이 세상의 흐름을 바꿀 수 있다.

우리는 아시스의 성 프란치스코(St. Francis of Assisi)를 따라 다음과 같이 기도해야 할 것이다.

주여 나를 평화의 도구로 써 주소서.
미움이 있는 곳에 사랑을,
다툼이 있는 곳에 용서를,
분열이 있는 곳에 일치를,
의심이 있는 곳에 믿음을,

그릇됨이 있는 곳에 진리를,

절망이 있는 곳에 소망을,

어두움에 빛을,

슬픔이 있는 곳에 기쁨을 가져오는 자 되게 하소서.

위로받기보다는 위로하고,

이해받기보다는 이해하며,

사랑받기보다는 사랑하게 하여 주소서.

우리는 줌으로써 받고,

용서함으로써 용서받으며,

자기를 버리고 죽음으로써 영생을 얻기 때문입니다.

그리스도의 제자는 모든 것을 주었을 때 모든 것을 얻게 되며, 자기 삶을 잃었을 때 비로소 진정한 자신을 발견하게 된다. 1956년 남아메리카의 아우카스(Aucas)에서 선교사로서 순교를 당한 짐 엘리어트(Jim Elliot)는 이렇게 말했다. "결코 잃어버릴 수 없는 것(영원한 것)을 얻기 위해 절대 간직할 수 없는 것(영원하지 않은 것)을 버리는 자는 절대 어리석은 자가 아니다."

주님이 다스리신다!

1. 전도서 7장 14절의 후반부는 인생을 어떻게 표현했습니까? 예수님의 인생에서 그 예들을 찾아보십시오. 이 원리는 우리의 개인 생활이나 교회의 역사에도 적용됩니다. 자신의 생활을 돌아보고 그 예들을 생각해 보십시오. 전도서 7장 14절과 5장 13절은 각각의 경우에 어떻게 대처하기를 권면합니까?

2. 요한복음 12장 24절은 예수님의 인생관을 보여 줍니다. 이것은 이전보다 좀 더 적극적인 인생관이라고 생각됩니다. 예수님의 죽음은 십자가를 뜻하고, 많은 열매는 우리의 구원과 만물의 구속을 뜻합니다. 이것을 우리에게 적용할 때, 우리의 죽음은 무엇을 뜻하고, 많은 열매는 무엇을 뜻합니까?

3. 그리스도인들의 인생관에서 우선순위는 그리스도를 아는 것입니다. 이 지식으로 바울의 인생관과 가치관은 어떻게 변했습니까?(빌 3:7-8) 그 결과 바울이 배운 인생의 비결은 무엇입니까?(빌 4:11-13) 이러한 바울의 태도와 하박국의 태도(합 3:7-19)의 공통점을 생각해 보십시오.

4. 고난을 기꺼이 받아들이는 인생관을 가질 때 비로소 우리는 다른 사람을 도와줄 수가 있습니다. 이런 일이 어떻게 가능하겠습니까?(고후 1:3-5)

5. 그리스도인들이 고난을 이겨 내는 일은 쉬운 일이 아닙니다. 낙심하도록 마귀가 유혹하기 때문입니다. 따라서 바울은 낙심하지 않기로 결심했습니다(고후 4:1, 16). 그 이유는 무엇입니까?(고전 15:10; 고후 4:16-18)

6. 그리스도인들이 고난 가운데 기뻐할 수 있는 것은 소망이 있기 때문입니다. 이는 어떤 소망을 말합니까?(롬 8:17) 당신은 이러한 소망을 가지고 있습니까?

단순한 생활을 위한
우리의 다짐

1974년 로잔(Lausanne) 세계 선교 대회에서 '단순한 생활양식을 영위하자'는 새로운 다짐이 채택되었다. 27개국에서 온 85명의 그리스도인들은 4일 동안 그것에 대해 깊이 성찰하며 하나님의 음성을 들으려고 노력했다. 우리는 성경 본문을 통해, 배고픈 자들의 외침을 통해, 그리고 서로를 통해, 하나님이 우리에게 말씀해 왔음을 믿을 수 있었다.

우리는 예수 그리스도를 통하여 베푸신 하나님의 놀라운 구원과 우리 길에 빛이 되는 성경을 통한 그분의 계시를 인해, 그리고 우리를 세상의 증인과 종으로 삼으시는 성령의 능력으로 인해 감사한다. 그러나 우리는 세상의 불의로 인해 혼란스럽고 그 불의의 희생자들에게 마음이 쓰인다. 그리고 우리가 그 일에 공모한 것에 대해 회개하게 되었다. 또한 우리는 새로운 결단을 하게 되었고, 그것을 이 언약에 표현하였다.

1. 하나님의 창조물

우리는 만물의 창조주이신 하나님을 예배하고, 그의 선하심을 송축한다. 하나님은 자비하심으로 우리가 모든 것을 누리게 하셨으며, 우리는 겸손한 감사로써 그것을 그의 손으로부터 받게 된다(딤전 4:4, 6, 17). 하나님의 창조물은 풍부하고 다양하며, 세상사람 모두가 절약하면서 함께 나누어야 할 것이다.

그래서 우리는 환경의 파괴, 낭비, 축적을 거부한다. 이런 악의 결과로 고통당하는 가난한 자들이 너무나 안타까울 뿐이다. 또한 우리는 금욕주의자들의 행실에 동의하지 않는다. 왜냐하면 그것은 창조주의 선하심을 부인하는 것이며, 타락의 한 모습이기 때문이다. 하지만 우리 안에도 그와 같은 모습이 있음을 인정하며 회개한다.

2. 청지기의 직무

하나님이 자기 형상대로 남자와 여자를 만들었을 때는 사람에게 땅을 지배할 수 있는 청지기의 자격을 주었다(창 1:26-28). 따라서 사람들은 창조주이신 하나님께 책임을 다하고, 땅을 계발하며, 이웃과 그 자원을 공유할 책임이 있다. 이것은 너무나 근본적인 진리이며, 우리의 진정한 성취는 하나님과 바른 관계를 맺고, 이웃과도 바른 관계를 맺으며 모든 자원들을 나누는 것이다. 그렇지 않다면 겸손을 잃은 스스로를 돌아보아야 한다.

유한한 땅의 자원을 모으거나 완전하게 계발하지 못하고, 공정하게 분배하지 못하는 것은 불순종일 뿐 아니라, 하나님의 계획을 사람들에게 전하지 않는 것이다. 우리는 청지기로서 만물의 소유주인 하나님을 명예롭게 하기 위해 어떠한 땅이나 재산도 우리 것이 아님을 기억하고, 다른 사람을 섬기는 데 사용해야 한다. 나아가 착취당하며 자신을 지킬 힘이 없는 가난한 자들에게 정의를 찾아 주기 위해 새로운 결단을 해야 한다.

우리는 만물이 그리스도께 돌아와 회복되기를 기대한다(행 3:21). 그때 우리의 인간성 또한 완전하게 회복될 것이다.

3. 가난과 부

우리는 비자발적인 가난이 하나님의 선하심에 대한 거역이라고 단정한다. 성경에서 가난은 무력과 연결되어 있다. 가난한 자들은 자신을 방어할 능력이 없기 때문이다. 하나님이 사람을 통치자로 세운 것은 가난한 자들을 보호하라는 뜻이지 착취하라는 것이 아니다. 교회는 하나님과 가난한 자들 편에 서서 그들을 불의와 고난으로부터 지켜 주어야 한다. 그리고 통치자들은 하나님이 주신 역할을 다하기 위해 노력해야 한다.

부에 대한 예수님의 말씀은 우리 마음을 불편하게 하지만 그래도 우리는 그 말씀에 마음을 열고 순종해야 한다. "삼가 모든 탐심을 물리치라… 사람의 생명이 그 소유의 넉넉한 데 있지 아니하니라"(눅 12:15). 그리스도는 부유한 자에게 따라올 수 있는 유혹에 대해 여러 번 경고하셨다. 부는 근심, 허영심, 거짓 피난처, 약한 자에 대한 압제, 곤핍한 자에 대한 무관심을 가져온다. 그래서 부자가 하나님의 나라에 들어가기 어려운 것이다(마 19:23). 탐욕스러운 자는 하나님 나라로부터 쫓겨나게 될 것이다. 하나님의 나라는 누구에게나 주어진 선물이지만, 가난한 자들에게 특별히 좋은 소식이 되는 것은, 그들에게 더 많은 유익을 가져다주기 때문이다.

예수님은 지금도 스스로 가난한 삶을 살면서 자기를 따르고자 하는 사람들을(아마 우리일 것이다) 부르고 계신다. 예수님은 자기를 따르는 모든 자들이 부의 유혹으로부터 자유하기를 원하시며(하나님과 돈을 동시에 섬길 수 없기 때문이다), 기꺼이 희생하여 "선한 일을 행하고 선한 사업에 부하고 나눠 주기를 좋아하며 동정하는 자가 되기를"(딤전 6:18) 바라고 있다. 예수 그리스도는 부하면서도 스스로 가난한 자리에 처해 많은 사람들을 부요하게 하셨다(고후 8:9). 이처럼 고귀하고 자발적인 희생이 어디 있는가! 우리 역시 그를 따라 가난하고 압제받는 사람들에게 일어나는 정의롭지 못한 일들에 관심을 기울이고, 그 문제를 해결하기 위해 노력하며, 또한 기도에 힘쓸 것을 결단한다.

4. 새로운 공동체

우리는 교회가 하나님의 새로운 공동체가 되어 새로운 가치관과 새로운 기준, 새로운 삶의 모습을 드러내도록 의도되었음을 기뻐한다. 오순절 성령 강림으로 구성된 초대 교회에서는 이전과 전혀 다른 교제가 이루어졌다. 성령 충만한 신자들은 서로를 깊이 사랑하여 소유를 팔아 나누기까지 했다. 비록 사유 재산 제도가 그대로 유지되긴 했지만(행 5:4), 그것은 공동체의 필요를 채우기에 충분했다. "믿는 무리가… 자기 재물을 조금이라도 자기 것이라 하는 이가 하나도 없더라"(행 4:32). 성도들이 자신의 권리를 주장하지 않게 되자 그들 중에 가난한 사람이 없었다(행 4:34). 성령 충만한 모든 교회는 자기 자신은 물론이고 재물까지 다른 사람을 위해 내놓는 관대함과 희생을 기꺼이 감수해야 한다. 그러므로 세상 어느 분야에서든지 풍요로움을 누리는 우리들은 핍절함 속에서 고통 받는 사람들을 위해 결단해야 한다. 그렇지 않으면 가난한 형제자매가 배고픔으로 고통당하는 데도 자기들은 먹고 마시며 즐거워했던 고린도 교회의 부자 그리스도인들과 똑같아지는 것이다. 또한 하나님의 교회를 모독하고 그리스도의 몸을 더럽혔다고 질책한 바울의 말씀을 피할 수 없게 될 것이다(고전 11:20-24). 반대로, 자신들이 가진 풍요로움으로 "다른 사람들을 평균케 하기 위하여"(고후 8:10-15) 어려운 유대 그리스도인들을 도우려고 했던 사람들처럼 결단해야 한다. 이것은 서로 돌보는 사랑의 아름다운 예이며, 이방인과 유대인이 그리스도 안에서 아름답게 연합된 것을 보여 준 일이었다. 이와 동일한 정신을 가지고 교회와 선교 단체들은 단순한 생활양식을 지향하면서 하나님 말씀을 전하는 방법을 통합해야 한다.

그리스도는 부패하는 사회를 막고 세상의 어두움을 밝히는 빛과 소금이 되라고 우리를 부르신다. 우리는 빛이 되고, 소금이 되어야 한다. 그리스도의 공동체가 가치와 생활양식에서 세상과 명확하게 구분될 때 우리는 세상으로부터 주목받을 수 있다. 나아가 그리스도를 위하여 큰 영향력을 행사할 수 있다. 우리는 우리 교회의 갱신을 위하여 기도와 사역에 전념한다.

5. 개인의 삶

우리 주 예수님은 거룩하고, 겸손하며, 단순하고, 만족하는 삶으로 우리를 부르셨다. 그분은 또한 우리에게 안식을 약속했다. 그러나 우리는 우리의 내적 평안을 깨는 헛된 욕망에 자신을 허용했음을 고백한다. 만약 우리가 그리스도의 평화를 계속해서 붙잡지 않는다면, 단순한 삶을 강조하는 우리의 주장은 단편적인 것이 되고 말 것이다.

그리스도는 우리에게 단순한 생활양식을 요구한다. 물론 다른 사람들의 필요도 중요하지만, 이것이 일차적 목적은 아니다. 그럼에도 불구하고 8백만의 사람이 절대적 빈곤으로 고생하며 하루에 약 1만 명이 굶어 죽어 간다는 사실은 우리의 생활양식이 달라져야 함을 필연적으로 요구한다.

우리 중 어떤 사람은 가난한 사람들과 함께 사는 부름을 받을 수 있고, 어떤 사람은 필요한 사람을 위해 자신의 가정을 개방해야 할 수도 있다. 어쨌든 우리는 보다 단순한 생활양식을 영위하기 위해 결단해야 한다. 보다 적게 쓰고 보다 많이 주기 위하여 우리의 수입과 지출을 꼼꼼히 살펴봐야 한다. 어떤 규칙이나 법규를 제정하지는 않았지만, 의복과 거할 집, 여행과 교회 건물 등, 개인적 삶에서 낭비와 사치를 멀리할 것을 결단한다. 또한 필수품과 사치품, 축하 행사와 일상적인 일, 하나님을 섬기는 것과 유행의 노예가 되는 것을 명백하게 구분한다. 소비의 경계선을 설정하는 것은 식구들과 더불어 우리 모두의 양심적인 생각과 결단을 요구한다. 서구에 사는 사람들은 제3 세계 형제자매들의 지출과 소비 형태를 배워야 한다. 우리는 서로 다른 사람을 이해하며, 격려하며, 그들을 위하여 기도할 필요가 있다.

6. 국제적인 경제 계발

로잔 세계 선교 대회의 결의문에 있는 문구이다. "우리는 수백만의 가난한 이들로 인해 충격을 받는다. 그리고 그것을 조장하는 불의에 분노한다." 세계 인구의 4분의 1은 믿을 수 없는 풍요를 누리며, 또 다른 4분의 1은 처절할 정도로 빈곤을 겪고 있다. 새롭게 형성되는 국제 질서는 제3세계의 좌절을 그대로 반영하고 있다. 이 엄청난 불균형을 그대로 받아들이는 것을 거부한다.

우리는 자원의 수입과 소비 사이 관계를 보다 명백하게 이해하게 되었다. 사람들이 굶어 죽는 것은 경제적 여유가 없기 때문이며, 권력을 가질 수 없기 때문이다. 그래서 우리는 원조를 제공할 뿐 아니라 그리스도인을 파송하여 계발과 분배의 공평함을 이루도록 힘써야 한다. 인력과 적절한 기술을 전수하여 그들이 자신들의 자원을 잘 활용할 수 있도록 도우며, 그래서 그들의 자존심까지 지켜 주어야 한다. 인적 계발 프로젝트를 위하여 보다 많이 기부할 것을 결단한다. 사람들의 삶이 위험한 지경에 처한 곳에, 결코 기금이 부족해서 그리스도를 전하지 못해서는 안 될 것이다.

하지만 무엇보다 정부가 이 일에 앞장서야 한다. 풍요로운 국가에 사는 우리들은 정부가 비상식량을 쌓아 두기 위해 또는 관세 정책을 자유롭게 하기 위해 공식적인 계발과 지원을 효율적으로 실시하지 않는 것을 부끄럽게 생각한다. 많은 경우 다국적 기업들은 각 나라로부터 주도권을 빼앗는 한편 이익을 낸 만큼 그 나라로 환원하지 않는다. 그들은 수익만 중요시하는 생각을 되돌아보고, 보다 많은 사회적 책임을 저야 할 것이다.

7. 정의와 정치

하나님은 불의로 가득 찬 현대 사회를 보며 통탄하고 계신다. 대대적인 사회의 변화가 필연적으로 요청된다. 우리는 이 땅에서의 유토피아(Utopia)를 믿지 않지만 염세주의자도 아니다. 변화는 우리가 단순한 생활 양식에 헌신할 때나 국제 경제 계발 프로젝트를 꾀할 때만 오는 것은 아니다. 가난과 과도한 부, 군사주의와 군사 산업, 자본의 부당한 분배, 땅과 자원 등에 관한 문제는 권력과 무력의 문제이다. 구조적 변화를 통한 권력의 재분배가 없이는 결코 해결될 수 없다.

그리스도인과 교회는 다른 지체들과 함께 정치(공동체 안에서 함께 사는 기술)에 불가피하게 참여해야 한다. 그리스도의 종들은 정치·사회·경제 어느 분야에 있더라도 자신이 처한 자리에서 그리스도가 주인임을 표현해야 하며, 나아가 이웃에 대한 사랑을 증명해야 한다. 그렇다면 어떻게 변화에 기여할 수 있는가?

첫째, 하나님이 명령하신 대로 평화와 정의를 위해 기도해야 한다. 둘째, 도덕적·정치적인 면에서 그리스도인을 교육시켜 비전을 명백하게 하며, 기대를 불러일으키도록 노력해야 한다. 셋째, 실제적인 행동을 취해야 한다. 정부, 경제계 또는 사회계에서 특별한 임무를 완수하기 위해 부름을 받은 사람은 정의롭고 공평한 사회를 만들기 위해 진취적으로 행동해야 한다. 어떤 상황에서는 하나님에 대한 순종이 불의한 기존 질서에 대한 저항을 요구할 때도 있다. 넷째, 우리는 고난 받을 준비가 되어 있어야 한다. 예수님을 따르는 자로서, 고난 받는 종으로서, 우리는 섬김이 항상 고난을 포함하고 있음을 안다.

불의의 체계들을 바꾸려는 정치적인 행동 없이 우리의 생활양식을 바꾸는 것은 그리 효율적인 변화를 이루지 못한다. 반면 개인적인 헌신이 없는 정치적 행위도 통합성이 결여된다.

8. 복음 전도

우리는 아직 복음화되지 않은 수천만의 사람들에게 깊은 관심을 갖고 있다. 따라서 생활양식이나 불의에 대해 논의했다고 해서 복음 전도의 전략적 계발이 불필요해지는 건 아니다. 우리는 세계 곳곳에 그리스도를 주님으로서 그리고 구세주로서 선포하는 일을 계속 해야 한다. 교회는 '땅 끝까지 이르러' 그리스도의 증인이 되라는 명령을 진지하게 생각하지 않고 있다(행 1:8).

따라서 책임 있는 단순한 생활양식에로의 부르심은 증인으로서의 부르심과 분리되어서는 안 될 것이다. 우리 삶과 말이 일치되지 않을 때마다 우리가 전하는 메시지의 신뢰도도 떨어질 수밖에 없다. 그리스도가 우리를 탐욕으로부터 명백하게 구원하지 않았다면, 그리스도의 구원을 전파하는 것은 불가능하다. 우리가 재물의 선한 청지기가 되지 못한다면 그리스도의 왕권을 선포하는 것이 불가능하다. 우리의 마음이 곤핍한 자들을 향하여 닫혀 있다면 그리스도의 사랑을 전파하는 것도 불가능하다. 그리스도인들이 서로에게 그리고 가난한 자들에게 관심과 사랑을 가질 때, 예수 그리스도를 보다 잘 전할 수 있다.

이와 대조적으로, 어떤 서양 복음 전도자가 풍요로운 생활양식을 유지한 채 제3 세계로 간다면, 많은 사람들이 거부감을 느낄 것이다. 그리스도인이 단순한 생활양식을 지향하게 되면, 세계 경제 계발뿐만 아니라 복음 전도를 위하여 보다 많은 재정과 인력 자원을 제공할 것이다. 그래서 우리는 단순한 생활양식을 공유함으로써 세계 복음화에 전심전력으로 힘써야 한다.

9. 주님의 재림

구약성서에 등장하는 예언자들은 하나님 백성의 우상숭배와 불의를 비난하면서 곧 하나님의 심판이 도래한다고 경고했다. 유사한 비난과 경고가 신약성서에도 발견된다. 주 예수님이 곧 다시 오시어 심판하고, 구원하고, 통치할 것이다. 그의 심판은 탐욕스러운 자(우상 숭배하는 자)와 모든 압제자들에게 내려질 것이다. 그날에는 구원받은 자와 구원받지 못한 자가 나뉠 것이다. 그리스도를 섬기는 자들은 어려운 환경 가운데 있는 형제자매들 중 지극히 작은 자를 섬김으로써 구원받을 것이다. 그러나 곤경 가운데 빠진 자들에게 끝까지 무관심했던 자들은 그리스도로부터 버림받게 될 것이다. 그리스도를 섬기는 데 실패했기 때문이다(마 25:31-46). 예수님의 엄숙한 경고를 귀담아 듣고, 그리스도 전하는 일에 힘써야 한다. 그래서 우리는 모든 그리스도인들에게 함께 행동할 것을 요청한다.

우리의 결단

우리 주 예수 그리스도의 희생으로 자유하게 된 우리는, 그의 부름에 순종하고, 가난한 자들을 진심으로 섬기며, 복음 전도와 경제 계발, 사회 정의에 관심을 가지고, 단호한 심판의 날을 기대하며, 겸손하고 정의로우며 단순한 생활양식을 지향하고, 또 피차간에 격려하며, 함께 참여할 것을 결단한다. 이 결단을 완전히 이루는 데는 시간이 필요하고, 또 결코 쉽지 않을 것을 안다. 전능하신 하나님이 우리에게 은혜를 주시어 성실하게 행할 수 있기를 기도한다. 아멘.

〈단순한 생활을 위한 다짐〉은 1980년 3월 17-21일까지 영국 홋스돈(Hoddesdon)에서 개최된 '단순한 생활양식을 위한 국제 협의회(International Consultation on Simple Lifestyle)'에서 작성·서명되었다. 이 협의회는 로잔 신학과 교회 단체의 회장인 존 스토트의 후원을 받고 있다.

제자도 기초 과정

1. 새로운 삶을 살라

어떻게 알 수 있는가?

어떻게 성장할 수 있는가

어떻게 증거할 수 있는가?

어떻게 승리할 수 있는가?

2. 그리스도인의 기초

1) 하나님에 관하여 무엇을 알 수 있는가?

예수 그리스도는 누구인가?

성령은 누구인가?

성경은 하나님의 말씀인가?

2) 십자가의 의미는 무엇인가?

기도

죽은 이후의 다른 삶이 있는가?

교회

3. 그리스도인의 삶

1) 다른 사람이 하나님을 발견하도록 돕는 삶

일반적인 질문들

주는 삶

인도

2) 믿음

고난

용서

사랑

4. 영적부흥

예배

성령의 은사들

성령 충만

영적 전쟁

부록 3

제자도
중급 과정

이 코스의 목적은 각자가 한 주간 동안 공부한 후 그룹으로 모여 함께 토론함으로써 개인의 성경 연구를 격려하는 것이다. 이 교재는 하나의 견본으로, 다른 주제들도 이와 유사하게 계발할 수 있다.

Ⅰ. 성령의 능력

주의 : 그룹 스터디 전에 한 주간 동안 각자 과제를 꼼꼼히 읽고 질문들에 성실하게 대답해 보라.

1. 매일 읽어야 할 성경 말씀과 연구를 위한 질문들

■ 월요일: 사도행전 1장 1-14절 '성령의 약속'

1) 예수님이 부활의 사실성을 증명하고, 하나님의 나라에 관하여 명백하게 말씀한 이후 40일이 지났음에도 불구하고 제자들은 여전히 다른 중요한 것이 필요했다(눅 24:22-53 참조).

그것은 무엇이었는가?

제자들은 그것을 위하여 무슨 일을 해야 했는가?

언제 그 일이 일어났는가?

그것이 왜 필요했는가?

2) 그들은 미래를 어떻게 잘못 생각하고 있는가?(6-8절을 보라)

오늘날 우리도 이와 유사한 오류를 범할 수 있는데 이것은 무엇인가?

3) 장차 오실 성령을 위해 그들은 어떻게 준비했는가?

■ 화요일: 사도행전 2장 1-36절 '성령의 오심'

1) 오늘날 우리는 어떻게 성령 충만할 수 있는가?(행 2:38, 5:32, 요 7:37-39을 보라)

2) 우리의 삶 속에서 성령 충만이 어떻게 이루어져야 하는가?(4, 11, 17-18, 22절 이하를 보라)

3) 성령 충만과 관련하여 방언과 기타 영적 은사들의 자리는 어디인가?(4, 17절)

4) 성령 충만(또는 성령 세례)은 항상 회개한 후 일어나는가? 우리는 어떻게 ① 회개한 후 얼마 되지 않는 그리스도인들과 ② '다른 무엇이' 필요하다고 느끼는 다른 그리스도인들을 도울 수 있는가?

■ 수요일: 사도행전 3장 1-26절 '예루살렘에서의 증거'

1) 베드로가 보여 준 것처럼, 그러한 확신으로 치유 기적을 선포(또는 기도)하는 것은 항상 옳은가?(1-10절) 오늘날 교회에서 벌어지는 치유는 어떠한 역할을 감당해야 하는가?

2) 물론 거기에는 다른 병자들도 베드로의 말을 듣고 있었음이 분명하다. 그러나 그의 설교의 가장 핵심은 무엇이었나? 우리는 여기에서 무엇을 배울 수 있는가?

■ 목요일: 사도행전 8장 1-25절 '유다와 사마리아에서의 증거'

1) 무엇이 그들로 하여금 사도행전 1장 8절의 그리스도의 가르침에 순종하도록 '도왔는가?' 여기에서 성령의 격려하심에 관하여 무엇을 배울

수 있는가?

2) 빌립의 사역으로부터 무엇을 배울 수 있는가?(시간적 여유가 있으면 26-40절도 읽어라)

3) 사마리아 사람들이 회개한 후 성령이 오신 것을 어떻게 설명할 수 있는가?(14절)

■ **금요일: 사도행전 28장 16-31절 '땅 끝까지 이르러 증거'**

1) 바울은 수년 동안 로마에 가서 복음을 전하기를 바랐다. 하나님이 우리 기도의 응답으로서 우리 안에서 활동하신다는 사실로부터 무엇을 배울 수 있는가?

2) 바울은 유대 지도자들에게 그리스도를 어떻게 증거했는가? 그러한 담대함이 언제 옳게 보이는가?

■ **토요일과 주일**

1) 개인적인 질문

① 어떻게 항상 성령 충만할 수 있는가? 당신에게 있어 주요한 장애물 또는 방해는 무엇인가?

② 그리스도의 증인으로서 당신의 영역에서, 당신의 도시에서, 당신의 세계에서 무엇을 하고 있는가? 또는 무엇을 할 수 있는가?

(2) 공통적인 질문

① 교회 안에서 무엇이 성령의 능력을 방해하는가?

② 교회 안에서 그리고 교회를 통하여 성령의 능력이 어떻게 나타나

기를 기대해야 하는가?

2. 그룹 스터디

1) 성경을 공부하면서 개인적으로 대답했던 것들을 간략하게 나누라.

2) 신앙에 대하여 불신자들과 이야기할 때 부딪치는 불확실한 점들과 난해한 점들은 무엇인가? 이때 무엇을 할 수 있는가?

예를 들어,

~나는 복음의 메시지를 알지 못한다.

~나는 기독교가 항상 '진리'라는 확신을 갖지 못한다.

~나에게 질문 공세를 펴는 사람들에게 대답할 수 없다.

~개인적 신앙을 사람들에게 이야기하는 것이 상당히 부담스럽다.

~어떠한 일을 다른 사람에게 '전과'시켰을 때 나는 죄책감을 느낀다.

~당신은 이 일을 했을 때 많은 친구를 잃게 된다.

~만약 나에게 긴급하게 보이는 일이 다른 사람에게는 그렇지 않게 보인다면?

~나의 생활이 무질서할 때 새로운 삶을 이야기하는 것이 위선자처럼 느껴진다.

~나는 비그리스도인들에게 말할 기회가 전혀 없다.

~다른 비그리스도인들이 나에게 질문하지 않는다. 그래서 나는 결코 그들에게 말하지 않는다.

~혼자 이야기하기가 두렵다. 다른 사람이 나와 함께 있는 것이 필요하다.

~그것은 나에게 너무 부자연스럽다.

~순조롭게 이루어진 것을 한 번도 보지 못했다. 항상 서툴렀으며 거

부감을 일으켰다.

3.추천하는 책

One in the Spirit by David Watson(H&S)

I Believe in the Holy Spirit by Michael Green(H&S)

4. 더 연구해야 할 성경 말씀

요한복음 7장 37-39절

Ⅱ. 그리스도의 몸과 성령의 은사들

주의: 그룹 스터디 전에 한 주간 동안 각자 과제를 면밀히 읽고 질문들에 성실하게 대답해 보라.

1. 매일 읽어야 할 성경 말씀과 연구를 위한 질문들

■ 월요일: 고린도전서 12장 1-11절 '은사의 다양성'

1) 진정한 영적 은사와 거짓 영적 은사를 어떻게 식별할 수 있는가?(1-3절)

2) 4-11절에 언급된 신령한 은사들에 관하여 각각 간략하게 '정의'해 보라. 다른 말로 하자면, 당신은 그것들을 다른 사람에게 어떻게 설명하겠는가?

3) 당신은 이것이 성령의 은사들에 관한 완전한 목록이라고 생각하는가? 만약 그렇지 않다면, 다른 어떤 은사들이 여기에 포함된다고 생각하는가?

■ 화요일: 고린도전서 12장 12-31절 '그리스도의 몸'

1) 서로 다른 사람의 은사들을 우리가 어떻게 인정하며, 어떻게 격려해야 하는가?(12-25절)

2) 26절을 당신 자신의 말로 설명할 수 있는가?

3) 우리가 갖고자 갈망해야 하는 '보다 높은 은사들'은 무엇인가?(31절)

■ **수요일: 로마서 12장 '산 제물'**

1) 하나님의 영광을 위하여 은사를 사용해야 한다면, 무엇을 추구해야 하는가?(1-6절)

2) 바울은 6-8절에서 다른 어떠한 은사들을 추가로 언급하는가? 이것을 당신 자신의 말로 간단하게 설명할 수 있는가?

3) 9-21절의 실제적인 가르침에서, 당신이 개인적으로 가장 적합하거나 가장 어렵다고 생각되는 것은 무엇인가?

■ **목요일: 에베소서 4장 1-16절 '그리스도에게까지 자랄지라'**

1) '성령의 연합'이 실제적으로 왜 그렇게 중요한가?(1-6절)

2) 그리스도의 몸이 성숙하게 성장하기 위해서는 어떠한 구성 물질이 필요한가?(7-16절)

■ **금요일: 고린도전서 3장 '오직 하나님이 자라나게 하신다'**

1) 고린도 교회가 당면한 문제는 무엇이었는가? 우리가 오늘날 당면할 수 있는 유사한 문제들은 무엇인가?(1-9절)

2) 그리스도인들은 어떠한 종류의 시험을 경험해야 하는가? '금이나 은이나 보석으로' 건축한다는 것은 무엇을 의미하는가?(10-23절)

■ **토요일과 주일**

1) 개인적인 적용

　① 그리스도인의 교제 안에서 어떠한 은사들을 사용하는가?

　② 어떠한 은사들을 위하여 기도하는가? 그것들을 어떻게 계발할 수 있었는가?

⑵ 공통적인 적용

　① 과거에 당신에게 도움이 되었던 특정 그리스도인에 관하여 생각하라. 그리고 그들에 대하여 하나님께 감사하라.

　② 에베소서 4장 7-16절과 병행해서 교회는 어떻게 발전하고 있는가?

2. 그룹 스터디

1) 당신이 성경을 공부하면서 개인적으로 대답했던 것들을 간략하게 나누라.

2) 그리스도의 몸을 견고하게 하기 위하여 성도의 교제 안에서 성령의 은사들이 어떻게 계발될 수 있는지 함께 토의하라.

3. 추천하는 책

(앞에 추천된 책을 읽으라)

Ⅲ. 그리스도의 지상명령

주의 : 그룹 스터디 전에 한 주간 동안 각자 과제를 철저히 읽고 질문들에 성실하게 대답해 보라.

1. 매일 읽어야 할 성경 말씀과 연구를 위한 질문들

■ 월요일: 마태복음 28장 1-20절 '가라 … 보라…'

1) 1-15절의 증거들은 그리스도의 부활에 어떠한 기여를 하는지 간략하게 설명하라.

2) 예수님이 십자가에서 부활하신 대가로 교회에서 하기를 원하시는 일의 요점은 무엇인가?(16:18; 빌 2:8-11; 엡 1:20-23 참조)

3) '제자 삼다'는 무엇을 의미하는가?

4) '세례를 주고… 가르치고…' '제자 삼음'에 있어 말씀과 성찬의 자리는 어디여야 하는가?

■ 화요일: 마가복음 16장 9-20절 '만민에게 복음을 전파하라'

1) 여기 부활의 증거로 추가적으로 제시된 것이 무엇인가? 11명의 제자들은 왜 더디 믿었는가?

2) '복음을 전파'에서 세례가 가지는 가치는 무엇인가? 또한 고린도전서 1장 13-17절을 보라.

3) 오늘날의 복음 전도를 위하여 이러한 표적들이 갖는 중요한 의미는 무엇인가?(17-20절; 롬 15:18 참조)

■ **수요일: 누가복음 24장 44-53절, 고린도전서 15장 1-11절 '당신은 증인이다'**

1) 구원에 이르게 하는 복음의 핵심은 무엇인가?(두 본문을 모두 보라)

2) '그리스도의 증인'이 된다는 것은 무엇을 의미하는가?(행 1:8) 또는 '이러한 일들의 증인'이 된다는 것은 무엇을 의미하는가?

3) 개인적으로 복음을 전하는 일의 가치는 무엇인가?(고전 15:6-11)

■ **목요일: 고린도후서 5장 10-21절 '동기 부여'**

1) 이 본문에서 복음 전도의 동기를 최소한 다섯 개 정도 들어라.

여기에서 복음 전도에 관하여 무엇을 배웠는가? 제시된 동기들의 공통적인 특징은 무엇인가?

■ **금요일: 고린도전서 9장 15-27절 '아무쪼록 몇몇 사람들을 구원코자 함이니'**

1) 어떠한 방법으로(개인적으로) 복음을 전할 수 있는가? 바울이 15-18절에서 표현한 것과 같은 간절한 마음을 가지고 있는가? 만약 없다면 왜 없는가?

2) 19-23절에 있는 원리들을 자신의 말로 설명해 보라. 이것이 어떻게 당신 상황에 적용되는지 예를 들어 보라.

3) 우리가 조심하여 예방해야 할 것은 무엇인가? 그리고 어떻게 예방해야 하는가? 24-27절로부터 생각하라.

▪ 토요일과 주일

1) 개인적인 적용

최근 당신이 아는 누군가가 그리스도인이 되었다면, 어떻게 그를 격려하겠는가? 그러한 책임이 당신에게 있다고 생각되는가?(이 질문에 가능한 많은 시간을 투자하라!)

2) 공통적인 적용

① 출석하는 교회는 '제자 삼는 일'에 얼마나 효율적인가?

② 더 실질적인 실천을 위한 방법이 있는가?

2. 그룹 스터디

1) 당신이 성경을 공부하면서 개인적으로 대답했던 것들을 간략하게 나누라.

2) 복음 전도에서 당신이 당면하는 문제들을 함께 토의하라. 그것들은 어떻게 극복될 수 있는가?

3) 교회 건물 밖에서 어떠한 복음 전도 사역이 있어야 된다고 생각하는가?

3. 추천하는 책

I Believe in Evangelism by David Watson(H&S)

The Christian Persuader by Leighton Ford(H&S)

4. 암기해야 할 성경구절

마태복음 28장 18-20절

Ⅳ. 복음을 함께 나누는 일

주의 : 그룹 스터디 전에 한 주간 동안 각자 과제를 철저히 읽고 질문에 성실하게 대답해 보라.

1. 매일 읽어야 할 성경말씀과 연구를 위한 질문들

■ 월요일: 누가복음 19장 1-19절 '삭개오'

1) 예수님이 삭개오의 집에 '구원'을 가져다 준 단계들은 무엇인가?

2) 회개의 의미는 무엇인가? 그리스도에 대한 믿음을 갖기 전에 회개의 함축적 의미를 어느 정도 이해해야 하는가?

■ 화요일: 사도행전 8장 26-40절 '복음 전도자 빌립'

1) 빌립은 훌륭한 복음 전도자였다는 본문을 통해 당신은 어떠한 교훈을 배울 수 있는가?

2) '빌립이 입을 열어 이 글에서 시작하여 예수를 가르쳐 복음을 전하니'(35절). 사람을 예수님에게로 인도하기 위하여 당신은 어떠한 단계들을 사용할 것인가? 위의 구절들로부터 생각하라.

■ 수요일: 요한복음 3장 1-21절 '니고데모'

1) 누군가를 그리스도께 인도하기 전에 그 사람의 질문에 어느 정도 대답해 주어야 하는가? 예수님의 예를 통하여 생각하라.

2) 복음 전도에 있어 성령이 얼마나 주도적으로 역사하시는가? 인간의 의지와 책임이 차지하는 자리는 어디인가?

3) "믿지 아니하는 자는 벌써 심판을 받은 것이니라"(18절) 왜 그런가? 그리고 어떤 사람은 왜 믿지 않는가?(19-21절)

■ **목요일: 고린도전서 1장 18절-2장 5절 '십자가에 못 박힌 그리스도를 전하니'**

1) 우리가 전하는 메시지에서, 무엇이 '하나님의 능력'인가?(1:18, 23절; 2:2, 5 참조)

2) '십자가에 못 박힌 그리스도'를 전한다는 것은 무엇을 의미하는가?

3) 약하며 두려워하며 심히 떠는 감정이 복음 전도하는 일에 어떻게 자산이 되는가?

■ **금요일: 사도행전 20장 17-37절 '복음 전도와 양육'**

1) 바울은 '내가 꺼리지 아니했다'고 두 번씩 말한다(20, 27절) 이것은 복음을 전한다는 것이 쉽지 않음을 암시한다. 그는 무엇을 꺼리지 않았는가?

2) 어떻게 '자기를 위하여 또는 온 양떼를 위하여 삼가'해야 하는가?(28절) 양떼는 하나님이 우리에게 특별한 책임과 함께 의탁한 모든 사람을 가리키는가?

3) 바울은 자기 삶과 실례를 통하여 우리에게 어떠한 교훈을 주는가?

■ 토요일과 주일

1) 개인적인 적용

요한복음 4장 1-37절을 사용하여, 그리스도에 대한 증인으로서의 당신의 입장을 돌이켜 보라. 그리고 객관적인 평가를 내려 보라. 다음 표에 표시해 보라.

	발전하고 있다	약하다	전혀 새롭다
성령의 인도하심에 민감하게 반응하는 것(4절)			
부적절한 장소와 시간에서도 전하려는 자세(6절)			
대화의 주도권을 잡음(7절)			
사회적, 문화적 장벽을 깨뜨리려 함(7·9절)			
사람의 실제적인 필요에 민감하게 반응함(10~15절)			
개인적인 문제에 대한 솔직함과 정직함(16~18절)			
주의를 딴 데로 돌리려는 것을 방지할 수 있는 능력(19~21절)			
사람을 결단의 순간에까지 이끔(25~36절)			
예수 그리스도를 다른 사람에게 전하려는 바람(32절)			

당신의 입장이 어디인지 돌이켜본 후, 당신이 그리스도를 증거할 때 하나님께서 연약한 부분을 강하게 하시기를 기도하라.

2) 공통적인 적용
① 당신의 교회는 어떠한 방법으로 복음 전도를 강화할 수 있는가?
② 당신의 교회는 어떠한 방법으로 초신자 양육을 개선할 수 있는가?
③ 당신의 교회에 출석하는 그리스도인들이 복음 전도와 양육을 위하여 어떻게 하면 잘 훈련받고 또 무장할 수 있는가?

2. 그룹 스터디

1) 당신이 성경을 공부하면서 개인적으로 대답했던 것들을 간략하게 나누라.
2) 이웃에게 또는 직장 동료에게 복음을 전할 기회가 있었는가? 이에 대하여 함께 토의하라. 어떻게 전했는가? 어려운 점은 무엇인가? 아쉬워했던 점은 무엇인가?

3. 추천하는 책

How to Give Away Your Faith by Paul Little(IVP)

4. 더 연구해야 할 구절들

로마서 3장 23절, 6장 23절; 이사야 53장 6절; 마가복음 8장 34절; 요한계시록 3장 20절

V. 일반적인 질문에 대답하는 일

주의 : 그룹 스터디 전에 한 주간 동안 다음 질문에 성실하게 대답해 보라. 시작할 때 몇 개의 성경구절들이 제시되지만, 이번에는 성구사전이나 다른 참고도서들을 사용하는 것이 좋다.

1. 매일 연구를 위한 질문들

다음의 질문들에 대하여 당신은 어떻게 대답할 것인가?

■ **월요일: '나는 하나님을 믿지 아니한다.'**

(롬 1:18-23; 요 14:8-11; 요 1:14-13; 요일 4:12 참조)

■ **화요일: '나는 하나님이 필요하다는 생각이 전혀 안 든다.'**

(요 3:3-18; 엡 2:1-3, 12; 히 9:27 참조)

■ **수요일: '고난이 도내체 무엇인가?'**

(눅 13:1-5; 롬 3:15-25; 고후 4:16-18; 시 73편 참조)

■ **목요일: '복음을 전혀 들어 보지 못한 사람들은 어떻게 되는가?'**

(눅 12:47-48; 롬 1:18-23, 3:19-24; 행 10:34; 창 18:25 참조)

■ **금요일: '다른 종교들은 어떻게 생각하는가?'**

(요 14:6; 행 4:12; 딤전 2:5-6; 히 1:1-3 참조)

■ **토요일: '나는 내가 거리낌 없이 선하게 살고 있다고 생각한다.'**

(요 3:3-7; 롬 2:-3, 3:9-20; 엡 2:8-10; 갈 2:16 참조)

■ **주일**

당신이 일상적으로 듣게 되는 기타 다른 질문들, 반대들, 변명들을 적어
보라. 그리고 가능하면 그들에게 대답하기 위해 위에 제시된 성경구절 이
외의 다른 본문들을 찾아보라.

2. 그룹 스터디

1) 위의 질문에 개인적으로 대답했던 것들을 간략하게 함께 나누라.

2) 대답할 수 있는 장비를 갖추는 방법에 대하여 토의하라(벧전 2:15 참조).

3. 추천하는 책

How to Give Away Your Faith by Paul Little(IVP)

Is Anyone There? by David Watson(H&S)

4. 암기해야 할 구절들

위에 제시된 것들 가운데 선택해서 정하라.

VI. 방문과 상담

주의 : 그룹 스터디에 임하기 전에 한 주간 동안 아래 질문들에 철저히 대답해 보라.

1. 매일 연구를 위한 질문들

■ 월요일: 복음 전도를 위한 방문

1) 이것이 왜 필요한가?(마 9:35-10:1; 롬 10:13-15)

2) 누가복음 10장 1-20절로부터 오늘 그리고 당신의 상황에 어울리는 어떠한 원리들을 배울 수 있는가?

3) 몇 개의 일반적인 원칙들 :

· 언제 가는가?- 가능한 편안한 시간을 선택하라. 가장 인기 있는 텔레비전 프로그램이 방영되는 시간은 피하라. 기타 일반적으로 바쁜 시간을 피하라.

· 무엇을 하는가?- 두드려라(끈질기게), 기도하라, 기다려라, 미소를 지어라…!

· 무엇을 말하는가?- 당신이 누구인가를 신속히 말하라(여호와 증인이나 판매 사원이 아님을). 당신의 소속과 직업을 솔직하게 먼저 말하라.

· 집 안으로 들어갈 수 있도록 하라- 대화를 발전시켜라. 너무 서두르지 말라. 참을성 있게 상대편의 말을 들으라. 가능한 빨리 그에 대한 정보를 기록하라(그의 시야 밖에서).

■ **화요일 : 양육을 위한 방문**(예를 들어 복음 전도 후에)

1) 데살로니가전서 2장 1-13절로부터 당신의 자세와 접근 방법이 어떠해야 한다고 생각하는가? 시간이 한동안 지난 후에는?

2) 사도행전 20장 19-35절로부터, 당신이 가르치고 지켜보아야 할 목표가 무엇이라고 생각하는가? 얼마간의 시간이 지난 후에는?

3) 몇 개의 일반적인 원칙들 :

- 복음을 전한 후 가능한 빨리 방문하라 - 할 수만 있다면 24시간 이내가 좋다.

- 친절하게 대하라. 그리고 따뜻한 관계를 확립하기 시작하라.

- 같은 성, 그리고 비슷한 연령대의 사람을 방문하는 것이 좋다(자기가 복음을 전한 사람을 자기가 계속 양육할 수 있으며, 또한 다른 사람이 복음을 전한 사람을 자기가 양육할 수도 있다. 위에 제시된 원칙은 후자의 경우에 해당된다).

- 인격적으로 그에게 관심을 가져라.

- 짧은 성경 본문을 함께 읽어라-예를 들면, 시편 103편.

- 정규적인 시간 약속을 하라. 그러나 만나는 시간은 적당히 짧을수록 좋다.

- 유용한 읽을거리를 빌려 주라.

■ **수요일 : 병자를 위한 방문**

1) 야고보서 5장 13-16절로부터 당신은 무엇을 배울 수 있는가?

2) 몇 개의 일반적인 원칙들 :

- 너무 활기에 넘치거나 또는 너무 우울해지는 것을 피하라.

- 앉아라. 그러나 침대에 앉지는 말라(환자에게 고통을 줄 수도 있기 때문이

다).

- 만약 환자가 잘 듣지 못하면, 목소리를 크게 하든지 또는 말하고 싶은 것을 글로 써라.
- 너무 서둘러 나오지 말라. 그러나 너무 오래 머무르지도 말라.
- 다시 오겠다는 약속을 너무 급하게 하지 말라. 그 약속을 지키지 못하는 경우도 있기 때문이다.
- 알맞은 성경구절을 읽고 간략하게 기도하라. 가끔 환자의 손을 잡든지 또는 그의 몸에 손을 올리고 기도할 수 있다.
- 만약 환자의 상태가 매우 중하다면, 아주 유명한 성경 구절을 읽어라. 예를 들어 시편 23편.
- 만약 환자가 의식불명 상태에 있더라도 큰 소리로 성경을 읽고 기도하라.
- 적절한 읽을거리를 남겨라.

■ 목요일 : 확신이 부족한 사람들을 위한 상담

1) 요한일서 5장 13절로부터 우리는 확신을 가질 수 있다. 어떻게?(요일 1:1-3, 7; 2:3, 15, 29; 3:9, 14, 21; 4:13; 5:4, 19 참조)
2) 그가 의심하는 이유가 무엇인지 알려고 노력하라(Live a New Life by David Watson(H&S), 제8장 참조)
3) 누가복음 1장 30, 38, 46-49절 등으로부터 믿음의 본질이 무엇인지 설명해 주라.
4) 그가 하나님의 말씀 안에 있는 약속에 의지하도록 도와주라(마 7:24-27; 벧후 1:2-4, 19 참조)

5) 그 사람이 성령의 충만함을 받을 수 있도록 기도하라(눅 11:9-13 참조).

■ 금요일: 실의에 빠져 있거나 패배를 경험한 사람들을 위한 상담

1) 시편 42-43편, 그리고 로마서 8장 26-39절은 이러한 상담을 위하여 유용한 자료이다. 우리의 갈등과 싸움들에 대하여 하나님이 어떻게 대답하는지, 위의 말씀으로부터 무엇을 배울 수 있는가?

2) 아주 부드럽게 상대편을 이해하려는 자세를 취하라. 지식과 지혜를 위하여 기도하라. 그리하면 실제적인 문제가 계시될 것이다.

3) 때로는 그들에게 여유 있는 시간을 주어 모든 죄, 특히 다른 사람에 대한 죄를 열린 마음으로 고백할 수 있도록 한다. 그리고 다른 사람으로 인해 받은 상처를 솔직하게 고백할 수 있도록 하는 것이 필요하다. 그들이 자기 연민의 죄를 고백하고, 하나님께 찬양의 제물을 드릴 수 있도록 해야 옳을 것이다.

■ 토요일 : 잘못된 인간관계를 가지고 있는 사람들을 위한 상담

1) 빌립보서 2장 1-5절, 4장 1-7절, 에베소서 4장 25-32절, 고린도후서 6장 14절-7장 1절로부터 일반적으로 무엇을 배울 수 있는가?(대부분의 바울 서신은 이러한 광범위한 주제를 다루고 있다!)

■ 주일 : 평가

1) 개인적인 적용 : 당신의 삶의 어떠한 영역에서

- 당신은 연약한가?
- 계속 훈련을 받아야 하겠다고 생각하는가?
- 섬기기 위해 하나님께 부름 받았다고 느끼는가?(아무리 작은 느낌일지라도!)
2) 공통적인 적용 : 당신 교회의 어떠한 영역이 강화되어야 하는가?

2. 그룹 스터디

1) 개인적인 질문들에 대한 각자의 대답들을 함께 토의하라.

3. 추천하는 책

Live a New Life by David Watson(H&S)

New Life, New Lifestyle by Michael Green(H&S)

4. 암기해야 할 구절

이사야 50장 4절

Ⅶ. 성경 강해의 준비와 실제

주의 : 그룹 스터디에서 성경 강해를 하기 전에 한 주간 동안 다음 과제를 철저히 수행하라.

서론 : 대부분의 사람들은 자기가 직접 성경 강해를 해야 한다는 사실을 대담하게 받아들이지 못한다. 아무리 간단한 것이라 할지라도 말이다. 힘을 내라. 대부분의 사람들은 능력이 있다. 한편 간단하고 좋은 성경 강해를 위해 조심스럽게 준비하자. 마크 트웨인(Mark Twain)은 이렇게 말했다. "좋은 즉흥 설교 한 편을 준비하는 데 나는 3주간을 소비한다." 성경 강해를 준비하는 것은 마치 집을 짓는 것과 같다.

1. 집터를 생각하라

성경을 '대지'로 생각하면 택지인 '집터'는 특정 구절/본문 등이 될 것이다. 베드로전서 4장 11절을 참고하면 우리의 생각은 중요하지 않고 오직 하나님의 말씀이 중요하다는 것을 알 수 있다.

(1) 일반 상식을 사용하라.

(2) 메모장 또는 노트를 항상 사용하라(특히 정규적으로 성경 강해를 하는 사람들에게는 이것이 절대적으로 필요하다).

(3) 가능한 한 당신의 강해를 듣는 사람들이 무엇을 요구하는지 파악하라.

(4) 기도하라 - 특별한 준비를 하기 전에!

2. 기초를 놓아라

하나님이 자기 말씀 가운데서 무엇을 말씀하고 계신지 당신이 실제적으로 알기 전까지, 가능한 대로 구절/본문/주제를 철저하게 연구하라. 이러한 작업이 없이는 당신의 강해에 대하여 확신을 가질 수 없을 것이다. 이것이 없는 강해는 쉽게 허물어진다.

3. 설계도를 검토하라. 당신의 메시지를 조심스럽게 살펴보라.

하나의 목표를 정하라: 당신의 목표를 하나의 짧은 문장으로 적어 두는 것이 좋다. 모든 강해가 목표에 맞는지 늘 확인하고, 또 바로 잡아야 한다. 냉정하라! 목표에 어긋나는 것은 매섭게 제거할 줄 알아야 한다. 하나님이 말씀하시고자 하는 메시지가 무엇인지 지속적으로 돌이켜보아야 한다.

　주의: 본문을 다루는 방법(본문과 씨름하는 방법)에는 여러 가지 다른 길이 있다.

　주의: 웨슬리의 말을 기억하라. "나는 그것들을 그리스도에게 드렸다."

4. 골격을 세우라

　1) 간단한 계획이 좋다: 요점(제목)을 기록하라, 설명하라, 예화를 들라, 적용하라.

　2) 문단을 나누고 중간 제목을 정하라(통상적으로 한 번의 성경 강해에 대략 2-3개의 중간 제목이면 적절하다).

　　① 성경 구절에 있는 단어들을 사용하라. ② 질문을 하라(누가? 무엇을? 왜? 등등). ③ 중간 제목들은 나름대로 공동의 운율이 있는 것이 좋다. 그러나 억지로 맞추지는 말라!

5. 벽을 세우라

강해를 알찬 내용으로 채우라. 우리는 '자극'과 '교훈'을 받아야 하며, '양식'을 먹고 '경고'를 들어야 할 필요가 있다. 대부분의 성경 강해는 일종의 교리나 가르침을 포함해야 한다. 노력은 하지 않으면서 무조건 '예수님만 믿습니다'라고 하면 안 된다.

- 스스로 연구하며 의문을 제기하라.
- 이것을 위해서, 여러 가지 번역 성경을 대조 연구하라.
- 성구 사전을 활용하라.
- 잘 선택된 주역서를 사용하라.

6. 창문을 잊지 말라. 예화의 가치는 절대적이다.

이야기, 인용문, 특종 기사 등을 수집해 활용하라. 딱딱하게 굳은 교리의 마당 위에 많은 따뜻한 빛을 던지게 된다.

7. 생활공간에 적당한 내부 장식을 하라.

이 집은 박물관이 아니고 사람이 들어가서 살 집이다.

이렇게 하여 성경 강해는 현대 생활인에게 적합한 것이 되어야 한다.

가능한 대로 구체적이며 실질적인 제안을 하라.

8. 앞문과 뒷문을 검토하라.

다시 말하면, 강해의 시작과 끝은 특별히 중요하다. 서론이 사람의 주의를 집중시키도록 해야 한다. 질문, 충격적인 진술, 특종 기사 내용, 광고, 수수께끼, 문제 등을 사용하는 것도 유용하다. 또한 어디에서 끝내야 할지, 어떻게 끝내야 할지 결정하라!

마지막 준비와 실제

다음 방법이 좋다. 최소한 이렇게 시작하라.

1) 성경 강해 전체를 원고로 작성하라. 그 후에 그것을 보다 짧게 요약하라.

2) 실제적으로 하는 것처럼 연습하라(리허설을 하듯이). 크게 읽든지 또는 중얼거리면서 읽어라!

3) 자연스럽게 ① 미소를 지으며, 곧게 서 있으며, 타성을 피하라.
    ② '대화'하는 목소리를 유지하라.

4) 다양한 속도와 억양을 활용하라. 침묵과 쉼을 사용하라.

5) 항상 기도하라. 고린도전서 2장 1-5절을 보라.

실질적인 작업: 성경의 어떠한 구절/주제이든지 5분을 초과하지 않는 짧은 성경 강해를 준비하여, 다음 그룹 스터디에서 이것을 이야기하라.

주

프롤로그

1. *Evnagelical Missions Quarterly*, 1979 10월호, p. 228.

<u>PART 1</u>

1장

1. Kittel, *Theological Dictionary of the New Testament.* Vol 4, p. 446.

2. Malcolm Muggeridge, *Christ and the Media*, Hodder & Stoughton, p. 43.

3. Jim Wallis, *Agenda for Biblical People*, Harper, New York, 1976, p. 23.

4. Kittel, op. cit., Vol. IV. p. 452.

주   443

2장

1. Howard A. Snyder, *The Community of the King*, IVP, pp. 104f.

2. Op. cit., p. 125.

3. Ronald J. Sider, *Rich Christians in an Age of Hunger*, Hodder & Stoughton, p. 163.

4. Ronald J. Sider, op. cit., p. 164.

5. David J. Bosch, *Witness to the World*, Marshall, Morgan & Scott 1980 p. 225.

6. Ronald J. Sider, op. cit., p. 164.

7. *New Covenant Magazine*, November 1978.

8. Ann Ortland(© Copyright 1970 by Singspiration Inc.)

3장

1. Dietrich Bonhoeffer, *Life Together*, SCM, pp. 15-17.

2. Dietrich Bonhoeffer, op. cit., p. 13.

3. John Powell, *Why am I afraid to tell you who I am?*, Fontana, p. 12.

4. Keith Miller, *The Taste of New Wine,* Word, p. 22.

5. Dietrich Bonhoeffer, op. cit., p. 90.

6. Dietrich Bonhoeffer, op. cit., p. 90.

7. William Barclay, *More New Testament Words*, SCM, p. 16(윌리엄 바클레이(William Barclay)의 '사랑' 에 대한 연구도 참조했음).

8. William Barclay, op. cit., p. 21.

9. William Barclay, op. cit., p. 21.

10. William Barclay, op. cit., p. 24.

11. *New Covenant Magazine*, August 1977.

4장

1. *The Time*, 16 February, 1976.

2. Carl Wilson, *With Christ in the School of Disciple Building*, Zondervan, 1976, p. 25.

3. Op. cit., p. 24

4. Michael Harper, *This is the Day*, Hodder&Stoughton, 1979, p. 156.

5. Quoted in *Fulness*, Volume 24, 47 Copse Road, Cobham, Surrey, England.

6. Quoted in *Pastoral Renewal*, July 1978.

7. Information from *Pastoral Renewal*, July 1978.

8. Carl Wilson, op. cit., p. 101.

9. Ibid., p. 209.

10. A. W. Tozer ref. not Known.

11. Bob Mumford, *New Covenant*, January 1977, p. 18.

12. *New Covenant*, January 1977.

PART 2

5장

1. A. E. Taylor, quoted in *The Mark of Cain* by Stuart B. Babbage, Paternoster Press, 1966. p. 73.

2. 1968년 4월 런던 교회에서 행해진 설교로부터 인용된 것이다.

3. *Post American*, 1105 W. Lawrence, Chicago, Illinois 60630, USA.

4. Charles Hummel, *Fire in the Fireplace*, 121.

5. James K. Baxter, *Thoughts about the Holy Spirit*, p. 62.

6. *The British Weekly*

7. James K. Baxter, op. cit., p. 6.

6장

1. Paul Hinnebush, *Praise a way of Life*, Word of Life. pp. 2-3.

2. Michael Auoist, *Prayers of Life*, Gill, 1963, p. 102.

3. Richard J. Foster, *Celebration of Discipline*, Hodder & Stoughton, 1980, p. 35.

4. Anne J. Townsend, *Prayer without pretending*, Scripture Union, 1973, p. 135.

5. Quoted by Cardinal Suenens in *A New Pentecost?* Darton, Longman & Todd, 1975, p. 89.

6. Paul Hinnebush, *Praise a way of Life,* Word of Life. p. 225.

7장

1. James S. Stewart, *Preaching,* The Teach Yourself Series, Hodder & Stoughton, 1955. p. 20.

2. Op. cit., Hodder & Stoughton, 1980. p. 13.

3. 출처 미상

4. Tony Thistleton, essay in *Obeying Christ is a Changing World*, Collins, 1977. p. 99.

5. Tony Thistleton, op. cit., p. 116.

6. J. I. Packer, *Under God's Word,* Marshall, Morgan & Scott, 1980, p. 41.

7. Tony Thistleton, op. cit., p. 114.

8. Michael Green, *I Believe in the Holy Spirt*, Hodder & Stoughton, 1975, p. 173.

9. Colin Brown(editor), *The New International Dictionary of the New Testament*, Paternoster, 1976.

10. William Barclay, *More New Testament Words*, SCM, 1948, p. 116f

11. William Barclay, Op. cit. p. 460.

12. From the Chicago Statement on Biblical Inerrancy, 1978, quoted by J. I Packer, op. cit., p. 58.

13. Customs, *Culture and Christianity*, Tyndale, 1963.

14. Richard J. Foster, *Celebration of Discipline*, Hodder & Stoughton, 1980에서 "The Discipline of Meditation" 참조

15. Tony Thistleton, op. cit., p. 105f.

16. Dietrich Bonhoeffer, *Life Together*, SCM, p. 59f.

17. Form an article in the *Presbyterian Journal* for April 12, 1978, and quoted by J. I. Packer, op. cit., p. 60f.

8장

1. Lewis, C. S., *Screwtape Letters*, Bles, 1942, p. 9.

2. Richard F. Lovelace, *Dynamics of Spiritual Life*, Paternoster press, 1979, p. 18.

3. Jonathan Edwards, *Thoughts on the Revival*, p. 410.

4. Michael Harper, *Spiritual Warfare*, Hodder & Stoughton, 1970. Kurt E. Koch, *Christian Counselling and Ocultism, Occult Bondage and Deliverance*. John Nevius, *Demon Possession*. John Richards, *But Deliver Us From Evil*. J. Stafford Wright, *Christianity and the Occult*. Michael Green, *I Believe in Satan's Downfall*, Hodder & Stoughton, 1981.

5. Richard F. Lovelace, op. cit., p. 256.

6. *Lectures*, Vol.1, p. 167

7. Richard F. Lovelace, op. cit., p. 140.

9장

1. John Taylor, *The Winchester Churchman*, July 1979.

2. 이에 대해서는 다음 책에서 보다 광범위하게 다뤘다. Green, Michael, *I Believe in the Holy Spirit*, Hodder & Stoughton, 1975

3. John Poulton, *The Monthly Letter* for May/ June 1979 of the WCC Commission on World Mission and Evangelism.

4. C. Peter Wagner, *Your Church Can Grow, Glendale*, California, USA: Regal, 1976, pp. 72-76.

5. H. Boer, *Pentecost and Missions*, Lutterworth, pp. 122, 128.

6. Michael Green, *Evangelism-now and then*, IVP, 1979, p. 26.

7. *Evangelism in England Today,* a Report by the Church of England's Board for Mission and Unity, Church House Bookshop, Great Smith Street, London, SW1P 3BN.

8. David J. Bosch, *A New Canterbury Tale*, published by Grove Books, Bramcote, Notts, England.

9. David J. Bosch, *Witness to the World,* Marshall, Morgan & Scott, 1980, p. 206.

10. John Poulton, op. cit.

11. Available from *The Evangelical Alliance*, 19 Draycott Place, London SW3 2SJ.

12. J. I. Packer, *Evangelism and the Sovereignty of God*, IVP, 1961, p.108.

13. *A New Start in Life,* Kingsway 또는 Live a New Life, IVP, 1975. 이외에도 적절하게 사용될 수 있는 자료들은 많다.

14. 양육에 관하여 보다 완전하게 집필한 것은 다음 책이다. MichaeII Green, *I Believe in Satan's Downfall,* Hodder & Stoughton, 1976, chapter 7. 또한 이 책의 부록 2에는 기본적인 교육 과정에 대한 계속적인 제안들이 실려 있다.

PART 3

10장

1. John Taylor, *Enough is Enough,* SCM, 1975, p. 62.

2. Dietirch Bonheffer, *Cost of Discipleship,* SCM, 1959, pp. 154-157.

3. Ronald J. Sider, *Rich Christians in An Age of Hunger,* Hodder & Stoughton, 1977, p. 87.

4. John White, *The Golden Cow,* Marshall, Morgan, and Scott, 1979, p. 39.

5. John White, op. cit., pp. 41-42.

6. Bonhoeffer, op. cit., pp186

7. From the interview in Third Way, 13 January 1977.

8. *Thoughts about the Holy Spirit,* p. 11.

11장

1. *Preface to The Young Church in Action,* Bles 1955, p. vii.

2. Dietirch Bonheffer, *Cost of Discipleship,* SCM, 1959, pp. 54, 58, 63.

3. Carl Wilson, *With Christ in the School of Disciple-Building,* Zondervan, 1976, p. 273.

4. Source unknown(출처 미상)

5. Op. cit., P.89.

6. Howard A. Snyder, *The Community of The King,* IVP, 1977, pp. 115f.

7. Towards Renewal, Issue 19, Autumn 1979.

12장

1. *The Church of England Newspaper*, 13September 1973,dptj dlsdyd.

2. P. B. Shelley, *Ode to the West Wind*.

3. Cardinal Suenens, *A New Pentecost?* Darton, Longman & Todd, 1975, p. 90.

4. Cardinal Suenens op. cit.

5. Cardinal Suenens op. cit., p. xi에서 인용

6. Richard Wurmbrand, *Tortured for Christ*, Hodder & Stoughton, 1967, p. 19, W. H. Allen, *In God's Underground*, 1968, p. 54.

7. Jürgen Moltmann, *The Open Church*, SCM, 1978, p. 35.

8. C. S. Lewis, *Mere Christianity*, Collins, 1952, p. 116.

참고문헌

Babbage, Stuart B., *The Mark of Cain*, Paternoster, 1966

Barclay, William, *More New Testament Words*, SCM, 1948

Baxter, James K., *Though's about the Holy Spirit*, Fortuna Press, 62 Friend St Karori, NZ

Beall, James Lea, *Your Pastor, Your Shepherd*, Logos 1977

Boer, H., *Pentecost and Missions*, Lutterworth

Bonheffer, Dietirch, *Life Together*, SCM, 1954

_____*cost of Discipleship*, SCM, 1959

Bosch., David J., *Witness to the World*, Marshall, Morgan and Scott, 1980

Brown, Colin ed., *The International Dictionary of the New Testament*, Paternoster, 1976

Bruce, A. B., *Training of the Twelve*, Kregel, 1971

Coleman, Robert E., *The Master Plan of Evangelism*, Revell, 1963

Edwards, Jonathan, *Thoughts on the Revival*

Foster, Richard J., *Celebration of Discipline*, Hodder & Stoughton, 1980

Green, Michael, *I Believe in the Holy Spirit*, Hodder & Stoughton, 1975

_____*Evangelism-now and then*, IVP, 1979

_____*I Believe in Satan's Downfall*, Hodder & Stoughton, 1981

Griffiths, Michael, *Give Up Your Small Ambitions*, IVP, 1977

Harper, Michael, *Spiritual Warfare*, Hodder & Stoughton, 1970

_____*A New Way of Living*, Hodder & Stoughton, 1973

_____*This is the Day*, Hodder & Stoughton, 1974

Hartman, D. and Sutherland, D., *Guidebook to Discipleship*, Harvest House, Irvine, California, USA, 1976

Henrichksen, Walter A., *Disciples Are Made, Not Born*, Victor Books, 1972

Hinnebusch, Paul, *Praise a Way of Life Word of Life*, 1976

Hummel, Charles, *Fire in the Fireplace*, Mowbrays, 1978

Kittel, *Theological Divtionary of the New Testament*

Koch, Kurt E., *Christian Counselling and Ocultism*,

_____*Occult Bondage and Deliverance*, Evangelization Publishers, 7501 Berghausen Bd, Western Germany, 1970

Lewis, C. S., *Screwtape Letters*, Bles, 1942

_____*Mere Christianity*, Collins, 1952

Lovelace, Richard F., *Dynamics of Spiritual Life*, Paternoster, 1979

Loyola, St Ignatius, *Spiritual Exercises*, Newman, 1954

Miller, Keith, *The Taste of New Wine*, Word, 1965

Moltmann, Jungen, *The Open Church*, SCM, 1978

Morton, T. Ralph, *The Twelve Together*, Iona Community, 1956 Muggeridge, Malcolm, *Christ and the Media*, Hodder and Stoughton, 1977

Nevius, John, *Demon Possession*

Nida, Eugene,Customs, *Culture and Christianity*, Tyndale, 1963 Ortiz, Juan Carlos, Disciple, Lakeland, 1971

Packer, J. I., *Evangelism and the Sovereignty of God*, IVP, 1971

_____*Under God's Word*. Marchall, Morgan and Scott, 1980

Powell, John, *Why Am I Afraid To Tell You Who I Am?* Colins, 1969

Quoist, Michael, *Prayers of Life*, Gill, 1963an & Todd, 1974

_____*A Theology of Christian Education*, Zondervan

Richards, John, *But Deliver Us From Evil*, Darton, Longmvan, 1975

Saunders, J. Oswald, *Problems of Christian Discipleship*, OMF, 1958

Sider, Ronald J., *Rich Christians in an Age of Hunger*, Hodder & Stoughton, 1977

Snyder, Howard A., *New Wineskins*, Marshall, Morgan and Scott, 1977

_____*The Community of The King*, IVP, 1977

Stewart, James S., *Heralds of God*, Hodder & Stoughton

Stott, John R. W., *Christian Counter-Culture*, IVP, 1978

Stott, John R. W., *Obeying Christ in a Changing World*, Collins, 1977

Suenens, Cardinal, *A New Pentecost?* Darton, Longman & Todd, 1975

Taylor, John, Enough, is Enough, SCM, 1975

Townsend Anne, *Prayer Without Pretending*, Scripture Union, 1973

Tozer, A. W., *The Divine Conquest*, Ravel, 1964

Wagner, C. Peter, *Your Church Can Grow*, Glendale, C.A., Regal, 1976

Wallis, Jim, *Agenda for Biblical People*, Harper & Row, 1976

White, John, *The Golden Cow,* Marshall, Morgan, and Scott, 1979

_____*The Cost of Commitment*, IVP, 1976

Wilson, Carl, *With Christ in the School of Disciple-Building*, Zondervan, 1976

Wright, J. Stafford, *Christianity and the Occult,* Scripture Union, 1977

Wurmbrand, Richard, *Tortured for Christ*, Hodder & Stoughton, 1967

_____*In God's Underground*, W. H. Allen, 1968

Yoder, John Howard, *Politics of Jesus*, Eerdmans, 1976

Magazines

Evangelical Quarterly Mission, Box 794, Wheaton, Illinois 60187, USA

New Covenant, PO Box 617, Ann Arbor, Michigan 48107, USA

Pastoral Renewal, PO Box 8617, Ann Arbor, Michigan 48107, USA

Third Way, 19 Draycott Place, London SW3 2SJ